Schriftenreihe
der Juristischen Schulung

Band 141

Fälle zum Besonderen Verwaltungsrecht

von

Dr. Gerald G. Sander, M. A., Mag. rer. publ.

o. Professor an der Hochschule für öffentliche Verwaltung
und Finanzen Ludwigsburg
Lehrbeauftragter an den Universitäten Tübingen, Speyer und Pilsen

4., neu bearbeitete Auflage
des von Susanne M. Förster mitbegründeten Werkes

2014

C.H.BECK

www.beck.de

ISBN 978 3 406 66088 7

© 2014 Verlag C. H. Beck oHG
Wilhelmstraße 9, 80801 München
Druck und Bindung: Nomos Verlagsgesellschaft
In den Lissen 12, 76 547 Sinzheim

Satz: Druckerei C. H. Beck Nördlingen

Gedruckt auf säurefreiem, alterungsbeständigem Papier
(hergestellt aus chlorfrei gebleichtem Zellstoff)

Vorwort zur 4. Auflage

In der 4., vollständig neu bearbeiteten Auflage wurden nicht nur Literatur und Rechtsprechung aktualisiert und Gesetzesänderungen berücksichtigt. Einzelne Sachverhalte und Falllösungen wurden grundlegend überarbeitet und zusätzliche zentrale Rechtsprobleme aufgenommen. Zudem wurden bei den Lösungen nunmehr durchgängig Lösungsskizzen eingepflegt. Frau *Tamara Atexinger*, Frau *Ramona Rau* sowie Herr Dipl.-Päd. *Steffen Karcher*, M.A., haben die Entstehung dieser Neuauflage intensiv begleitet. Ihnen gebührt an dieser Stelle herzlicher Dank.

Ludwigsburg, im Januar 2014   *Gerald G. Sander*

Vorwort zur 1. Auflage

An verwaltungsrechtlichen Fallsammlungen herrscht an sich kein Mangel. Das ist auch gut so. Die juristischen Staatsexamina sind nun einmal schwerpunktmäßig Klausurenexamen. Wer die Technik der Lösung juristischer Fälle nicht beherrscht, ist bereits im Studium zum Scheitern verurteilt.

Die Technik läßt sich nur durch Arbeit am konkreten Beispiel erlernen. Allerdings genügen juristische handwerkliche Fähigkeiten allein nicht. Die Fälle sollen schließlich gelöst werden. Das setzt systematisch erworbene solide juristische Grundkenntnisse voraus. Eine effektive Vorbereitung auf die Übungen und das Staatsexamen erfordert daher exemplarisches Arbeiten am sinnvoll ausgewählten Fall. Die Ausbildungsliteratur im Besonderen Verwaltungsrecht ist insoweit jedoch defizitär. Das vorliegende Kompendium schafft Abhilfe.

Die ausgewählten Fälle bieten einen repräsentativen Querschnitt über Aufgabenstellungen aus dem Besonderen Verwaltungsrecht, wie sie „drankommen" können. Sie sind nicht zu schwer, und damit nicht von vornherein demotivierend. Sie sind didaktisch geschickt aufbereitet. Und sie verschaffen in ihrer Summe ein Grundlagenwissen in einem schwer überschaubaren Rechtsgebiet, das dazu beitragen kann, irrationale Prüfungsängste abzubauen.

In die Fallsammlung sind die Erfahrungen aus langjähriger Assistententätigkeit an Tübinger öffentlich-rechtlichen Lehrstühlen eingeflossen. Die Bearbeiterinnen und Bearbeiter der Fälle werden gewiß daraus ihren Nutzen ziehen.

Tübingen, Juli 1999   *Prof. Dr. Michael Ronellenfitsch*

Inhaltsverzeichnis

Abkürzungsverzeichnis

a. A.	andere(r) Ansicht
Abs.	Absatz
AEUV	Vertrag über die Arbeitsweise der Europäischen Union
AG	Ausführungsgesetz
AgrarR	Agrarrecht (Zeitschrift)
Alt.	Alternative
Anm.	Anmerkung
Art.	Artikel
ASOG	Allgemeines Gesetz zum Schutz der öffentlichen Sicherheit und Ordnung (Berlin)
Aufl.	Auflage
BauGB	Baugesetzbuch
BauNVO	Baunutzungsverordnung
BauR	Baurecht (Zeitschrift)
Bay	Bayerische(s)
BayVBl.	Bayerische Verwaltungsblätter (Zeitschrift)
Bbg.	Brandenburg
BG	Beamtengesetz
BGB	Bürgerliches Gesetzbuch
BGBl.	Bundesgesetzblatt
BGHZ	Entscheidungen des Bundesgerichtshofs in Zivilsachen
BImSchG	Bundes-Immissionschutzgesetz
BImSchV	Bundes-Immissionsschutzverordnung
Bln	Berliner
BlnUZwG	Gesetz über die Anwendung unmittelbaren Zwanges bei der Ausübung öffentlicher Gewalt durch Vollzugsbeamte des Landes Berlin
BNatSchG	Bundesnaturschutzgesetz
B(au)O	Bauordnung
BeamStG	Beamtenstatusgesetz
BGHZ	Entscheidungen des Bundesgerichtshofes in Zivilsachen
Brem	Bremische(s)
BRS	Baurechtssammlung (Thiel/Gelzer)
BVerfG	Bundesverfassungsgericht
BVerfGE	Entscheidungen des BVerfG
BVerfGG	Bundesverfassungsgerichtsgesetz
BVerwG	Bundesverwaltungsgericht
BVerwGE	Entscheidungen des BVerwG
BW	Baden-Württemberg
BWVPr.	Baden-Württembergische Verwaltungspraxis
ca.	circa
dB	Dezibel
DÖV	Die öffentliche Verwaltung (Zeitschrift)
DVBl.	Deutsches Verwaltungsblatt (Zeitschrift)
DVO	Durchführungsverordnung
EU	Europäische Union
EuGH	Gerichtshof der Europäischen Gemeinschaften
e. V.	eingetragener Verein

f./ff.	folgende
FBA	Folgenbeseitigungsanspruch
GastG	Gaststättengesetz
GastVO	Gaststättenverordnung
GemO/GO	Gemeindeordnung
GewO	Gewerbeordnung
GG	Grundgesetz
GVG	Gerichtsverfassungsgesetz
Hbg.	Hamburgische(s)
Hess	Hessische(s)
h. M.	herrschende Meinung
Hrsg.	Herausgeber
IHK	Industrie- und Handelskammer
i. S.	im Sinne
i. S. d.	im Sinne des/der
i. V. m.	in Verbindung mit
JA	Juristische Arbeitsblätter (Zeitschrift)
JuS	Juristische Schulung (Zeitschrift)
Kap.	Kapitel
Kfz	Kraftfahrzeug
KO	Kommunalordnung
KommVerf	Kommunalverfassung
KSVG	Kommunalselbstverwaltungsgesetz
LBG	Landesbeamtengesetz
LBO	Landesbauordnung
LFGB	Lebensmittel-, Bedarfsgegenstände- und Futtermittelgesetzbuch
LGastG	Landesgaststättengesetz
lit.	Buchstabe
LOG	Landesorganisationsgesetz
LRA	Landratsamt
LStVG	Landesstraf- und Verordnungsgesetz (Bayern)
LuftVG	Luftverkehrsgesetz
LV(w)G	Landesverwaltungsgesetz
m	Meter
MV	Mecklenburg-Vorpommern
NatSchG	Naturschutzgesetz
Nds	Niedersächsische(s)
NJW	Neue Juristische Wochenschrift
Nr.	Nummer
NVwZ	Neue Zeitschrift für Verwaltungsrecht
NW	Nordrhein-Westfalen
NWVBl.	Nordrhein-Westfälische Verwaltungsblätter
NZV	Neue Zeitschrift für Verkehrsrecht
OBG	Ordnungsbehördengesetz
OVG	Oberverwaltungsgericht
OWiG	Ordnungswidrigkeitengesetz
PAG	Polizeiaufgabengesetz
POG	Polizeiorganisationsgesetz

PolG	Polizeigesetz
PVD	Polizeivollzugsdienst
RhPf	Rheinland-Pfalz
Rn.	Randnummer
RR	Rechtsprechungsreport
Rspr.	Rechtsprechung
S.	Satz
Saarl	Saarland
Sachs	Sachsen
SachsAnh	Sachsen-Anhalt
SchE	Schadensersatz
SH	Schleswig-Holstein
Slg.	Sammlung
s. o.	siehe oben
sog.	so genannte(r)
SOG	Gesetz über die öffentliche Sicherheit und Ordnung
st.	ständige(r)
StGB	Strafgesetzbuch
StrG	Straßengesetz
TA	Technische Anleitung
Thür	Thüringen
u. a.	unter anderem
UPR	Umwelt- und Planungsrecht (Zeitschrift)
Urt.	Urteil
VA	Verwaltungsakt
VBlBW	Verwaltungsblätter für Baden-Württemberg
VersG	Versammlungsgesetz
VerwArch	Verwaltungsarchiv (Zeitschrift)
VG	Verwaltungsgericht
VGH	Verwaltungsgerichtshof
vgl.	vergleiche
VO	Verordnung
VwGO	Verwaltungsgerichtsordnung
(L)VwVfG	(Landes-)Verwaltungsverfahrensgesetz
(L)VwVG	(Landes-)Verwaltungsvollstreckungsgesetz
WassG	Wassergesetz
WG	Wegegesetz
z. B.	zum Beispiel
ZBR	Zeitschrift für Beamtenrecht
ZeuS	Zeitschrift für europarechtliche Studien
ZfBR	Zeitschrift für deutsches und internationales Baurecht
ZPO	Zivilprozessordnung
ZUR	Zeitschrift für Umweltrecht

Literaturverzeichnis

Battis .... Bundesbeamtengesetz, 4. Aufl., München 2009
Belz/Mußmann/
Kahlert/Sander .... Polizeigesetz für Baden-Württemberg, 8. Aufl., Stuttgart 2014, im Erscheinen
Burmann/Heß/
Jahnke/Janker .... Straßenverkehrsrecht, 21. Aufl., München 2010

Dietel/Gintzel/
Kniesel .... Demonstrations- und Versammlungsfreiheit, Kommentar, 16. Aufl., Köln 2010
Dürr .... Baurecht Baden-Württemberg, 14. Aufl., Baden-Baden 2013

Finkelnburg/Ortloff/
Otto .... Öffentliches Baurecht, Band II: Bauordnungsrecht, Nachbarschutz, Rechtsschutz, 6. Aufl., München 2010
Fröhler/Oberndorfer .. Körperschaften des öffentlichen Rechts und Interessenvertretung, München 1974
Frotscher/Kramer ..... Wirtschaftsverfassungs- und Wirtschaftsverwaltungsrecht, 6. Aufl., München 2013
Fuhr/Friauf/
Stahlhacke .... Gewerbeordnung, Kommentar, Gewerberechtlicher Teil, Band 2, Loseblatt, Stand 2013

Gerhardt/Nagel .... Straßengesetz für Baden-Württemberg, 3. Aufl., Stuttgart 1997
Gern .... Kommunalrecht Baden-Württemberg, 9. Aufl., Baden-Baden 2005

Habermehl .... Polizei- und Ordnungsrecht, 2. Aufl., Baden-Baden 1993
Hesse .... Grundzüge des Verfassungsrechts der Bundesrepublik Deutschland, 20. Aufl., Heidelberg 1999
Hufen .... Verwaltungsprozessrecht, 9. Aufl., München 2013

Jarass .... Bundes-Immissionsschutzgesetz, 10. Aufl., München 2013
Jarass/Pieroth .... Grundgesetz Kommentar, 12. Aufl., München 2012

Kloepfer .... Umweltrecht, 3. Aufl., München 2004
Knemeyer .... Polizei- und Ordnungsrecht, 11. Aufl., München 2007
Kodal .... Straßenrecht, Handbuch, 7. Aufl., München 2010
Kopp/Ramsauer .... VwVfG, Kommentar, 14. Aufl., München 2013
Kopp/Schenke .... VwGO, Kommentar, 19. Aufl., München 2013
Krzizek .... Das öffentliche Wegerecht, Wien 1967

Maurer .... Allgemeines Verwaltungsrecht, 18. Aufl., München 2011
von Mutius .... Kommunalrecht, München 1995

Oppermann/Classen/
Nettesheim .... Europarecht, 5. Aufl., München 2011
Ossenbühl/Cornils .... Staatshaftungsrecht, 6. Aufl., München 2013
Ott/Wächtler/
Heinhold .... Gesetz über Versammlungen und Aufzüge, 7. Aufl., Stuttgart 2010

Palandt .... BGB, Kommentar, 72. Aufl., München 2013

Peine .... Allgemeines Verwaltungsrecht, 10. Aufl., Heidelberg 2011

Pietzner/
Ronellenfitsch .... Das Assessorexamen im öffentlichen Recht, 12. Aufl., Düsseldorf 2010

Püttner .... Kommunalrecht in Baden-Württemberg, 3. Aufl., Stuttgart 2005

Redeker/von Oertzen   VwGO, Kommentar, 15. Aufl., Stuttgart 2010

Ruder/Schmitt .... Polizeirecht Baden-Württemberg, 7. Aufl., Baden-Baden 2011

Sander/Sigloch .... Fälle zum Wirtschaftsverfassungs- und Wirtschaftsverwaltungsrecht, München 2003

Schenke .... Verwaltungsprozessrecht, 13. Aufl., Heidelberg 2012

Schmidt-Aßmann ..... Besonderes Verwaltungsrecht, 13. Aufl., Berlin 2005

Schmitt Glaeser/Horn   Verwaltungsprozeßrecht, 16. Aufl., Stuttgart 2012

Schnellenbach .... Beamtenrecht in der Praxis, 8. Auflage, München 2013

Schwerdtfeger/
Schwerdtfeger .... Öffentliches Recht in der Fallbearbeitung, 14. Aufl., München 2012

Spannowsky/
Uechtritz .... Baugesetzbuch, Kommentar, München 2009

Steiner .... Besonderes Verwaltungsrecht, 8. Aufl., Heidelberg 2006

Stober/Eisenmenger .. Besonderes Wirtschaftsverwaltungsrecht, 15. Aufl., Stuttgart 2011

Tettinger/Erbguth/
Mann .... Besonderes Verwaltungsrecht, 11. Aufl., Heidelberg 2012

Waechter .... Kommunalrecht, 3. Aufl., Köln 1997

Würtenberger .... Verwaltungsprozessrecht, München 2011

Würtenberger/
Heckmann .... Polizeirecht in Baden-Württemberg, 6. Aufl., Heidelberg 2005

Einleitung

Das Fallbuch bietet anhand von 20 Fällen und einer Originalexamensklausur eine Trainingsmöglichkeit für die Große Übung im Öffentlichen Recht und vermittelt die Grundlagen für das Examen. Durch langjährige Erfahrungen als Leiter von Fallbesprechungen auf diesem Rechtsgebiet hat der Verfasser schon mehreren Jahrgängen Studierender angewandte Falllösungstechnik vermittelt.

Das Buch erörtert Grundprobleme aus dem Verwaltungsrecht auf der Basis der examensrelevanten Gebiete des Besonderen Verwaltungsrechts. Außerdem deckt es die wesentlichen Klagearten der VwGO und den vorläufigen Rechtsschutz ab. Die Musterlösungen bereiten die juristischen Probleme der Klausuren jeweils im Gutachtenstil auf, den Sie damit für Ihre eigenständige Arbeit einüben können.

Sämtliche Prüfungspunkte werden vollständig ausgeführt – ohne Verweise auf die anderen Fälle –, so dass die Aufgaben auch unabhängig voneinander bearbeitet werden können. Die Musterlösungen sollen dabei als Vorlagen zum Nachahmen dienen. Als letzter Fall wurde eine Originalklausur mit der kommentierten Lösung eines Examenskandidaten ausgewählt.

Im Staatsexamen wird erwartet, dass die juristischen Probleme des Falls vollständig erkannt, richtig gewichtet und im Gutachtenstil in einem nachvollziehbaren juristischen Gedankengang präsentiert werden. Dazu ist es nötig, zunächst die richtigen Normen aufzufinden und den Sachverhalt vollständig in gutachterlicher Form zu subsumieren. Viele herkömmliche Falllösungkompendien erörtern im Gegensatz zu diesen an die Studierenden gestellten Anforderungen zwar examensrelevante Probleme, aber nicht in einer Form, die den Studierenden als Orientierung für die richtige Arbeitsweise bei der Klausurlösung dient. Um eben diese Orientierungshilfe bemüht sich die vorliegende Sammlung. Zur Erleichterung der gutachtlichen Lösung zeigen wir ein sog. Dreischrittverfahren auf, das unten ausführlich beschrieben wird.

Die Lösungen der Fälle sind jeweils auf das Landesrecht von Baden-Württemberg abgestellt. Die entsprechenden Paragraphen in den Gesetzen der übrigen Bundesländer sind jeweils in den Fußnoten aufgeführt.

Zum Dreischrittverfahren

Mit dem Dreischrittverfahren möchten wir Ihnen die Falllösung erleichtern.
Die für Ihre gutachtliche Lösung benötigten Elemente sind der Sachverhalt und die zu prüfenden Normen.
Sie arbeiten gutachterlich, indem sie untersuchen, ob der Sachverhalt unter die einschlägigen Normen fällt oder, anders ausgedrückt, subsumiert werden kann.
Dazu ist es meist nötig, die Normen in einzelne Tatbestandsmerkmale zu unterteilen und diese Tatbestandsmerkmale auszulegen.
Bei der Auslegungsarbeit und bei der anschließenden Subsumtion können rechtliche Probleme auftreten.

1. Schritt: Sachverhaltsskizze

Um über den Ihnen als Klausurtext vorliegenden Sachverhalt, insbesondere die subsumtionsrelevanten Details, einen optisch klaren Überblick zu bekommen, ist es hilfreich, eine chronologische Skizze der Ereignisse zu erstellen.

2. Schritt: Problemskizze

Während Sie den Sachverhalt zum ersten oder zweiten Mal lesen, fallen Ihnen rechtliche Probleme ein, sei es aufgrund Ihres Judizes, sei es aufgrund Ihres Vorwissens. Haben Sie keine Scheu und notieren Sie diese sofort auf einem Extrablatt. Formulieren Sie diese so ausführlich, dass Sie bei einem wiederholten Nachlesen sich an Ihre Gedanken beim ersten Durchlesen erinnern. Zum Schluss der Fallbearbeitung werden Sie diese Notizen wieder zur Hand nehmen und überprüfen, ob in Ihrer Lösungsskizze und dem ausformulierten Gutachten alle zunächst als problematisch erscheinenden Punkte auftauchen.

3. Schritt: Lösungsskizze

Die Lösungsskizze ist eine gutachtliche Lösung des Falles in stichwortartiger Form. Sie enthält die Überschrift des jeweiligen Prüfungsabschnitts, z. B. „Klage des B", als Unterüberschrift den ersten Abschnitt Ihrer Prüfung zu diesem Punkt, z. B. „Zulässigkeit des Verwaltungsrechtsweges".
Als weitere Unterüberschrift zu diesem Punkt das jeweilige Tatbestandsmerkmal. Gliedern Sie die Lösungsskizze klar und nummerieren Sie Ihre Gliederungspunkte.
Die *praktische Anwendung* des Dreischrittverfahrens wird bei den ersten beiden Fällen des Buches exemplarisch erläutert. Die weiteren Fälle enthalten jeweils Lösungsskizzen.

Fall 1. Der gewinnsüchtige Gastwirt

Einstiegsfall, Dreischrittverfahren, Gewerberecht, Gaststättenrecht, Anfechtungsklage, unbestimmter Rechtsbegriff, Nachwirkung früherer Unzuverlässigkeit, Ermessen, Verpflichtungsklage, Klagefrist

Sachverhalt

W betreibt in der baden-württembergischen Großen Kreisstadt S die Gastwirtschaft „Zum Wiesengrund". Am 1.2.2012 hob die Gemeinde nach Anhörung des W die im Jahr 1993 erteilte Gaststättenerlaubnis mit Wirkung zum 1.8.2012 auf. Der Aufhebungsbescheid enthielt jedoch keine Begründung.

W fragt deshalb an, aus welchem Grund die Erlaubnis aufgehoben wurde. Daraufhin erhält er von der Gemeindeverwaltung einen Brief mit folgender Begründung: Er habe 2007 in den Räumlichkeiten des „Wiesengrundes" an einem Abend alkoholische Getränke bedenkenlos an mehrere Jugendliche im Alter von 15 Jahren ausgeschenkt. Nachdem dieser Vorfall bekannt geworden sei, wurde noch 2007 ein Strafverfahren wegen Verstoßes gegen das Jugendschutzgesetz eingeleitet, bei dem er rechtskräftig zu einer Geldstrafe verurteilt worden sei. Auf ein Berufsverbot sei wegen des einmaligen Verstoßes verzichtet worden. Die Behördehabe leider wegen Übermittlungsproblemen erst zum heutigen Zeitpunkt Kenntnis von dem Vorfall erlangt. Man wisse zwar, dass sich seit 2007 Vorfälle dieser Art nicht mehr ereignet hätten, doch könne man auch jetzt noch die Gaststättenerlaubnis aufheben. W habe sich nämlich durch sein damaliges Verhalten ein für allemal als unzuverlässig erwiesen.

W hält den Aufhebungsbescheid für rechtswidrig. Seiner Ansicht nach seien die Voraussetzungen für den Entzug der Gaststättenerlaubnis jetzt nicht mehr gegeben. Er sei für den Betrieb einer Gaststätte durchaus zuverlässig, was er in den letzten fünf Jahren bewiesen habe. Auch komme die nachgeschobene Begründung der Behörde jetzt zu spät. Schließlich sei der Bescheid schon deswegen rechtswidrig, weil nicht die Gemeinde, sondern das Landratsamt als zuständige Behörde hätte handeln müssen.

Nach ordnungsgemäß, aber erfolglos durchgeführtem Widerspruchsverfahren erhebt W Klage vor dem Verwaltungsgericht. Er wirft die Klageschrift in einem adressierten Briefumschlag mit Absender in den Gerichtsbriefkasten, ohne jedoch die Klageschrift vorher unterzeichnet zu haben. Hat die Klage Aussicht auf Erfolg?

Zusatzfrage:

Die Ehefrau E des Gastwirts möchte ab 1.8.2014 bei den Heimspielen des örtlichen Fußballvereins in der neuen Saison Würstchen, Limonade und Bier an Besucher und Passanten verkaufen. Sie beantragt deshalb bei der zuständigen Behörde eine gaststättenrechtliche Erlaubnis. Aus dem Antrag ergibt sich, dass E den Verkaufsstand für die genannten Waren auf einem Grundstück betreiben will, das dem Verein gehört und an der Zufahrtsstraße zum Fußballstadion liegt.

Die Erlaubnis wird ihr von der zuständigen Behörde verweigert. Zur Begründung wird ausgeführt, dass der Verkaufsstand ungünstig platziert sei. Bei Heimspielen des Fußball-vereins sei mit einem so großen Andrang zu rechnen, dass die Kunden bis auf die Straße anstehen würden. Der Verkehr zum Stadion werde also stark behindert.

Das Anbringen von Absperrungen und Schranken, das die Behörde als Sicherungsmaß-nahmen vorgeschlagen hatte, wurde von E aus Kostengründen schon vor Erlass des Bescheids gegenüber der Behörde rundweg abgelehnt.

Aufgrund ihres Widerspruchs erhält E am Dienstag, den 18.3.2014, einen Bescheid, in dem ihr Widerspruch zurückgewiesen wird. Nach den Osterfeiertagen erhebt sie am Dienstag, den 22.4.2014, Klage beim zuständigen Verwaltungsgericht. Prüfen Sie die Erfolgsaussichten der Klage.

Dreischrittverfahren zur Ausgangsfrage

1. Sachverhaltsskizze

- 1993 Erteilung der Gaststättenerlaubnis an W
- 1.2.2012 mit Wirkung zum 1.8.2012 Aufhebung der Gaststättenerlaubnis, ohne Begründung
- auf Nachfrage des W: Nachschieben des Grundes durch die Gemeinde
- Klageerhebung durch W, allerdings ohne Unterschrift

W trägt vor:

- in den zurückliegenden 5 Jahren sei er zuverlässig gewesen,
- außerdem sei die nachgeschobene Begründung zu spät
- unzuständige Behörde habe gehandelt
- deswegen Widerspruch und Klageerhebung

Gemeinde trägt vor:
- 2007: Jugendgefährdung
- nach Ansicht der Gemeinde wirkt die Unzuverlässigkeit weiter

2. Problemskizze

- Klage auch ohne Unterschrift des Klägers zulässig?
- Könnte sich die Eigenschaft als Große Kreisstadt auf die Zuständigkeit aus-wirken?
- Auswirkungen der fehlenden Begründung für die Aufhebung der Gaststätten-erlaubnis?
- rechtliche Bewertung des Nachschiebens der Begründung
- zeitliche Zurechnung seines früheren Fehlverhaltens
- rechtliche Bewertung des **Aufhebungs**bescheids

3. Lösungsskizze

Klage des W auf Beseitigung der Aufhebung der Gaststättenerlaubnis

I. Zulässigkeit der Klage

1. Verwaltungsrechtsweg gem. § 40 I VwGO (+)
2. Statthafte Klageart: Anfechtungsklage gem. § 42 I VwGO

3. Klagebefugnis gem. § 42 II VwGO (+)
4. Widerspruchsverfahren (+)
5. Ordnungsgemäße Klageerhebung: trotz fehlender Unterschrift (+)
6. Zwischenergebnis: Zulässigkeit (+)

II. Begründetheit der Klage

1. Rücknahme gem. § 15 I GastG, § 1 GastG BW, § 48 I LVwVfG BW (–)
2. Widerruf gem. §§ 15 II, § 1 GastG BW
   a) Formelle Rechtmäßigkeit
      aa) Zuständigkeit
         (1) sachlich: § 1 I GastVO BW, § 15 I Nr. 1 LVG BW (+)
         (2) örtlich: § 68 PolG BW, § 3 I Nr. 1 und 2 LVwVfG BW
      bb) Form (+)
   b) Materielle Rechtmäßigkeit
      aa) § 15 II GastG (+)
      bb) Gedanke des § 48 IV LVwVfG BW
      cc) § 15 II GastG i. V. m. § 4 I Nr. 1 GastG?
         (1) Unzuverlässigkeit i. S. v. § 4 I Nr. 1 GastG?
         (2) gerichtliche Überprüfbarkeit (+)
         (3) Unzuverlässigkeit (–)

Ergebnis: Klage zulässig und begründet.

Zusatzfrage

I. Zulässigkeit

1. Verwaltungsrechtsweg, § 40 VwGO (+): streitentscheidende Normen aus dem Gaststätten- und Gewerberecht
2. Statthafte Klage, § 42 I VwGO: Verpflichtungsklage in Form der Versagungsgegenklage, § 42 I 2. Alt. VwGO
3. Klagebefugnis, § 42 II VwGO (+): möglicherweise Anspruch auf die Genehmigung aus § 1 GewO i. V. m. Art. 12 I GG
4. Widerspruchsverfahren (+)
5. Klagefrist (+)
6. Zwischenergebnis: Zulässigkeit der Klage (+)

II. Begründetheit

1. Anspruchsgrundlage: § 1 GewO i. V. m. Art. 12 I GG
2. Anspruchsvoraussetzungen
   a) Genehmigungspflicht (+): §§ 2 i. V. m. 1 I Nr. 1 und 2 GastG
   b) Genehmigungsfähigkeit (+): Versagungsgrund des § 4 I Nr. 3 GastG
   c) Verhältnismäßigkeit (+): Auflage nach § 5 GastG nicht gleich geeignet

Ergebnis: Klage zulässig, aber unbegründet.

Lösung

Ausgangsfrage

I. Zulässigkeit der Klage des W

1. Verwaltungsrechtsweg, § 40 I VwGO

Der Verwaltungsrechtweg ist unter den Voraussetzungen des § 40 I VwGO eröffnet. Dann müsste eine öffentlich-rechtliche Streitigkeit vorliegen. Dies wäre der Fall, wenn die für die Streitentscheidung maßgeblichen Normen solche des öffentlichen Rechts sind. Adressat der im vorliegenden Fall streitentscheidenden Normen des § 15 GastG, § 1 LGastG BW ist auf der einen Seiten immer und notwendigerweise ein Träger öffentlicher Gewalt. Damit entstammen die einschlägigen Normen dem öffentlichen Recht. Mangels doppelter Verfassungsunmittelbarkeit ist die Streitigkeit auch nicht verfassungsrechtlicher Art. Eine abdrängende Verweisung ist nicht erkennbar. Der Verwaltungsrechtsweg ist somit eröffnet.

2. Statthafte Klageart

Die Klageart richtet sich nach dem Klagebegehren des Klägers (§ 88 VwGO). W wendet sich hier gegen den Aufhebungsbescheid. Der Bescheid stellt eine Maßnahme der Behörde auf dem Gebiet des öffentlichen Rechts dar, die eine Rechtsfolge setzt, also eine Regelung trifft. Ferner betrifft die Maßnahme nur die Person des W und greift über den verwaltungsinternen Bereich hinaus. Bei dem Bescheid handelt es sich mithin um einen Verwaltungsakt gem. § 35 S. 1 LVwVfG BW.[1] Damit ist die Anfechtungsklage nach § 42 I VwGO statthafte Klageart.

3. Klagebefugnis, § 42 II VwGO

W müsste geltend machen, durch den VA in seinen Rechten verletzt zu sein. Nach dem Vortrag des W erscheint es möglich, dass er als Adressat eines belastenden Verwaltungsaktes zumindest in Art. 2 I GG verletzt sein könnte (sog. Adressatentheorie). W ist damit klagebefugt.

4. Das **Widerspruchsverfahren** wurde laut Sachverhalt durchgeführt.

5. Ordnungsgemäße Klageerhebung

Fraglich ist, ob W nach § 81 I 1 VwGO ordnungsgemäß Klage erhoben hat. Die Schriftform im Sinne der Vorschrift verlangt zum einen die schriftliche Abfassung der Klage und zum anderen, dass diese vom Kläger oder seinem Prozessbevollmächtigten unterschrieben ist.[2] Durch das letztgenannte Erfordernis soll sichergestellt werden, dass das Schriftstück vom Kläger stammt und nicht nur einen Entwurf darstellt.[3]

Da W seine Klage nicht unterschrieben hat, könnte sie, falls hier keine Ausnahme vom Unterschriftserfordernis vorliegt, unzulässig sein. Es käme dann nur noch eine Wiedereinsetzung bei Fristversäumnis gem. § 60 VwGO in Betracht. Sinn der eigenhändigen Unterschrift ist die Feststellung der Urheberschaft und des Verkehrswillens. Falls sich diese Gesichtspunkte aus anderen Umständen ergeben, könnten geringere

---

[1] Vgl. § 106 I LVwG SH; in den übrigen LVwVfGs aber übereinstimmende Vorschriften.
[2] *VGH Mannheim* DVBl. 1989, 883.
[3] BVerfGE 74, 234.

Anforderungen an die Schriftform gelten.[4] Nach dem Sachverhalt hat er die Klageschrift in einem adressierten Briefumschlag mit Absender eingeworfen. Dem Rechtsschutzgedanken würde es widersprechen, wenn allzu strenge Anforderungen an den Zugang zu den Gerichten gestellt würden.[5] Die eigenhändige Beschriftung des Briefumschlages reicht aus, um die Urheberschaft des W zu beweisen, und sie belegt auch den Willen des W, dass das Schriftstück an das Gericht gelangen soll.[6] W hat somit ordnungsgemäß Klage erhoben.

6. Zwischenergebnis

Die Klage des W ist zulässig.

II. Begründetheit der Klage

Die Klage des W ist nach § 113 I VwGO begründet, wenn der Bescheid rechtswidrig und W dadurch in seinen Rechten verletzt ist.

Fraglich ist, auf welcher Ermächtigungsgrundlage der Aufhebungsbescheid beruht.[7] Da es sich hier um einen gastwirtschaftsrechtlichen Streit handelt, verdrängen die Regeln des Gaststättenrechts, soweit sie vorhanden und einschlägig sind, die allgemeineren Regeln der GewO. In Baden-Württemberg gilt gemäß § 1 GastG BW das GastG des Bundes fort. Als Eingriffsermächtigung könnte damit eine Rücknahme der Gaststättenerlaubnis nach § 15 I GastG, § 48 LVwVfG BW oder ein Widerruf des Verwaltungsaktes nach § 15 II GastG[8] in Betracht kommen.

1. Rücknahme

Bei dem Aufhebungsbescheid könnte es sich um eine Rücknahme nach § 15 I GastG i. V. m. § 48 I LVwVfG BW handeln. Voraussetzung dafür ist, dass der zurückgenommene Verwaltungsakt ursprünglich rechtswidrig erteilt wurde. Dem Sachverhalt ist nicht zu entnehmen, dass Gründe für eine Versagung der Gaststättenerlaubnis bereits im Zeitpunkt ihrer Erteilung vorlagen. Deswegen ist von einem rechtmäßigen Verwaltungsakt im Erteilungszeitpunkt auszugehen. Im Ergebnis scheidet damit eine Rücknahme der Gaststättenerlaubnis aus.

2. Widerruf

Da es sich bei dem aufgehobenen Bescheid um einen im Zeitpunkt der Erteilung rechtmäßigen Verwaltungsakt handelt, kommt allenfalls ein Widerruf in Betracht. Die Behörde stützt sich laut Sachverhalt bei ihrem Aufhebungsbescheid auf keinen der Gründe des § 15 III GastG.

---

[4] *VGH Kassel* NVwZ-RR 1993, 434.
[5] BVerfGE 52, 207.
[6] *VGH München* BayVBl. 1988, 245.
[7] Bundesländer, die von ihrer Gesetzgebungskompetenz Gebrauch gemacht haben und ein eigenes Landesgaststättengesetz erlassen haben, haben in der Regel nur eine Anzeigepflicht vorgesehen (Brandenburg, Hessen, Niedersachen, Saarland, Sachsen und Thüringen). Hier käme bei einer Unzuverlässigkeit eines Gastwirts eine Gewerbeuntersagung in Betracht. Gemäß § 2 des bremischen LGastG besteht beim Ausschank alkoholischer Getränke eine Erlaubnispflicht, ansonsten ebenfalls nur eine Anzeigepflicht. In den übrigen Bundesländern findet nach wie vor das GastG des Bundes Anwendung.
[8] § 49 LVwVfG wird von § 15 II, III GastG jeweils vollständig verdrängt; während § 48 LVwVfG neben § 15 I GastG Anwendung findet, der keine erschöpfende Regelung enthält; vgl. *Frotscher/Kramer*, Wirtschaftsverfassungs- und Wirtschaftsverwaltungsrecht, Rn. 502.

Die Gaststättenerlaubnis könnte jedoch nach § 15 II GastG i. V. m. § 4 I Nr. 1 GastG widerrufen worden sein. Hierfür ist Voraussetzung, dass der Widerruf formell und materiell rechtmäßig erfolgt ist.

a) Formelle Rechtmäßigkeit des Widerrufs

aa) Zuständigkeit

Der Widerruf könnte rechtswidrig sein, wenn die Gemeinde S nicht für den Erlass des Widerrufbescheides zuständig war.

(1) Sachliche Zuständigkeit

Nach § 1 I GastVO BW[9] i. V. m. § 15 I Nr. 1 LVG[10] ist die Große Kreisstadt S als untere Verwaltungsbehörde sachlich zuständig.

(2) Örtliche Zuständigkeit

S ist gem. § 68 PolG BW[11] bzw. § 3 I Nr. 1 und 2 LVwVfG BW örtlich zuständig.

bb) Form

Der Widerruf könnte wegen fehlender Begründung, die nach § 39 I 1 LVwVfG BW erforderlich ist, rechtswidrig sein. Ein Ausnahmetatbestand des § 39 II LVwVfG BW ist nicht ersichtlich, so dass nur eine Heilung des Formfehlers in Betracht kommt. Hier könnte eine Heilung gem. § 45 I Nr. 2 LVwVfG in Frage kommen. Laut Sachverhalt wurde die Begründung durch den Brief der Gemeinde rechtzeitig gem. § 45 II LVwVfG BW nachgeholt und somit der Formfehler wirksam geheilt. Eine Anwendung von § 46 LVwVfG BW kommt hier nicht in Betracht, da sie eine Rechtswidrigkeit voraussetzt, die bei einer eingetretenen Heilung nicht mehr gegeben ist.

b) Materielle Rechtmäßigkeit des Widerrufs

Der Widerruf ist materiell rechtmäßig, wenn die Voraussetzungen des §§ 15 II, 4 I Nr. 1 GastG vorliegen.

aa) § 15 II GastG ist eine Rechtsvorschrift im Sinne des § 49 II Nr. 1 LVwVfG BW, die den Widerruf zulässt.

bb) Da die Behörde erst mit dem Gerichtsverfahren Kenntnis erlangt hatte, greift die Ausschlussfrist des § 48 IV LVwVfG BW als auf Widerrufe übertragbarer Rechtsgedanke hier nicht ein.

cc) Fraglich ist, ob hier nachträglich Tatsachen eingetreten sind, die nach § 15 II i. V. m. § 4 I Nr. 1 GastG die Versagung der Erlaubnis rechtfertigen können.

(1) Seine Jugend gefährdenden Handlungen hatte W vorgenommen, nachdem er bereits die Gaststättenerlaubnis erhalten hatte. Es könnten damit nachträgliche Gesichtspunkte für eine Versagung sprechen.

---

[9] Siehe § 1 (teilweise i. V. m. § 2) der GastVOs einzelner Bundesländer, § 8 GastVO SA und § 1 III LGastG Thür mit zum Teil abweichenden Regelungen.

[10] Der Begriff der „unteren Verwaltungsbehörde" wird in Baden-Württemberg verwendet. In anderen Bundesländern, die keine Stadtstaaten sind, finden sich oft Regelungen in den Landesorganisationsgesetzen zur „unteren Landesbehörde"; vgl. §§ LOG Bbg, § 7 LOG MV, § 9 LOG NRW, § 8 LOG Saarl, § 7 LVwG SH.

[11] §§ 4, 6 OBG Bbg, § 78 BremPolG, § 100 HessSOG, § 81 SpolG, § 5 SOG MV, § 100 NdsSOG, § 4 OBG NRW, § 78 POG RhPf, § 81 PolG Saarl, § 70 PolG Sachs, § 88 SOG SA, § 166 LVwG SH, § 4 OBG Thür.

(2) Der Widerruf ist gerechtfertigt, wenn W unzuverlässig im Sinne des § 4 I Nr. 1 GastG ist. Dies ist der Fall, wenn er als Gewerbetreibender nach seinen persönlichen Verhältnissen nicht in der Lage ist, den Gaststättenbetrieb in Zukunft ordnungsgemäß zu führen.

(3) Fraglich ist, ob das Verwaltungsgericht die Bewertung des W durch die Behörde als unzuverlässig voll überprüfen kann. Es könnte vertreten werden, dass der Behörde bei unbestimmten Rechtsbegriffen, wie dem der „Unzuverlässigkeit", ein Beurteilungsspielraum zustehe, der nur eingeschränkt gerichtlich überprüfbar sei.[12] Nur die Grenzen dieses Spielraums dürften vom Verwaltungsgericht auf Fehler hin überprüft werden. Diese Fehler könnten aus dem Bewertungsmaßstab, den Bewertungsgrundsätzen und der Zugrundelegung unrichtiger Fakten resultieren.

Diese Auffassung vermag allerdings nicht zu überzeugen, da Art. 19 IV GG auch bei Generalklauseln und unbestimmten Rechtsbegriffen eine uneingeschränkte gerichtliche Kontrolle hoheitlicher Maßnahmen verlangt. Ein Spielraum der Behörde kann nur in bestimmten Fällen, wie bei Prüfungsentscheidungen, beamtenrechtlichen Beurteilungen, politischen Prognoseentscheidungen und weisungsfreien Entscheidungen von Gremien, zugestanden werden.[13] Diese sind gerichtlich nicht nachvollziehbar, da das Gericht nicht die Qualität dieser Prüfungs- und Bewertungsgremien in der konkreten Entscheidungssituation besitzt. Eine solche Situation liegt hier allerdings nicht vor.

Die Bewertung des W als unzuverlässig ist damit vom Verwaltungsgericht voll nachprüfbar.

(4) Die Erlaubnis wäre nach § 4 I Nr. 1 GastG insbesondere dann zu versagen, wenn W etwa Vorschriften des Jugendschutzes nicht eingehalten hätte. Laut Sachverhalt hatte W alkoholische Getränke an Jugendliche unter 16 Jahren ausgeschenkt. Dieses Verhalten verstößt gegen § 9 I Nr. 2 Jugendschutzgesetz, weswegen er auch verurteilt wurde. Diesen Versagungsgrund hatte er im Jahr 2007 erfüllt.

Zu bedenken ist allerdings, dass W in der Zwischenzeit die Gaststätte schon fünf Jahre weiter betrieben hat, ohne jemals wieder einen Versagungsgrund zu erfüllen, also zumindest in den letzten zurückliegenden Jahren zuverlässig im Sinne des GastG war. Fraglich ist deshalb, ob die festgestellte Unzuverlässigkeit in der Vergangenheit Auswirkung auf die behördliche Prognoseentscheidung über die zukünftig zu erwartende Führung der Gastwirtschaft hat.

Zu berücksichtigen ist nämlich, dass die vergangenen fünf Jahre einen recht langen Zeitraum darstellen, in dem sich W als zuverlässig erwiesen hat. Weil er für sein vergangenes Verhalten auch bestraft worden ist und in der Folgezeit keine neuerliche Straftat stattfand, kann ihm sein früheres Verhalten nicht mehr vorgeworfen werden.

Die Voraussetzungen des § 4 I Nr. 1 GastG liegen deswegen nicht vor. Damit hätte die Gaststättenerlaubnis auch nicht gem. § 15 II GastG widerrufen werden dürfen. Folglich ist der Widerrufsbescheid rechtswidrig. Dadurch ist er auch in seinen subjektiven Rechten aus Art. 12 I GG verletzt.

Ergebnis

Die Klage des W ist zulässig und begründet.

---

[12] *Bachof*, JZ 1972, 208.
[13] BVerwGE 40, 353.

Zusatzfrage

Die Klage der E auf Erteilung einer Gaststättenerlaubnis hat Aussicht auf Erfolg, wenn sie zulässig und begründet ist.

I. Zulässigkeit

1. Verwaltungsrechtsweg, § 40 VwGO

Die streitentscheidenden Normen aus dem Gaststätten- und Gewerberecht sind öffentlich-rechtlicher Natur, da der Adressat der Vorschriften dieser Gesetze auf der einen Seite immer und notwendigerweise ein Träger öffentlicher Gewalt ist.

2. Statthafte Klage, § 42 I VwGO

Das Klagebegehren der E richtet sich auf die Erteilung der beantragten Genehmigung, daher kommt die Verpflichtungsklage in Form der Versagungsgegenklage gem. § 42 I 2. Alt. VwGO in Betracht. Da von E ein VA mit einer verbindlichen Regelung eines Einzelfalls nach § 35 S. 1 LVwVfG BW begehrt wird, ist die Verpflichtungsklage die statthafte Klageart.

3. Klagebefugnis, § 42 II VwGO

E ist klagebefugt, wenn sie möglicherweise einen Anspruch auf Erteilung der Genehmigung hat und durch die Ablehnung in ihren Rechten verletzt wäre. Einen Anspruch auf Erteilung einer Gaststättenerlaubnis könnte E möglicherweise aus § 1 GewO i. V. m. Art. 12 I GG haben. Sie könnte deshalb in ihrem Recht auf Berufsfreiheit aus Art. 12 I GG verletzt sein. Damit ist E klagebefugt.

4. Widerspruchsverfahren

Das gem. §§ 68 ff. VwGO erforderliche Widerspruchsverfahren hat E ordnungsgemäß und erfolglos durchgeführt.

5. Klagefrist

Nach § 74 II VwGO gilt die Monatsfrist nach Abs. 1 auch für die Verpflichtungsklage entsprechend. Die Klage könnte also wegen Verfristung gem. § 74 I 1 VwGO unzulässig sein.

Fristbeginn war gem. §§ 57 II VwGO i. V. m. 222 I ZPO, 187 I BGB Mittwoch, der 19.3.2014, 0.00 Uhr.

Fristende war daher gem. §§ 57 II VwGO i. V. m. 222 I ZPO, 188 II BGB Freitag, der 18.4.2014, 24.00 Uhr. Da hier aber das Fristende auf einen Feiertag fällt, verlängert sich die Frist gem. § 222 II ZPO auf Dienstag, den 22.4.2014. E hat also noch fristgemäß Klage erhoben.

6. Zwischenergebnis

Die Klage der E ist zulässig.

II. Begründetheit

Die Klage ist begründet, wenn die Ablehnung des VA rechtswidrig und E damit in ihren Rechten verletzt ist, § 113 V 1 VwGO. Dies ist der Fall, wenn sie einen Anspruch auf Erlass des VA hat.

1. Anspruchsgrundlage

Als Anspruchsgrundlage kommt § 1 GewO i. V. m. Art. 12 I GG in Betracht.

2. Anspruchsvoraussetzungen

E könnte ein Anspruch auf Genehmigung des Verkaufstands aus dem Grundsatz der Berufsfreiheit in Art. 12 I GG und der Gewerbefreiheit des § 1 GewO zustehen, sofern keine Versagungsgründe vorliegen. Voraussetzung hierfür ist aber, dass das Betreiben des Verkaufsstands überhaupt genehmigungspflichtig ist.

a) Genehmigungspflicht

Die Genehmigungspflicht könnte sich aus § 2 GastG ergeben. Das setzt voraus, dass es sich bei dem Verkaufsstand der E um eine Gaststätte i. S. d. § 1 GastG handelt. Die von E ausgeübte Tätigkeit soll gewerbsmäßig ausgeübt werden, d. h. als eine erlaubte, auf gewisse Dauer angelegte und auf Gewinnerzielung gerichtete selbstständige Tätigkeit. Der Verkauf von Würstchen, Limonade und Bier beinhaltet eine Verabreichung von Speisen und Getränken zum Verzehr an Ort und Stelle i. S. d. § 1 I Nr. 1 und 2 GastG. Es handelt sich dabei ferner um ein stehendes Gewerbe i. S. d. § 1 I GastG. Ein erlaubnisfreier Tatbestand nach § 2 II GastG liegt nicht vor. E bedarf somit zum Betreiben des Verkaufsstands einer Genehmigung.

b) Genehmigungsfähigkeit, § 4 I GastG

Im Bescheid wird auf die Gefahr für die Verkehrssicherheit abgestellt. Nach § 4 I Nr. 3 GastG ist die gaststättenrechtliche Erlaubnis zu versagen, wenn der beabsichtigte Gewerbebetrieb im Hinblick auf die örtliche Lage dem öffentlichen Interesse widerspricht, insbesondere wenn Belästigungen oder Gefahren zu befürchten sind.

Die Sicherheit und Leichtigkeit des Straßenverkehrs, die hier betroffen ist, wird vom Begriff des öffentlichen Interesses i. S. d. § 4 I Nr. 3 GastG umfasst. Der Versagungsgrund liegt aber nur dann vor, wenn eine ernste Bedrohung der Verkehrssicherheit besteht und die Gefahr nicht anders abzuwenden ist. Dies ist hier aufgrund der örtlichen Lage des Standes an der Zufahrtsstraße zum Fußballstadion der Fall, weil nicht unerhebliche Gefahren für Fußgänger und Autofahrer drohen, wenn bei großem Andrang Kunden bis auf die Straße stehen. Der Versagungsgrund des § 4 I Nr. 3 GastG liegt somit vor. E hat damit keinen Anspruch auf Erteilung der Erlaubnis.

c) Verhältnismäßigkeit

Gemäß dem Wortlaut von § 4 I GastG ist die Erlaubnis zu versagen, wenn einer der genannten Versagungsgründe vorliegt. Die Entscheidung liegt damit nicht im Ermessen der Behörde, sondern es handelt sich um eine gebundene Entscheidung. Damit hat bereits der Gesetzgeber entschieden, dass eine Versagung aus den erwähnten Gründen der Vorschrift verhältnismäßig ist.

Allerdings ist zu bedenken, dass § 5 GastG die Möglichkeit von Auflagen vorsieht, die dem Zweck dienen, Versagungsgründe auszuräumen. Wäre eine solche Auflage möglich, um von einer Versagung abzusehen, würde der Grundsatz der Verhältnismäßigkeit gebieten, dieses mildere Mittel gegenüber der Versagung zu wählen.

Im vorliegenden Fall könnten die Gefahren für die Verkehrssicherheit eventuell durch Auflagen mit vorgeschriebenen Absperrmaßnahmen beseitigt werden. Dann gäbe es unter Umständen ein milderes Mittel, so dass eine Versagung nicht erforderlich wäre.

Diese Möglichkeit wurde auch von der Behörde laut Sachverhalt erwogen. Die Behörde könnte dann eine Gaststättenerlaubnis unter Auflagen an E erteilen.

Allerdings müsste eine solche Auflage zunächst geeignet sein, das Ziel zu erreichen. Im vorliegenden Fall ist jedoch zu berücksichtigen, dass E eine solche Auflage schon von vornherein ablehnt und ihre Beachtung ausgeschlossen hat. Unter diesen Umständen ist davon auszugehen, dass die Auflage hier nicht geeignet wäre, das mit der Auflage verfolgte Ziel zu erreichen. Die Versagung war daher für die Behörde das einzig geeignete Mittel. Ein Verstoß gegen den Verhältnismäßigkeitsgrundsatz ist damit nicht gegeben. Ein Ermessensfehler liegt deshalb nicht vor.

d) Zwischenergebnis

E hatte damit keinen Anspruch auf Erteilung der Gaststättenerlaubnis. Die Versagung der Erteilung der Gaststättenerlaubnis ist deshalb auch materiell-rechtlich fehlerfrei. E ist durch die Ablehnung nicht in ihren Rechten aus Art. 12 I GG verletzt.

Ergebnis

Die Klage der E ist zwar zulässig, aber unbegründet.

Fall 2. Der zugeparkte Arzt

Polizeirecht, Dreischrittverfahren, Anfechtungsklage, Verwaltungsrechtsweg, Abschleppen eines Kfz, unmittelbare Ausführung, Schutz privater Rechte, Verhältnismäßigkeit

Sachverhalt

In der baden-württembergischen Stadt D wird der Arzt Dr. M am Sonntagabend von einer Patientin zu einem Hausbesuch gerufen, weil diese starke Schmerzen in der Magengegend hat.

Er macht sich auf den Weg und findet auf seinem Privatgrundstück vor seinem eigenen Stellplatz einen ihm unbekannten Pkw so geparkt, dass er mit seinem eigenen Wagen das Grundstück nicht mehr verlassen kann.

Um solche Schwierigkeiten zu vermeiden, hatte er eigens ein Schild angebracht: „Privatparkplatz! Parken verboten nach dem OWiG BW".

Dr. M hofft, dass der fremde Fahrer gleich zurückkommt. Deshalb wartet er ungefähr eine Viertelstunde. Nachdem er vergeblich gewartet hat, benachrichtigt er die Polizei.

Nach weiteren 10 Minuten treffen zwei Beamte des Polizeivollzugsdienstes ein, die zunächst versuchen, den behindernden Pkw wegzuschieben, was ihnen aber nicht gelingt, da sowohl die Handbremse angezogen als auch ein Gang eingelegt ist.

Eine Nachfrage in der Nachbarschaft bleibt ergebnislos, ebenso ein Anruf bei der über das Kfz-Kennzeichen ermittelten Adresse.

Daraufhin beauftragen die Polizeibeamten den privaten Abschleppunternehmer A mit der Entfernung des Pkw.

Später zieht die zuständige Polizeibehörde den Fahrer des behindernden Fahrzeugs B durch Leistungsbescheid zum Kostenersatz heran. Die Kosten belaufen sich laut Rechnung des A auf 100 Euro. Die Begründung des Verwaltungsaktes beruht in erster Linie auf § 12 III Nr. 3 StVO.

B hält den Bescheid für rechtswidrig und legt Widerspruch ein. Dieser bleibt erfolglos.

B will nun Klage vor dem Verwaltungsgericht erheben.

Er macht geltend, nicht gegen § 12 III Nr. 3 StVO verstoßen zu haben, da er auf privatem Grund geparkt habe. Eine Behinderung der Verkehrsteilnehmer auf öffentlicher Straße habe nicht stattgefunden, weswegen die Kosten auch nicht durch Kostenbescheid, sondern lediglich auf dem Klageweg vor den ordentlichen Gerichten geltend gemacht werden könnten.

Die Polizei habe nicht ausreichend lange gewartet und nicht alles versucht, um seinen Aufenthalt festzustellen.

Hat die Klage Aussicht auf Erfolg?

Dreischrittverfahren

1. Sachverhaltskizze

- Dr. M wird zu Notfall gerufen
- fremder Pkw blockiert seinen Wagen auf seinem Privatgrundstück
- auf dem Privatgrundstück befindet sich ein Schild mit Verweis auf OWiG BW
- Dr. M wartet 15 Minuten und ruft dann die Polizei
- Bemühungen des Polizeivollzugsdienstes bleiben ergebnislos
- Polizeivollzugsdienst beauftragt Abschleppunternehmen
- Polizeibehörde zieht Fahrer durch VA zum Kostenersatz heran
- VA-Begründung beruht auf § 12 III Nr. 3 StVO

B legt erfolglos Widerspruch ein:

- öffentlich-rechtliche Streitigkeit liege nicht vor, da er auf Privatgelände parkte
- Bemühungen der Polizei seien ungenügend gewesen

2. Problemskizze

- Ist der Hinweis auf den Privatparkplatz ein Straßenverkehrsschild? Als Grund-VA?
- Ist der Polizeivollzugsdienst zuständig für den Privatparkplatz?
- Liegt eine Eilentscheidung vor?
- Wie wirkt sich die Dringlichkeit auf die Verhältnismäßigkeit aus?
- Hat die Polizei lange genug gewartet, bevor sie abschleppen ließ?
- Ist die Veranlassung des Abschleppens eine Vollstreckungsmaßnahme?
- Kann die Polizeibehörde die Kosten für das Abschleppen durch Verwaltungsakt einfordern?
- Gilt die angegebene Norm der StVO für das Privatgrundstück und wie wirkt sich dies auf den Klageweg aus?

3. Lösungsskizze

I. Zulässigkeit der Klage

1. Verwaltungsrechtsweg
   a) streitentscheidende Norm aus dem Polizeirecht
   b) ordentliche Gerichte wegen Parkens auf privatem Grundstück?
      – Polizeivollzugsdienst zum Schutz privater Rechte tätig?
2. Statthafte Klageart: Anfechtungsklage
3. Klagebefugnis (+): Adressatentheorie
4. Widerspruchsverfahren (+)
5. Klagefrist (+)
6. Zwischenergebnis: Zulässigkeit der Klage (+)

II. Begründetheit der Klage

1. Ermächtigungsgrundlage für Kostenbescheid
   – bei Beschlagnahme gem. § 3 I, III DVO PolG i. V. m. § 33 I PolG BW (–)
   – bei Ersatzvornahme nach §§ 25, 31 LVwVG BW, § 49 I PolG BW (–)
   – bei unmittelbarer Ausführung nach § 8 II PolG BW (+)
2. Formelle Rechtmäßigkeit des Kostenbescheids
   a) Zuständigkeit (+), §§ 60 II, 75 PolG BW
   b) Anhörung (+)

3. Materielle Rechtmäßigkeit des Kostenbescheids
   a) Ermächtigungsgrundlage des fiktiven VAs: §§ 3, 1 I PolG BW (+) bzw. § 2 II PolG BW?
   b) Formelle Rechtmäßigkeit des fiktiven VAs
      aa) Zuständigkeit (+)
      bb) Anhörung gem. § 28 II Nr. 1 LVwVfG entbehrlich
   c) Materielle Rechtmäßigkeit des fiktiven VAs
      aa) Störung der öffentlichen Sicherheit
         (1) Verstoß gegen § 12 III Nr. 3 StVO (+)
         (2) Verstoß gegen § 12 I Nr. 2 OWiG BW (+)
      bb) Gefahr für die öffentliche Sicherheit (+): Grundrecht der Patientin
      cc) B als Störer (+): Handlungs- und Zustandsstörer
      dd) Störung nicht oder nicht rechtzeitig durch Maßnahmen gegen den Kläger erreichbar (+)
      ee) Verhältnismäßigkeit
         (1) Geeignetheit (+)
         (2) Erforderlichkeit (+)
         (3) Angemessenheit der Maßnahme (+)
   d) keine Anwesenheit des Störers
4. Grundsätzliche Kostentragungspflicht des Verantwortlichen B
5. Zwischenergebnis: Rechtmäßigkeit des Kostenbescheids (+)

Ergebnis: Klage zulässig, aber nicht begründet.

Lösung

I. Zulässigkeit der Klage

1. Verwaltungsrechtsweg

a) Voraussetzung für die Zulässigkeit des Verwaltungsrechtsweges ist eine öffentlich-rechtliche Streitigkeit gem. § 40 I VwGO.

B wendet sich gegen einen Kostenbescheid, für den die streitentscheidende Norm des § 8 II PolG BW aus dem Polizeirecht stammt.

b) Fraglich könnte das Vorliegen einer öffentlich-rechtlichen Streitigkeit jedoch sein, weil B auf einem Privatgrundstück parkte und Dr. M deshalb vor ordentlichen Gerichten sein Nutzungsrecht durchsetzen könnte.

Gem. § 2 II PolG BW[1] kann die Polizei auch zum Schutz privater Rechte tätig werden. Ihre Tätigkeit richtet sich dann aber ebenfalls nach öffentlich-rechtlichen Vorschriften aus dem Polizeigesetz, so dass keine privatrechtliche, sondern gleichfalls eine öffentlich-rechtliche Streitigkeit vorliegt.

2. Statthafte Klageart

Die statthafte Klageart richtet sich nach dem Begehren des Klägers. Es könnte eine Anfechtungsklage in Betracht kommen, wenn sich B gegen einen Verwaltungsakt

---

[1] Art. 2 II BayPAG, § 1 IV BlnASOG, § 1 II PolG Bbg, § 1 II BremPolG, § 1 III HessSOG, § 1 II SOG MV, § 1 III NdsSOG, § 1 II PolG NRW, § 1 III POG RhPf, § 1 III PolG Saarl, § 2 II PolG Sachs, § 1 II SOG SA, § 162 II LVwG SH, § 2 II OBG Thür/§ 2 II PAG Thür.

wendet. Er verlangt die Aufhebung des Kosten- und Widerspruchsbescheids. Statthafte Klageart ist also die Anfechtungsklage gem. § 42 I VwGO.

3. Klagebefugnis gem. § 42 II VwGO

B ist als Adressat eines belastenden Verwaltungsakts klagebefugt, weil er möglicherweise zumindest in Art. 2 I GG verletzt sein könnte (sog. Adressatentheorie).

4. Ein **ordnungsgemäßes Widerspruchsverfahren** gem. §§ 68 ff. VwGO wurde durchgeführt.

5. Die **Klagefrist** gem. § 74 I VwGO wurde eingehalten.

6. Zwischenergebnis

Die Klage ist zulässig.

II. Begründetheit der Klage

Die Klage ist gem. § 113 I 1 VwGO begründet, wenn der Kostenbescheid rechtswidrig und der Kläger dadurch in seinen Rechten verletzt ist.

1. Ermächtigungsgrundlage

Fraglich ist, auf welcher Ermächtigungsgrundlage der Kostenbescheid beruht. In Betracht kommt ein Kostenerstattungsanspruch aufgrund einer Beschlagnahme gem. § 3 I, III DVO PolG i.V.m. § 33 I PolG BW[2] oder aufgrund einer Ersatzvornahme nach §§ 25, 31 VwVG BW[3] i.V.m. § 49 I PolG BW oder aufgrund unmittelbarer Ausführung nach § 8 II PolG BW[4]. Entscheidend für die Abgrenzung zwischen Beschlagnahme, Ersatzvornahme und unmittelbarer Ausführung ist der Zweck der Vorschrift und ob ein Grundverwaltungsakt gegenüber dem Betroffenen ergangen ist.

a) Die Abschleppmaßnahme könnte eine Beschlagnahme gem. § 33 I PolG BW sein.[5] Sinn und Zweck der Vorschrift ist es, den Eigentümer von seiner Herrschaft über die Sache auszuschließen, um die Gefahr abzuwehren. Bei der Abschleppmaßnahme steht jedoch nicht der Sachherrschaftsentzug im Vordergrund, sondern die Beseitigung der verkehrswidrigen Situation.[6] Die Beschlagnahme als Abschleppmaßnahme kommt hier also nicht in Betracht.

b) Die Ersatzmaßnahme nach § 25 LVwVfG setzt als Zwangsmittel des Verwaltungsvollstreckungsrechts voraus, dass ein Grundverwaltungsakt ergangen ist. Zum Beispiel können Verkehrszeichen[7] oder ausdrückliche Anordnungen von Polizeibeamten ein Wegfahrgebot enthalten. Im vorliegenden Fall ist lediglich ein privates Schild von Dr. M aufgestellt worden. Es kann deshalb keinen hoheitlichen Verwaltungsakt mit

---

[2] Art. 25 BayPAG, § 38 BlnASOG, § 23 Nr. 1g OBG Bbg/§ 25 PolG Bbg, § 23 BremPolG, § 14 HbgSOG, § 40 HessSOG, § 61 SOG MV, § 26 NdsSOG, § 24 Nr. 13 OBG NRW/§ 43 PolG NRW, § 22 POG RhPf, § 21 PolG Saarl, § 26, 27 PolG Sachs, § 45 SOG SA, § 210 LVwG SH, § 22 OBG Thür/§ 27 PAG Thür.

[3] Art. 55 BayPAG, § 10 BlnVwVG, § 55 PolG Bbg, § 15 BremVwVG, § 14 HbgVwVG, § 49 HessSOG, § 89 SOG MV, § 66 NdsSOG, § 52 PolG NRW, § 63 LVwVG RhPf, § 46 PolG Saarl, § 24 VwVG Sachs, § 55 SOG SA, § 238 LVwG SH, § 53 PAG Thür.

[4] Vgl. diese besondere landesrechtliche Regelung der unmittelbaren Ausführung auch in Art. 9 II BayPAG, § 15 II BlnASOG, § 7 III HbgSOG, § 8 II HessSOG, § 70a II SOG MV, § 6 II POG RhPf, § 6 II PolG Sachs, § 9 II SOG SA, § 9 II PAG Thür; in NRW Zurechnung zum sofortigen Vollzug, § 50 PolG.

[5] So *Schwabe*, NJW 1983, 369 ff.

[6] *Würtenberger/Görs*, JuS 1981, 599.

[7] *BVerwG* NJW 1978, 656 f.

dem Gebot wegzufahren beinhalten. Mangels vollstreckbarer Grundverfügung scheidet also die Erstattung der Kosten einer Ersatzvornahme aus.

c) Die unmittelbare Ausführung nach § 8 I PolG BW stellt hingegen einen Realakt dar, bei dem zuvor kein Grundverwaltungsakt ergangen sein muss, weswegen auch keine Vollstreckungsmaßnahme vorliegt. Der Polizeipflichtige kann also nicht handeln, während er bei der Ersatzvornahme zwar handeln könnte, es aber nicht will. Mangels Vorliegens eines Verwaltungsakts und auch, weil B aufgrund seiner Abwesenheit nicht in der Lage war zu handeln, stellt die durchgeführte Maßnahme der Polizeibeamten also eine unmittelbare Ausführung nach § 8 I PolG BW dar.

Nach § 8 II PolG BW können Kosten, die der Polizei durch die unmittelbare Ausführung einer Maßnahme im Sinne von § 8 I PolG BW entstanden sind, dem Polizeipflichtigen zur Erstattung auferlegt werden, wenn die Maßnahme, die Kosten verursacht hat, rechtlich fehlerfrei angeordnet und durchgeführt worden ist.

2. Formelle Rechtmäßigkeit des Kostenbescheids

a) Die Zuständigkeit ist gegeben, da laut Sachverhalt die zuständige Behörde gehandelt hat.

b) Von einer ordnungsgemäßen Anhörung gem. § 28 I LVwVfG BW ist auszugehen.

3. Materielle Rechtmäßigkeit des Kostenbescheids

Der Kostenbescheid ist rechtmäßig erlassen worden, wenn die Maßnahme der unmittelbaren Ausführung rechtmäßig durchgeführt wurde. Dafür müssen zunächst alle Voraussetzungen einer Polizeiverfügung als fiktivem Verwaltungsakt erfüllt sein. Inhaltlich hätte es sich hierbei um ein Wegfahrgebot an den Falschparker gehandelt.

a) Richtige Ermächtigungsgrundlage

aa) Die materiell-rechtliche Befugnis des Polizeivollzugsdienstes könnte sich zunächst aus §§ 3, 1 I PolG BW[8] ergeben, der eine Störung der öffentlichen Sicherheit oder Ordnung voraussetzt.

bb) Es könnte außerdem ein Tätigwerden der Polizeibeamten aufgrund § 2 II PolG BW vorliegen, zum Schutz der privaten Nutzungsrechte des Dr. M an seinem Stellplatz und seinem Pkw als Eigentümer.

Nach § 2 II PolG BW obliegt der Polizei der Schutz privater Rechte nur auf Antrag des Berechtigten und nur dann, wenn gerichtlicher Schutz nicht rechtzeitig zu erlangen ist und wenn ohne polizeiliche Maßnahmen die Gefahr besteht, dass die Verwirklichung des Rechts vereitelt oder wesentlich erschwert wird.

Für den Fall, dass die Polizei zum Schutze privater Rechte einschreiten soll, ist ihre Tätigkeit allerdings nur subsidiär. Primär zuständig sind die ordentlichen Gerichte und ihre Vollstreckungsorgane. Dieser Subsidiaritätsgedanke greift allerdings nicht, wenn daneben auch eine Verletzung öffentlicher Vorschriften, wie hier des OWiG BW, in Betracht kommt. Diese Verstöße müssen primär von der Polizei abgewehrt werden.[9]

Ermächtigungsgrundlage des Polizeivollzugsdienstes ist damit §§ 3, 1 I PolG BW.

---

[8] Art. 6, 7 II BayLStVG/Art. 2 I, 11 I BayPAG, §§ 1 I, 17 I BlnASOG, §§ 1 I, 13 I OBG Bbg/§§ 1 I, 10 PolG Bbg, §§ 1 I, 10 I BremPolG, § 3 I, II HbgSOG, §§ 1 I, 11 HessSOG, §§ 2 I, 13 SOG MV, §§ 1 I, 11 NdsSOG, §§ 1 I, 14 I OBG NRW/§§ 1 I, 8 I PolG NRW, §§ 1 I, 9 I POG RhPf, §§ 1 II, 8 I PolG Saarl, §§ 1 I, 3 I PolG Sachs, §§ 163 I, 171 LVwG SH, §§ 2 I, 5 I OBG Thür/§§ 2 I, 12 I PAG Thür.

[9] *Martens*, DVBl. 1976, 459.

b) Formelle Rechtmäßigkeit des fiktiven Verwaltungsakts

aa) Sachliche Zuständigkeit

Für polizeiliche Aufgaben sind nach § 60 I PolG BW[10] grundsätzlich die Polizeibehörden zuständig. Abweichend von § 60 I PolG BW könnte sich die Zuständigkeit des Polizeivollzugsdienstes hier aus § 60 II PolG BW ergeben, weil ein sofortiges Tätigwerden erforderlich erscheint. Gemeint ist damit, dass wegen Nichterreichbarkeit der an sich zuständigen Polizeibehörde aus Dringlichkeitsgründen nicht deren Anordnungen eingeholt werden können. Die formell-rechtliche Befugnis zum Einschreiten hatte damit gem. § 60 II PolG BW hier der Polizeivollzugsdienst, da keine Standardmaßnahme vorliegt und sofortiges Handeln wegen der Gesundheitsgefahren für die Patientin erforderlich ist. Die sachliche und instanzielle Zuständigkeit ist damit gegeben.

bb) Örtliche Zuständigkeit

Die örtliche Zuständigkeit folgt für den Polizeivollzugsdienst aus § 75 PolG BW.

c) Materielle Rechtmäßigkeit des fiktiven Verwaltungsakts

Gem. § 1 I PolG BW müsste eine Störung oder Gefährdung der öffentlichen Sicherheit oder Ordnung vorliegen. Die öffentliche Sicherheit ist beeinträchtigt, wenn die Rechtsordnung, Allgemeingüter, subjektive Rechte oder Rechtsgüter des einzelnen bzw. Einrichtungen und Veranstaltungen des Staates oder sonstiger Träger der Hoheitsgewalt verletzt sind.[11]

aa) Störung der öffentlichen Sicherheit

(1) Es kommt eine Verletzung von § 12 III Nr. 3 StVO als öffentlich-rechtliche Vorschrift in Betracht. Problematisch ist, dass das Parken im vorliegenden Fall auf Privatgelände stattfand und nicht im öffentlichen Verkehr. Darum könnte möglicherweise § 12 III Nr. 3 StVO unanwendbar sein.

Es ist im Sinne einer teleologischen Auslegung nach dem Schutzzweck der Norm zu fragen. Nach der Rechtsprechung ist vom Schutzzweck des § 12 III Nr. 3 StVO auch der Zugang zu öffentlichen Verkehrsflächen umfasst. Dieses Zugangsrecht gilt auch von privaten Grundstücken aus. Folglich liegt hier schon insoweit eine Verletzung der öffentlichen Sicherheit vor.

(2) Es könnte ergänzend auch ein Verstoß gegen § 12 I Nr. 2 OWiG BW vorliegen. Das Blockieren einer Garagenausfahrt auf privatem Gelände durch einen Pkw behindert den öffentlichen Verkehr, weil sowohl das Verlassen als auch der Zugang zum öffentlichen Verkehrsraum durch die Norm geschützt wird. Deshalb ist die unmittelbare Blockade des Stellplatzes auch hier dem öffentlichen Verkehrsgeschehen zuzurechnen.[12] Die öffentliche Sicherheit ist durch den Verstoß gegen § 12 I Nr. 2 OWiG BW[13] ebenfalls verletzt.

---

[10] Art. 3 BayPAG, § 4 I BlnASOG, § 2 PolG Bbg, § 64 BremPolG, § 3 HbgSOG, § 2 HessSOG, § 7 SOG MV, § 1 NdsSOG, § 1 PolG NRW, § 1 VIII POG RhPf, § 85 PolG Saarl, § 60 PolG Sachs, § 2 SOG SA, § 168 LVwG SH, § 3 II OBG Thür/§ 3 PAG Thür.

[11] *VGH Mannheim* NVwZ 1988, 166. Vgl. auch die Legaldefinition in § 2 Nr. 2 BremPolG und § 3 Nr. 1 SOG SA.

[12] *VG Freiburg* VBlBW 1987, 472.

[13] Vergleichbare Landesgesetze gibt es in anderen Bundesländern nicht. Jedoch verweisen Landesgesetze zum Polizeirecht auf das OWiG des Bundes, in welchem eine Vorschrift zum

bb) Gefahr für die öffentliche Sicherheit

Vom Begriff der öffentlichen Sicherheit erfasst werden im Sinne von Individualrechtsgütern auch die Grundrechte, mithin auch das Grundrecht auf körperliche Unversehrtheit der Patientin aus Art. 2 II 1 GG. Der Polizeivollzugsdienst handelt hier außerdem zur Abwehr der konkreten Gefahr für die Gesundheit der Patientin, dass sich nämlich ihr Krankheitszustand verschlechtert.

cc) B als Störer

Aufgrund des Abstellens des eigenen Kfz vor der Stellplatzausfahrt ist B sowohl Handlungs- als auch Zustandsstörer i. S. v. §§ 6, 7 PolG BW.[14]

dd) Beseitigung durch Kläger nicht möglich

Der Polizeivollzugsdienst darf gem. § 8 I PolG BW im Wege unmittelbarer Ausführung vorgehen, wenn die Beseitigung der Störung nicht oder nicht rechtzeitig durch Maßnahmen gegen den Störer erreichbar war. Dr. M hatte bereits 15 Minuten gewartet. Dies reicht im vorliegenden Fall aus, denn ein weiteres Abwarten war im Hinblick auf seinen Krankenbesuch nicht zumutbar. Der Polizeivollzugsdienst hatte eine Halterauskunft eingeholt und damit den Anforderungen an die Erkundungs- und Sorgfaltspflichten bei eilbedürftigen Maßnahmen Genüge getan. Insbesondere eine Suche in den Wohnblocks ist unzumutbar gewesen, da – zumindest aus der Ex-ante-Sicht und nur auf diese kommt es hier an – keinerlei Anhaltspunkte für den Aufenthalt und die Abwesenheitsdauer von B vorhanden waren. Eine Eilbedürftigkeit ist im vorliegenden Fall gegeben.

ee) Fehlerfreie Ermessensausübung

(1) Das Entschließungsermessen des Polizeivollzugsdienstes ist wegen der Gesundheitsgefahren für die Patientin auf Null reduziert.

(2) Zu prüfen bleibt allein das Auswahlermessen. Die getroffene Maßnahme muss gem. § 5 PolG BW[15] verhältnismäßig sein.

(a) Die Maßnahme war zur Beseitigung der Störung und der Gefahr geeignet.

(b) Sie müsste auch erforderlich gewesen sein.

Die Abschleppmaßnahme ist insbesondere nicht deshalb ausgeschlossen, weil die getroffene Maßnahme über das zur Gefahrenabwehr Erforderliche hinausgegangen wäre. Ein Verschieben war bereits wegen der angezogenen Handbremse nicht möglich. Schon allein in dem Verkehrsverstoß wird zunehmend ein hinreichender Grund für die Abschleppmaßnahme gesehen.[16]

(c) Angemessenheit der Maßnahme

Parken auf Privatgrundstücken allerdings nicht enthalten ist, vgl. z. B. Art. 3 BayLStVG. Hier kommt dann lediglich ein Verstoß gegen § 12 StVO in Betracht.

[14] Art. 9 BayLStVG/Art. 7 f. BayPAG, §§ 13 f. BlnASOG, §§ 16 f. OBG Bbg/§§ 5 f. PolG Bbg, §§ 5 f. BremPolG, §§ 8 f. HbgSOG, §§ 6 f. HessSOG, §§ 68 f. SOG MV, §§ 6 f. NdsSOG, §§ 4 f. PolG NRW, §§ 4 f. POG RhPf, §§ 4 f. PolG Saarl, §§ 4 f. PolG Sachs, §§ 7 f. SOG SA, §§ 218 f. LVwG SH, §§ 10 f. OBG Thür/§§ 7 f. PAG Thür.

[15] Art. 8 BayLStVG/Art. 4 BayPAG, § 11 BlnASOG, § 14 OBG Bbg/§ 3 PolG Bbg, § 3 BremPolG, § 4 HbgSOG, § 4 HessSOG, § 15 SOG MV, § 4 NdsSOG, § 15 OBG NRW/§ 2 PolG NRW, § 2 POG RhPf, § 2 PolG Saarl, § 3 II-IV PolG Sachs, § 5 SOG SA, § 171 LVwG SH, § 6 OBG Thür/§ 4 PAG Thür.

[16] *BVerwG* NJW 1990, 931; *VGH Kassel* NVwZ-RR 1991, 28.

Die getroffene Maßnahme steht auch im Einklang mit dem Grundsatz der Verhältnismäßigkeit im engeren Sinne gem. § 5 II PolG BW. Dabei ist besonders beim
Schutz von privaten Rechten, die Beeinträchtigung dieser Rechte mit der voraussicht-
lichen Belastung des Störers abzuwägen. Hier wird aber, wie oben gezeigt wurde, die
Polizei aus primärer Zuständigkeit tätig. In diesem Fall hatte der Polizeivollzugsdienst zu Recht angenommen, dass die Belastung des B mit der Abschleppmaßnahme
nicht außer Verhältnis zur Durchsetzung des Nutzungsrechts des Dr. M am Stellplatz
und mittelbar zum Gesundheitsschutz der Patientin steht.

(3) Ermessensfehler, wie etwa der Ermessensnichtgebrauch oder ein Ermessensfehlgebrauch, sind bei der Entscheidung des Polizeivollzugsdienstes nicht ersichtlich.

d) Keine Anwesenheit des Störers

§ 8 II PolG BW setzt weiterhin voraus, dass der Störer nicht anwesend war. Dies ist
hier in Bezug auf B laut Sachverhalt der Fall gewesen.

4. Mit B als Störer gem. §§ 6, 7 PolG BW ist gem. § 8 II 1 PolG BW auch der richtige
Kostenpflichtige herangezogen worden. Zur Heranziehung des B ist die Polizeibehörde zudem grundsätzlich verpflichtet gewesen; es besteht also kein Ermessen.[17]

5. Zwischenergebnis

Der **Kostenbescheid** ist rechtmäßig. Deshalb ist der Kläger B auch nicht in seinen
Rechten verletzt. Die Klage ist damit unbegründet.

Ergebnis

Die Klage ist zwar zulässig, aber nicht begründet.

---

[17] *Belz/Mußmann/Kahlert/Sander,* Polizeigesetz für BW, § 8 Rn. 18.

Fall 3. Die ausgetrickste Radarfalle

Polizeirecht, Anfechtungsklage, Fortsetzungsfeststellungsklage, Beschlagnahme, Platzverweis, unmittelbarer Zwang

Sachverhalt

Raser R ist bereits mehrfach wegen wiederholter Geschwindigkeitsübertretung mit einem Bußgeld belegt worden. Um seinen Mitmenschen dies zu ersparen, hat er es sich zur Aufgabe gemacht, andere Kfz-Fahrer vor mobilen Geschwindigkeitskontrollen der Polizei zu warnen. Der Polizei ist er deshalb hinlänglich bekannt. Als der Polizeivollzugsdienst von Heilbronn an einer Ortseinfahrt eine für Kraftfahrer nicht einsehbare, mobile Kontrollstelle einrichtet, um die Geschwindigkeitsbegrenzung von 70 km/h für stadteinwärtsfahrende Fahrzeuge zu überwachen, beschließt R Gegenmaßnahmen zu ergreifen. Er stellt sein Auto ein paar hundert Meter von der Kontrollstelle entfernt ab und befestigt an der Heckscheibe ein Schild mit der gut lesbaren Aufschrift „Radar". Um ganz sicher zu gehen, stellt R sich an den Fahrbahnrand und macht mit Handzeichen auf die Radarüberwachung aufmerksam, was dazu führt, dass ca. 45 Minuten lang keiner der stadteinwärts fahrenden Verkehrsteilnehmer schneller als 70 km/h fährt.

Der Polizeivollzugsdienst untersagt R daraufhin, auf die Radarkontrolle aufmerksam zu machen. Des Weiteren wird er angewiesen, das Warnschild aus dem Wagen zu entfernen, dem Polizeivollzugsdienst zu übergeben und den Kontrollstellenbereich zu verlassen. Da R keiner der Anordnungen Folge leistet, nehmen die Polizeivollzugsbeamten das Schild aus dem Auto und bringen R mit dem Streifenwagen außerhalb des Kontrollbereichs und entlassen ihn dort. Das Hinweisschild wird in Verwahrung genommen und R eine Bescheinigung darüber erteilt. Als R am nächsten Tag sein Schild vom Polizeivollzugsdienst herausverlangt, um auch künftig vor Radarfallen warnen zu können, wird ihm dies verweigert. R ist empört. Seiner Ansicht nach hat sein Verhalten eher die Sicherheit des Straßenverkehrs gefördert, als dass es ihr geschadet hätte, und schließlich würde die Polizei selbst über den Rundfunk vor Kontrollstellen warnen. R möchte nun sein Schild zurückbekommen und im Übrigen gerichtlich gegen die Maßnahmen des Polizeivollzugsdienstes vorgehen.

Hat seine Klage Aussicht auf Erfolg?

Lösungsskizze

I. Zulässigkeit der Klage

1. Verwaltungsrechtsweg
   - öffentlich-rechtliche Streitigkeit, § 40 I VwGO (+): jeweils prüfen für jeden einzelnen Streitgegenstand
2. Statthafte Klageart
   a) Untersagung der Radarwarnung/Platzverweis: Fortsetzungsfeststellungsklage

b) Beschlagnahme des Schildes: Anfechtungsklage

c) Herausnahme des Schildes/Entfernung des R: allgemeine Leistungsklage

d) Herausgabeverlangen: allgemeinen Leistungsklage als Annexantrag zur Anfechtungsklage

3. Klagebefugnis (+)
4. Besonderes Feststellungsinteresse bei Fortsetzungsfeststellungsklage (+)
5. Widerspruchsverfahren
   – bei Anfechtungsklage
   – bei Fortsetzungsfeststellungsklage
6. Klagefrist bei Fortsetzungsfeststellungsklage
7. Rechtsschutzbedürfnis für Antrag auf Herausgabe (+)
8. Objektive Klagehäufung, § 44 VwGO (+)
9. Zwischenergebnis: Zulässigkeit der Klage (+)

II. Begründetheit

1. Passivlegitimation Land Baden-Württemberg, § 70 PolG BW (+)
2. Rechtmäßigkeit der polizeilichen Maßnahmen
   a) Formelle Rechtmäßigkeit (+)
   b) Materielle Rechtmäßigkeit
      aa) Untersagung der Radarwarnung
         – § 44 II 2 StVO (–)
         – §§ 3, 1 I PolG BW (+)
      bb) Aufforderung zur Herausgabe des Schildes, § 33 I Nr. 1 PolG BW (+)
      cc) Herausnehmen des Schildes (+)
         – Unmittelbarer Zwang, §§ 49 II, 50 I PolG BW (+)
         – als ultima ratio, § 52 I 1 PolG BW
         – vorherige Androhung, § 52 II PolG BW
         – Vollstreckbarkeit der Grundverfügung, § 52 IV PolG BW i. V. m. § 2 LVwVG BW, § 21 LVwVG BW
      dd) Platzverweis, § 27a I PolG BW (+)
      ee) Verbringung des R (+)
         – Gewahrsam, § 28 PolG BW (–)
         – Unmittelbarer Zwang, § 52 I 2 PolG BW (+)
3. Störereigenschaft des R
   – Verbot der Radarwarnung und Platzverweis: Verhaltensstörer (+)
   – Aufforderung zum Entfernen des Schilds aus dem Wagen: Zustandsstörer (+)
   – Vollstreckung (+): Pflichtiger der Polizeiverfügung als richtiger Adressat
4. Rechtsverletzung des R (+)
5. Herausgabeanspruch bezüglich des Schildes (–)
   – Voraussetzungen der Beschlagnahme (+)
   – wiederholte Warnung vor verdeckten Radarkontrollen zu befürchten

Ergebnis: Klage zulässig, aber nicht begründet.

Lösung

I. Zulässigkeit der Klage

1. Verwaltungsrechtsweg

Der Verwaltungsrechtsweg ist eröffnet, wenn eine öffentlich-rechtliche Streitigkeit nicht verfassungsrechtlicher Art vorliegt und keine anderweitige Rechtshängigkeit besteht.

a) Öffentlich-rechtliche Streitigkeit, § 40 I VwGO

Ob eine Streitigkeit öffentlich-rechtlich ist, bestimmt sich nach dem Streitgegenstand. Streitgegenstand sind hier folgende Maßnahmen des Polizeivollzugsdienstes,

(1) das Verbot vor der Radarfalle zu warnen,
(2) die Beschlagnahme des Warnschildes,
(3) der Platzverweis,
(4) das Entfernen des R aus dem Kontrollbereich,
(5) die Mitnahme des Schildes,
(6) und schließlich die Herausgabeverweigerung am nächsten Tag.

Hinsichtlich der ersten fünf Maßnahmen ist die Streitigkeit öffentlich-rechtlich, da der handelnde Polizeivollzugsdienst gegenüber R in einem Über- und Unterordnungsverhältnis stand. Auch das Herausgabeverlangen des R ist aufgrund des engen Zusammenhangs mit der Beschlagnahme als öffentlich-rechtliche Streitigkeit zu werten. Die Streitigkeiten sind auch nicht verfassungsrechtlicher Art.

b) Anderweitige Rechtswegzuweisung

Fraglich ist, ob eine Zuweisung zu einem anderen Gerichtszweig besteht. Nach § 23 I EGGVG sind die ordentlichen Gerichte für Maßnahmen der Polizei auf dem Gebiet der Strafverfolgung zuständig. Die ersten fünf Maßnahmen sind nicht zum Zwecke der Strafverfolgung ergriffen worden, sondern um eine weitere Störung der Geschwindigkeitskontrolle zu verhindern. Demnach ist der Polizeivollzugsdienst in den vorliegenden Fällen Gefahren abwehrend tätig geworden, so dass keine Zuständigkeit der ordentlichen Gerichte gem. § 23 I EGGVG vorliegt.

Eine Sonderzuweisung an die ordentlichen Gerichte könnte jedoch gem. § 40 II 1 2. Alt. VwGO bezüglich der Herausgabeverweigerung des Schildes bestehen, wenn durch die Mitnahme des Schildes eine öffentlich-rechtliche Verwahrung entstanden ist. Eine Beschlagnahme i. S. d. § 33 PolG BW begründet ein solches öffentlich-rechtliches Verwahrungsverhältnis.[1] Fraglich ist, ob eine öffentlich-rechtliche Verwahrung grundsätzlich eine Zuständigkeit der ordentlichen Gerichte hinsichtlich des Herausgabeverlangens begründet. Dies hängt davon ab, ob der Herausgabeanspruch lediglich als Anspruch i. S. d. § 40 II VwGO oder auch als Folgenbeseitigungsanspruch qualifiziert werden kann. In letzterem Fall wäre der Verwaltungsrechtsweg eröffnet.[2] Letztlich kann es jedoch dahingestellt bleiben, ob der Herausgabeanspruch ausschließlich den Verwaltungsgerichten oder parallel auch den ordentlichen Gerichten zugewiesen ist, da in jedem Fall für R die Möglichkeit besteht, den Anspruch vor den Verwaltungsgerichten geltend zu machen. Demnach ist für alle Streitigkeiten der Verwaltungsrechtsweg gem. § 40 I VwGO eröffnet.

---

[1] *Ruder/Schmitt*, Polizeirecht BW, Rn. 627.
[2] *Kopp/Schenke*, VwGO, § 40 Rn. 64.

2. Statthafte Klageart

Die richtige Klageart richtet sich nach dem tatsächlichen Klagebegehren des Klägers. Dieses kann für jede polizeiliche Maßnahme unterschiedlich sein und ist daher einzeln zu untersuchen.

a) Untersagung der Radarwarnung/Platzverweis

Die erste und dritte Maßnahme, die Untersagung der Radarwarnung und der Platzverweis, sind Verwaltungsakte i. S. d. § 35 S. 1 LVwVfG BW, welche sich durch Zeitablauf schon vor Klageerhebung erledigt haben. Richtige Klageart ist deshalb nicht die Anfechtungsklage gem. § 42 I 1. Alt. VwGO, sondern die Fortsetzungsfeststellungsklage gem. § 113 I 4 VwGO analog.

b) Beschlagnahme des Schildes

Hinsichtlich der zweiten Maßnahme, der Beschlagnahme des Schildes, ist das Klagebegehren auf deren Aufhebung gerichtet. Richtige Klageart könnte die Anfechtungsklage gem. § 42 I 1. Alt. VwGO sein. Die Beschlagnahme gliedert sich in eine Beschlagnahmehandlung und in eine Beschlagnahmeverfügung, die ein Verwaltungsakt i. S. d. § 35 S. 1 LVwVfG BW ist.[3] Da die Polizei aufgrund der Beschlagnahmeverfügung gem. § 33 I PolG BW[4] immer noch in Besitz des Schildes ist, hat sich der Verwaltungsakt auch noch nicht erledigt, so dass nicht die Fortsetzungsfeststellungsklage, sondern die Anfechtungsklage die richtige Klageart ist.

c) Herausnahme des Schildes/Entfernung des R

Bei der vierten und fünften Maßnahme, dem Herausnehmen des Schildes sowie der Entfernung des R aus dem Kontrollstellenbereich, handelt es sich um Zwangsmittel, deren Rechtscharakter für die statthafte Klageart entscheidend ist. Hier hat der Polizeivollzugsdienst in beiden Fällen unmittelbaren Zwang angewandt. Dieser stellt mangels eigenen Regelungsgehalts einen Realakt dar.[5] Statthafte Klageart gegen die Wiederholung eines solchen ist die allgemeine Leistungsklage.

d) Herausgabeverlangen

Zu prüfen ist ferner, mit welcher Klageart die Herausgabe des Schildes geltend gemacht werden kann. Ließe sich auch die Herausgabe in einen Realakt und einen Verwaltungsakt unterteilen, so müsste dieses Begehren mit der Verpflichtungsklage gem. § 42 I 2. Alt. VwGO geltend gemacht werden. Die Herausgabe ist ein Realakt, der die Beendigung des öffentlich-rechtlichen Verwahrungsverhältnisses darstellt und als solcher zwangsläufig beim Entfallen der Voraussetzungen der Beschlagnahme durchzuführen ist.[6] Mangels Verwaltungsakts kann auch die Herausgabe nur mit der allgemeinen Leistungsklage geltend gemacht werden. Nach § 33 III 1 PolG BW müsste zunächst die Beschlagnahme aufgehoben werden. Demnach setzt die Herausgabe zunächst das erfolgreiche Vorgehen gegen die Beschlagnahme voraus. Im ge-

---

[3] *Ruder/Schmitt*, Polizeirecht BW, Rn. 628.
[4] Art. 25 BayPAG, § 38 BlnASOG, § 23 Nr. 1g OBG Bbg/§ 25 PolG Bbg, § 23 BremPolG, § 14 HbgSOG, § 40 HessSOG, § 61 SOG MV, § 26 NdsSOG, § 24 Nr. 13 OBG NRW/§ 43 PolG NRW, § 22 POG RhPf, § 21 PolG Saarl, §§ 26, 27 PolG Sachs, § 45 SOG SA, § 210 LVwG SH, § 22 OBG Thür/§ 27 PAG Thür.
[5] *Schoch*, JuS 1995, 311.
[6] *Knemeyer*, Polizei- und Ordnungsrecht, Rn. 264.

richtlichen Verfahren besteht daher nach § 113 I 2 VwGO die Möglichkeit, die Leistungsklage als Annexantrag zur Anfechtungsklage zu erheben.[7] Über die allgemeine Leistungsklage wird nur dann entschieden, wenn die Anfechtungsklage erfolgreich war.

3. Klagebefugnis

R ist als Adressat eines belastenden Verwaltungsakts sowohl für die Fortsetzungsfeststellungsklage als auch für die Anfechtungsklage klagebefugt, da er zumindest in seinem allgemeinen Freiheitsrecht aus Art. 2 I GG verletzt sein könnte.

Für die allgemeine Leistungsklage ist eine Klagebefugnis des R gem. § 42 II VwGO analog anzunehmen, wenn die Möglichkeit einer Rechtsgutsverletzung durch die Anwendung von Zwangsmaßnahmen besteht. R könnte durch die Wegnahme des Schildes und seiner Entfernung aus dem Kontrollbereich ebenfalls in seinem Grundrecht aus Art. 2 I GG verletzt sein. Hinsichtlich des Herausgabeverlangens muss die Möglichkeit eines Herausgabeanspruchs bestehen. Ein solcher könnte sich aus dem Folgenbeseitigungsanspruch ergeben. Eine Klagebefugnis des R ist somit auch hier anzunehmen.

4. Besonderes Feststellungsinteresse

Für die Fortsetzungsfeststellungsklage müsste R ein besonderes Feststellungsinteresse nachweisen. Dieses ist unter anderem dann anzunehmen, wenn der Erlass eines gleichartigen Verwaltungsakts in naher Zukunft zu erwarten ist, mithin eine Wiederholungsgefahr besteht. Von einer solchen ist hier auszugehen, denn R beabsichtigt auch weiterhin andere Verkehrsteilnehmer vor mobilen Radarkontrollen zu warnen. Ein besonderes Feststellungsinteresse ist damit gegeben.

5. Widerspruchsverfahren

Voraussetzung für die Anfechtungsklage gegen die Beschlagnahme ist die Durchführung eines Widerspruchsverfahrens gem. § 68 I VwGO. R hat keinen Widerspruch eingelegt. Da es sich bei dem Widerspruchsverfahren um eine Sachentscheidungsvoraussetzung handelt, kann R dieses bis zur letzten mündlichen Verhandlung nachholen. Für die allgemeine Leistungsklage ist die Durchführung eines Vorverfahrens nicht erforderlich.

Fraglich ist dagegen, ob die Fortsetzungsfeststellungsklage einen Widerspruch voraussetzt. Dies ist strittig, denn bei der Fortsetzungsfeststellungsklage handelt es sich weder um eine reine Anfechtungs- noch um eine reine Feststellungsklage.[8] Eine Mindermeinung fordert im Hinblick auf die Feststellungskompetenz der Widerspruchsbehörde auch nach Erledigung des Verwaltungsakts die Durchführung eines Vorverfahrens.[9] Dies wird teilweise abgelehnt,[10] da es nicht Aufgabe der Verwaltung sei, verbindlich über die Rechtswidrigkeit eines erledigten Verwaltungsakts zu entscheiden und daher ein Fortsetzungsfeststellungswiderspruch entbehrlich sei. Die h. M. stellt demgegenüber auf den Zeitpunkt der Erledigung ab, da bis dahin ein normales Anfechtungsverfahren vorliegt. Wenn der Kläger also schon vor Erledigung Verfahrensvoraussetzungen, wie z. B. die Einhaltung von Rechtsbehelfsfristen, nicht erfüllt, so kann ihm nicht durch die Erledigung eine weitergehende Rechtsstellung als

---

[7] *Schmitt Glaeser/Horn*, Verwaltungsprozeßrecht, Rn. 239a.
[8] *Pietzner/Ronellenfitsch*, Das Assessorexamen im öffentlichen Recht, § 31 Rn. 30.
[9] Vgl. *Kopp/Schenke*, VwGO, § 68 Rn. 34; *Schenke*, Verwaltungsprozessrecht, Rn. 666.
[10] BVerwGE 26, 161.

zuvor erwachsen.[11] Eine Fortsetzungsfeststellungsklage ist demnach unzulässig, wenn der angefochtene Verwaltungsakt sich nach Verstreichen der Widerspruchsfrist erledigt hat. Vorliegend haben sich die Anfechtungsbegehren mit der Durchführung der Maßnahme erledigt, so dass mit der h. M. davon auszugehen ist, dass ein Vorverfahren entbehrlich ist.

6. Klagefrist

Fraglich ist ferner, ob die Fortsetzungsfeststellungsklage an Fristen gebunden ist. Dies ist mangels eindeutiger Qualifizierung der Fortsetzungsfeststellungsklage als Anfechtungs- oder Feststellungsklage strittig. Aus dem Rechtsgedanken, dass die Fortsetzungsfeststellungsklage nicht mehr Rechte verschaffen kann als die ihr zugrunde liegende Anfechtungsklage, folgt, dass die Fristen für eine Anfechtungsklage zu wahren sind.[12] Da mit der h. M. die Durchführung eines Widerspruchsverfahrens abzulehnen ist, wird § 74 I 2 VwGO entsprechend angewandt. Im Polizeirecht ist aufgrund regelmäßig fehlender Rechtsbehelfsbelehrungen dann konsequenterweise nach § 58 II VwGO die Jahresfrist einzuhalten.[13]

7. Rechtsschutzbedürfnis

Dem Antrag auf Herausgabe könnte das Rechtsschutzbedürfnis fehlen. Dies wäre der Fall, wenn die Polizei gem. § 33 III 1 PolG BW zur Herausgabe verpflichtet wäre, sobald die Voraussetzungen der Beschlagnahme nicht mehr vorliegen. Denn dann könnte mit der Anfechtung der Beschlagnahme auch gleichzeitig die Herausgabe verlangt werden. Für eine Leistungsklage auf Herausgabe bestünde dann kein Rechtsschutzbedürfnis mehr. Häufig steht der Polizei jedoch aus Kostengründen ein Zurückbehaltungsrecht zu, so dass die Herausgabe von der Zahlung der Kosten abhängig gemacht werden kann.[14] Folglich stellt das Herausgabeverlangen einen über die Beseitigung der Beschlagnahme hinausgehenden Anspruch dar, so dass auch ein Bedürfnis für einen getrennten Herausgabeantrag besteht.

8. Objektive Klagehäufung

Gem. § 44 VwGO können die Klagen zusammen erhoben werden, da sie sich gegen denselben Beklagten, das Land Baden-Württemberg, richten, hinsichtlich der polizeilichen Maßnahmen in einem sachlichen und zeitlichen Zusammenhang stehen und in allen Fällen das VG Stuttgart zuständig ist.

9. Zwischenergebnis

Die Klage ist zulässig.

II. Begründetheit

Die Anfechtungsklage und die Fortsetzungsfeststellungsklage sind begründet, wenn sie sich gegen den richtigen Beklagten richten, die jeweilige Maßnahme rechtswidrig war und R dadurch in seinen Rechten verletzt wurde (vgl. § 113 I 4 VwGO).

---

[11] *Schmitt Glaeser/Horn*, Verwaltungsprozeßrecht, Rn. 362.
[12] *Kopp*, DVBl. 1992, 1494.
[13] *VGH Mannheim* NJW 1981, 364.
[14] *Habermehl*, Polizei- und Ordnungsrecht, Rn. 648.

Gleiches gilt für die allgemeine Leistungsklage hinsichtlich der Zwangsmaßnahmen der Polizei. Die allgemeine Leistungsklage auf Herausgabe des Schildes ist dagegen begründet, wenn R einen Anspruch darauf hat.

1. Passivlegitimation

Nach § 78 I Nr. 1 VwGO ist die Klage gegen die Körperschaft zu richten, deren Behörde den angefochtenen Verwaltungsakt erlassen hat. Handelnde Behörde ist der Polizeivollzugsdienst, der Handlungen gem. § 60 III PolG BW vorgenommen hat. Da der Vollzugsdienst eigene Entscheidungen in eigenen Zuständigkeiten trifft, ist der richtige Beklagte der Träger des Vollzugsdienstes. Dies ist gem. § 70 PolG BW das Land Baden-Württemberg. Sofern man diese Vorschrift als Regelung der passiven Prozessführungsbefugnis begreift, ist sie als Frage des richtigen Klagegegners bei der Zulässigkeit der Klage zu prüfen.[15]

2. Rechtmäßigkeit der polizeilichen Maßnahmen

a) Formelle Rechtmäßigkeit

Die polizeilichen Maßnahmen enthalten keine formellen Rechtsfehler. Der Polizeivollzugsdienst ist gem. § 1 I, II i. V. m. § 60 II, III PolG BW[16] zuständig. Die erforderliche Anhörung nach § 28 I LVwVfG kann im Gespräch mit den Polizeibeamten gesehen werden. Des Weiteren enthält die vom Polizeivollzugsdienst ausgestellte Bescheinigung nach § 33 PolG BW die nach § 39 I 1 2. Alt. LVwVfG erforderliche Begründung.

b) Materielle Rechtmäßigkeit

Die Maßnahmen sind rechtmäßig, wenn sie in den dem Polizeivollzugsdienst zugewiesenen Aufgabenbereich fallen und aufgrund einer Ermächtigungsgrundlage ergingen, deren Tatbestandsvoraussetzungen erfüllt sind.

aa) Untersagung der Radarwarnung

(1) Ermächtigungsgrundlage nach § 44 II 2 StVO

Die Polizei könnte gem. § 44 II 2 StVO befugt sein, R die Warnung vor der Radarkontrolle zu untersagen. § 44 II 2 StVO sieht jedoch nur eine Verwaltungsaktbefugnis der Polizei für Maßnahmen zur Sicherung und Lenkung des Verkehrs vor. Das Verbot der Warnung vor Radarfallen ist nicht zur Sicherung und Lenkung des Verkehrs getroffen worden, so dass die Polizei nicht gem. § 44 II 2 StVO zum Erlass des Verbots ermächtigt war.

---

[15] Für die Prüfung als Passivlegitimation *BVerwG* NVwZ-RR 1990, 44; *VGH München* BayVBl. 1988, 630; für die Prüfung als Prozessführungsbefugnis bei der Zulässigkeit siehe *Schenke*, Verwaltungsprozessrecht, Rn. 546.

[16] Art. 2 III, IV, 3 BayPAG, § 4 BlnASOG, § 2 PolG Bbg, § 64 I 2 BremPolG, § 3 II a HbgSOG, § 2 S. 1 HessSOG, § 7 I Nr. 3 SOG MV, § 1 II 1, V NdsSOG, § 1 I 3 PolG NRW, § 1 VI POG RhPf, § 85 II 1 PolG Saarl, § 60 II, III PolG Sachs, § 2 SOG SA, § 168 I Nr. 2 LVwG SH, § 3 OBG Thür.

(2) Ermächtigungsgrundlage nach §§ 3, 1 I PolG BW

In Ermangelung einer spezialgesetzlichen Ermächtigungsgrundlage könnte die Untersagung auf die Generalklausel des §§ 3, 1 I PolG BW[17] gestützt sein. Schutzgut der öffentlichen Sicherheit ist unter anderem die Funktionsfähigkeit der staatlichen Einrichtungen und Behörden. Unter staatlichen Behörden sind auch die Polizeibehörden und der Polizeivollzugsdienst zu verstehen, woraus sich eine Ermächtigung der Polizei zum Selbstschutz vor der Behinderung ihrer Tätigkeiten ergibt. Fraglich könnte sein, ob die Warnungen des R die Polizeivollzugsbeamten bei ihrer Tätigkeit beeinträchtigen. Eine Beeinträchtigung liegt dann vor, wenn der Sinn und Zweck einer verdeckten Radarkontrolle zum Teil oder ganz vereitelt wird.

Einerseits ließe sich anführen, dass es nicht Sinn und Zweck einer verdeckten Radarkontrolle sein kann, möglichst viele Verkehrssünder zu ermitteln und diese mit einem Bußgeld zu belegen. Sinn einer Geschwindigkeitskontrolle sei vielmehr zur Einhaltung der Höchstgeschwindigkeit zu ermahnen und dadurch die Verkehrssicherheit zu fördern. Diesen Zweck hat R jedoch nicht beeinträchtigt, sondern ihm seiner Ansicht nach vielmehr Vorschub geleistet, indem er durch die Handzeichen zur Einhaltung der 70 km/h anhielt und dadurch ebenfalls zur Verkehrssicherheit beitrug. Für diese Ansicht könnte auch der Umstand sprechen, dass die Polizei im Rundfunk selbst vor Geschwindigkeitskontrollen warnt, so dass Sinn und Zweck der verdeckten Radarfalle nicht durch die Warnung vor ihr vereitelt werden kann.

Nach richtiger Ansicht ist jedoch zu bedenken, dass die nicht angekündigten, verdeckt durchgeführten Geschwindigkeitsmessungen nicht dazu bestimmt sind, die Einhaltung der Verkehrsvorschriften während der Dauer der Messungen auf der Überwachungsstrecke sicherzustellen. Sinn und Zweck dieser Überwachungen ist es vielmehr, diejenigen Kraftfahrer abzuschrecken, die die Geschwindigkeitsbegrenzungen nicht hinreichend beachten, wenn sie sich unkontrolliert glauben. Auf diese Weise wirkt die Abschreckung über den örtlichen und zeitlichen Rahmen der Kontrolle hinaus.[18]

Die verdeckte Geschwindigkeitskontrolle soll demnach Kraftfahrer dazu anhalten, sich nicht nur an den ihnen bekannten Kontrollpunkten, sondern überall und jederzeit an die vorgeschriebene Geschwindigkeitsbegrenzung zu halten. Diese Wirkung der Geschwindigkeitskontrolle wird beeinträchtigt, wenn auf sie hingewiesen wird. Der Umstand, dass die Polizei selbst auf Radarkontrollen hinweist um gezielt bestimmte Unfallschwerpunkte zu bekämpfen, ersetzt verdeckte Geschwindigkeitskontrollen nicht, sondern ergänzt diese vielmehr. Schließlich ist die Art und Weise der Verkehrsüberwachung Aufgabe der zuständigen Behörde und steht nicht zur Disposition des einzelnen. Folglich liegt eine Beeinträchtigung der öffentlichen Sicherheit durch R vor, so dass der Polizeivollzugsdienst ermächtigt war einzuschreiten. Die Untersagung der Radarwarnung war somit rechtmäßig.

bb) Aufforderung zur Herausgabe des Schildes

Die Aufforderung zur Herausgabe des Schildes könnte eine Beschlagnahme i. S. d. § 33 I Nr. 1 PolG BW[19] sein. Eine Störung der öffentlichen Sicherheit ist darin zu

---

[17] Art. 6, 7 II BayLStVG/Art. 2 I, 11 I BayPAG, §§ 1 I, 17 I BlnASOG, §§ 1 I, 13 I OBG Bbg/§§ 1 I, 10 PolG Bbg, §§ 1 I, 10 BremPolG, § 3 I, II HbgSOG, §§ 1 I, 11 HessSOG, §§ 2 I, 13 SOG MV, §§ 1 I, 11 NdsSOG, §§ 1 I, 14 I OBG NRW/§§ 1 I, 8 I PolG NRW, §§ 1 I, 9 I POG RhPf, §§ 1 II, 8 I PolG Saarl, §§ 1 I, 3 I PolG Sachs, §§ 1 I, 13 SOG SA, §§ 163 I, 171 LVwG SH, §§ 2 I, 5 I OBG Thür/§§ 2 I, 12 I PAG Thür.

[18] *OVG Münster* NJW 1997, 1596.

[19] Die Terminologie der einzelnen Polizei- und Ordnungsgesetze, welche die Sicherstellung und Beschlagnahme regeln, ist nicht einheitlich. Die Mehrzahl der Polizei- und Ordnungsgesetze

erblicken, dass die stadteinwärtsfahrenden Verkehrsteilnehmer, gewarnt durch die Aufschrift des Schildes, nicht schneller als 70 km/h fuhren und somit der oben dargestellte Sinn und Zweck der verdeckten Geschwindigkeitskontrollen beeinträchtigt wird. Diese Störung ist auch bereits eingetreten, da ca. 45 Minuten lang kein Kfz-Fahrer die zulässige Höchstgeschwindigkeit überschritten hat und auch ohne die Herausnahme des Schildes davon auszugehen ist, dass dies auch weiterhin der Fall sein wird. Die Beschlagnahme ist damit ebenfalls rechtmäßig.

cc) Herausnehmen des Schildes

Durch das Entfernen des Schildes aus dem Wagen des R wendet der Polizeivollzugsdienst unmittelbaren Zwang gem. §§ 49 II, 50 I PolG BW[20] zur Durchsetzung der Beschlagnahmeanordnung an. Gem. § 52 I 1 PolG BW darf der unmittelbare Zwang als Ultima Ratio nur angewendet werden, wenn der polizeiliche Zweck auf anderem Wege nicht mehr erreicht werden kann, mithin andere Zwangsmittel nicht in Betracht kommen.[21]

Das Zwangsmittel der Ersatzvornahme scheidet mangels einer vertretbaren Handlung aus, denn das im Besitz des R befindliche Schild kann nur von ihm herausgenommen werden, so dass diese Herausgabe als unvertretbare Handlung anzusehen ist. Ebenso würde die Festsetzung eines Zwangsgeldes dem Zweck der Beschlagnahme nicht gerecht werden, da die von dem Schild weiterhin ausgehende Warnung bestehen bleiben würde.

Bedenken hinsichtlich der Anwendung des unmittelbaren Zwangs könnten jedoch insofern bestehen, als gem. § 52 II PolG BW das Zwangsmittel vor seiner Anwendung, soweit es die Umstände zulassen, anzudrohen ist. Dies ist hier aber nicht erfolgt. Jedoch ist die sofortige Anwendung des Zwangsmittels zur Abwendung der weiteren Beeinträchtigung der Radarkontrolle erforderlich, so dass hier die Androhung unterbleiben konnte.

Die Grundverfügung muss ferner gem. § 52 IV PolG BW i. V. m. § 2 LVwVG vollstreckbar sein, das heißt, dass der VA entweder unanfechtbar ist oder ein Rechtsbehelf keine aufschiebende Wirkung hat. Da jedoch Gefahr im Verzug vorliegt, kann gem. § 21 LVwVG das Erfordernis der Unanfechtbarkeit entfallen.

dd) Platzverweis

In der Anordnung, die Kontrollstelle zu verlassen, ist ein Platzverweis zu erblicken, der gem. § 27a I PolG BW[22] auch erteilt werden konnte, da eine Gefahr für die öffentliche Sicherheit durch die von R gegebenen Handzeichen vorlag.

---

verwenden den Begriff der Sicherstellung für die Beendigung des Gewahrsams des Berechtigten und die Begründung neuen Gewahrsams durch die Behörde. Anders in §§ 32, 33 PolG BW und §§ 26, 27 PolG Sachs, wo zwischen dem Interesse des Eigentümers oder rechtmäßigen Inhabers der tatsächlichen Gewalt dienenden Sicherstellung einerseits und der Beschlagnahme andererseits unterschieden wird. Im Übrigen Art. 25, 26 BayPAG, §§ 38, 39 BlnASOG, §§ 25, 26 PolG Bbg, §§ 23, 24 BremPolG, § 14 HbgSOG, §§ 40, 41 HessSOG, §§ 61–63 SOG MV, §§ 26, 27 NdsSOG, § 24 OBG NRW/§§ 43, 44 PolG NRW, §§ 22, 23 POG RhPf, §§ 21, 22 PolG Saarl, §§ 45, 46 SOG SA, §§ 210–212 LVwG SH, §§ 22 ff. OBG Thür/§§ 27, 28 PAG Thür.

[20] Regelungen des unmittelbaren Zwangs in Art. 58, 60–69 BayPAG, BlnUZwG, §§ 58, 60–69 PolG Bbg, §§ 40–47 BremPolG, §§ 17–26 HbgSOG, §§ 52, 54–63 HessSOG, §§ 90, 101–113 SOG MV, §§ 69, 71–79 NdsSOG, §§ 55, 57–66 PolG NRW, §§ 57–66a POG RhPf, §§ 49, 51–58 PolG Saarl, §§ 30–34 PolG Sachs, §§ 58, 60–68 SOG SA, §§ 239, 250–261 LVwG SH, §§ 56, 58–67 PAG Thür.

[21] *Ruder/Schmitt*, Polizeirecht BW, Rn. 686.

[22] Ausdrücklich geregelt in folgenden Landesgesetzen: Art. 16 BayPAG, § 29 BlnSOG, § 16 PolG Bbg, § 14 BremPolG, § 12a HbgSOG, § 31 HessSOG, § 52 SOG MV, § 17 NdsSOG,

ee) Verbringung des R außerhalb des Kontrollbereichs

(1) Gewahrsam gem. § 28 PolG BW[23]

Die Entfernung des R aus dem Kontrollbereich könnte eine sog. Ingewahrsamnahme sein. Gewahrsam ist jedes Festhalten an einem eng umgrenzten Ort, wodurch die Freiheit sich fortzubewegen nicht nur kurzfristig eingeschränkt wird. Dies ist hier nicht der Fall. R wird in den Streifenwagen lediglich zum Zwecke des Abtransportes gebracht. Dabei handelt es sich nicht um eine Ingewahrsamnahme nach § 28 PolG BW, sondern um einen sog. Verbringungsgewahrsam, bei dem eine Person von einem bestimmten Ort entfernt und an einen abgelegenen Ort verbracht wird, um dessen baldige Rückkehr zu verhindern.[24]

(2) Unmittelbarer Zwang

Der Polizeivollzugsdienst könnte auch gegenüber R unmittelbaren Zwang angewandt haben, indem sie ihn zur Durchsetzung des Platzverweises von der Kontrollstelle entfernte. Entsprechend dem Gebot des geringsten Eingriffs darf gegen Personen unmittelbarer Zwang jedoch nur dann angewendet werden, wenn der polizeiliche Zweck durch unmittelbaren Zwang gegen Sachen nicht erreichbar erscheint, § 52 I 2 PolG BW. Hier könnte mit dem unmittelbaren Zwang gegen das Schild schon die Gefahr für die Kontrollstelle beseitigt worden sein. Jedoch ist zu bedenken, dass R auch mit Handzeichen noch am Fahrbahnrand auf die Kontrollen aufmerksam gemacht hat, mithin der unmittelbare Zwang gegen das Schild und die Aufforderung, die Kontrollstelle zu verlassen, allein nicht die Störung der öffentlichen Sicherheit beseitigt. Folglich liegt kein Verstoß gegen das Gebot des geringsten Eingriffs vor, so dass auch der unmittelbare Zwang gegen R rechtmäßig war.

3. Störereigenschaft des R

Hinsichtlich des Verbots der Radarwarnung und des Platzverweises ist R Verhaltensstörer i. S. d. § 6 I PolG BW[25] und damit richtiger Adressat der polizeilichen Maßnahmen. Bezüglich der Aufforderung, das Schild aus dem Wagen zu nehmen, ist R Zustandsstörer i. S. d. § 7 PolG BW,[26] denn Zustand der Sache bedeutet nicht nur, als Folgen einer engen Auslegung, deren Zustand, sondern umfasst auch deren Lage im Raum. Adressat der Vollstreckung ist der Pflichtige der Polizeiverfügung, so dass R auch diesbezüglich richtiger Adressat ist.[27]

---

§ 24 OBG NRW/§ 34 PolG NRW, § 13 POG RhPf, § 12 PolG Saarl, § 21 PolG Sachs, § 36 SOG SA, § 201 LVwG SH, § 17 OBG Thür/§ 18 PAG Thür. Soweit es an einer spezialgesetzlichen Regelung fehlt, kann ein Platzverweis nur auf die Generalklausel der Landesgesetze gestützt werden.

[23] Die landesrechtlichen Regelungen weichen teilweise voneinander ab: Art. 17–26 BayPAG, §§ 30–33 BlnASOG, §§ 17–20 PolG Bbg, §§ 15–18 BremPolG, §§ 13–13c HbgSOG, §§ 32–35 HessSOG, §§ 55 ff. SOG MV, §§ 18–21 NdsSOG, §§ 35–38 PolG NRW, § 24 OBG NRW, §§ 14–17 POG RhPf, §§ 13–16 PolG Saarl, § 22 PolG Sachs, §§ 37–40 SOG SA, §§ 204 ff. LVwG SH, §§ 19–22 PAG Thür.

[24] *Ruder/Schmitt*, Polizeirecht BW, Rn. 570.

[25] Art. 9 I BayLStVG/Art. 7 I Bay PAG, § 13 I BlnASOG, § 16 OBG Bbg/§ 5 PolG Bbg, § 5 I BremPolG, § 8 HbgSOG, § 6 I HessSOG, § 69 SOG MV, § 6 I NdsSOG, § 17 I OBG NRW/§ 4 I PolG NRW, § 4 I POG RhPf, § 4 I PolG Saarl, § 4 PolG Sachs, § 7 SOG SA, § 218 LVwG SH, § 10 OBG Thür/§ 7 PAG Thür.

[26] Art. 9 II 2 BayLStVG/Art. 8 II BayPAG, § 14 III BlnASOG, § 17 OBG Bbg/§ 6 I PolG Bbg, § 6 II BremPolG, § 9 I HbgSOG, § 7 II HessSOG, § 70 I SOG MV, § 7 II NdsSOG, § 18 I OBG NRW/§ 5 II PolG NRW, § 5 II POG RhPf, § 5 II PolG Saarl, § 5 PolG Sachs, § 8 II SOG SA, § 219 I LVwG SH, § 11 II OBG Thür/§ 8 II PAG Thür.

[27] *Ruder/Schmitt*, Polizeirecht BW, Rn. 266, 674.

4. Rechtsverletzung des R

Somit liegt eine Rechtsgutsverletzung des R nicht vor.

5. Herausgabeanspruch bezüglich des Schildes

Ein Herausgabeanspruch, der sich *e contrario* aus der Herausgabepflicht bei Aufhebung der Beschlagnahme nach § 33 IV 1 PolG BW ergibt, ist mangels einer spezialgesetzlichen Anspruchsgrundlage als Unterfall des allgemeinen Folgenbeseitigungsanspruches anzusehen.[28] Der Staat hat die rechtswidrigen Folgen eines Verwaltungshandelns rückgängig zu machen, wenn dies tatsächlich und rechtlich möglich und zumutbar ist. Weil die Voraussetzungen der Beschlagnahme vorgelegen haben und bei R die wiederholte Warnung vor verdeckten Radarkontrollen zu befürchten ist, besteht allerdings kein Herausgabeanspruch des R.

Ergebnis

Die Klage des R ist zulässig, aber nicht begründet.

---

[28] *VGH Mannheim* VBlBW 1990, 351; *Knemeyer*, Polizei- und Ordnungsrecht, Rn. 264. Art. 28 I BayPAG, § 41 I BlnASOG, § 23 OBG Bbg/§ 28 I PolG Bbg, § 26 I BremPolG, § 14 III HbgSOG, § 43 I HessSOG, § 61 II SOG MV, § 29 I NdsSOG, § 24 OBG NRW/§ 46 I PolG NRW, § 25 I POG RhPf, § 24 I PolG Saarl, § 27 III PolG Sachs, § 48 I SOG SA, §§ 210 II, III, 213 III LVwG SH, § 25 I OBG Thür/§ 30 I PAG Thür.

Fall 4. Die BSE-belasteten Rinder

Polizeirecht, Fortsetzungsfeststellungsklage, Feststellungsklage, Beschlagnahme, Einziehung, Vernichtung, Gefahren- und Störerbegriff, Gefahrerforschungsmaßnahmen

Sachverhalt

Der Viehhändler A betreibt in der Gemeinde S in Baden-Württemberg einen internationalen Handel mit Rindern. Diese Tiere kauft er auf großen Viehmärkten, die mit Rindern aus verschiedenen europäischen Ländern beliefert werden. Anschließend veräußert er sie aus seinem Stall an Schlachtereien in seiner Umgebung.

Im Rahmen einer veterinären Kontrolle in seinem Stall wird bei einem der Rinder festgestellt, dass dieses ein „merkwürdiges Verhalten" mit Muskelzuckungen und ähnlichen Ausfallerscheinungen an den Tag legt. A ist damit einverstanden, das Rind notzuschlachten. Dabei stellt sich heraus, dass das Rind mit dem BSE-Erreger infiziert ist.

Aufgeschreckt durch diesen Vorfall, beschlagnahmen Beamte des Polizeivollzugsdienstes alle weiteren im Stall des A befindlichen Rinder. Die schriftliche Begründung dafür lautet, dass die Gesundheit der Verbraucher gefährdet sei, weil sich der BSE-Erreger möglicherweise auch auf den Menschen bei Verzehr von verseuchtem Fleisch übertragen könnte. A wird auf die gegen die Beschlagnahme zulässigen Rechtsbehelfe hingewiesen.

Drei Tage später ergeht nach Anhörung des A eine schriftliche Verfügung mit Rechtsbehelfsbelehrung der Gemeinde, die eine Notschlachtung aller beschlagnahmten Rinder anordnet. Am übernächsten Tag findet die Notschlachtung sämtlicher Rinder statt. Bei der anschließenden Entnahme und Untersuchung der Gehirne wird jedoch festgestellt, dass kein weiteres Rind den BSE-Erreger in sich trug.

1. A reicht am Tag nach der Notschlachtung Klage gegen die Einziehung und Schlachtung der Rinder vor dem Verwaltungsgericht ein. Er trägt vor, dass er Gefahr laufe, Kunden, die von dem polizeilichen Vorgehen hörten, zu verlieren. Außerdem möchte er in einem späteren Prozess Schadensersatzansprüche wegen der geschlachteten Rinder geltend machen.

2. Weiterhin wendet er sich an einen befreundeten Rechtsanwalt mit der Frage, ob er möglicherweise einen Anspruch auf Entschädigung oder Zahlung eines Ausgleichsbetrages gegen den Staat haben könnte.

Bearbeiterhinweis: Gehen Sie davon aus, dass eine Feststellung der Infizierung nur am toten Rind möglich ist. Nehmen Sie an, dass lebende Rinder mit der Mindermeinung keine Lebensmittel im Sinne des LFGB sind und das Tierseuchengesetz keine Anwendung findet.

Lösungsskizze

1. Teil: Klage des A

I. Zulässigkeit der Klage

1. Verwaltungsrechtsweg (+)
   – streitentscheidende Norm: § 34 III, I PolG BW
2. Statthafte Klagearten
   a) Einziehung: Fortsetzungsfeststellungsklage
   b) Schlachtung: Feststellungsklage
3. Klagebefugnis (+)
4. Widerspruchsverfahren bzgl. Einziehung entbehrlich
5. Besonderes Feststellungsinteresse bzgl. Einziehung (+)
6. Qualifiziertes Rechtsschutzbedürfnis für Feststellungsklage (+)
7. Klagefrist bzgl. Fortsetzungsfeststellungsklage (+)
8. Objektive Klagehäufung, § 44 VwGO
9. Zwischenergebnis: Zulässigkeit der Klage (+)

II. Begründetheit

1. Ermächtigungsgrundlagen
   – Vernichtung eingezogener Sachen, §§ 34 III, I i. V. m. 33 I Nr. 1 PolG BW
2. Formelle Rechtmäßigkeit der Entziehung und Vernichtung
   a) Zuständigkeit der Gemeinde S (+): sachlich nach §§ 34 I, 66 II i. V. m. § 62 IV PolG BW; örtlich aus § 68 I PolG BW
   b) Form (+): Schriftform, § 34 I S. 2 PolG BW; Begründung, § 39 I LVwVfG BW
   c) Verfahren: Anhörung (+)
   d) Zwischenergebnis: Formelle Rechtmäßigkeit von Einziehungsanordnung und Vernichtung (+)
3. Materielle Rechtmäßigkeit der Entziehung und Vernichtung
   a) Einziehung gem. § 34 I PolG BW
      aa) Voraussetzungen der Beschlagnahme, § 33 I Nr. 1 PolG BW
         (1) Formelle Rechtmäßigkeit (+)
         (2) Materielle Rechtmäßigkeit der Beschlagnahme
            (a) eingetretene oder unmittelbar bevorstehende Störung der öffentlichen Sicherheit oder Ordnung (+): Gefahrenverdacht
            (b) A als Störer (+): Verdachtsverhaltens- und Verdachtszustandsstörer
            (c) Verhältnismäßigkeit (+)
         (3) Zwischenergebnis: Rechtmäßigkeit der Beschlagnahme (+)
      bb) Herausgabe der Tiere kommt nicht mehr in Betracht
   b) A als Störer (s. o.)
   c) Rechtsfolge: Ermessen hinsichtlich der Einziehung der Rinder (+): Gefahrerforschungsmaßnahmen nur am eingezogenen, toten Rind möglich
   d) Zwischenergebnis: Verhältnismäßigkeit der Einziehung (+)
4. Materielle Rechtmäßigkeit der Vernichtung der Rinder gem. § 34 III PolG BW (+)

Ergebnis: Klage zulässig, aber nicht begründet.

---

2. Teil: Ersatzansprüche des A

I. Amtshaftungsanspruch gem. § 839 BGB i. V. m. Art. 34 GG (–): keine Amtspflichtverletzung

II. Anspruch aus § 55 PolG BW (–): A als Anscheins- bzw. Verdachtsstörer polizeipflichtig

III. Anspruch aus § 55 PolG BW analog: A hat Gefahrenverdacht veranlasst

IV. Sonstige Entschädigungs- und Ausgleichsansprüche (–): § 55 PolG BW abschließende Regelung

Ergebnis: A hat keinen Entschädigungsanspruch.

Lösung

1. Teil: Klage des A

A könnte sein Begehren möglicherweise im Rahmen einer Klage geltend machen. Diese hätte Aussicht auf Erfolg, wenn sie zulässig und begründet wäre.

I. Zulässigkeit der Klage

1. Verwaltungsrechtsweg

Der Verwaltungsrechtsweg nach § 40 I VwGO ist eröffnet, wenn eine öffentlich-rechtliche Streitigkeit vorliegt. Die streitentscheidende Norm des § 34 III, I PolG BW[1] ist öffentlich-rechtlicher Natur, da auf der einen Seite der Norm immer und notwendigerweise der Staat Adressat ist.

2. Statthafte Klageart

a) Bei der Einziehung der Rinder gem. § 34 I PolG BW handelt es sich um einen belastenden Verwaltungsakt in Form einer Polizeiverfügung. A hat aber Klage erhoben, als die Tiere bereits geschlachtet waren, die Einziehung entfaltet also keine unmittelbaren Rechtswirkungen mehr. Die Polizeiverfügung hat sich damit erledigt. Eine Anfechtungsklage gem. § 42 I VwGO wäre, da eine Erledigung stattgefunden hat, somit nicht mehr statthaft.

Fraglich ist jedoch, ob im vorliegenden Fall nicht eine sog. Fortsetzungsfeststellungsklage gem. § 113 I 4 VwGO statthaft ist. Gesetzlich geregelt ist der Fall, dass ursprünglich eine Anfechtungsklage statthaft war und das erledigende Ereignis während des verwaltungsgerichtlichen Prozesses stattgefunden hat. In den anderen Fällen – einer ursprünglichen Verpflichtungsklage oder einer Erledigung vor Klageerhebung – würde eine Rechtsschutzlücke entstehen, die in analoger Anwendung des § 113 I 4 VwGO zu schließen ist.[2] Da A ursprünglich eine Anfechtungsklage hätte erheben müssen und die Erledigung vor seiner Klageerhebung bereits stattgefunden hat, findet § 113 I 4 VwGO analoge Anwendung. Hinsichtlich der weiteren Zulässigkeits-

---

[1] Vgl. Art. 27 IV BayPAG, § 40 IV BlnASOG, § 23 Nr. 1g OBG Bbg/§ 27 IV PolG Bbg, § 25 IV BremPolG, § 14 VI HbgSOG, § 42 IV HessSOG, § 64 IV SOG MV, § 28 IV NdsSOG, § 24 Nr. 13 OBG NRW/§ 45 IV PolG NRW, § 24 IV POG RhPf, § 23 IV PolG Saarl, §§ 28 III PolG Sachs, § 47 IV SOG SA, § 213 IV LVwG SH, § 24 IV OBG Thür/§ 29 IV PAG Thür.

[2] *BVerwG* NJW 1991, 589, st. Rspr.

voraussetzungen ist erforderlich, dass die Klage auch als Anfechtungsklage zulässig gewesen wäre.

b) Bei der Schlachtung der Rinder handelt es sich um eine Vernichtung in Form eines Realakts. Bei einem erledigten Realakt kann mittels Feststellungsklage gem. § 43 I 1. Alt. VwGO festgestellt werden, dass die Verwaltung nicht berechtigt war, diesen vorzunehmen.[3] Ein berechtigtes Feststellungsinteresse ist jedes Interesse rechtlicher, wirtschaftlicher oder ideeller Art.

3. Klagebefugnis bezüglich der Einziehung, § 42 II VwGO analog

Als Adressat eines belastenden Verwaltungsakts ist es möglich, dass A in seinem subjektiven Recht aus Art. 14 I 1 GG verletzt ist.

4. Widerspruchsverfahren bezüglich der Einziehung

A hat vor der Klageerhebung kein Widerspruchsverfahren durchgeführt. Eine Klage ist in diesem Fall grundsätzlich zwar nicht unzulässig; das Widerspruchsverfahren muss jedoch bis zum Zeitpunkt der letzten mündlichen Verhandlung ordnungsgemäß durchgeführt worden sein. Es könnte jedoch sein, dass hier ein Vorverfahren entbehrlich oder unstatthaft ist.

Nach einer Ansicht besitzt die Widerspruchsbehörde keine Feststellungsbefugnis in Bezug auf die Rechtswidrigkeit einer Maßnahme. Das Widerspruchsverfahren setzt somit stets einen noch wirksamen VA zwingend voraus.[4] Demgegenüber wird teilweise vertreten, dass im Rahmen des § 68 VwGO auch die Widerspruchsbehörde die Feststellung der Rechtswidrigkeit vornehmen kann.[5] Der Verwaltung soll – unabhängig von der fehlenden Entfaltung von Rechtswirkungen – Gelegenheit gegeben werden, die Rechtmäßigkeit ihres Handelns im Sinne einer Rechtskontrolle selbst nachzuprüfen. Dem Kläger hilft letztlich aber nur eine rechtskräftige gerichtliche Entscheidung, um eine verbindliche Klärung herbeizuführen. Damit ist das Vorverfahren im vorliegenden Fall für A entbehrlich.

5. Besonderes Feststellungsinteresse

Als weitere Voraussetzung ist gem. § 113 I 4 VwGO erforderlich, dass A ein besonderes Interesse an der Feststellung der Rechtswidrigkeit des VA besitzt. Ein solches Feststellungsinteresse kann sich grundsätzlich bei einer Wiederholungsgefahr, bei einem Rehabilitationsinteresse nach erfolgter Grundrechtsverletzung oder bei der Vorbereitung eines Amtshaftungsprozesses ergeben.

a) Für das Vorliegen einer Wiederholungsgefahr enthält der Sachverhalt keine Anhaltspunkte.

b) Nach dem Vortrag des A ist jedoch ein wirkliches Interesse an einem späteren Schadensersatzprozess vorhanden. Gem. § 121 VwGO wäre das Zivilgericht an die Rechtskraft des Feststellungsurteils des Verwaltungsgerichts gebunden.[6] Schadensersatzansprüche, die ernsthaft angestrebt werden, reichen aber für die Annahme eines besonderen Feststellungsinteresses allein nicht aus. Aus Gründen der Prozessökonomie greift dieser Gesichtspunkt nur, wenn die Erledigung nach der Klageerhebung vor dem Verwaltungsgericht stattgefunden hat. Da im vorliegenden Fall die Klage-

---

[3] *Kopp/Schenke*, VwGO, § 113 Rn. 116, § 43 Rn. 25.
[4] BVerwGE 81, 229, st. Rspr.
[5] *Schenke*, FS-Menger, 1985, S. 467.
[6] BVerwGE 9, 198.

erhebung jedoch erst nach dem erledigenden Ereignis stattfand, hätte B gleich vor dem Zivilgericht auf Schadensersatz klagen können.[7] Die Vorbereitung eines Amtshaftungs- oder Entschädigungsprozesses reicht hier für die Annahme eines besonderen Feststellungsinteresses allein nicht aus.

c) Ein besonderes Feststellungsinteresse könnte jedoch aufgrund eines Rehabilitationsinteresses des A angenommen werden. Ein solches ist insbesondere dann gegeben, wenn es zu einer Grundrechtsverletzung gekommen ist. Hier könnte der A in Art. 14 I GG verletzt worden sein. Da aber bei erledigten, belastenden VAs fast immer Grundrechte tangiert sind und eine einfache Bejahung des Rehabilitationsinteresses zu uferlosen Ergebnissen führen würde,[8] ist an den Grad der Grundrechtsverletzung eine gesteigerte Anforderung im Sinne einer gewissen Schwere und Tragweite zu stellen.

Voraussetzung ist, dass von der Grundrechtsbeeinträchtigung – hier durch die Einziehung und Verwertung – eine diskriminierende Wirkung ausgeht, die über den Zeitpunkt der Erledigung hinaus wirkt.[9] Es ist vorstellbar, dass Kunden, die von der Einziehung der Rinder erfahren haben, A für nicht mehr vertrauenswürdig halten und künftig nicht mehr bei ihm kaufen. Da A sein Gewerbe auch weiterhin betreiben möchte,[10] drohen ihm Umsatzeinbußen und Gewinnausfall. Im Extremfall kann sich dies sogar existenzvernichtend auswirken. Demnach besitzt **A ein Interesse an Rehabilitation.**

d) Ein berechtigtes besonderes Feststellungsinteresse ist bei A daher im Ergebnis vorhanden.

6. Qualifiziertes Rechtsschutzbedürfnis bezüglich Feststellungsklage

Wegen des Rehabilitationsinteresses liegt auch ein qualifiziertes Rechtsschutzbedürfnis für die Erhebung der nachträglichen Feststellungsklage bezüglich der Schlachtung vor.

7. Klagefrist bezüglich der Fortsetzungsfeststellungsklage

a) Fraglich ist, wie lange die Klagefrist läuft, wenn das Vorverfahren wie in diesem Fall entbehrlich ist.

Die Klagefrist des § 74 VwGO könnte analoge Anwendung finden. Regelmäßig wird im VA jedoch nur über die Möglichkeit eines Widerspruchs belehrt, nicht aber über die Möglichkeit einer Fortsetzungsfeststellungsklage nach Erledigung des VA. Da keine ordnungsgemäße Rechtsbehelfsbelehrung stattgefunden hat, findet § 74 VwGO analog keine Anwendung. Gem. § 58 II VwGO gilt dann die Jahresfrist ab Zeitpunkt des erledigenden Ereignisses.[11]

b) Nach einer neueren Entscheidung des BVerwG finden hier keine Fristvorschriften Anwendung. Die Klagemöglichkeit wird allerdings durch Verwirkung und Dauer des berechtigten Interesses begrenzt.[12]

c) Vorliegend war noch nicht einmal die einfache Widerspruchsfrist abgelaufen, so dass A in jedem Fall fristgerecht Klage erhoben hat.

---

[7] *VGH München* BayVBl. 1983, 473; *BVerwG* NJW 1989, 2486.
[8] *Schenke*, FS Menger, 1985, S. 472.
[9] *BVerwG* NVwZ 1992, 56; BVerwGE 55, 357.
[10] Feststellungsinteresse entfällt, wenn Rehabilitation auf andere Weise erreicht wird, z. B. durch Betriebsaufgabe; vgl. *BVerwG* NVwZ 1991, 570.
[11] *VGH Mannheim* DVBl. 1998, 835; *OVG Koblenz* NJW 1982, 1302.
[12] *BVerwG* NVwZ 2000, 63.

8. Objektive Klagehäufung

Gem. § 44 VwGO können die Klagen zusammen erhoben werden, da sie sich gegen denselben Beklagten richten, in einem sachlichen und zeitlichen Zusammenhang stehen und dasselbe Verwaltungsgericht zuständig ist.

9. Zwischenergebnis

Die Klage des A ist zulässig.

II. Begründetheit

Die Fortsetzungsfeststellungsklage ist begründet, wenn die Abholung der Rinder durch die Gemeinde rechtswidrig gewesen ist, § 113 I 4 VwGO analog. Weiterhin ist die Feststellungsklage begründet, wenn die Behörde nicht zur anschließenden Schlachtung der Rinder befugt gewesen ist.

1. Ermächtigungsgrundlagen

Zunächst ist fraglich, auf welche Ermächtigungsgrundlagen sich das Vorgehen der Gemeinde stützt.

a) Wäre eine Spezialermächtigung einschlägig, so würde sie andere in Frage kommende Befugnisnormen verdrängen.

aa) Laut Bearbeiterhinweis soll das LFGB hier keine Anwendung finden.

bb) Gleiches gilt für das Tierseuchengesetz. Es könnte außerdem fraglich sein, ob überhaupt eine Tierseuche im Sinne dieses Gesetzes vorliegt, da BSE nicht von einem Tier auf das andere übertragen wird, sondern durch Verfütterung von Tiermehl bzw. in seltenen Fällen vom Muttertier auf das Kalb.

b) In Betracht käme möglicherweise das Vorliegen von polizeilichen Standardmaßnahmen.

aa) Es könnte sich um eine Verwertung beschlagnahmter Sachen gem. §§ 34 II i. V. m. 33 I Nr. 1 PolG BW[13] handeln. Danach können von der Polizei beschlagnahmte Sachen öffentlich versteigert werden, wenn ihre Aufbewahrung unverhältnismäßige Kosten verursachen würde. Nach dem Sachverhalt findet jedoch eine Notschlachtung der Rinder statt und keine öffentliche Versteigerung.

bb) Es kommt hier also eine Vernichtung eingezogener Sachen nach §§ 34 III, I i. V. m. 33 I Nr. 1 PolG BW in Betracht. Die Rechtmäßigkeit der Vernichtung hängt dabei zunächst von einer wirksamen Einziehung der Rinder ab.

2. Formelle Rechtmäßigkeit der Entziehung und Vernichtung

a) Zuständigkeit

Sachlich ist die Gemeinde S als Ortspolizeibehörde gem. §§ 34 I, 66 II i. V. m. § 62 IV PolG BW[14] zuständig. In Baden-Württemberg kommt eine Zuständigkeit des Voll-

---

[13] Art. 27 BayPAG, § 40 BlnASOG, § 27 PolG Bbg, § 25 BremPolG, § 14 IV-VI HbgSOG, § 42 HessSOG, § 64 SOG MV, § 28 NdsSOG, § 45 PolG NRW, § 24 POG RhPf, § 23 PolG Saarl., §§ 28 f. PolG Sachs., § 47 SOG SA, § 213 LVwG SH, § 29 PAG Thür.

[14] Vgl. § 2 BlnASOG, §§ 5 f. OBG Bbg, § 64 BremPolG, § 89 HessSOG, § 4 SOG MV, §§ 97 I, 102 NdsSOG, §§ 5, 6 OBG NRW, § 90 POG RhPf, § 80 PolG Saarl, §§ 68 f. PolG Sachs, §§ 89, 90 SOG SA, § 165 LVwG SH, § 4 OBG Thür. Eine entsprechende Vorschrift fehlt in Bayern und Hamburg; vgl. aber Art. 3 BayPAG i. V. m. Art. 6 BayLStVG und § 3 I HbgSOG i. V. m. Gesetz über Verwaltungsbehörden.

zugsdienstes gem. § 3 IV DVO PolG BW bezüglich der Vernichtung der Tiere nicht in Betracht. Die Vernichtung stellt einen schwereren Eingriff dar als die Verwahrung und Verwertung. Deshalb bleibt sie den Polizeibehörden vorbehalten. Die örtliche Zuständigkeit der Gemeinde ergibt sich aus § 68 I PolG BW.[15]

b) Form

Die nach § 34 I S. 2 PolG BW zu beachtende Schriftform der Einziehung wurde laut Sachverhalt eingehalten. Von einer nach § 39 I LVwVfG erforderlichen schriftlichen Begründung ist auszugehen.

c) Verfahren

Eine Anhörung des A nach § 28 I LVwVfG vor Erlass der Einziehungsanordnung hat stattgefunden.

d) Zwischenergebnis

Die Einziehungsanordnung und die Vernichtung sind formell rechtmäßig.

3. Materielle Rechtmäßigkeit der Entziehung und Vernichtung

a) Tatbestandsvoraussetzungen der Einziehung gem. § 34 I PolG BW

aa) Voraussetzung der Einziehung nach § 34 I PolG BW ist zunächst, dass die Beschlagnahme im Zeitpunkt der Einziehung rechtmäßig war.[16] Deshalb sind sämtliche **Voraussetzungen des § 33 I Nr. 1 PolG BW zu** prüfen.

(1) Formelle Rechtmäßigkeit der Beschlagnahme

Hinsichtlich der formellen Voraussetzungen der Beschlagnahme, z. B. § 33 II PolG BW, bestehen keine Bedenken. Zuständig für die Vornahme dieser Standardmaßnahme war nach § 60 III PolG BW[17] der hier tatsächlich handelnde Polizeivollzugsdienst. Eine vorherige Anhörung war wegen Gefahr im Verzug gem. § 28 II Nr. 1 LVwVfG nicht erforderlich.

(2) Materielle Rechtmäßigkeit der Beschlagnahme

(a) Die Beschlagnahme hätte zum Schutz des einzelnen oder des Gemeinwesens vor einer bereits **eingetretenen oder unmittelbar bevorstehenden Störung der öffentlichen Sicherheit oder Ordnung** erforderlich sein müssen.

Die öffentliche Sicherheit umfasst grundsätzlich den Schutz des Staates und seiner Einrichtungen, die Wahrung der objektiven Rechtsordnung und den Schutz von Individualrechtsgütern und -rechten. Als Rechtsgut könnte hier die Gesundheit der Bevölkerung in Betracht kommen. Da eine Übertragung der BSE-Erreger auf den Menschen nach derzeitigem Forschungsstand wahrscheinlich ist und dies unter Umständen zu einer Erkrankung eines Großteils der Bevölkerung führen könnte, ist die öffentliche Sicherheit betroffen.

---

[15] Vgl. § 2 BlnASOG, § 4 OBG Bbg, § 65 II BremPolG, § 100 HessSOG, § 5 SOG MV, § 100 NdsSOG, § 4 OBG NRW, § 91 POG RhPf, § 70 PolG Sachs, § 88 SOG SA, § 166 LVwG SH, § 4 OBG Thür. Eine entsprechende Vorschrift fehlt in Bayern und Hamburg; vgl. aber Art. 6 BayLStVG und § 3 I HbgSOG i. V. m. Gesetz über Verwaltungsbehörden.

[16] *VGH Mannheim* VBlBW 1988, 114.

[17] In Bayern ist die Landespolizei für allgemeine Polizeiaufgaben zuständig, Art. 4 BayPOG.

Des Weiteren muss eine unmittelbar bevorstehende Störung vorliegen. Dabei bedeutet Störung eine bereits verwirklichte Gefahr. Eine unmittelbar bevorstehende Gefahr liegt für den Fall vor, dass der Eintritt eines Schadens am geschützten Rechtsgut in allernächster Zeit mit an Sicherheit grenzender Wahrscheinlichkeit zu erwarten ist.[18]

Da sich im Nachhinein jedoch herausstellte, dass nur ein Rind mit BSE infiziert, der Rest des Viehbestandes jedoch gesund war, erscheint das Vorliegen einer Gefahr fraglich. Da das Vorliegen einer Gefahr aus der Sicht der Polizeibeamten immer ex ante beurteilt werden muss, wird in Fallkonstellationen, bei denen sich im Nachhinein herausstellt, dass objektiv für kein Rechtsgut ein Schaden drohte, zwischen Anscheins- und Scheingefahr differenziert.

Es könnte hier eine Scheingefahr (auch Putativgefahr genannt) vorliegen. Dies ist der Fall, wenn die handelnde Behörde nur subjektiv den Schadenseintritt für wahrscheinlich hält, ohne dass dafür objektive Anhaltspunkte vorhanden sind oder vorhandene Anhaltspunkte offenkundig falsch bewertet wurden. Dann sind aber Verfügungen zur Abwehr der vermeindlichen Gefahr rechtswidrig.

Eine Anscheinsgefahr liegt dann vor, wenn im Zeitpunkt des Einschreitens bei verständiger Würdigung objektive Anhaltspunkte für eine Gefahr vorliegen, sich nachträglich aber ergibt, dass eine solche Gefahr tatsächlich nicht bestand. Die Anscheinsgefahr wird der tatsächlichen Gefahr gleichgestellt, so dass polizeiliches Handeln aufgrund dieser Art von Gefahr rechtmäßig sein kann.[19]

Es könnte allerdings auch ein Gefahrenverdacht vorliegen. Anders als bei der Anscheinsgefahr besteht hier für die handelnde Behörde eine gewisse Unsicherheit über das Vorliegen einer Gefahr. Nach verständiger Würdigung der Indizien spricht allerdings die größere Wahrscheinlichkeit für ein Vorliegen der Gefahr. Hier sind dann Gefahrerforschungsmaßnahmen zulässig.[20]

Im vorliegenden Fall ist fraglich, ob ein Gefahrenverdacht oder eine Anscheinsgefahr vorlagen. Bei A handelt es sich um einen Viehhändler, dessen Rinderbestand in der Regel aus verschiedenen Ställen stammt. Somit war die Annahme, es bestehe eine Gefahr in der Art, dass auch alle anderen Rinder mit BSE infiziert seien, nicht gerechtfertigt. Somit bestand im vorliegenden Fall keine Anscheinsgefahr, sondern ein Gefahrenverdacht: Nach Würdigung des Sachverhalts spricht – gerade bei der Haltung der Tiere in einem gemeinsamen Stall – jedoch eine hohe Wahrscheinlichkeit dafür, dass auch die anderen Rinder mit der BSE-Krankheit infiziert sind.

Diese Gefahr der Verbreitung von möglicherweise gesundheitsschädigendem Fleisch stand auch unmittelbar bevor, da der Weiterverkauf an Schlachtereien und damit die Weiterverarbeitung zu Lebensmitteln mit an Sicherheit grenzender Wahrscheinlichkeit zu erwarten war.[21]

Die Tatbestandsvoraussetzungen des § 33 I Nr. 1 PolG BW sind erfüllt.

(b) A müsste weiterhin **Störer** im polizeirechtlichen Sinne gewesen sein.

A könnte Störer i. S. d. §§ 6, 7 PolG BW[22] sein. Es ging jedoch keine objektiv vorliegende Gefahr von den Rindern aus, so dass er weder Verhaltens- noch Zustandsstörer war.

---

[18] BVerwGE 45, 58; *VGH Mannheim* NJW 1972, 971.
[19] BGHZ 5, 144; *BVerwG* DVBl. 1960, 725; BVerwGE 39, 190.
[20] *Di Fabio*, DÖV 1991, 629 ff.; *Schoch*, JuS 1994, 669 f.
[21] Vgl. *OVG Münster* NJW 1988, 2968.
[22] Art. 9 BayLStVG/Art. 7 f. BayPAG, §§ 13 f. BlnASOG, §§ 16 f. OBG Bbg/§§ 5 f. PolG Bbg, §§ 5 f. BremPolG, §§ 8 f. HbgSOG, §§ 6 f. HessSOG, §§ 68 f. SOG MV, §§ 6 f. NdsSOG,

Weil A zumindest ein infiziertes Rind in seinem Stall hatte, könnte er jedoch als sog. Verdachtsstörer anzusehen sein. Fraglich ist, welche Voraussetzungen an das Vorliegen eines solchen Verdachtsstörer zu stellen sind. Nach einer Ansicht ist jeder Betroffene Störer, der den Anschein oder den Verdacht einer Gefahr verursacht hat, unabhängig davon, ob er die Sachlage zu verantworten hat.[23] Eine andere Ansicht schränkt dies insoweit ein, dass der Anscheins- bzw. Verdachtsstörer in diesem Fall den Verdacht vorsätzlich oder fahrlässig verursacht haben muss. A könnte dann lediglich als Notstandspflichtiger herangezogen werden.[24]

Zu bedenken ist jedoch, dass Ordnungspflichten grundsätzlich verschuldensunabhängig sind. Deshalb ist A im vorliegenden Fall Verdachtsverhaltensstörer nach § 6 I PolG BW, da er beabsichtigte, die Rinder zu veräußern, und Verdachtszustandsstörer gem. § 7 I PolG BW, da er Eigentümer der Rinder war.

(c) Die Beschlagnahme müsste insbesondere **verhältnismäßig** gem. § 5 PolG BW[25] gewesen sein. Sie ist geeignet, den Gesundheitsschutzbelangen Rechnung zu tragen. Ein milderes Mittel zum Schutze der Gesundheit der Verbraucher ist nicht denkbar, zumal die Gefahr der Umgehung eines Verkaufsverbots zu groß gewesen wäre. Der Eingriff in das Eigentum des A ist auch angemessen im Verhältnis zum bedrohten Recht der Volksgesundheit.

(3) Zwischenergebnis

Die Beschlagnahme ist rechtmäßig.

bb) Weitere Voraussetzung für die rechtmäßige Einziehung der Rinder nach § 34 I PolG BW ist, dass eine **Herausgabe** der Tiere **nicht mehr in Betracht kommt**, ohne dass sie sofort erneut beschlagnahmt werden müssten. Auch den nicht infizierten Tieren hängt hier der Makel einer möglichen Infizierung an. Die Rinder können also nicht mehr herausgegeben werden, ohne dass die Voraussetzungen einer Beschlagnahme erneut eintreten.

b) Hinsichtlich der **Störereigenschaft** des A in Bezug auf die Einziehung gilt das oben Ausgeführte.

c) Rechtsfolge: Ermessen hinsichtlich der Einziehung der Rinder

Gem. § 34 I PolG BW steht die Einziehung im Ermessen der Behörde. Es ist zu prüfen, ob hier die gesetzlichen Ermessensgrenzen eingehalten worden sind. Fraglich ist, ob die Einziehung verhältnismäßig i. S. d. § 5 PolG BW[26] ist.

(1) Geeignetheit der Maßnahme

Die Einziehung der Rinder war geeignet, die Gefahr für die Gesundheit der Verbraucher schnell und umfassend zu beseitigen.

---

§§ 4 f. PolG NRW, §§ 4 f. POG RhPf, §§ 4 f. PolG Saarl, §§ 4 f. PolG Sachs, §§ 7 f. SOB SA, §§ 218 f. LVwG SH, §§ 10 f. OBG Thür/§§ 7 f. PAG Thür.

[23] *OVG Hamburg* DVBl. 1986, 734 f.

[24] BGHZ 5, 152.

[25] Art. 8 BayLStVG/Art. 4 BayPAG, § 11 BlnASOG, § 14 OBG Bbg/§ 3 Pol Bbg, § 3 BremPolG, § 4 HbgSOG, § 4 HessSOG, § 15 SOG MV, § 4 NdsSOG, § 15 OBG NRW/§ 2 PolG NRW, § 2 POG RhPf, § 2 PolG Saarl, § 3 II-IV PolG Sachs, § 5 SOG SA, § 174 LVwG SH, § 6 OBG Thür/§ 4 PAG Thür.

[26] Art. 8 BayLStVG/Art. 4 BayPAG, § 11 BlnASOG, § 14 OBG Bbg/§ 3 PolG Bbg, § 3 BremPolG, § 4 HbgSOG, § 4 HessSOG, § 15 SOG MV, § 4 NdsSOG, § 15 OBG NRW/§ 2 PolG NRW, § 2 POG RhPf, § 2 PolG Saarl, § 3 II-IV PolG Sachs, § 5 SOG SA, § 171 LVwG SH, § 6 OBG Thür/§ 4 PAG Thür.

(2) Erforderlichkeit gem. § 5 I PolG BW

Zu prüfen ist, ob in diesem Fall kein milderes Mittel ergriffen werden konnte. Wie oben gezeigt wurde, lag hier lediglich ein Gefahrenverdacht vor. Grundsätzlich sind dann nur solche Maßnahmen verhältnismäßig, die der Aufklärung hinsichtlich des Bestehens der Gefahr dienlich sind. Da A durch die Einziehung das Eigentum an den Rindern entzogen wird, kann sie nur als Ultima Ratio ergriffen werden. Als Gefahrerforschungsmaßnahme hätte hier eventuell eine ärztliche Untersuchung der Tiere in Betracht kommen können.

Im besonderen Fall einer Infizierung mit BSE ist es jedoch fraglich, ob hier tierärztliche Untersuchungen ausgereicht hätten, um eine Verseuchung festzustellen. Nach derzeitigem Forschungsstand kann eine sichere Infizierung der Rinder nur durch eine Untersuchung der Gehirnmasse festgestellt werden. Eine Tötung der Tiere – und damit eine vorhergehende Einziehung der Rinder – ist erforderlich gewesen.

(3) Angemessenheit

Die Nachteile der Eigentumsverletzung des A durch die Einziehung der Rinder stehen auch nicht außer Verhältnis zu den Vorteilen des Gesundheitsschutzes.

(4) Zwischenergebnis

Die Einziehung war verhältnismäßig.

d) Materielle Rechtmäßigkeit der Vernichtung der Rinder gem. § 34 III PolG BW

aa) Für die Zulässigkeit einer Vernichtung müssten die Rinder gem. § 34 III, II PolG BW zunächst **nicht verwertbar** sein. Da die Tiere unter dem Verdacht stehen, mit BSE verseucht zu sein, kommt eine Verwertung durch öffentliche Versteigerung nicht in Betracht. Den Rinder haftet selbst die Gefahr an, so dass sie nicht wieder in Umlauf gebracht werden dürfen.

bb) Rechtsfolge hinsichtlich der Vernichtung

Hinsichtlich der Unbrauchbarmachung oder Vernichtung besteht nach dem Wortlaut der Norm des § 34 III PolG BW kein Entschließungsermessen. Bezüglich der Auswahl zwischen Unbrauchbarmachung und Vernichtung kommt hier wegen der erforderlichen Notschlachtung zur Gefahrerforschung nur die Vernichtung in Betracht.

e) Zwischenergebnis

Einziehung und Schlachtung der Tiere waren rechtmäßig.

Ergebnis

Die Klage des A ist zulässig, aber nicht begründet.

2. Teil: Ersatzansprüche des A

Fraglich ist, ob A im Zuge der Schlachtung der Rinder einen Entschädigungsanspruch gegen den Staat geltend machen kann. Die Frage der Kostentragung wird in BW zunächst durch die spezielle Vorschrift des § 34 IV PolG BW geregelt, wonach der Betroffene die Kosten zu tragen hat.

I. Amtshaftungsanspruch gem. § 839 BGB i. V. m. Art. 34 GG

Hoheitliches Handeln als erste Voraussetzung für einen Amtshaftungsanspruch liegt mit der Einziehung und Vernichtung der Rinder des A vor. Nach obigen Erwägungen liegt jedoch keine Verletzung einer drittbezogenen Amtspflicht vor, da die Maßnahme der Gemeinde rechtmäßig war. Ein Anspruch aus Amtshaftung entfällt demnach.

II. Anspruch aus § 55 PolG BW

Nach § 55 I PolG BW[27] kann derjenige, der von Maßnahmen der Polizei betroffen war, eine angemessene Entschädigung verlangen. Allerdings ist diese Vorschrift nicht auf solche Personen anwendbar, die von der Polizei als Störer in Anspruch genommen wurden. Entschädigungsberechtigt ist nur der sog. Nichtstörer nach § 9 I PolG BW. Hier wurde der A jedoch als Anscheins- bzw. Verdachtsstörer polizeipflichtig, so dass ein direkter Anspruch aus § 55 PolG BW nicht in Betracht kommt.

III. Anspruch aus § 55 PolG BW analog

Fraglich ist, ob der A in analoger Anwendung des § 55 PolG BW einen Anspruch geltend machen könnte. Dies wird von einer überwiegenden Ansicht für den Fall bejaht, dass der Betroffene die Annahme einer Anscheinsgefahr bzw. eines Gefahrenverdachts in keiner Weise veranlasst hat.[28] Zwar sind Ordnungspflichten, deren Verletzung die Störereigenschaft begründen kann, grundsätzlich verschuldensunabhängig; bei der Frage einer möglichen Entschädigung ist jedoch zu beachten, dass die Situation des Betroffenen bei nicht selbst veranlasstem Gefahrenverdacht, derjenigen des Nichtstörers i. S. d. § 9 I PolG BW ähnelt.

Hier hat A jedoch dadurch, dass er ein BSE-infiziertes Rind in seinem Stall hielt, den Gefahrenverdacht veranlasst und kann sich folglich nicht auf eine analoge Anwendung des § 55 PolG BW berufen.

IV. Sonstige Entschädigungs- und Ausgleichsansprüche

Sonstige Entschädigungs- und Ausgleichsansprüche, wie etwa aus enteignendem oder enteignungsgleichem Eingriff, scheiden vorliegend aus, da der § 55 PolG BW bei einer rechtmäßigen Inanspruchnahme durch polizeirechtliches Handeln eine abschließende Sonderregelung beinhaltet.

Ergebnis

A hat gegen den Staat keinen Anspruch auf Zahlung einer Entschädigung oder eines Ausgleichs.

---

[27] Art. 11 BayLStVG/Art. 70 I BayPAG, § 59 BlnASOG, § 38 I OBG Bbg/§ 70 PolG Bbg, § 56 I BremPolG, § 10 III HbgSOG, § 64 HessSOG, § 72 SOG MV, § 80 I NdsSOG, § 39 I a OBG NRW/§ 67 PolG NRW, § 68 I 1 POG RhPf, § 68 PolG Saarl, § 52 I PolG Sachs, § 69 SOG SA, § 221 LVwG SH, § 52 OBG Thür/§ 68 PAG Thür.

[28] *Würtenberger/Heckmann*, Polizeirecht in BW, Rn. 516.

Fall 5. Obdachlosigkeit wegen einsturzgefährdetem Haus

Unmittelbare Ausführung, baurechtliche Generalklausel, Nutzungsuntersagung, Beschlagnahme, Obdachlosigkeit, Vollstreckung

Sachverhalt

B ist Bürgermeister der baden-württembergischen Gemeinde S mit etwa 5 000 Einwohnern, die nicht untere Baurechtsbehörde ist. Eines Abends erreicht ihn – nachdem im Landratsamt niemand mehr erreichbar ist – ein Anruf mit der Mitteilung, dass ein Lkw von der Straße abgekommen und in die Ecke eines Wohnhauses gefahren sei und dieses dabei so stark beschädigt habe, dass die Standsicherheit gefährdet erscheine.

Vor Ort macht sich B selbst ein Bild von der Situation. Dabei zeigt sich, dass der Lkw aus einer Straßenkurve, in die er offensichtlich zu schnell eingefahren war, herausgetragen worden war und an der Ecke eines alten Fachwerkhauses einen tragenden Balken eingedrückt hatte. Der Lkw war bereits aus dem Grundstück herausgezogen, der verletzte Fahrer, ein selbstständiger Transportunternehmer, ins Krankenhaus gebracht worden. Ein Streifenwagen des Polizeireviers des Bezirks ist vor Ort und der Streifenführer, Polizeikommissar P, setzt B über die Situation in Kenntnis:

Das Fachwerkhaus werde nur im Obergeschoss von einer Familie mit kleinen Kindern zur Miete bewohnt. Der Eigentümer wohne in einem anderen Ort und könne telefonisch nicht erreicht werden. Nachdem P gesehen habe, dass sich die Deckenbalken über der beschädigten Stelle biegen und an den Wänden Risse im Putz auftreten würden, habe er einen Bekannten, der in der Nähe eine Zimmerei betreibe, gebeten, schnell mit den notwendigen Materialien zum Abstützen der Hausecke zu kommen, was dieser auch umgehend befolgt habe. Er habe mit einem Gehilfen eine provisorische Stützkonstruktion angebracht, so dass die Gefahr, dass Bauteile nach außen fallen und Passanten verletzen könnten, ausgeschlossen sei. Einen Aufenthalt von Menschen im Inneren des Hauses halte er aber für lebensgefährlich, weil zu diesem Zeitpunkt nicht abzuschätzen sei, welche weiteren Schäden der Unfall an der Holzständerkonstruktion des Hauses verursacht habe. Keinesfalls könne die Familie, die das Haus im Obergeschoss bewohne, in ihre Wohnung zurückkehren und weiter dort wohnen.

Die Familie hat nach dem Unfall fluchtartig das Haus verlassen und steht, geschockt und kaum ansprechbar, an der Unfallstelle. Der Familienvater ist verzweifelt, weil er nicht weiß, wo die Familie unterkommen kann und was mit seinen Möbeln geschehen soll.

Dazu teilt ihm B mit, dass im Ort und der näheren Umgebung kein Wohnraum verfügbar sei. Die Gemeinde habe zwar eine leerstehende Baubaracke. Diese böte aber mangels Wasseranschluss für eine Familie mit kleinen Kindern keinen geeigneten Wohnraum; hier könnten allenfalls die Möbel zwischengelagert werden. Der Familienvater erklärt daraufhin, er wolle nach der unvermeidlichen Übernachtung im Gasthof mit seinen Möbeln, wenn es nicht anders gehe, in die Baubaracke ziehen; im Gasthof wären Obdachlose unerwünscht. Seine Familie wolle er bei Verwandten unterbringen. Tatsächlich besteht der Wirt jedes Mal bei der Einweisung von Obdachlosen auf einem „rechtsmittelfähigen Bescheid", der ihn zur Aufnahme verpflichtet; freiwillig ist er nicht dazu bereit.

Da B die Angelegenheit nun schnell in die Hand nehmen will, trifft er folgende Anordnungen:

B ordnet gegenüber der Familie an, dass es diesen verboten sei, in deren Wohnung zurückzukehren und weiter dort zu wohnen und weist sie in ein Zimmer des einzigen Gasthofes am Ort ein.

Zudem ordnet er gegenüber dem Gastwirt an, dass dieser die obdachlos gewordene Familie in einem seiner Zimmer unterbringen müsse. Für den Fall, dass er dieser Anordnung nicht nachkomme, droht B die Verhängung eines konkret bezifferten Zwangsgeldes in angemessener Höhe an.

Prüfen Sie, ob
– P zu Recht das Haus hat abstützen lassen **(Aufgabe 1)**,
– B, oder wer sonst, der Familie verbieten durfte, in die Wohnung zurückzukehren und weiter dort zu wohnen sowie was sonst noch zu veranlassen gewesen wäre **(Aufgabe 2)**,
– B, oder wer sonst, die obdachlos gewordene Familie in ein Zimmer des einzigen Gasthofes am Ort einweisen durfte **(Aufgabe 3)**
– ob B nun „aus dem Schneider" ist, wenn die Einweisung in den Gasthof trotz der ablehnenden Haltung des Familienvaters erfolge, dieser dann aber nach Unterbringen seiner Familie in der Baubaracke „hause", oder ob er ihn zwingen müsse, im Gasthof zu wohnen **(Aufgabe 4)**,
– ob B das Zwangsgeld androhen durfte **(Aufgabe 5)**.

Lösungsskizze

Aufgabe 1: Abstützen des Hauses

I. Ermächtigungsgrundlage: § 8 I PolG BW

II. Formelle Rechtmäßigkeit

– PVD gem. 60 II PolG BW sachlich zuständig
– örtliche Zuständigkeit nach § 75 S. 2 PolG BW

III. Materielle Rechtmäßigkeit

1. Tatbestandsvoraussetzung des § 8 I PolG BW
   a) fiktiver VA
      – Ermächtigungsgrundlage: §§ 47 I 2, 1 i. V. m. § 13 LBO BW
      – Tatbestand (+)
      – Störer (+): Lkw-Fahrer als Verhaltensstörer; Hauseigentümer als Verhaltens- und Zustandsstörer
   b) Nichterreichbarkeit der Störer (+)
2. Rechtsfolge
      – Entschließungsermessen auf Null reduziert wegen hochrangiger Rechtsgüter Leben und Gesundheit
      – Abstützenlassen ist im Rahmen des Auswahlermessens verhältnismäßig

Ergebnis: Rechtmäßigkeit der unmittelbaren Ausführung (+)

Aufgabe 2: Rückkehrverbot Mieter

I. Ermächtigungsgrundlage: §§ 65 S. 2 i. V. m. 13 LBO BW

II. Formelle Rechtmäßigkeit

1. Zuständigkeit (s. o.)
2. Anhörung (+)

III. Materielle Rechtmäßigkeit

1. Tatbestandsvoraussetzungen des § 65 S. 2 i. V. m. § 13 LBO BW (+)
2. Adressaten (+): Mieter als Verhaltensstörer, § 6 I PolG BW
3. Rechtsfolge
   – Entschließungsermessen auf Null reduziert
   – Nutzungsuntersagung verhältnismäßig

Ergebnis: Anordnung materiell rechtmäßig, wäre aber von P zu treffen gewesen.

Aufgabe 3: Einweisung der Familie

I. Ermächtigungsgrundlage: §§ 3, 1 I PolG BW

II. Formelle Rechtmäßigkeit

– Zuständigkeit: Bürgermeister, §§ 60 I, 66 II, 62 IV, 68 I 2 PolG BW, § 44 III 1 GemO BW
– Anhörung (+)

III. Materielle Rechtmäßigkeit

1. Tatbestand §§ 3, 1 I PolG BW (+): drohende, unfreiwillige Obdachlosigkeit als Störung der öffentlichen Sicherheit
2. Adressat (+) Familie als Verhaltens- und Zustandsstörer
3. Rechtsfolge
   a) Entschließungsermessen auf Null reduziert
   b) Auswahlermessen (+): Einweisung wäre verhältnismäßig; aber: Verfügungsbefugnis über Wohnung?
      aa) Ermächtigungsgrundlage (+): Beschlagnahme, § 33 I Nr. 1 PolG BW
      bb) Zuständigkeit (+): B nach §§ 60 I, 66 II, 62 IV, 68 I 2 PolG BW, § 44 III 1 GemO BW
      cc) Adressat (+): Wirt als Nichtstörer, § 9 PolG BW
         – unmittelbares Bevorstehen der Störung der öffentlichen Sicherheit (+): Obdachlosigkeit
         – Verhinderung nicht auf andere Weise möglich (+): kein anderer geeigneter Wohnraum
         – Inanspruchnahme des Gastwirts nicht unzumutbar
      dd) Rechtsfolge (+): Entschließungsermessen auf Null reduziert; Beschlagnahme wäre verhältnismäßig

Ergebnis: Rechtmäßigkeit der Einweisung (+)

Aufgabe 4: Bezug des Zimmers im Gasthof oder Wohnen in der Baubaracke?

Mit Zurverfügungstellung einer Unterkunft entfällt Obdachlosigkeit, da Vater über Nutzungsmöglichkeit von Wohnraum verfügt. B hat Verpflichtung durch Einweisung erfüllt.

Aufgabe 5: Rechtmäßigkeit der Zwangsgeldandrohung

I. Ermächtigungsgrundlage: § 49 I PolG BW, § 20 LVwVG BW

II. Allgemeine Rechtmäßigkeitsvoraussetzungen

1. Formelle Rechtmäßigkeit
   a) Zuständigkeit B (+), §§ 4 LVwVG BW, 68 I PolG BW
   b) Anhörung entbehrlich, § 28 II Nr. 5 LVwVfG
2. Materielle Rechtmäßigkeit
   a) Vollstreckungsfähigkeit (+): Duldung der Einweisung
   b) Wirksamkeit der Grundverfügung (+): Bekanntgabe und keine Nichtigkeit
   c) Vollstreckbarkeit der Grundverfügung (+): Gefahr im Verzug, § 21 LVwVG
   d) Adressat (+): Gastwirt nach §§ 6, 7 PolG BW
   e) Entschließungsermessen auf Null reduziert

III. Besondere Rechtmäßigkeitsvoraussetzungen

1. Schriftlichkeit und Fristsetzung entbehrlich, § 21 LVwVG BW
2. Verhältnismäßigkeit der Auswahl des Zwangsmittels (+)

Ergebnis: Rechtmäßigkeit der Zwangsgeldandrohung (+)

Lösung

Aufgabe 1: Rechtmäßigkeit des Abstützenlassens des Hauses durch P

I. Ermächtigungsgrundlage

Da der Polizeivollzugsbeamte P hier nicht erst eine Anordnung zum Abstützen des Hauses trifft, sondern dies gleich selbst (durch einen Handwerker) besorgt, handelt es sich um die unmittelbare Ausführung einer Maßnahme gem. § 8 I PolG BW[1].

Für die belastende Maßnahme des Abstützens müsste allerdings zunächst eine gesetzliche Ermächtigung gegeben sein: Diese könnte bei einem nicht mehr standsicheren Gebäude in § 47 I 2[2] i. V. m. § 1 und § 13[3] LBO BW vorliegen.

II. Formelle Rechtmäßigkeit

Aus den §§ 47 I 1, 48 I, 46 I LBO BW, 15 I Nr. 1 LVwVfG BW ergibt sich, dass das Landratsamt hier als untere Baurechtsbehörde an sich sachlich zuständig gewesen wäre. Da es um ein Handeln in den Abendstunden ging, muss lt. Sachverhalt davon ausgegangen werden, dass dort niemand mehr erreichbar gewesen sei. Eine besondere sachliche Zuständigkeit könnte sich dann hier aus § 67 II PolG BW ergeben, wonach

---

[1] Art. 9 I BayPAG, § 53 PolG Bbg, § 15 I BlnASOG, § 7 I HbgSOG, § 8 I HessSOG, § 70a SOG MV, § 6 I POG RhPf, § 6 I PolG Sachs, § 9 SOG SA, § 9 I PAG Thür; in NRW Zurechnung zum sofortigen Vollzug, § 50 PolG.

[2] Art. 54 II 2 BayBO, § 58 I 5 BlnBauO, § 52 II 2 BO Bbg, § 61 I 2 BremLBO, § 58 I 2 HbgBauO, § 53 II 2 HessBO, § 58 I 2 LBauO MV, § 58 I 1 NdsBauO, § 61 I 2 BauO NRW, § 59 I 1 LBauO RhPf, § 57 II 2 LBO Saarl, § 59 II 2 BO Sachs, § 57 II 2 BauO SA, § 59 I 2 LBO SH, § 60 II 2 BO Thür.

[3] Art. 10 BayBO, § 10 BlnBauO, § 11 BO Bbg, § 15 BremLBO, § 15 HmgBauO, § 11 HessBO, § 12 LBauO MV, § 12 NdsBauO, § 15 BauO NRW, § 13 LBauO RhPf, § 13 LBO Saarl, § 12 BO Sachs, § 12 BauO SA, § 13 LBO SH, § 15 BO Thür.

bei Gefahr im Verzug und aus der Tatsache, dass ein rechtzeitiges Tätigwerden der zuständigen Polizeibehörden nicht erreichbar erscheint jede Polizeibehörde innerhalb ihres Dienstbezirks die Aufgaben einer übergeordneten Polizeibehörde wahrnehmen kann. Dazu müsste aber der Bürgermeister B der Gemeinde als Ortspolizeibehörde gegenüber dem Landratsamt als unterer Baurechtsbehörde untergeordnete Behörde sein: Da das Landratsamt selbst untere Baurechtsbehörde ist, kann die Gemeinde in diesem Rechtsgebiet gar nicht untergeordnet sein, so dass dies ausscheidet.

Bleibt als Eilfallregelung nur § 60 II PolG BW[4], wonach der Polizeivollzugsdienst vorbehaltlich anderer Anordnungen der Polizeibehörde, die hier ja nicht erreichbar war – die polizeilichen Aufgaben wahrnimmt, wenn ein sofortiges Tätigwerden erforderlich erscheint. P ist damit also sachlich zuständig.

Die örtliche Zuständigkeit für den Polizeivollzugsdienst ist nach § 75 S. 2 PolG BW zu bestimmen, wonach die Dienststellen des Polizeivollzugsdienstes nur in ihrem Dienstbezirk tätig werden sollen, was hier laut Sachverhalt gegeben ist.

III. Materielle Rechtmäßigkeit

1. Tatbestandsvoraussetzung des § 8 I PolG BW

Bei der unmittelbaren Ausführung einer Maßnahme handelt die Polizei anstelle eines Störers, der die Gefahr eigentlich beseitigen müsste. Ihre Gefahrbeseitigung tritt an die Stelle einer Verfügung gegen einen Störer, die nur deswegen nicht ergehen kann, weil ein Störer nicht rechtzeitig handeln kann. Die Polizei darf daher nur das unmittelbar ausführen, was sie durch Verwaltungsakt einem Adressaten aufgeben könnte. Rechtmäßig ist das Handeln der Streifenwagenbesatzung demnach nur, wenn grundsätzlich eine Verfügung gegen Störer nach §§ 6, 7 PolG BW[5] ergehen könnte, dieser Störer aber nicht rechtzeitig handeln kann.

a) Fiktiver VA

Laut Sachverhalt ist das Haus nach dem Unfall nicht mehr standsicher und verstößt so gegen § 13 I LBO BW. Die Befugnis zum Erlass entsprechender Maßnahmen ergibt sich aus § 47 I LBO BW, wonach die Baurechtsbehörden darauf zu achten haben, dass die baurechtlichen Vorschriften, also auch § 13 I LBO BW, eingehalten werden und zur Wahrnehmung dieser Aufgabe die erforderlichen Maßnahmen zu treffen haben. Damit sind die Tatbestandsvoraussetzungen der §§ 47 I 2, 1 i. V. m. § 13 LBO BW gegeben.

Hier kommen als mögliche Adressaten in Betracht: der Lkw-Fahrer als unmittelbarer Verursacher und damit Verhaltensstörer nach § 6 I PolG BW; der Hauseigentümer ebenfalls als Störer nach § 6 I PolG BW durch Unterlassen seiner Rechtspflicht zum Handeln, nämlich für die Standsicherheit seines Hauses zu sorgen, aus § 13 LBO BW, sowie als Zustandsstörer nach § 7 PolG BW – die Gefahr geht von der Sache Haus in seinem Eigentum aus. Eine Verfügung an den Lkw-Fahrer, das Haus abzustützen, würde nach h. M. von ihm auch nichts rechtlich Unmögliches verlangen,

---

[4] Art. 3 BayPAG, § 4 BlnASOG, § 2 PolG Bbg, § 64 I 2 BremPolG, § 3 II a HbgSOG, § 2 HessSOG, § 7 I Nr. 3 SOG MV, § 1 II NdsSOG, § 1 I 3 PolG NRW, § 1 VI POG RhPf, § 85 II PolG Saarl, § 60 II PolG Sachs, § 2 II SOG SA, § 168 I Nr. 2 LVwG SH, § 3 OBG Thür, § 3 PAG Thür.

[5] Art. 9 BayLStVG/Art. 7 f. BayPAG, §§ 13 f. BlnASOG, §§ 16 f. OBG Bbg/§§ 5 f. PolG Bbg, §§ 5 f. BremPolG, §§ 8 f. HbgSOG, §§ 6 f. HessSOG, §§ 68 f. SOG MV, §§ 6 f. NdsSOG, §§ 4 f. PolG NRW, §§ 4 f. POG RhPf, §§ 4 f. PolG Saarl, §§ 4 f. PolG Sachs, §§ 7 f. SOB SachAn, §§ 218 f. LVwG SH, §§ 10 f. OBG Thür/§§ 7 f. PAG Thür.

sondern nur ein Verfahrenshindernis bei der zwangsweisen Durchsetzung darstellen, das durch eine Duldungsverfügung gegen den Hausbesitzer beseitigt werden könnte. Die Mieter einer Wohnung im Haus können wohl nicht als Inhaber der tatsächlichen Gewalt für das Haus und deshalb auch nicht als Zustandsstörer nach § 7 PolG BW und damit als mögliche Adressaten angesehen werden.

b) Nichterreichbarkeit des Störers

Laut Sachverhalt wurde der verletzte Fahrer ins Krankenhaus gebracht und der Hauseigentümer ist nicht erreichbar. Damit können diese Störer nicht rechtzeitig handeln. Die Voraussetzungen der unmittelbaren Ausführung der Maßnahme nach § 8 I PolG BW liegen also vor.

2. Rechtsfolge

Schließlich müsste mit dem Abstützen des Hauses angesichts der Ermessensermächtigung des § 47 I 2 LBO BW die richtige Rechtsfolge gewählt worden sein. Das eingeräumte Entschließungsermessen ist hier auf Null reduziert, da durch ein standunsicheres Haus die hochrangigen Rechtsgüter Leben und Gesundheit von Menschen gefährdet sind. Im Hinblick auf das Auswahlermessen ist das Gebot des Abstützens als Maßnahme vorläufig geeignet, den Rechtsverstoß zu beseitigen. Ein milderes geeignetes Mittel im Sinne der Erforderlichkeit ist nicht ersichtlich. Im Sinne der Angemessenheit steht der Nachteil für den Adressaten erkennbar nicht außer Verhältnis zum Vorteil für die Gemeinschaft (Schutz von Leben und Gesundheit von Menschen).

Ergebnis

P hat in rechtmäßiger Weise das Haus abstützen lassen.

Aufgabe 2: Rechtmäßigkeit des Verbots gegenüber den Mietern in die Wohnung zurückzukehren

I. Ermächtigungsgrundlage

Auch für diese belastende Maßnahme müsste zunächst eine gesetzliche Ermächtigung gegeben sein: Als Rechtsgrundlage kommt hier eine Nutzungsuntersagung nach § 65 S. 2 i. V. m. § 13 LBO BW[6] in Betracht.

II. Formelle Rechtmäßigkeit

1. Zuständigkeit

Für die Zuständigkeit gilt zunächst das zu Aufgabe 1 Ausgeführte entsprechend, das heißt, der Polizeivollzugsdienst ist im Eilfall nach § 60 II PolG BW vorläufig, das Landratsamt als untere Baurechtsbehörde nach Wiedererreichbarkeit endgültig sachlich wie örtlich zuständig. Damit konnte nicht B, sondern P zuständigkeitshalber der Familie verbieten, in die Wohnung zurückzukehren. Dieser hätte dann nach § 74 II 1 PolG BW das Landratsamt zu unterrichten.

---

6 Art 76 S. 2 BayBO, § 79 S. 2 BauOBln, § 73 III 1 BO Bdg, § 82 II BremLBO, § 76 I 2 HbgBauO, § 72 I 2 HessBO, § 80 II 1 LBauO MV, § 79 I 2 Ziff. 5 NdsBauO, § 61 I 2 (baupolizeiliche Generalklausel), § 81 I 1 LBauO RhPf, § 82 II LBO Saarl, § 80 S. 2 BO Sachs, § 79 S. 2 BauO SA, §§ 59 I 2, 59 II Nr. 4 LBO SH, § 77 S. 2 BO Thür.

2. Anhörung

Von einer Anhörung der Familie nach § 28 I LVwVfG ist auszugehen.

III. Materielle Rechtmäßigkeit

1. Tatbestandsvoraussetzungen des § 65 S. 2 LBO BW

Hiernach kann die Nutzung von Anlagen, die im Widerspruch zu öffentlich-rechtlichen Vorschriften stehen, untersagt werden. Ein standunsicheres Gebäude gem. § 13 LBO BW darf wegen der Gefahr für Leben und Gesundheit nicht zum Wohnen genutzt werden. Die genannte Rechtsgrundlage ist damit einschlägig, ihre tatbestandsmäßigen Voraussetzungen sind gegeben.

2. Auswahl des Adressaten

Einziger möglicher und damit richtiger Adressat waren die Mieter. Ihre Nutzung der Wohnung stünde im Widerspruch zu § 13 LBO BW, so dass ihr Verhalten im Sinne von § 6 I PolG BW unmittelbar die öffentliche Sicherheit stören würde.

3. Rechtsfolge

Schließlich müsste mit der Nutzungsuntersagung angesichts der Ermessensermächtigung des § 65 S. 2 LBO BW die richtige Rechtsfolge gewählt worden sein: Das eingeräumte Entschließungsermessen war hier auf Null reduziert, da – wie ausgeführt – mit dem Wohnen in einem standunsicheren Haus die hochrangigen Rechtsgüter Leben und Gesundheit von Menschen gefährdet waren. Mit der Nutzungsuntersagung wurde zwar in das Grundrecht auf Eigentum nach Art. 14 I GG eingegriffen, das jedes vermögenswerte Recht, also auch den Anspruch des Mieters auf Nutzung der gemieteten Wohnung schützt; der Eingriff war jedoch durch Schranken des Grundrechtes, hier einen einfachen Gesetzesvorbehaltes, gedeckt, da die genannte Rechtsgrundlage diesen Gesetzesvorbehalt konkretisiert und der Grundsatz der Verhältnismäßigkeit als Schranken-Schranke eingehalten wurde. Die Nutzungsuntersagung war als Maßnahme geeignet, den Rechtsverstoß zu beseitigen. Ein milderes geeignetes Mittel als die vollständige Untersagung der Nutzung im Sinne der Erforderlichkeit ist nicht ersichtlich. Im Hinblick auf die Angemessenheit stehen die Nachteile für die Mieter – Beschränkung der Handlungsfreiheit und des Nutzungsrechts – erkennbar nicht außer Verhältnis zu ihrem eigenen Vorteil im Sinne des Schutzes von Leben und Gesundheit.

Ergebnis

Die materiell rechtmäßige Anordnung hätte durch P getroffen werden müssen.

Aufgabe 3: Rechtmäßigkeit der Einweisung der obdachlos gewordenen Familie

I. Ermächtigungsgrundlage

Die unfreiwillige Obdachlosigkeit ist nach ständiger Rechtsprechung als Störung der öffentlichen Sicherheit anzusehen.[7] Mangels spezialgesetzlicher Rechtsgrundlagen

---

[7] *OVG Greifswald* NJW 2010, 1096 f.; *OVG Lüneburg* NJW 2010, S. 1094 f.; *VGH Mannheim* NJW 1997, 2832 f.

kommt hierfür die polizeiliche Generalermächtigung gem. §§ 3, 1 I PolG BW[8] in Betracht.

II. Formelle Rechtmäßigkeit

Der Bürgermeister ist hierfür nach §§ 60 I, 66 II, 62 IV, 68 I 2 PolG BW[9], § 44 III 1 GemO BW sachlich wie örtlich zuständig. Eine Anhörung hat gem. § 28 I LVwVfG stattgefunden.

III. Materielle Rechtmäßigkeit

1. Tatbestandsvoraussetzungen der §§ 3, 1 I PolG BW

Die drohende, unfreiwillige Obdachlosigkeit könnte eine Störung der öffentlichen Sicherheit darstellen, da die ungewollte Obdachlosigkeit in verschiedener Hinsicht zu unmittelbaren und konkreten Beeinträchtigungen individueller Rechtsgüter bzw. der Grundrechte der Familie führt:[10]

Die ungewollte Obdachlosigkeit könnte zunächst das Recht der Familie aus Art. 2 II 1 GG beeinträchtigen. Der Schutzbereich des Art. II 1 GG umfasst sowohl die körperliche Unversehrtheit als auch das menschliche Leben. Diesbezüglich hat der Staat nicht nur Eingriffe in diese Rechtsgüter zu vermeiden, sondern er ist auch verpflichtet, den Einzelnen vor körperlichen Beeinträchtigungen durch Dritte und auch vor Beeinträchtigungen durch Naturkräfte zu schützen. Wer ohne Obdach und gegen seinen Willen Tag und Nacht im Freien leben muss, befindet sich in einem Zustand, in dem er nicht nur den Witterungsverhältnissen schutzlos ausgeliefert ist, sondern auch Angriffen Dritter auf seine körperliche Unversehrtheit und unter Umständen sogar auf sein Leben. Zudem können elementare hygienische Bedürfnisse nicht befriedigt werden, was nicht unerhebliche gesundheitliche Folgen mit sich bringen kann. Das Fehlen eines geschützten Rückzugraumes in Folge der Obdachlosigkeit kann dazu führen, dass Erkrankungen nur langsam heilen, es kann erhebliche Folgeschäden mit sich bringen oder sogar schneller zum Tode führen. Infolge des Verlierens ihres Obdachs würde die Familie in eine solche Situation geraten, der sie sich nicht entziehen könnte. Die Wahrscheinlichkeit, dass gerade die Kinder nicht unwesentliche Schäden davontragen, wäre sehr hoch.

Außerdem werden durch die ungewollte Obdachlosigkeit auch die Rechte der Familie aus Art. 6 I GG beeinträchtigt. Zum Schutzbereich der Ehe gehört auch das eheliche Zusammenleben. Das Grundrecht begründet neben einem objektiven Diskriminierungsverbot und Einrichtungsgarantien auch staatliche Schutzpflichten, damit gerade dieses Zusammenleben gesichert werden kann. Ferner beinhaltet das Grundrecht das Gebot, Ehe und Familie vor Beeinträchtigungen gesellschaftlicher Kräfte zu schützen und darüber hinaus durch staatliche Maßnahmen zu fördern. Aus der Elternpflicht des Art. 6 II 1 GG und dem staatlichen „Wächteramt" aus Art. 6 II 2 GG folgt eine Verpflichtung zu kindwohlgerechtem Handeln, auf das die Kinder

---

[8] Art. 6, 7 II BayLStVG/Art. 2 I, 11 I BayPAG, §§ 1 I, 17 I BlnASOG, §§ 1 I, 13 I OBG Bbg/§§ 1 I, 10 PolG Bbg, §§ 1 I, 10 I BremPolG, § 3 I, II HbgSOG, §§ 1 I, 11 HessSOG, §§ 2 I, 13 SOG MV, §§ 1 I, 11 NdsSOG, §§ 1 I, 14 I OBG NRW/§§ 1 I, 8 I PolG NRW, §§ 1 I, 9 I POG RhPf, §§ 1 II, 8 I PolG Saarl, §§ 1 I, 3 I PolG Sachs, §§ 1 I, 13 SOG SA, §§ 163 I, 171 LVwG SH, §§ 2 I, 5 I OBG Thür/§§ 2 I, 12 I PAG Thür.

[9] § 2 BlnASOG, § 4 OBG Bbg, § 65 II BremPolG, § 100 HessSOG, § 5 SOG MV, § 100 NdsSOG, § 4 OBG NRW, § 91 POG RhPf, § 70 PolG Sachs, § 88 SOG SA, § 166 LVwG SH, § 4 OBG Thür. Eine entsprechende Vorschrift fehlt in Bayern und Hamburg; vgl. aber Art. 6 BayLStVG und § 3 I HbgSOG i. V. m. Gesetz über Verwaltungsbehörden.

[10] *Ewer/v. Detten*, NJW 1995, 353 ff.; *Ruder*, NVwZ 2012, 128 ff.

gem. Art. 2 I GG einen grundgesetzlichen Anspruch haben. Der Zustand der Obdachlosigkeit steht der hinter diesen Verpflichtungen stehenden Intention, neben den Kindern auch die Familien in ihrem Bestand begünstigend zu fördern und ihnen einen gewissen staatlich verbürgten Schutz zukommen zu lassen, entgegen. Ein normales Familienleben ist in einem solchen Zustand nicht möglich; die Eltern werden einem pädagogisch wertvollen Erziehungsauftrag nicht im Geringsten nachkommen können, wodurch die Entwicklung der Kinder und der damit einhergehende Schutz nicht mehr gewährleistet werden kann.

Da die Obdachlosigkeit der Familie eine Störung der öffentlichen Sicherheit darstellt, ist der Tatbestand der polizeilichen Generalklausel aus §§ 3, 1 I PolG BW erfüllt.

2. Richtiger Adressat

Als richtiger Adressat kommt hier nur die obdachlos gewordene Familie als Verhaltens- und als Zustandsstörer i. S. d. §§ 6 und 7 PolG BW in Betracht.

3. Rechtsfolge

a) Das **Entschließungsermessen** ist wegen der Hochrangigkeit der gefährdeten Rechtsgüter auf Null reduziert.

b) Auswahlermessen

Die Einweisung der Familie ist grundsätzlich verhältnismäßig.

Die Zurverfügungstellung der Unterkunft setzt in diesem Falle jedoch voraus, dass der B auch über die Unterkunft verfügen kann. Eine vertragliche Regelung im Sinne eines Beherbergungsvertrages lehnt der Wirt laut Sachverhalt ab, so dass er durch Verfügung zur Beherbergung gezwungen werden muss.

aa) Ermächtigungsgrundlage und Tatbestand

Für diese belastende Maßnahme müsste zunächst eine gesetzliche Ermächtigung gegeben sein. Gem. § 33 I Nr. 1 PolG BW[11] kann die Polizei eine Sache beschlagnahmen, wenn dies zum Schutz eines Einzelnen gegen eine unmittelbar bevorstehende Störung der öffentlichen Sicherheit erforderlich ist. Unfreiwillige Obdachlosigkeit ist nach ständiger Rechtsprechung als Störung der öffentlichen Sicherheit anzusehen, so dass diese Rechtsgrundlage einschlägig ist und ihre tatbestandsmäßigen Voraussetzungen auch gegeben sind.

bb) Zuständigkeit

Auch hierfür ist B nach §§ 60 I, 66 II, 62 IV, 68 I 2 PolG BW, § 44 III 1 GemO BW sachlich wie örtlich zuständig.

---

[11] Baden-Württemberg und Sachsen differenzieren hierbei zwischen der Gefahren abwehrenden Beschlagnahme (§ 33 I PolG BW; § 27 I PolG Sachs) und der eigentümer- und/oder personenschützenden Sicherstellung. Andere Bundesländer differenzier nicht weiter und subsummieren beide Fallgruppen unter dem Begriff der Sicherstellung (§ 27 PAG Thür, § 40 SOG Hess, Art. 25 PAG Bay, § 14 I SOG Hbg, § 210 I LVwG SH, § 45 SOG SA, § 21 PolG Saarl, § 22 POG RhPf, § 43 PolG NRW, § 26 NdsSOG, § 61 I SOG MV, § 40 HessSOG, § 23 BremPolG, § 25 PolG Bbg, § 38 BlnASOG.

cc) Heranziehung als Nichtstörer

Da der Wirt aber mit Haus und Unfall bisher in keinem Zusammenhang stand, somit Nichtstörer ist, kommt er als Adressat der Maßnahme nur unter den Voraussetzungen des § 9 PolG BW[12] in Betracht:

Eine Störung der öffentlichen Sicherheit muss unmittelbar bevorstehen, das heißt, der Schadenseintritt in allernächster Zeit mit an Sicherheit grenzender Wahrscheinlichkeit eintreten bzw. bereits eingetreten sein. Hier wird die Familie mit Unbewohnbarkeit der Wohnung in Folge der Nutzungsuntersagung obdachlos.

Diese Störung darf nicht auf andere Weise verhindert bzw. beseitigt werden können. Hier sind Maßnahmen gegen den Störer aus tatsächlichen Gründen unmöglich, eigene Mittel der Polizei reichen nicht aus. Laut Sachverhalt ist im Ort und der näheren Umgebung sonst kein Wohnraum verfügbar. Die leerstehende Baubaracke der Gemeinde bietet mangels Wasseranschluss für eine Familie mit kleinen Kindern keinen geeigneten Wohnraum. Eine vertragliche Regelung im Sinne eines Beherbergungsvertrages lehnt der Wirt ab.

Unter den weiteren Voraussetzungen, dass die Inanspruchnahme für den Wirt nicht wegen Verletzung von Pflichten, die für ihn höherrangig sind, unzumutbar ist, die Beschlagnahme auf den notwendigen Umfang und das zeitlich notwendige Maß (Zahl der Zimmer auch im Hinblick der Unterbringung von Frau und Kindern bei Verwandten am nächsten Tag und die „freiwillige Obdachlosigkeit" des Familienvaters, der im Sinne der „Selbstgefährdung" lieber in der Baubaracke bei seinen Möbeln „haust") beschränkt wird, ist der Wirt als Nichtstörer hier der richtige Adressat der Maßnahme.

dd) Rechtsfolge

Schließlich müsste mit der Beschlagnahme angesichts der Ermessensermächtigung des § 33 I PolG BW die richtige Rechtsfolge gewählt worden sein. Das eingeräumte Entschließungsermessen ist hier auf Null reduziert, da mit der Obdachlosigkeit zumindest bei schlechter Witterung und zur Nachtzeit die Gesundheit der Familie als hochrangiges Rechtsgut gefährdet ist. Mit der Beschlagnahme würde in das Grundrecht auf Eigentumsschutz nach Art. 14 I GG eingegriffen, das jedes vermögenswerte Recht, also auch die Verfügungsbefugnis des Gastwirts über die Gästezimmer, schützt. Dieser Eingriff wäre durch Schranken des Grundrechtes gedeckt, wenn die genannte Rechtsgrundlage diesen Gesetzesvorbehalt konkretisiert und der Grundsatz der Verhältnismäßigkeit als Schranken-Schranke eingehalten wird. Danach muss die angewandte Maßnahme geeignet, erforderlich und angemessen sein. Nach der Wechselwirkungstheorie ist bei Grundrechtsschranken in Gestalt des Gesetzesvorbehalts der Eingriffszweck stets gegenüber der Bedeutung des eingeschränkten Grundrechts abzuwägen. Danach wäre es durchaus zulässig, die Eigentumsfreiheit des Wirts zugunsten der grundrechtlich geschützten Rechtsgüter Leben und Gesundheit der Fußgänger einzuschränken.

Diese Betrachtungsweise würde jedoch übersehen, dass im vorliegenden Fall nicht die Ausübung des Eigentumsrechts durch den Wirt mit den Grundrechten der Familie kollidiert, sondern zu deren Schutz nur eingeschritten werden soll, weil die Mieterfa-

---

[12] Art. 10 I BayPAG, § 16 I BlnASOG, § 7 I PolG Bbg, § 7 I BremPolG, § 10 I HbgSOG, § 9 I HessSOG, § 71 I SOG MV, § 8 I NdsSOG, § 6 I PolG NRW, § 7 I POG RhPf, § 6 I PolG Saarl, § 7 I PolG Sachs, § 10 I SOG SA, § 220 I LVwG SH, § 10 I PAG Thür.

milie, deren Verhalten dem Wirt nicht zuzurechnen ist, unfreiwillig obdachlos geworden ist.

Wird in diesem Fall dennoch zugunsten der Familie in das Grundrecht des Wirts eingegriffen, so wird ihm ein Sonderopfer auferlegt, das i. S. d. Art. 14 III GG enteignenden Charakter hat und einer gesetzlichen Grundlage bedarf, die eine Entschädigungsregelung vorsieht (sog. Junktim-Klausel). Eine solche Grundlage existiert in Gestalt der §§ 9, 55 PolG BW,[13] deren Voraussetzungen für ein Einschreiten gegen den Wirt als unbeteiligten Dritten nach § 9 Po1G BW, wie gezeigt, erfüllt sind. Damit geht gleichsam die Verhältnismäßigkeit des Grundrechtseingriffs einher. Der Eingriff ist erforderlich, weil die Polizei weder durch Maßnahmen gegen Störer noch mit eigenen Mitteln die Obdachlosigkeit und damit die Sicherheit beseitigen kann. Der Eingriff ist auch angemessen, da der wirtschaftliche Nachteil des Wirts durch den Entschädigungsanspruch nicht mehr ins Gewicht fällt und sonstige Nachteile erkennbar nicht außer Verhältnis zum Vorteil für die Familie, zunächst ein Unterkommen zu finden, stehen. Im Lichte des Art. 14 III GG wird mit der Beschlagnahme von Zimmern die richtige Rechtsfolge gewählt.

Ergebnis

Die Einweisung der obdachlos gewordenen Familie in Zimmer des einzigen Gasthofes am Ort gegen den Willen des Gastwirts wäre mithin nach deren Beschlagnahme rechtmäßig.

Aufgabe 4: Bezug des Zimmers im Gasthof oder Wohnen in der Baubaracke?

Die Einweisung in eine Unterkunft eröffnet dem Obdachlosen die Möglichkeit, diese zu nutzen. Da eine Verpflichtung des Obdachlosen, die Unterkunft, in die er mittels Einweisungsverfügung eingewiesen worden ist, auch tatsächlich zu beziehen, nach h. M. durch das allgemeine Polizeirecht grundsätzlich nicht begründet werden kann, ist B tatsächlich „aus dem Schneider", wenn – bei Unterbringen der Familie bei Verwandten – der Familienvater mit seinen Möbeln in der Baubaracke „haust". Durch die mit der Einweisungsverfügung verbundene Zurverfügungstellung einer Unterkunft entfällt nämlich – ungeachtet dessen, ob der Obdachlose diese bezieht oder nicht – seine Obdachlosigkeit, da er über die Nutzungsmöglichkeit von Wohnraum verfügt. B als Polizeibehörde hat dann durch die Einweisung in eine geeignete Unterkunft die grundsätzlich bestehende Verpflichtung, (unfreiwillig) Obdachlose unterzubringen, erfüllt.

Aufgabe 5: Rechtmäßigkeit der Androhung eines Zwangsgeldes

I. Ermächtigungsgrundlage

Da es sich hierbei um eine Maßnahme des Polizeizwangs handelt, kommt als Rechtsgrundlage § 49 I PolG[14] BW i. V. m. § 20 LVwVG BW[15] in Betracht.

---

13 Art. 11 BayLStVG/Art. 70 I BayPAG, § 59 BlnASOG, § 38 I OBG Bbg/§ 70 PolG Bbg, § 56 I BremPolG, § 10 III HbgSOG, § 64 HessSOG, § 72 SOG MV, § 80 I NdsSOG, § 39 I a OBG NRW/§ 67 PolG NRW, § 68 I 1 POG RhPf, § 68 PolG Saarl, § 52 I PolG Sachs, § 69 SOG SA, § 221 LVwG SH, § 52 OBG Thür/§ 68 PAG Thür.

14 Art. 53 BayPAG, § 53 PolG Bbg, § 40 BremPolG, § 17 HbgSOG, § 47 HessSOG, § 79 SOG MV, § 64 NdsSOG, § 50 PolG NRW, § 57 POG RhPf, § 30 PolG Sachs, § 53 POG SA, § 228 LVwG SH, § 51 PAG Thür.

15 Art 36 BayVwZVG, § 13 BlnVwVG, § 23 VwVG Bbg, § 17 BremVwVG, § 69 HessVwVG, § 87 SOG MV, §§ 70 I NdsVwVG, 70 NdsSOG, § 63 VwVG NRW, § 66 LVwVG

II. Allgemeine Rechtmäßigkeitsvoraussetzungen

1. Formelle Rechtmäßigkeit

a) Zuständigkeit

Zuständig für die Anwendung ist nach §§ 4 LVwVG[16] BW, 68 I PolG BW die Behörde, die den zu vollstreckenden Grundverwaltungsakt (hier die Anordnung gegenüber dem Gastwirt) erlassen hat. Dies ist der Bürgermeister B als Ortspolizeibehörde; somit ist er zuständig.

b) Anhörung

Eine Anhörung ist gem. § 28 II Nr. 5 LVwVfG im Rahmen der Vollstreckung entbehrlich.

2. Materielle Rechtmäßigkeit

a) Vollstreckungsfähigkeit

B verlangt vom Gastwirt im Grundverwaltungsakt eine Duldung der Einweisung der obdachlos gewordenen Familie – der Inhalt ist insoweit vollstreckungsfähig.

b) Wirksamkeit der Grundverfügung

Die Grundverfügung ist dem Gastwirt gegenüber bekanntgegeben worden und – wie oben gezeigt – nicht nichtig. Damit ist die Grundverfügung wirksam.

c) Vollstreckbarkeit der Grundverfügung

Nach § 2 LVwVG BW ist die Grundverfügung vollstreckbar, wenn diese unanfechtbar geworden ist oder die aufschiebende Wirkung eines Rechtsbehelfs entfällt. Da die Grundverfügung weder unanfechtbar geworden ist noch ein Fall der sofortigen Vollziehbarkeit nach § 80 VwGO vorliegt, ist die Grundverfügung nicht vollstreckbar. Es könnte damit insoweit ein materieller Rechtsfehler vorliegen, welcher jedoch nach § 44 LVwVfG nicht zur Nichtigkeit, jedoch zur Rechtswidrigkeit der Vollstreckung, führen würde.

Da jedoch eine Nichtbefolgung der Grundverfügung durch den Gastwirt bei ungehindertem Fortgang des objektiv zu erwartenden Geschehens sicher zu einer Störung der öffentlichen Sicherheit – in Form der Obdachlosigkeit der Familie – führen würde und dies aufgrund der ablehnenden Haltung des Gastwirts zu erwarten ist, ist vorliegend von Gefahr im Verzug i. S. d. § 21 LVwVG BW auszugehen. Somit ist die Grundverfügung auch dann vollstreckbar, wenn diese noch nicht unanfechtbar geworden ist.

d) Richtiger Adressat

Als Adressat kommt der Gastwirt als Verpflichteter der Grundverfügung nach §§ 6, 7 PolG BW in Betracht.

RhPf, § 19 VwVG Saarl, § 20 VwVG Sachs, §§ 70 I VwVG SA, 59 SOG SA, § 236 LVwG SH, § 46 VwZVG Thür.

[16] Art. 30 I 1 BayZwZVG, § 4 BlnVwVG, 16 I VwVG Bbg, § 12 I BremVwVG, § 4 HbgVwVG, § 68 I HessVwVG, § 82 SOG MV, § 64 III 1 NdsSOG, § 56 I VwVG NRW, § 4 II LVwVG RhPf, § 14 I VwVG Saarl, § 4 I VwVG Sachs, § 53 III 1 SOG SA, § 231 LVwG SH, § 42 I VwZVG Thür.

e) Entschließungsermessen

Ausgehend von den obigen Erörterungen ist hier das Entschließungsermessen auf Null reduziert.

III. Besondere Rechtmäßigkeitsvoraussetzungen

1. Schriftlichkeitserfordernis und angemessene Fristsetzung

Aufgrund der Gefahr im Verzug kann hier von dem grundsätzlichen Schriftlichkeitserfordernis (§ 20 I 1 LVwVG BW) und der angemessenen Fristsetzung (§ 20 I 2 LVwVG BW) nach § 21 LVwVG BW abgewichen werden.

2. Auswahl des Zwangsmittels

Zudem müsste die Wahl das Zwangsmittel dem Verhältnismäßigkeitsgrundsatz entsprechen.

a) Legitimer Zweck

Grundsätzlich stellt die Durchsetzung eines vollstreckbaren Verwaltungsaktes einen legitimen Zweck dar.

b) Geeignetheit

Die Androhung eines Zwangsgeldes erscheint zwecktauglich, um den legitimen Zweck zu erreichen.

c) Erforderlichkeit

Zu prüfen ist, ob kein milderes Mittel hier zum gleichen Erfolg führen würde. Da das Zwangsgeld im Vergleich zu den sonstigen Zwangsmitteln die geringste Belastung für den Gastwirt bedeutet, ist es bereits das mildeste Mittel, welches Erfolg verspricht.

d) Angemessenheit

Die Nachteile für den Gastwirt dürfen nicht sichtbar außer Verhältnis zu den Vorteilen der Durchsetzung des Verwaltungsaktes stehen. Da im Sachverhalt bereits von einem angemessenen Zwangsgeld die Rede ist, ist hiervon nicht auszugehen.

Ergebnis

Die Androhung des Zwangsgeldes durch B ist rechtmäßig erfolgt.

Fall 6. Streit um die Sackgasse

Straßenrecht, Straßenverkehrsrecht, Bauplanungsrecht, einstweilige Anordnung, Verwaltungsrechtsweg, Folgenbeseitigungsanspruch, Eigentumsrecht

Sachverhalt

K ist seit 1983 Eigentümer eines Hauses im Gebiet der Stadt B in Baden-Württemberg. Das Haus liegt an einer dem öffentlichen Verkehr gewidmeten Ortsstraße, die als Sackgasse mit einem Wendehammer ausgestattet ist. Das Grundstück grenzt mit einem kleinen Bereich an den Wendehammer. Im Mai 1993 wandte sich K an die Stadt B und machte geltend, dass auf dem Wendehammer mehrmals wöchentlich von ca. 5 bis 7 Jugendlichen Rollhockey und Inlineskating betrieben werde, was erheblichen Lärm verursache. K führte an, dass er aufgrund der Lärmbelastung an der Nutzung seiner Terrasse und seines Arbeitszimmers gehindert sei. Ferner sei während des Spiels ein Parken auf dem Wendehammer nicht möglich, so dass die Autos vermehrt vor seinem Grundstück stehen würden. K forderte die Stadt B auf, unverzüglich Maßnahmen zu ergreifen, um diese Störung zu beseitigen. Die Stadt B unternahm nach Beurteilung der Sachlage jedoch nichts. Sie ist der Ansicht, dass das Rollhockey zum Gemeingebrauch der Straße gehöre und die Lärmbelästigungen durch spielende Jugendliche im Übrigen im Wohngebiet nicht unzumutbar seien. K vertritt demgegenüber die Ansicht, dass er in seinem Anliegerrecht verletzt sei und möchte dies auch schnellstmöglich gerichtlich feststellen lassen.

Im Jahr darauf beabsichtigt die Stadt B, die Straße als unmittelbare Verbindung zwischen zwei Bundesstraßen zu nutzen, um die Innenstadt vom Verkehr zu entlasten. Dies setzte die Änderung des bisherigen Charakters als Sackgasse voraus, welche durch einen Bebauungsplan 1995 erfolgte. Die Straße wurde ausgebaut und 1996 für den öffentlichen Verkehr gewidmet. 1997 leitete K gegen den Bebauungsplan ein Normenkontrollverfahren mit der Begründung ein, dass die entstandene Immissionslage nicht bedacht worden sei. Daraufhin wurde der Bebauungsplan wegen ungenügender immissionsschutzrechtlicher Berücksichtigung der privaten Belange des Klägers für nichtig erklärt.

Der Gemeinderat von B fasste daher 1998 den Beschluss, den Bebauungsplan erneut aufzustellen, betrieb seitdem jedoch kein Aufstellungsverfahren mehr. K erhebt daraufhin Klage und macht unter dem Hinweis auf die gerichtliche Nichtigerklärung des Bebauungsplans geltend, dass der ursprüngliche Zustand der Straße als Sackgasse wiederhergestellt werden müsse. Zur Begründung führte er aus, dass es für den Ausbau der Straße an einer Rechtsgrundlage fehle. Außerdem sei die Belastung durch den Durchgangsverkehr so stark, dass er in seinen Rechten betroffen sei. Die Lärmsteigerung gegenüber der Vorbelastung sei erheblich. Die Stadt B ist demgegenüber der Auffassung, dass die Klage unbegründet sei, da für das Klagebegehren des K keine Rechtsgrundlage im öffentlichen Recht vorhanden sei. Des Weiteren sei der Ausbau der Straße durch die Widmung inzwischen legalisiert worden. Und selbst wenn dies nicht der Fall sein sollte, so hätte man den Ausbau jedenfalls auch durch einen Planfeststellungsbeschluss legitimieren können. Gegen die Wiederherstellung der Sackgasse spräche ferner, dass die umliegenden Straßen dadurch einer vermehrten Verkehrsbelastung ausgesetzt seien. K beantragt daraufhin,

dass der ursprüngliche Charakter der Straße als Sackgasse wiederhergestellt werde, hilfsweise jedoch die Straße für den Durchgangsverkehr zu sperren. Da die Jugendlichen ihr
Inlineskaten nach wie vor betreiben, möchte K hier rasch Abhilfe schaffen.

1. Was ist K in Bezug auf das Rollhockeyspielen zu raten?
2. Hat K einen Anspruch auf Wiederherstellung der Sackgasse oder auf Schließung der
   Straße für den Durchgangsverkehr?

Lösungsskizze

1. Teil: Einstweilige Anordnung

I. Zulässigkeit des Antrags gem. § 123 I VwGO

1. Verwaltungsrechtsweg (+): Zurechnung der Verkehrsimmissionen dem Straßenbaulastträger
2. Statthaftigkeit des Antrags
   a) Klageart in der Hauptsache: allgemeine Leistungsklage
   b) Sicherungsanordnung (+): Sicherung bestehenden Rechts durch Eingreifen
      der Behörde
3. Antragsbefugnis, § 42 II VwGO analog (+): möglicherweise Anspruch aus
   Art. 14 I GG
4. Allgemeines Rechtsschutzbedürfnis (+): kein anderer, effektiverer Rechtsschutz
5. Beteiligten- und Prozessfähigkeit (+): K gem. § 61 Nr. 1 VwGO und § 62 I
   Nr. 1 VwGO; Stadt gem. § 61 Nr. 2 VwGO und § 62 III VwGO
6. Zuständigkeit des Gerichts (+): Gericht der Hauptsache
7. Ordnungsgemäßer Antrag (+)
8. Zwischenergebnis: Zulässigkeit des Antrags (+)

II. Begründetheit des Antrags nach § 123 I VwGO

1. Anordnungsanspruch (+): begehrt positives Handeln, damit FBA
   a) Sicherungsfähiges Recht (+): FBA anerkannt
      aa) Subjektiv-öffentliches Recht (+): Art. 14 I 1 GG
      bb) Hoheitlicher Eingriff (–): mangels Genehmigung keine bestimmungs-
          gemäße Straßennutzung
2. Hilfsgutachten: Rechtswidrigkeit (–): kein rechtswidriger Zustand bzgl.
   Lärmbelästigung und parkende Autos

Ergebnis: Antrag zulässig, aber unbegründet.

2. Teil: Ausbau der Sackgasse

I. Hauptantrag auf Wiederherstellung der Sackgasse

1. Voraussetzungen des FBA
   a) Rechtsgrundlage des FBA (s. o.)
   b) Hoheitlicher Eingriff (+): Sackgasse ist öffentlichem Verkehr gewidmet
   c) Subjektive Rechtsverletzung (+): Ausbau beruht auf nichtigem Bebauungs-
      plan; K in Art. 14 I GG verletzt
   d) Rechtswidriger Zustand (+): Widmung ungeeignet, den rechtswidrigen Zu-
      stand aufzuheben
   e) Rechtswidriges Handeln (+): Zurechnung der Lärmimmissionen dem Stra-
      ßenbaulastträger

2. Inhalt des FBA: Wiederherstellung des ursprünglichen Zustandes (–): Straßenausbau keine rechtserhebliche Beeinträchtigung des Anliegergrundstücks

Ergebnis: Anspruch des K auf Wiederherstellung der Sackgasse (–), Hauptantrag unbegründet.

II. Hilfsantrag auf Straßensperrung

1. FBA auf Sperrung für den Durchgangsverkehr
2. Ausschlussgründe (–)

Ergebnis: Klage zulässig und begründet.

Lösung

1. Teil: Einstweilige Anordnung bezüglich des Rollhockeys

I. Zulässigkeit des Antrags gem. § 123 I VwGO

1. Zulässigkeit des Verwaltungsrechtswegs in der Hauptsache

Der Antrag auf einstweilige Anordnung setzt die Eröffnung des Verwaltungsrechtswegs in der Hauptsache voraus, § 123 II 1 VwGO. Dieser ist gem. § 40 I VwGO dann eröffnet, wenn eine öffentlich-rechtliche Streitigkeit vorliegt. Öffentlich-rechtlich ist eine Streitigkeit, deren Streitgegenstand sich als unmittelbare Folge des öffentlichen Rechts darstellt.[1] K begehrt die Unterbindung des Inlineskatens auf dem ehemaligen Wendehammer. Fraglich ist zunächst, gegen wen sich dieser Abwehranspruch richtet. Die Lärmbelästigung und die Parkbeeinträchtigung auf dem Wendehammer werden durch das Inlineskaten der Jugendlichen verursacht. Gegen solche privaten Störer wäre nur der Beseitigungs- und Unterlassungsanspruch gem. § 1004 I BGB statthaft.[2] Der Streitgegenstand wäre dann dem Zivilrecht zuzuordnen. Verkehrsimmissionen sind jedoch immer dann dem Träger der Straßenbaulast zuzurechnen, wenn die Nutzung der Straße auf einen hoheitlichen Widmungsakt zurückzuführen ist und die Immissionen schlicht-hoheitlicher Natur sind.[3] Die Sackgasse ist dem öffentlichen Verkehr gewidmet. Die Immissionen sind dann schlicht-hoheitlicher Natur, wenn sie den Charakter eines Eingriffs haben.[4] Durch den Lärm wird K in seinem Nutzungsrecht an seinem Grundstück beeinträchtigt. Da dieses als Eigentumsrecht durch Art. 14 I 1 GG geschützt wird, liegt ein Eingriff vor. Folglich ist der Abwehranspruch öffentlich-rechtlicher Natur. Mangels einer verfassungsrechtlichen Streitigkeit sowie einer abdrängenden Sonderzuweisung ist der Verwaltungsrechtsweg gem. § 40 I VwGO eröffnet.

2. Statthaftigkeit des Antrags

a) Rechtsschutz in der Hauptsache

Der Antrag auf Erlass einer einstweiligen Anordnung ist nach § 123 V VwGO in jenen Fällen statthaft, in denen der vorläufige Rechtsschutz nicht nach §§ 80, 80a, 80b

---

[1] *Pietzner/Ronellenfitsch,* Das Assessorexamen im öffentlichen Recht, § 5 Rn. 21 ff.
[2] Palandt/*Bassenge,* BGB, § 903 Rn. 28, § 1004 Rn. 2; a. A. *LG Tübingen* NVwZ 1990, 696.
[3] *Steiner,* Straßen- und Wegerecht, in: Steiner (Hrsg.), Besonderes Verwaltungsrecht, Rn. 146.
[4] *Pietzner/Ronellenfitsch,* Das Assessorexamen im öffentlichen Recht, § 5 Rn. 21 ff.

VwGO zu gewähren ist. Dies ist der Fall, wenn der Rechtsschutz in der Hauptsache durch eine Feststellungs-, Verpflichtungs- oder allgemeine Leistungsklage zu ersuchen ist.[5] K begehrt das künftige Unterlassen der Geräuschemissionen sowie der Zugangsbeeinträchtigung zu seinem Grundstück. In beiden Fällen wird ein schlichtes Verwaltungshandeln der Behörde begehrt. Statthafte Klageart in der Hauptsache wäre daher eine allgemeine Leistungsklage. Folglich ist die einstweilige Anordnung nach § 123 I VwGO statthafte Antragsart.

b) Regelungs-/Sicherungsanordnung

Fraglich ist, ob das Unterbinden des Rollhockeys eine Sicherungsanordnung gem. § 123 I 1 VwGO oder eine Regelungsanordnung gem. § 123 I 2 VwGO darstellt.[6] Die Sicherungsanordnung dient der Sicherung des Status quo, soweit dies erforderlich ist, um die Vereitelung oder Beeinträchtigung eines Rechts des Antragstellers zu verhindern.[7] Die Regelungsanordnung erlaubt dagegen die vorläufige Regelung eines Rechtsverhältnisses, auch unter Begründung oder Erweiterung einer Rechtsposition des Antragstellers, soweit dies zur Abwehr von wesentlichen Nachteilen, zur Verhinderung drohender Gewalt oder aus anderen Gründen nötig ist.[8] Das Inlineskaten verursacht zum einen Lärmimmissionen, die K an der Nutzung seines Arbeitszimmers und seiner Terrasse hindern, zum anderen auch die tatsächliche Beeinträchtigung des Zugangs zum Grundstück durch parkende Autos. Dies sind Rechtspositionen, die dem Eigentumsschutz des Straßenanliegers nach Art. 14 I 1 GG unterliegen. Folglich ist davon auszugehen, dass das Eingreifen der Behörde ein bestehendes Recht des K sichern soll. Der Antrag ist demnach in Form der Sicherungsanordnung gem. § 123 I 1 VwGO statthaft.[9]

3. Antragsbefugnis, § 42 II VwGO analog

K ist entsprechend § 42 II VwGO antragsbefugt, wenn die Möglichkeit eines Anordnungsanspruchs und eines Anordnungsgrundes besteht. K könnte gem. Art. 14 I 1 GG ein unbeeinträchtigtes Nutzungsrecht seines Arbeitszimmers und seiner Terrasse zustehen. Ebenso könnte aus Art. 14 I 1 GG ein Recht auf ungehinderten Zugang zum Grundstück geltend gemacht werden. Diese Rechte könnten durch das Inlineskaten der Jugendlichen gefährdet sein. Folglich besteht die Möglichkeit, dass K einen Anspruch auf Einschreiten der Behörde hat. K ist somit gem. § 42 II VwGO analog antragsbefugt.[10]

---

[5] *Schmitt Glaeser/Horn*, Verwaltungsprozeßrecht, Rn. 317.
[6] Eine trennscharfe Abgrenzung beider Tatbestände kann letztlich nicht gelingen. Jede Regelung bedeutet auch eine Aufrechterhaltung und jede Aufrechterhaltung auch eine Regelung des Status quo. Aus diesen Gründen unterscheidet die Rechtspraxis, einschließlich der Rechtsprechung, häufig nicht zwischen Sicherungs- und Regelungsanordnung, sondern legt vielmehr die einstweilige Anordnung § 123 I VwGO zugrunde. Vgl. *Huba*, JuS 1990, 983.
[7] *Adolf*, JA 1990, 29.
[8] *Huba*, JuS 1990, 984.
[9] Die Regelungsanordnung ist in der Praxis wesentlich häufiger als die Sicherungsanordnung. Dies ist auf den Umstand zurückzuführen, dass die Glaubhaftmachung eines subjektiv-öffentlichen Rechtes wesentlich schwieriger nachzuweisen ist.
[10] Strittig ist, ob die Glaubhaftmachung des Anordnungsgrundes gem. § 123 III VwGO i. V. m. §§ 920 II, 294 ZPO eine Frage der Zulässigkeit oder der Begründetheit ist. Mit der h. M. ist diese erst in der Begründetheit zu erörtern; vgl. *Hufen*, Verwaltungsprozessrecht, § 33 Rn. 8; *Huba*, JuS 1990, 985.

4. Allgemeines Rechtsschutzbedürfnis

Das allgemeine Rechtsschutzbedürfnis fehlt, wenn der Antragsteller sein Ziel mit der begehrten Entscheidung nicht oder auf andere, schnellere und effektivere Weise erreichen kann.[11] Ein anderer, effektiverer Rechtsschutz als die einstweilige Anordnung ist nicht ersichtlich. Zwar ist die Stadt B in der Lage, die Unterbindung der Lärmbelästigung schneller und effektiver herbeizuführen, jedoch ist sie im vorliegenden Fall untätig geblieben. Der Schutz vor Lärmimmissionen und Zugangsbeeinträchtigung war somit nicht auf schnellere und effektivere Weise zu erreichen. Dem steht auch nicht entgegen, dass das Hauptsacheverfahren noch nicht anhängig ist.[12] Ein allgemeines Rechtsschutzbedürfnis ist somit ebenfalls gegeben.

5. Beteiligten- und Prozessfähigkeit

K ist gem. § 61 Nr. 1 VwGO beteiligtenfähig und gem. § 62 I Nr. 1 VwGO auch prozessfähig. Die Stadt B ist gem. § 61 Nr. 2 VwGO als Gebietskörperschaft eine Vereinigung, der ein Recht zustehen kann und damit beteiligtenfähig. Der Bürgermeister vertritt die Stadt B gem. § 42 I 2 GemO BW und ist somit gem. § 62 III VwGO prozessfähig.

6. Zuständigkeit des Gerichts gem. § 123 II VwGO

Das zuständige Gericht ist gem. § 123 II VwGO das Gericht der Hauptsache. Ist die Hauptsache noch nicht anhängig, dann ist das Gericht zuständig, das für die Hauptsache zuständig wäre.[13] Hier ist das Verwaltungsgericht, in dessen Zuständigkeitsbereich die Stadt B liegt, zuständig.

7. Ordnungsgemäßer Antrag nach §§ 81, 82 VwGO

Für die einstweilige Anordnung muss ein ordnungsgemäßer, das heißt nach § 81 VwGO schriftlicher Antrag vorliegen, aus dem sich ergibt, aufgrund welchen Sachverhalts der Antragsteller welche Maßnahmen des Gerichts erreichen will, § 82 VwGO. Zudem sind Antragsteller und Antragsgegner zu nennen. Von einem ordnungsgemäßen Antrag ist hier auszugehen.

8. Zwischenergebnis

Der Antrag ist zulässig.

II. Begründetheit des Antrags nach § 123 I VwGO

Der Antrag des K auf Erlass einer einstweiligen Anordnung ist begründet, wenn ein Anordnungsanspruch und ein Anordnungsgrund vorliegen und diese auch glaubhaft gemacht worden sind.

1. Anordnungsanspruch

Der Anordnungsanspruch ist das zu sichernde Recht, das hinter der einstweiligen Anordnung steht, also der materiell-rechtliche Anspruch.[14] Als zu sicherndes Recht könnte ein allgemeiner öffentlich-rechtlicher Unterlassungsanspruch oder ein schlich-

---

[11] *Huba*, JuS 1990, 985.
[12] *Kopp/Schenke*, VwGO, § 123 Rn. 25.
[13] *Hufen*, Verwaltungsprozessrecht, § 33 Rn. 4.
[14] *Hufen*, Verwaltungsprozessrecht, § 33 Rn. 15.

ter Folgenbeseitigungsanspruch in Betracht kommen. Der Folgenbeseitigungsanspruch ist auf Wiederherstellung des früheren Zustandes, das heißt auf ein positives
Handeln der Behörde gerichtet, während der öffentlich-rechtliche Unterlassungsanspruch darauf gerichtet ist, dass die Behörde in Zukunft nichts unternimmt. Im
vorliegenden Fall möchte K, dass die Behörde die Störungen beseitigt. Er begehrt
damit ein positives Handeln der Behörde und macht damit einen schlichten Folgenbeseitigungsanspruch geltend. Das zu sichernde Recht ist damit der Folgenbeseitigungsanspruch.

a) Sicherungsfähiges Recht

Der Folgenbeseitigungsanspruch wurde früher aus den zivilrechtlichen Abwehr-
ansprüchen gem. §§ 12, 862, 1004 I BGB analog hergeleitet. Heute zieht die überwiegende Meinung als Rechtsgrundlage den Grundsatz der Gesetzmäßigkeit der Verwaltung gem. Art. 20 III GG sowie die jeweils einschlägigen Grundrechte heran.[15]
Jedenfalls ist der Folgenbeseitigungsanspruch mittlerweile gewohnheitsrechtlich anerkannt.

aa) Subjektiv-öffentliches Recht

Der Folgenbeseitigungsanspruch setzt voraus, dass in ein subjektives Recht des
Bürgers eingegriffen wird. Wie schon ausgeführt, könnte K in seinem Anliegerrecht
aus Art. 14 I 1 GG beeinträchtigt sein.

bb) Hoheitlicher Eingriff

Dies müsste durch einen hoheitlichen Eingriff erfolgt sein, wobei jedoch nicht erforderlich ist, dass dieser Eingriff selbst rechtswidrig ist. Das Inlineskating müsste
einen hoheitlichen Eingriff darstellen. Die Immissionen und die Versperrung des
Zugangs zum Grundstück werden nicht durch die Gemeinde, sondern durch die
spielenden Kinder verursacht. Aufgrund des förmlichen Verwaltungshandelns sind
die Immissionen der Gemeinde zuzurechnen, wenn das Inlineskaten eine Nutzungsart ist, die von der Widmung der Straße umfasst wird. Fraglich ist daher, ob das
Befahren der Straße mit Inlineskates eine bestimmungsgemäße Nutzung des ehemaligen Wendehammers der neuen Durchgangsstraße darstellt.

(1) Vorrang des Straßenverkehrsrechts

Aufgrund des Vorrangs des Straßenverkehrsrechts würde es sich beim Inlineskating
um eine bestimmungsgemäße Nutzung der Sackgasse handeln, wenn es eine nach der
StVO erlaubte Nutzung der Straße darstellen würde. Gem. § 31 StVO sind Sport und
Spiele auf der Fahrbahn nur auf den dafür vorgesehenen Straßen erlaubt. Das Inlineskating ist eine Nutzungsart, die Spiel und Sport zuzurechnen ist.[16] Mangels entsprechender Kennzeichnung der Straße ist davon auszugehen, dass das Inlineskating
nach der StVO nicht zulässig ist.

(2) Vorbehalt des Straßenrechts

Das Straßenrecht legt demgegenüber die bestimmungsgemäße Art der Nutzung für
die jeweilige Straße fest, so dass das Inlineskating nach dem Straßenrecht eine zu-

---

[15] *Schwerdtfeger/Schwerdtfeger*, Öffentliches Recht in der Fallbearbeitung, Rn. 288.
[16] *Burmann/Heß/Jahnke/Janker*, StVO, § 24 Rn. 3.

lässige Nutzung darstellen könnte. Dass es bereits nach dem Straßenverkehrsrecht nicht zulässig ist, ist insofern unerheblich, da aufgrund des Vorbehalts des Straßenrechts das Straßenverkehrsrecht keine Benutzung auf Dauer ausschließen darf, welche vom Umfang der straßenrechtlichen Widmung umfasst wird. Zu prüfen ist daher, ob das Inlineskating straßenrechtlich zulässig ist. Dies ist der Fall, wenn es sich dabei um die Ausübung des Gemeingebrauchs handelt. Gem. § 13 StrG BW[17] bestimmt sich der Gemeingebrauch in erster Linie nach dem der Straße gem. § 2 I StrG BW[18] generell zuerkannten Widmungszweck. Die Sackgasse ist eine Ortsstraße i. S. d. § 3 II Nr. 3 StrG BW, welche dem öffentlichen Verkehr gewidmet ist.

(a) Enger Verkehrsbegriff

Fraglich ist, ob das Inlineskaten vom Verkehrsbegriff umfasst wird. Unter Verkehr ist nach dem engen Verkehrsbegriff die Fortbewegung von Menschen und Sachen zu verstehen.[19] Nach diesem Verkehrsbegriff fallen unter den Gemeingebrauch nur jene Nutzungen, die zum Zwecke der Ortsveränderung durch Gehen, Fahren oder Reiten vorgenommen werden. Das Inlineskaten stellt zwar eine Fortbewegung auf Rollen und damit ein Fahren dar, dient hier aber nicht in erster Linie der Beförderung, sondern ist, wie schon erwähnt, Spiel und Sport zuzurechnen.[20] Nach dem engen Verkehrsbegriff liegt damit kein Gemeingebrauch vor.

(b) Weiter Verkehrsbegriff

Bei der Sackgasse handelt es sich um eine innerörtliche Straße, deren Widmung über den reinen Verkehrszweck hinaus noch den sog. kommunikativen Verkehr erfasst.[21] Dieser weite Verkehrsbegriff beschränkt den Gemeingebrauch nicht nur auf Ortsveränderungen, sondern erstreckt sich vielmehr auch auf sonstige verkehrsbezogene Nutzungen.[22] Demnach müsste das Inlineskating als sonstige verkehrsbezogene Nutzung zu qualifizieren sein. Die Verkehrsbezogenheit der Nutzung verlangt, dass das Inlineskaten allenfalls als Nebenzweck der Straßennutzung, nicht jedoch als deren Hauptzweck anzusehen ist. Hier ist jedoch Hauptzweck des Aufenthalts auf dem Wendehammer gerade das Rollhockeyspiel mit Inlineskates. Dieser Zweck muss nicht unbedingt auf der Straße, sondern kann auch an den dafür vorgesehenen Plätzen verfolgt werden. Da die Verkehrsbezogenheit des Verhaltens jedoch nicht schon dadurch hergestellt wird, dass die fragliche Nutzung auf der Straße stattfindet,[23] ist davon auszugehen, dass es sich beim Inlineskating um keine verkehrsbezogene Nutzung handelt. Damit geht beim Inlineskating die Benutzung der Straße über den Gemeingebrauch hinaus, so dass eine erlaubnispflichtige Sondernutzung vorliegt.[24] Mangels einer vorliegenden Genehmigung handelt es sich dabei nicht um eine be-

---

[17] Art. 14 BayStrWG, § 10 BlnStrG, § 14 StrG Bbg, § 15 BremLStrG, § 16 HbgWG, § 14 HessStrG, § 21 StrWG MV, § 14 NdsStrG, § 14 StrWG NRW, § 34 LStrG RhPf, § 14 StrG Saarl, § 14 StrG Sachs, § 14 StrG SA, § 20 StrWG SH, § 14 StrG Thür; hierzu *OVG Münster* NVwZ 2002, 218.
[18] Art. 1 BayStrWG, § 2 BlnStrG, § 2 StrG Bbg, § 2 BremLStrG, § 2 HbgWG, § 2 HessStrG, § 2 StrWG MV, § 2 NdsStrG, § 2 StrWG NRW, §§ 1, 2 LStrG RhPf, § 2 StrG Saarl, § 2 StrG Sachs, § 2 LStrG SA, § 2 StrWG SH, § 2 StrG Thür.
[19] *Krzizek*, Das öffentliche Wegerecht, S. 64.
[20] *Burmann/Heß/Jahnke/Janker*, StVO, § 24 Rn. 3; nach BGHZ 150, 201 sind Inlineskates keine Fahrzeuge, sondern ähnliche Beförderungsmittel i. S. d. § 24 I StVO.
[21] *Gerhardt/Nagel*, Straßengesetz für BW, § 13 Rn. 11.
[22] Kodal/*Stahlhut*, Straßenrecht, Kap. 25 Rn. 22 ff.
[23] *Gerhardt/Nagel*, Straßengesetz für BW, § 13 Rn. 12.
[24] *VG Lüneburg* NJW 1998, 1731.

stimmungsgemäße Nutzung der Straße. Ein hoheitlicher Eingriff liegt damit nicht vor.

2. Hilfsgutachten

Für den Fall, dass eine andere Ansicht vertreten wird, ist weiter zu prüfen, ob der durch das Inlineskating verursachte Zustand rechtswidrig ist.

a) Rechtswidrigkeit des Zustandes

Durch das Inlineskating muss ein rechtswidriger Zustand verursacht worden sein.

aa) Lärmbelästigung

Dies ist der Fall, wenn die Lärmimmissionen ihn unzumutbar in seinem Wohlbefinden beeinträchtigen würden.[25] Bei der Frage der Zumutbarkeit ist davon auszugehen, dass spielende Kinder und Jugendliche in einem Wohngebiet als üblich und damit als sozialadäquat anzusehen sind. Wenn selbst bei einem planungsrechtlich ausgewiesenen Kindergarten die entstehenden Einwirkungen als mit der für ein Wohngebiet charakteristischen Wohnruhe zu vereinbaren anzusehen sind,[26] dann muss dies erst recht für den Lärm von 5 bis 7 Jugendlichen beim Rollhockey gelten. Der Umstand, dass die Jugendlichen für das Spiel eine Straße nutzten, dürfte hinsichtlich des Lärms unbeachtlich sein. Von einem mit der Wohnruhe nicht mehr vereinbaren Lärmpegel ist somit nicht auszugehen. K ist demnach bei der Nutzung seines Arbeitszimmers und seiner Terrasse in seinem Wohlbefinden nicht unzumutbar beeinträchtigt. Folglich ist durch das Inlineskating kein rechtswidriger Zustand im Hinblick auf die Lärmbelästigung entstanden.

bb) Zugang zum Anliegergrundstück

Fraglich ist jedoch, ob hinsichtlich der parkenden Autos durch das Inlineskating ein rechtswidriger Zustand verursacht worden ist. Durch das Inlineskating kommt es zudem zu einem erhöhten Aufkommen von parkenden Autos vor dem Grundstück des K. Dadurch könnte dieser in seinem Recht auf Zugang zu seinem Grundstück beeinträchtigt sein. Der Zugang und die Zufahrt von der Straße zum Anliegergrundstück sind Bestandteil des Eigentumsrechts des Anliegers, welche ebenfalls durch Art. 14 I 1 GG geschützt werden.[27] Die Gewährleistung der Zugänglichkeit des Grundstücks bedeutet jedoch nicht die Gewährleistung von „Bequemlichkeit oder Leichtigkeit des Zu- und Abgangs". Folglich müsste K geltend machen, durch das vermehrte Parken vor seinem Grundstück dieses nicht mehr erreichen zu können. Dies ist nicht der Fall, da K nur generell die Parksituation vor seinem Grundstück bemängelt. Folglich wird durch das Inlineskating auch insoweit kein rechtswidriger Zustand verursacht.

b) Zwischenergebnis

Ein Folgenbeseitigungsanspruch ist nicht gegeben. Mangels Anordnungsanspruchs ist die Klage unbegründet.

---

[25] *VG Lüneburg* NJW 1998, 1732.
[26] *VGH München* NVwZ 1989, 269 m. w. N.
[27] *Steiner*, Straßen- und Wegerecht, in: Steiner (Hrsg.), Besonderes Verwaltungsrecht, Rn. 123.

Ergebnis

Der Antrag auf einstweilige Anordnung ist zulässig, aber unbegründet.

2. Teil: Ausbau der Sackgasse

I. Hauptantrag bezüglich der Wiederherstellung der Sackgasse

K hat einen Anspruch auf Wiederherstellung der Sackgasse, wenn die Voraussetzungen des Folgenbeseitigungsanspruchs vorliegen, dies der Inhalt des Anspruchs ist und auch keine Ausschlussgründe vorliegen.

1. Voraussetzungen des Folgenbeseitigungsanspruchs

a) Rechtsgrundlage des Folgenbeseitigungsanspruchs

Zur Rechtsgrundlage des Folgenbeseitigungsanspruchs gilt das oben Gesagte.

b) Hoheitlicher Eingriff

Zu prüfen ist, ob durch ein hoheitliches Verwaltungshandeln in subjektive Rechte des K eingegriffen wurde.

aa) Festsetzungen des Bebauungsplans

Die Stadt B könnte durch die Festsetzungen des Bebauungsplans in ein subjektives Rechtsgut des K eingegriffen haben. Der Bebauungsplan weist die Sackgasse als Verbindungsstraße zwischen zwei Bundesstraßen aus. Diese verbindliche Bauleitplanung müsste dann zu dem erhöhten Verkehrsaufkommen und den dadurch bedingten Verkehrsimmissionen geführt haben. Bei den Festsetzungen des Bebauungsplans handelt es sich jedoch lediglich um eine so genannte „Angebotsplanung", welche lediglich die Befugnis zu deren tatsächlichen Verwirklichung eröffnet.[28] Das erhöhte Verkehrsaufkommen ist somit nicht auf die verbindliche Bauleitplanung zurückzuführen. Folglich ist in den Festsetzungen des Bebauungsplans kein Eingriff zu sehen.

bb) Ausbau der Sackgasse

Der Eingriff könnte in der Umsetzung der Bauleitplanung liegen. Durch den Ausbau der Sackgasse als Verbindungsstraße wurden der Durchgangsverkehr und die damit verbundenen Immissionen ermöglicht. Folglich ist der hoheitliche Eingriff in dem Ausbau der Sackgasse zu sehen.

cc) Hoheitlicher Charakter des Eingriffs

Ein hoheitlicher Charakter des Eingriffs ist ebenfalls gegeben, da die ausgebaute Sackgasse dem öffentlichen Verkehr gewidmet ist und somit in einem öffentlich-rechtlichen Planungs- und Funktionszusammenhang steht.

c) Subjektive Rechtsverletzung

Durch den Ausbau der Straße könnte K in seiner Eigentumsgewährleistung des Art. 14 I 1 GG verletzt worden sein. Das Grundstück des K ist aufgrund der bestimmungsgemäßen Nutzung der Straße einer erhöhten Immissionsbelastung ausgesetzt. Fraglich ist, ob dies eine Eigentumsverletzung darstellt. Grundsätzlich muss

---

[28] BVerwGE 94, 100.

der Eigentümer eines Anliegergrundstücks solche Beeinträchtigungen hinnehmen, welche durch die bestimmungsgemäße Nutzung einer Straße ausgelöst werden, sofern diese auf einer rechtmäßigen bzw. rechtswirksamen Planung beruht.[29] Hier beruhte der Ausbau auf der planerischen Festsetzung des Bebauungsplans von 1986. Da dieser nach dem Ergebnis des Normenkontrollurteils wegen mangelnder immissionsschutzrechtlicher Beurteilung der Belange des K für nichtig erklärt worden ist, liegt der Nutzung der Straße keine rechtswirksame Planung zugrunde. Folglich muss K die Immissionen nicht hinnehmen und ist in seinem Eigentumsrecht verletzt.

d) Rechtswidriger Zustand

Durch den hoheitlichen Eingriff muss ein rechtswidriger Zustand geschaffen worden sein, der im Zeitpunkt der Geltendmachung des Folgenbeseitigungsanspruchs noch andauert.

aa) Schaffung eines rechtswidrigen Zustandes

Der Ausbau der Straße sowie dessen Nutzung stellen einen rechtswidrigen Zustand dar, welcher auf einer rechtsunwirksamen bauplanerischen Festsetzung der Verkehrsfläche beruht. Dies ergibt sich aus dem Normenkontrollurteil. Folglich entstand mit dem Ausbau der Straße ein jedenfalls formell rechtswidriges Vorhaben und insoweit ein „Schwarzbau".[30]

bb) Andauern des rechtswidrigen Zustandes

Der Folgenbeseitigungsanspruch setzt ferner das Fortbestehen des rechtswidrigen Zustandes voraus. Diese Rechtswidrigkeit des hoheitlich herbeigeführten Zustandes entfällt jedoch, wenn er nachträglich legalisiert wird.[31]

(1) Erlass eines neuen Bebauungsplans

Da die Behörde zurzeit kein erneutes Aufstellungsverfahren betreibt, scheidet eine Legalisierung durch Erlass eines neuen Bebauungsplans aus.

(2) Legalisierung durch Widmung

Der Ausbau der Straße und deren bestimmungsgemäße Nutzung könnten jedoch durch die Bestandskraft der Widmung legalisiert worden sein. Dies käme nur dann in Betracht, wenn die straßenrechtliche Widmung auch geeignet wäre, den rechtswidrigen Zustand gegenüber K aufzuheben.

Fraglich ist, welchen Anforderungen die Widmung genügen müsste, um den Ausbau zu legalisieren. Aus Art. 14 I S. 1 i. V. m. S. 2 GG folgt, dass zur Legalisierung von Verkehrsimmissionen nur solche Rechtsgrundlagen geeignet sind, die Inhalt und Schranken des Eigentums selbst regeln und dabei eine umfassende Abwägung der betroffenen öffentlichen und privaten Belange vornehmen.[32] Die Widmung müsste daher geeignet sein, einen derartigen Nutzungskonflikt zwischen dem Träger der Straßenbaulast und dem Straßenanlieger unter Abwägung der privaten und öffentlichen Interessen zu regeln. Wesentlicher Inhalt der Widmung ist die Bestimmung des

---

[29] *Steiner*, Straßen- und Wegerecht, in: Steiner (Hrsg.), Besonderes Verwaltungsrecht, Rn. 148.
[30] *BVerwG* UPR 1994, 29.
[31] *Ossenbühl/Cornils*, Staatshaftungsrecht, S. 317.
[32] *BVerwG* UPR 1994, 28.

Widmungszwecks, insbesondere des zulässigen Gebrauchs der Straße, z. B. für den Kraftfahrzeugverkehr. Dabei wird jedoch keine Regelung hinsichtlich der Anliegerinteressen getroffen, die über die bloße Nutzung hinausgehen. Folglich findet keine umfassende Interessenabwägung statt. Die Rechtsfolgen hinsichtlich der Straßennutzung berühren daher die rechtlich gesondert zu regelnden übrigen Beziehungen zwischen Straßenanlieger und Straßenbaulastträger nicht. Die Widmung hat insofern nur straßenrechtliche Bedeutung.[33] Folglich ist die Widmung rechtlich ungeeignet, den durch die fehlerhafte Bauleitplanung entstandenen Zustand aufzuheben. Der rechtswidrige Zustand dauert somit an.

(3) Einwand des hypothetischen Planfeststellungsbeschlusses

Auch der Einwand, die Verbindungsstraße hätte auch durch einen Planfeststellungsbeschluss geplant werden können, ändert nichts an dem rechtswidrigen Zustand. Da die Gemeinde sich für den Weg des Bebauungsplans entschieden hat, muss sie sich auch an dieser Wahl festhalten lassen. Der hypothetische Einwand ändert an der Rechtslage nichts, da ansonsten nicht nur die Grenzen der hypothetischen Kausalität überschritten, sondern auch der rechtsuchende Bürger unzumutbar belastet würde.

e) Rechtswidriges Handeln der Gemeinde

Die Verkehrsimmissionen müssten ferner auf ein rechtswidriges Verhalten der Stadt B zurückzuführen sein. Die Immissionen entstehen durch die Nutzung der Straße und werden somit durch die Benutzer verursacht. Gegen solche privaten Störer ist nur der Beseitigungs- und Unterlassungsanspruch entsprechend § 1004 I BGB statthaft.[34] Jedoch sind Lärmimmissionen des Verkehrs immer dann dem Träger der Straßenbaulast zuzurechnen, wenn es sich dabei um eine bestimmungsgemäße Nutzung der Straße handelt.[35] Hier war die Straße gerade zum Zweck der Eröffnung des Durchgangsverkehrs ausgebaut worden. Dieser Ausbau war mangels rechtswirksamer Planung auch rechtswidrig. Folglich ist der Stadt B und damit der öffentlichen Hand der Ausbau als eigenes rechtswidriges Verhalten zuzurechnen.

2. Inhalt des Folgenbeseitigungsanspruchs

Der Inhalt des Folgenbeseitigungsanspruchs richtet sich auf die Wiederherstellung des ursprünglichen Zustandes durch Beseitigung der Folgen des rechtswidrigen Verwaltungshandelns.[36] Bei der planwidrigen Herstellung von Infrastruktureinrichtungen, wie z. B. Straßen, stellt sich dabei die Frage, ob der jeweilige Kläger die volle Beseitigung des gesamten rechtswidrigen Zustandes verlangen kann oder nur die Beseitigung der ihn störenden Folgen. Dies richtet sich nach der geschützten Rechtsposition, welche wiederum den Folgenbeseitigungsanspruch begrenzt. K wird in seinem Eigentumsrecht an seinem Grundstück durch die Immissionen beeinträchtigt. Eine Wiederherstellung der Sackgasse kann demnach nur verlangt werden, wenn die Beeinträchtigungen auf den Ausbau der Sackgasse zur Verbindungsstraße zurückzuführen wären. Der Ausbau der Straße ist zwar unabdingbare Voraussetzung für diese Nutzung, stellt aber selbst keine auf Dauer angelegte und rechtserhebliche Beeinträchtigung des Anliegergrundstücks dar.[37]

---

[33] *BVerwG* UPR 1994, 30.
[34] Palandt/*Bassenge*, BGB, § 903 Rn. 28, § 1004 Rn. 2; a. A. *LG Tübingen* NVwZ 1990, 696.
[35] Kodal/*Bauer*, Straßenrecht, Kap. 41 Rn. 46.
[36] *Kopp/Schenke*, VwGO, § 113 Rn. 80.
[37] BVerwGE 94, 100.

3. Ergebnis

K hat keinen Anspruch auf Wiederherstellung der Sackgasse. Der Hauptantrag ist somit unbegründet.

II. Hilfsantrag auf Sperrung der Straße für den Durchgangsverkehr

K könnte jedoch einen Anspruch auf Sperrung der Straße für den Durchgangsverkehr haben, wenn dies zur Beseitigung der Immissionen erforderlich und damit Inhalt des Folgenbeseitigungsanspruchs ist. Des Weiteren dürften keine rechtsvernichtenden Ausschlussgründe vorliegen.

1. Inhalt des Folgenbeseitigungsanspruchs

Dass die Immissionen nicht eine Folge des Ausbaus der Sackgasse, sondern der bestimmungsgemäßen Nutzung sind, wurde bereits festgestellt. Fraglich ist, ob die Sperrung der Straße zur Beseitigung der Immissionen führt. Durch eine Sperrung der Straße für den Durchgangsverkehr werden die bestimmungsgemäße Nutzung und somit letztlich auch die dadurch verursachten Immissionen unterbunden. Damit ist der Inhalt des Folgenbeseitigungsanspruchs auf die Sperrung der Straße für den Durchgangsverkehr gerichtet.

2. Ausschlussgründe

Der Folgenbeseitigungsanspruch ist jedoch nur dann begründet, wenn die Wiederherstellung des früheren Zustandes tatsächlich noch möglich, rechtlich zulässig und für die Verwaltung zumutbar ist.[38]

a) Unzumutbarkeit

Die Sperrung der Sackgasse könnte für die Stadt B unzumutbar sein. Belastungen benachbarter Grundstücke können grundsätzlich aus dem öffentlichen Interesse an einem leistungsfähigen Straßennetz gerechtfertigt werden.[39] Von einem leistungsfähigen Straßennetz kann dann nicht mehr gesprochen werden, wenn die Unterbindung des Durchgangsverkehrs notwendigerweise zu einer Verkehrsverlagerung führen würde, die einen Zusammenbruch des innerstädtischen Verkehrs darstellt. Die Stadt B macht jedoch nur eine Mehrbelastung der übrigen Straßen geltend. Dass diese zu einem Zusammenbruch des Verkehrs führt, ist nicht ersichtlich.

b) Unzulässige Rechtsausübung

Die Annahme der unzulässigen Rechtsausübung erfordert, dass die Legalisierung des als rechtswidrig erkannten und andauernden Zustandes zeitlich unmittelbar bevorsteht.[40] Die Behörde betreibt derzeitig kein Aufstellungsverfahren. Es besteht jedoch die Möglichkeit, dass die Stadt B jederzeit einen neuen Bebauungsplan aufstellt. Eine unzulässige Rechtsausübung liegt jedoch dann nicht vor, wenn lediglich die Möglichkeit einer nachträglichen Legalisierung besteht, ohne dass Anhaltspunkte dafür vorliegen, dass eine solche auch demnächst vorgenommen werden soll.[41]

---

[38] *Maurer*, Allgemeines Verwaltungsrecht, § 29 Rn. 14.
[39] *Steiner*, Straßen- und Wegerecht, in: Steiner (Hrsg.), Besonderes Verwaltungsrecht, Rn. 148.
[40] *Ossenbühl/Cornils*, Staatshaftungsrecht, S. 323.
[41] *BVerwG* NJW 1989, 2277.

3. Zwischenergebnis

Es liegt kein Ausschlussgrund vor, so dass K einen Anspruch auf Sperrung der Straße für den Durchgangsverkehr hat. Der Folgenbeseitigungsanspruch ist hinsichtlich des Hilfsantrags begründet.

Ergebnis

Die Klage ist hinsichtlich des Hilfsantrages zulässig und begründet.

Fall 7. Ärger um den Parkplatz

Straßenverkehrsrecht, Straßen- und Wegerecht, Anwohnerparken, vorläufiger Rechtsschutz, Anordnung der aufschiebenden Wirkung, Rechtsschutzbedürfnis, Widmung, Auslegungsmethoden

Sachverhalt

Frau P arbeitet in einer Anwaltssozietät im sog. „Kunibertsviertel", einem kleinräumigen Viertel, der baden-württembergischen Stadt K. Um aus Termingründen gelegentlich auch mal in K bleiben zu können und nicht zu ihrem 50 km entfernten Hauptwohnsitz fahren zu müssen, hat sie sich im Kunibertsviertel einen Nebenwohnsitz zugelegt. Als sie am 15.6.2013 nach vierwöchigem Urlaub zurückkehrt, stellt sie fest, dass sämtliche Parkflächen in der weiteren Umgebung ihrer Zweitwohnung und der Kanzlei mit den Verkehrszeichen Nr. 314 zu § 42 StVO plus Zusatzschild versehen sind, welche die Parkerlaubnis auf Bewohner der Parkzone 12 beschränken. Aufgestellt wurden die Verkehrszeichen am 16.5.2013. Um nicht auf gebührenpflichtigen Parkplätzen stehen zu müssen, legt sie am 25.6.2013 gegen die Verkehrszeichen Widerspruch ein. Vorsorglich beantragte P einen Bewohnerparkausweis, der von K jedoch mit der Begründung abgelehnt wird, dass P nur mit ihrem Nebenwohnsitz in K gemeldet sei und der Parkausweis nur Bewohnern zustehe, deren Hauptwohnsitz im jeweiligen Viertel liege. P hält die ganze Regelung der Bewohnerparkzonen für rechtswidrig. Sinn und Zweck einer Parkzonenregelung könne es nicht sein, eine ganze Innenstadt mit insgesamt 16 kleinräumigen Parkzonenregelungen zu versehen. Im Übrigen sei eine Parkzone, die nur Bewohner mit Hauptwohnsitz bevorrechtigt, eine nicht zu rechtfertigende Ungleichbehandlung gegenüber den Bewohnern mit Nebenwohnsitz, da diese gezwungen würden auf gebührenpflichtige Parkplätze auszuweichen.

Was ist ihr zu raten, wenn sie nur gegen die Bewohnerparkregelung vorgehen möchte?

Lösungsskizze

I. Zulässigkeit des Antrags nach § 80 V VwGO

1. Verwaltungsrechtsweg (+): Errichtung einer Sonderparkzone gem. § 45 Ib S. 1 Nr. 2a StVO
2. Statthafter Antrag (+): Klageart in der Hauptsache: Anfechtungsklage, daher Antrag nach § 80 V 1 1. Alt. VwGO
3. Antragsbefugnis, § 42 II VwGO analog (+): Adressat belastender Verkehrsregelung
4. keine Frist
5. Allgemeines Rechtsschutzbedürfnis
   a) Einlegung eines Rechtsbehelfs (+)
   b) Verfristung in der Hauptsache (–): Jahresfrist
   c) Wegfall der aufschiebenden Wirkung (+), § 80 II Nr. 2 VwGO analog

6. Zuständiges Gericht (+): Gericht der Hauptsache
7. Zwischenergebnis: Zulässigkeit des Antrags (+)

II. Begründetheit

1. Passivlegitimation gem. § 78 VwGO analog (+): Träger der Straßenverkehrsbehörde D
2. Rechtmäßigkeit des VA
   a) Ermächtigungsgrundlage: § 6 I Nr. 14 StVG, § 45 Ib S. 1 Nr. 2a StVO (+):
      Aufstellen eines Verkehrsschildes genügt
   b) Errichtung der Sonderparkzone (+): für Bewohner des Kunibertsviertels
   c) Vereinbarkeit mit höherrangigem Recht
      – Verstoß gegen Art. 14 I GG (–): kostenloses Parken kein Anliegerrecht
      – Verstoß gegen Art. 12 I GG (–): keine Berufsausübung
      – Verstoß gegen Art. 3 I GG (–): sachlich gerechtfertigter Grund
      – Verstoß gegen Art. 2 I GG i. V. m. Art. 3 I GG (–): kein Anspruch auf
        Aufrechterhaltung des Gemeingebrauchs
   d) Zwischenergebnis: Rechtmäßigkeit der Parkraumregelung des Kuniberts-
      viertels (+)
   e) Rechtmäßigkeit der gesamten Parkraumregelung (–): flächendeckende Aus-
      dehnung der Parkzonen nicht von Ermächtigungsgrundlage gedeckt

Ergebnis: Antrag hat Aussicht auf Erfolg.

Lösung

I. Zulässigkeit des Antrags nach § 80 V VwGO

1. Verwaltungsrechtsweg gem. § 40 I VwGO

Der Verwaltungsrechtsweg gem. § 40 I VwGO ist eröffnet, wenn eine öffentlich-rechtliche Streitigkeit vorliegt, die nicht verfassungsrechtlicher Art ist und auch keinem anderen Gericht zugewiesen ist. Eine öffentlich-rechtliche Streitigkeit liegt vor, wenn die streitentscheidende Norm dem öffentlichen Recht zuzuordnen ist. Die Beteiligten streiten um die Errichtung einer Sonderparkzone gem. § 45 Ib S. 1 Nr. 2a StVO. Bei § 45 Ib S. 1 Nr. 2a StVO handelt es sich um eine öffentlich-rechtliche Norm, da sie die Straßenverkehrsbehörden besonders berechtigt und verpflichtet. Die Streitigkeit ist somit öffentlich-rechtlicher Art. Da es sich nicht um eine verfassungsrechtliche Streitigkeit handelt und sie auch keinem anderen Gericht zugewiesen ist, ist der Verwaltungsrechtsweg gem. § 40 I VwGO eröffnet.

2. Statthaftigkeit des Antrags

In Betracht kommen könnte ein Antrag gem. § 80 V VwGO. Dann müsste die richtige Klageart in der Hauptsache eine Anfechtungsklage gem. § 42 I 1. Alt. VwGO sein. Gegen das Verkehrsschild kann nur dann mit einer Anfechtungsklage vorgegangen werden, wenn es einen Verwaltungsakt i. S. d. § 35 LVwVfG darstellt. Während die früher herrschende Lehre in einem Verkehrsschild eine Rechtsnorm sah,[1] ist die Rechtsprechung heute der Ansicht, dass es sich um einen Verwaltungsakt in Form der

---

[1] *Hoffmann*, JZ 1964, 702; *Czermak*, NJW 1965, 93; *OVG Münster* DVBl. 1961, 456.

Allgemeinverfügung gem. § 35 S. 2 3. Alt. LVwVfG handelt.[2] Da durch das Schild ein konkreter Sachverhalt geregelt wird, liegt ein VA vor,[3] so dass die Anfechtungsklage die richtige Klageart in der Hauptsache ist. Folglich ist ein Antrag nach § 80 V 1 1. Alt. VwGO statthaft.

3. Antragsbefugnis, § 42 II VwGO analog

P ist auch antragsbefugt, da sie als Adressatin der sie belastenden Verkehrsregelung zumindest eine Beeinträchtigung ihrer allgemeinen Handlungsfreiheit gem. Art. 2 I GG als Recht i. S. d. § 42 II VwGO analog geltend machen kann.

4. Frist

Der Antrag ist grundsätzlich an keine Frist gebunden.

5. Allgemeines Rechtsschutzbedürfnis

a) Einlegung eines Rechtsbehelfs

Umstritten ist, ob das Rechtsschutzinteresse nur zu bejahen ist, wenn der Antragsteller bereits Widerspruch oder Anfechtungsklage erhoben hat. Nach einer Ansicht scheidet die Wiederherstellung der aufschiebenden Wirkung gem. § 80 V VwGO eines noch nicht eingelegten Rechtsbehelfs schon begriffsnotwendig aus. Dies hat zur Folge, dass das Rechtsschutzinteresse für einen Antrag nach § 80 V VwGO entfällt, wenn noch kein Rechtsbehelf eingelegt wurde.[4] Die Gegenansicht geht von dem Regelfall aus, dass ein Rechtsbehelf eingelegt worden ist, macht jedoch aus Gründen der Rechtsschutzeffektivität das Rechtsschutzinteresse nicht davon abhängig.[5] P hat hier Widerspruch gegen die Verkehrszeichen eingelegt, so dass der Streit nicht zu entscheiden ist und das Rechtsschutzbedürfnis insofern jedenfalls vorliegt.

b) Verfristung in der Hauptsache

An dem Rechtsschutzbedürfnis für einen Antrag gem. § 80 V VwGO fehlt es jedenfalls dann, wenn der Antragsteller die Widerspruchs- oder Klagefrist gem. §§ 70, 74 VwGO hat verstreichen lassen und der Verwaltungsakt damit unanfechtbar geworden ist.[6] Fraglich ist daher, ob P rechtzeitig Widerspruch gegen die Verkehrszeichen eingelegt hat. Gem. § 70 I VwGO ist der Widerspruch innerhalb eines Monats nach Bekanntgabe des Verwaltungsakts einzulegen. Das Verkehrszeichen Nr. 314 zu § 42 StVO mit Zusatzschild ist ein Verwaltungsakt in Form der Allgemeinverfügung.[7] Die Allgemeinverfügung wird gem. § 43 I LVwVfG BW gegenüber demjenigen, für den er bestimmt ist oder der von ihm betroffen wird, in dem Zeitpunkt wirksam, in dem er ihm bekannt gegeben wird. Die Bekanntgabe erfolgt nach den bundesrechtlichen Vorschriften der Straßenverkehrsordnung durch Aufstellung des Verkehrsschildes.[8] Demnach waren die Verkehrszeichen am 16.5.2013 bekanntgegeben. P hätte somit am

---

[2] *BVerwG* NJW 1997, 1022; DVBl. 1995, 747; DVBl. 1993, 613; *OVG Koblenz* NJW 1995, 1043; *BVerfG* NJW 1965, 2395; BVerwGE 27, 181; BVerwGE 59, 221; *BVerwG* NJW 1980, 1640.

[3] *Prutsch*, JuS 1980, 566 ff.; a. A. *Renck*, JuS 1967, 545 ff.

[4] *Huba*, JuS 1980, 807.

[5] *Schenke*, Verwaltungsprozessrecht, Rn. 993; *Kopp/Schenke*, VwGO, § 80 Rn. 139; *OVG Münster* DVBl. 1996, 115, fordert dagegen zumindest gleichzeitige Einlegung.

[6] *Erichsen*, Jura 1984, 483; *Huba*, JuS 1990, 807.

[7] BVerwGE 59, 221; 92, 32.

[8] BVerwGE 104, 318.

16.6.2013 spätestens Widerspruch einlegen müssen. Zu diesem Zeitpunkt befand sie sich jedoch noch im Urlaub, so dass der Widerspruch verfristet wäre. Zu bedenken ist aber, dass das Verkehrszeichen durch seine Aufstellung zwar bekannt gegeben wird, es aber dabei regelmäßig an einer Rechtsbehelfsbelehrung fehlt, §§ 70 i. V. m. 58 II VwGO. Unanfechtbarkeit des Verkehrszeichens liegt daher erst nach Ablauf der Jahresfrist vor.[9]

c) Wegfall der aufschiebenden Wirkung

Das Rechtsschutzbedürfnis für einen Antrag gem. § 80 V VwGO ist nur dann gegeben, wenn Widerspruch und Anfechtungsklage gem. § 80 II VwGO keine aufschiebende Wirkung entfalten. Das Verkehrszeichen könnte eine unaufschiebbare Maßnahme i. S. d. § 80 II Nr. 2 VwGO sein. Zwar stellt das Verkehrszeichen keine Anordnung oder Maßnahme eines Polizeivollzugsbeamten dar, jedoch lässt sich aufgrund der Funktionsgleichheit eine Analogie zu § 80 II Nr. 2 VwGO vertreten.[10] Der Widerspruch hat somit keine aufschiebende Wirkung, der Suspensiveffekt kann somit nicht auf einfacherem Weg erreicht werden.

6. Zuständiges Gericht

Zuständiges Gericht ist das Gericht, das mit der Hauptsache befasst ist.

7. Zwischenergebnis

Der Antrag ist zulässig.

II. Begründetheit

Der Antrag auf Anordnung der aufschiebenden Wirkung ist begründet, wenn das Interesse die aufschiebende Wirkung wiederherzustellen, das öffentliche Interesse an dem sofortigen Vollzug überwiegt. Der Maßstab des § 80 IV 3 VwGO gilt in den Fällen des § 80 II Nr. 2 und Nr. 3 VwGO entsprechend.[11] Demnach ist ein überwiegendes Individualinteresse dann anzunehmen, wenn ernsthafte Zweifel an der Rechtmäßigkeit des Verwaltungsakts bestehen.

1. Passivlegitimation gem. § 78 VwGO analog

Träger der Straßenverkehrsbehörde ist die Gebietskörperschaft D. Sie ist somit richtiger Klagegegner nach § 78 I Nr. 1 VwGO.

2. Rechtmäßigkeit des Verwaltungsakts

Zweifel könnten hier an der materiellen Rechtmäßigkeit der Verkehrszeichen bestehen.

a) Ermächtigungsgrundlage § 6 I Nr. 14 StVG i. V. m. § 45 Ib S. 1 Nr. 2a StVO

Bedenken gegen die Ermächtigungsgrundlage bestehen nicht. Fraglich könnte jedoch sein, ob eine Sonderparkzone allein durch straßenverkehrsrechtliche Maßnahmen eingerichtet werden kann oder ob es aufgrund des Vorbehalts des Straßenrechts einer

---

[9] *Hansen/Meyer*, NJW 1998, 285.
[10] *Kopp/Schenke*, VwGO, § 80 Rn. 64.
[11] So die wohl h. M. *VGH Mannheim* VBlBW 1965, 78; *VGH München* NJW 1978, 2470; *Huba*, JuS 1990, 809; a. A. *Pietzner/Ronellenfitsch*, Das Assessorexamen im öffentlichen Recht, § 56 Rn. 17 f.

straßenrechtlichen Teileinziehung bedurfte. Nach dem Vorbehalt des Straßenrechts darf das Straßenverkehrsrecht keine verkehrsrechtliche Nutzung zulassen, welche über den Umfang der straßenrechtlichen Widmung hinausgeht.[12] Dies ist hier nicht der Fall, da hier nicht die Nutzung, sondern lediglich der Benutzerkreis eingeschränkt wird. Durch die straßenverkehrsrechtliche Maßnahme könnte eine straßenrechtlich zulässige Nutzung auf Dauer ausgeschlossen worden sein. Nach der straßenrechtlichen Widmung ist das Parken jedermann gestattet. Dieses ist durch das Verkehrszeichen Nr. 314 zu § 42 StVO mit dem Zusatzschild ausschließlich den Bewohnern vorbehalten. Die Nutzung durch die übrigen Verkehrsteilnehmer ist ausgeschlossen. Fraglich ist, ob aufgrund von Verkehrsbeschränkungen gem. § 45 StVO Nutzungen ausgeschlossen werden können, die innerhalb des Rahmens der Widmung liegen. Sowohl nach der Literatur als auch der Rechtsprechung[13] sind Verkehrsbeschränkungen auf der Grundlage des Straßenverkehrsrechts, insbesondere auf der Grundlage des § 45 StVO dann zulässig, wenn dies aus Gründen der Sicherheit und Ordnung des Verkehrs erfolgt und es aufgrund der Beschränkung zu einer „Ausklammerung" widmungsrechtlich eröffneter Verkehrs- und Benutzungsarten hinausläuft.[14] Jedoch dürfen keine Nutzungszustände herbeigeführt werden, die auf eine dauernde Entwidmung hinauslaufen.[15] Hier wird die Widmung zwar für ortsfremde Verkehrsteilnehmer ausgeschlossen, jedoch handelt es sich dabei nicht um eine dauernde Entwidmung, sondern um eine ausschließlich dem Straßenverkehrsrecht unterliegende „Ausdünnung", welche die Widmung der Straße im Übrigen unberührt lässt. Insoweit findet lediglich eine zulässige Überlagerung der Widmung durch die verkehrsrechtliche Maßnahme statt. Für die Errichtung einer Sonderparkzone bedarf es daher keiner straßenrechtlichen Teileinziehung. Das Aufstellen eines entsprechenden Verkehrsschildes genügt.[16]

b) Errichtung der Sonderparkzone

Die Errichtung der Sonderparkzone ist nur dann rechtmäßig, wenn sie von der Ermächtigungsgrundlage umfasst ist. § 6 I Nr. 14 StVG i. V. m. § 45 Ib S. 1 Nr. 2a StVO ermächtigt zur Kennzeichnung von Parkbevorrechtigungszonen für Bewohner. Folglich ist die Errichtung nur rechtmäßig, wenn es sich bei den davon Begünstigten um Bewohner i. S. d. Vorschrift handelt.[17] Der Begriff des Bewohners ist weder im StVG noch in der StVO näher geregelt. Nach der Rechtsprechung des BVerwG ist die Parkbevorrechtigung nur jenen Personen zuzuerkennen, die in dem entsprechenden Gebiet wohnen.[18] Da P eine Zweitwohnung in dem Gebiet von K hat, wäre sie nach der Rechtsprechung des BVerwG als Bewohnerin zu bezeichnen. Allerdings stellt sich die Frage, wie groß dieses Gebiet sein darf, damit noch von Bewohnern gesprochen werden kann. Zu prüfen ist daher, ob sich eine genauere Bezeichnung des Bewohnerbegriffs aus der Wortlautauslegung ergibt.

---

[12] *Steiner*, Straßen- und Wegerecht, in: Steiner (Hrsg.), Besonderes Verwaltungsrecht, Rn. 164.
[13] *BVerwG* DÖV 1980, 915; dazu *Steiner*, JuS 1989, 5; *ders.*, DVBl. 1992, 1564.
[14] *BVerwG* NJW 1981, 184; *Steiner*, Straßen- und Wegerecht, in: Steiner (Hrsg.), Besonderes Verwaltungsrecht, Rn. 167.
[15] *Kodal/Herber*, Straßenrecht, Kap. 11 Rn. 53 ff.; *OLG Düsseldorf* NVwZ 1985, 686.
[16] *VG Münster* NJW 1985, 3092.
[17] *Schwerdtner*, NVwZ 1998, 1265.
[18] *BVerwG* NJW 1995, 473.

aa) Auslegung nach dem Wortlaut

Nach dem Wortsinn des Bewohners setzt der Begriff „Bewohner" voraus, dass der Betreffende etwas „bewohnt". Dies erfordert eine enge räumliche Beziehung zwischen dem Wohnort und dem Bezugsobjekt. Fraglich ist jedoch, auf welches Bezugsobjekt abzustellen ist. Einerseits könnte man die Straße als Bezugsobjekt heranziehen. Bewohner wären dann nur diejenigen, deren Wohngrundstück direkt an der jeweiligen Straße liegt. Dies würde nach der Rechtsprechung des BVerwG dem Verständnis des Bewohners in § 6 I Nr. 14 StVG entsprechen.[19] Dagegen ist jedoch einzuwenden, dass weder das StVG noch die StVO den Bewohnerbegriff auf eine direkte Beziehung zur Straße begrenzen. Der Wortlaut beider Vorschriften ließe als Bezugsobjekt auch den jeweils zur Verfügung stehenden Parkraum zu.[20] Folglich lässt sich dem Wortlaut nur das Erfordernis der direkten räumlichen Verbindung und damit ein gewisser „Nahbereich" zwischen Wohnung und jeweiligen Bezugsgegenstand entnehmen.

bb) Systematisches Argument

Zu prüfen ist daher, ob sich aus der Systematik der Ermächtigungsgrundlage dieser Nahbereich genauer bestimmen lässt. § 6 I Nr. 14 StVG regelt die Parkvorrechte für Bewohner neben der Schaffung von Parkmöglichkeiten für Blinde und schwer Gehbehinderte. Für die beiden letzten Personengruppen kommen nur kleinräumige Regelungen in Betracht. Würde die Parkbevorrechtigung gegenüber Bewohnern ein ganzes Stadtgebiet erfassen, so wäre es unverständlich, warum der Gesetzgeber diese mit der Errichtung von Behinderten- und Blindenparkplätzen in einer Bestimmung zusammengefasst und dadurch auf eine Stufe gestellt hätte. Zudem zeigt die nachfolgende Regelung des § 6 I Nr. 15 StVG, welche den Begriff der verkehrsberuhigten „Bereiche" verwendet, dass verkehrsrechtliche Maßnahmen auch größere Gebiete erfassen können. Hätte der Gesetzgeber die Schaffung von Parkbevorrechtigungszonen ermöglichen wollen, wäre die Verwendung entsprechender Formulierungen angebracht gewesen. Demnach ermächtigt § 6 I Nr. 14 StVG i. V. m. § 45 Ib S. 1 Nr. 2a StVO nur zur Errichtung kleinräumiger Parkregelungen.

cc) Im Zuge der Gesetzesänderung im Jahr 2002 wurde der ursprüngliche **Begriff des „Anwohners"** durch den des **„Bewohners"** ersetzt. Fraglich ist, ob hierdurch ein anderes Verständnis ausgedrückt werden soll. Nach der älteren Rechtsprechung liegt keine Anwohnereigenschaft vor, wenn Bewohner eines ganzen Stadtviertels eine flächendeckende Parksonderberechtigung erhalten.[21] Es ist jedoch problematisch, allein hieraus einen weiter gehenden Bewohnerbegriff abzuleiten. Maßgeblich ist vielmehr die Auslegung des Begriffs nach Sinn und Zweck der Vorschrift.

dd) Sinn und Zweck der Regelung

Diese Auslegung entspricht auch dem Sinn und Zweck der Vorschrift. Ziel der Bewohnerparkberechtigung ist es, den Bewohnern Parkmöglichkeiten in der Umgebung ihrer Wohnung zur Verfügung zu stellen, um innerstädtische Wohngebiete attraktiver zu gestalten und damit eine unerwünschte Stadtflucht zu verhindern. Die Ausdehnung des Vorrechts auf ein ganzes Stadtviertel führt dazu, dass Bewohnern des Viertels die Möglichkeit gegeben wird, innerhalb desselben alle Verrichtungen mit dem Auto vorzunehmen. Dies ist jedoch nicht der Sinn und Zweck der Regelung.[22]

---

[19] *BVerwG* NJW 1985, 3092.
[20] *BVerwG* NJW 1993, 1728.
[21] BVerwGE 91, 168.
[22] *BVerwG* NJW 1998, 2841.

Hier ist die gesamte Innenstadt jedoch in kleinräumige Viertel aufgeteilt. Die Anforderungen des § 6 I Nr. 14 StVG i. V. m. § 45 Ib S. 1 Nr. 2a StVO sind daher hinsichtlich des Kunibertsviertels erfüllt.

c) Vereinbarkeit mit höherrangigem Recht

Die Parkraumregelung müsste überdies mit höherrangigem Recht vereinbar sein.

aa) Verstoß gegen Art. 14 I GG

Indem die Parkregelung nur Anwohner mit Hauptwohnsitz bevorrechtigt, könnte sie Anwohner mit Nebenwohnsitz sowie Straßenanlieger in ihrem Recht aus Art. 14 I GG verletzen. Das Anliegerrecht i. S. d. Art. 14 I GG bestimmt, dass ein freier Zugang von und zur Straße zu Fuß und mit dem Wagen zu den an der Straße errichteten Gebäuden aufrechtzuerhalten ist. Es enthält ferner partiell ein Recht auf Aufrechterhaltung des Gemeingebrauchs an einer bestimmten Straße.[23] Dieses könnte hier beeinträchtigt worden sein. Die streitigen Straßen im Kunibertsviertel sind auch dem Parken gewidmet. Indem Anlieger von der Nutzung des bisher gebührenfreien Parkraums gehindert werden, werden sie vom Gemeingebrauch an diesen Straßen ausgenommen. Eine Verletzung des Anliegerrechts liegt jedoch dennoch nicht vor. Zwar gehört die Möglichkeit kostenlos zu parken zum Gemeingebrauch, stellt jedoch kein dem Anliegerrecht unterliegendes Recht dar.[24]

bb) Verstoß gegen Art. 12 I GG

Die Parkraumregelung ist auch mit Art. 12 I GG vereinbar, da P durch die Nutzung gebührenpflichtiger Parkplätze nicht in ihrer Berufsausübung beeinträchtigt wird.

cc) Verstoß gegen Art. 3 I GG

Die Einrichtung einer Sonderparkzone könnte gegen Art. 3 I GG verstoßen. Nach ständiger Rechtsprechung beruht zumindest die Unterscheidung zwischen Bewohnern und sonstigen Verkehrsteilnehmern auf einem sachlich gerechtfertigten Grund. Für Bewohner ist der Gebrauch des Kraftfahrzeuges für Fahrten zur Arbeitsstätte oder zu Freizeitzwecken gegenüber anderen Kraftfahrern erheblich erschwert. Um einer städtebaulichen Stadtflucht zu entgehen erscheint die Privilegierung von Bewohnern als ein sachlich einleuchtender Grund.[25] Fraglich ist jedoch, ob ein derart sachlicher Grund auch die hier von K getroffene Unterscheidung zwischen Bewohnern mit Haupt- und Nebenwohnsitz rechtfertigt. Dann dürften die Anwohner mit Nebenwohnsitz nicht so sehr von der innerstädtischen Parkraumnot betroffen sein, wie diejenigen mit Hauptwohnsitz. Die Parkraumnot trifft in erster Linie die Menschen, die in dem Regelungsbereich den Mittelpunkt ihrer Lebensbeziehungen begründet haben, also diejenigen, die mit Hauptwohnsitz in dem Bereich gemeldet sind. Wer sich dagegen nur gelegentlich oder häufig in dem fraglichen Wohngebiet aufhält, leidet nicht in gleichem Maße unter der Situation, die Anlass für die Gewährung der Sonderparkberechtigung ist.[26] P ist wegen ihrer beruflichen Tätigkeit zwar auch der innerstädtischen Parkraumnot ausgesetzt, jedoch kann sie auf ihren Hauptwohnsitz

---

[23] *von Danwitz*, Straßen- und Wegerecht, in: Schmidt-Aßmann (Hrsg.), Besonderes Verwaltungsrecht, Rn. 56.
[24] *BVerwG* NZV 1989, 43; *VGH Kassel* NJW 1993, 1091.
[25] *BVerwG* NJW 1995, 473.
[26] *VGH Kassel* NJW 1993, 1092.

ausweichen und ist daher nicht in derselben Weise betroffen wie Anwohner mit Hauptwohnsitz in K. Ein sachlich gerechtfertigter Grund liegt auch insofern vor.

dd) Verstoß gegen Art. 2 I GG i. V. m. Art. 3 I GG

Die Anwohnerparkregelung verletzt auch nicht das Recht auf Teilhabe am Gemeingebrauch an öffentlichen Straßen. Zwar umfasst dieses Recht, das allen Verkehrsteilnehmern gleichermaßen zusteht und damit gleichfalls den ortsfremden Verkehrsteilnehmern,[27] auch die Befugnis zur Nutzung des gebührenfreien Parkraums, jedoch endet dieses Recht dann, wenn es entzogen wird. Ein Anspruch auf Aufrechterhaltung des Gemeingebrauchs besteht nicht, vgl. § 13 II StrG BW.[28]

d) Zwischenergebnis

Isoliert betrachtet, ist die Parkraumregelung des Kunibertsviertels rechtmäßig. Fraglich ist jedoch, ob die gesamte Parkraumregelung in K rechtmäßig ist.

e) Flächenartige Überspannung der Innenstadt

Dann müsste die kleinräumige Aufteilung der ganzen Innenstadt von § 6 I Nr. 14 StVG i. V. m. § 45 Ib S. 1 Nr. 2a StVO gedeckt sein. Gem. § 6 I Nr. 14 StVG sind die Verkehrsbehörden zur Regelung über „die Beschränkung des Haltens und Parkens zugunsten der Bewohner" ermächtigt. Wie der Begriff der „Regelung" zu verstehen ist, ergibt sich aus einem Vergleich mit dem Begriff der „Kennzeichnung" i. S. d. § 6 I Nr. 15 StVG. Da die Verkehrsbehörden in § 6 I Nr. 15 StVG nur ermächtigt sind, verkehrsberuhigte Bereiche etc. zu kennzeichnen, wird deutlich, dass die Entscheidung, ob ein solcher Bereich eingerichtet werden soll, nicht in ihrer Entscheidungsbefugnis liegt.[29] Denn diese ist als bedeutende, lokale städteplanerische Entscheidung der Gemeinde vorbehalten. Die Vorschrift des § 6 I Nr. 14 StVG ist demgegenüber als ordnungsrechtliche Eingriffsbefugnis formuliert, welche die Behörden ermächtigt Regelungen und damit konkrete Einzelmaßnahmen zu treffen. Die hier vorgenommene städteplanerische Überspannung der Innenstadt mit Bewohnerparkzonen stellt keine Einzelmaßnahme dar, sondern ist ebenfalls eine städteplanerische Entscheidung von einigem Gewicht.[30] Ferner ist zu bedenken, dass § 6 I Nr. 14 StVG als Ausnahmevorschrift formuliert worden ist. Durch die flächendeckende Überspannung der Innenstadt wird dieses Prinzip genau ins Gegenteil verkehrt, da die Parkmöglichkeiten vornehmlich den Bewohnern vorbehalten und allen anderen Straßenverkehrsteilnehmern genommen werden.[31] Folglich ist die flächendeckende Ausdehnung der Parkzonen nicht von der Ermächtigungsgrundlage des § 6 I Nr. 14 StVG i. V. m. § 45 Ib S. 1 Nr. 2a StVO gedeckt und daher rechtswidrig.

Ergebnis

Die Sonderparkberechtigung für Bewohner ist rechtswidrig. Der Antrag der P auf einstweilige Anordnung gem. § 80 V VwGO hat damit Aussicht auf Erfolg.

---

[27] *VGH Kassel* NJW 1997, 1523.
[28] Art. 14 III BayStrWG, § 10 II 2 BlnStrG, § 14 I 2 StrG Bbg, § 15 II BremLStrG, § 14 S. 2 HessStrG, § 21 V StrWG MV, § 14 II NdsStrG, § 14 I 2 StrG NRW, § 34 I 2 LStrG RhPf, § 14 II StrG Saarl, § 14 I 2 StrG Sachs, § 14 I 2 StrG SA, § 20 III StrWG SH.
[29] *BVerwG* NJW 1998, 2842.
[30] *BVerwG* NJW 1998, 2841.
[31] *VGH Kassel* NJW 1997, 1523.

Fall 8. Nachbarschaftsprobleme am Rande der Stadt

Baurecht, Baugenehmigung, Abgrenzung von Innen- und Außenbereich, Drittanfechtung, Gebot der Rücksichtnahme

Sachverhalt

A beantragt beim Baurechtsamt der Stadt T in Baden-Württemberg die Baugenehmigung für ein Haus mit Flachdach. Das Haus soll in einem Gebiet errichtet werden, für das kein Bebauungsplan existiert. Das Grundstück des A liegt am Stadtrand von T. Der Ortsteil ist gekennzeichnet durch eine zweistöckige Bebauung mit Ein- und Mehrfamilienhäusern mit Flach- und Satteldächern. Das Vorhaben des A schließt sich südlich an die Querseiten von mit Einfamilienhäusern bebauten Grundstücken an. Es wird selbst südlich begrenzt durch Ackerland, das mit einer Streuobstwiese bepflanzt ist. Östlich des Grundstücks des A liegen Schrebergärten und westlich soll ein bereits genehmigter, zweistöckiger länglicher Wohnblock, der aus dem Wohngebiet noch über das Grundstück des A in Richtung Süden hinausragen wird, errichtet werden.

Die zuständige Baurechtsbehörde erteilt A die beantragte Baugenehmigung, die ihm am 9.12.2013 zugestellt wird. Da jedoch alle anderen Häuser in der Straße ein Satteldach besitzen, enthält sie die „Auflage", ein Satteldach auf das Haus zu setzen. Gegen diese Baugenehmigung legt der Nachbar N, der als Eigentümer unmittelbar nördlich an das Bauvorhaben des A grenzt, am 10.12.2013 Widerspruch ein. Er meint, das Bauvorhaben des A sei als Vorhaben im Außenbereich nicht genehmigungsfähig. Der Außenbereich beginne südlich seines Grundstücks. Wenn die Stadt dort eine Wohnbebauung vorgesehen hätte, hätte sie eine Innenbereichssatzung erlassen.

Diesen Widerspruch weist die Baurechtsbehörde am 23.12.2013 mit der Begründung zurück, es handele sich um ein Innenbereichsvorhaben nach § 34 BauGB, das sich in die Bebauung einfüge. Dagegen erhebt N fristgerecht Klage.

A entschließt sich dagegen erst am 10.2.2014, Widerspruch gegen den Baubescheid einzulegen. Er begehrt die Genehmigung eines Flachdachs. Die Behörde weist den Widerspruch als unbegründet zurück. A legt daraufhin fristgemäß Klage vor dem zuständigen Verwaltungsgericht ein. Die Baurechtsbehörde beruft sich im gerichtlichen Verfahren nun auf die Verfristung des Widerspruchs.

Haben die Klagen Aussicht auf Erfolg?

Lösungsskizze

1. Teil: Klage des A

I. Zulässigkeit

1. Verwaltungsrechtsweg eröffnet, § 40 VwGO (+)

2. Statthafte Klageart (+): Verpflichtungsklage
3. Klagebefugnis (+)
4. Vorverfahren, § 68 VwGO: Widerspruchsfrist zwar abgelaufen, § 74 I VwGO, aber Behörde hat trotzdem entschieden
5. Klagefrist (+)
6. Zwischenergebnis: Zulässigkeit der Klage (+)

II. Begründetheit

1. Anspruchsgrundlage: § 58 I 1 LBO BW
2. Genehmigungspflicht aus § 49 I LBO BW i. V. m. § 2 I LBO BW (+)
3. Kenntnisgabeverfahren gem. § 51 I Nr. 1 LBO (–)
4. Vereinbarkeit mit öffentlich-rechtlichen Vorschriften
   a) beim Vorliegen eines Bebauungsplans, §§ 30, 31 BauGB (–)
   b) Vorhaben im Innen- oder Außenbereich? – Außenbereich
   c) Zulässigkeit nach § 35 BauGB
      aa) Öffentlicher Belang gem. § 35 III Nr. 5 BauBG (–)
      bb) Beeinträchtigung der natürlichen Eigenart der Landschaft gem. § 35 III Nr. 5 BauGB (–)
      cc) Gefahr einer Splittersiedlung gem. § 35 III Nr. 7 BauGB (–)
      dd) Bodenrechtliche Spannungen (–)
   d) Eingriff in Art. 14 I GG (+)
5. Zwischenergebnis: A hat Anspruch auf Baugenehmigung mit Flachdach.

Ergebnis: Klage zulässig und begründet.

2. Teil: Klage des N

I. Zulässigkeit

1. Verwaltungsrechtsweg, § 40 VwGO (+)
2. Statthafte Klageart: Anfechtungsklage
3. Klagebefugnis
   a) Verletzung eines subjektiven Rechts des N aus Art. 14 I GG (-)
   b) Subjektives Recht des N aus § 35 II BauGB i. V. m. Gebot der Rücksichtnahme (+)
4. Zwischenergebnis: Klage ist zulässig und hätte gem. § 212a BauGB keine aufschiebende Wirkung

II. Begründetheit (–), da A Anspruch auf Baugenehmigung hat
Ergebnis: Klage zulässig, aber nicht begründet.

Lösung

1. Teil: Klage des A

I. Zulässigkeit der Klage

1. Verwaltungsrechtsweg, § 40 VwGO

Die streitentscheidende Norm, entweder § 34 BauGB oder § 35 BauGB, ist öffentlich-rechtlicher Natur.

2. Statthafte Klageart

a) Statthafte Klageart könnte im vorliegenden Fall die Anfechtungsklage sein. Das Klagebegehren des A richtet sich allein gegen die genehmigte Dachform. Fraglich ist daher, ob mit einer isolierten Anfechtungsklage gegen diese „Auflage" vorgegangen werden kann. Dies ist der Fall, wenn es sich bei der „Auflage" um einen abtrennbaren Bestandteil der Baugenehmigung handelt. Hierbei ist es unerheblich, ob es sich bei der Auflage um einen selbständigen VA handelt, da § 113 I 1 VwGO auch eine Teilaufhebung eines Verwaltungsakts ermöglicht. Entscheidend ist nur, ob die Auflage ein Tun, Dulden oder Unterlassen vorschreibt, von dessen Befolgung der Bestand des Verwaltungsakts, dessen Nebenbestimmung die Auflage ist, nicht notwendigerweise abhängt.[1]

b) Ohne Auflage wäre die erteilte Baugenehmigung unvollständig, da sie A nur gestatten würde, ein Haus ohne Dach zu bauen. Demzufolge liegt hier keine „echte" Auflage i. S. d. § 36 II Nr. 4 LVwVfG vor, sondern ein vom Antrag des A abweichender Verwaltungsakt der Baurechtsbehörde, eine sog. modifizierte Auflage.

Diese ist jedoch kein von der Baugenehmigung abtrennbarer Bestandteil, so dass auch keine isolierte Anfechtung möglich ist.

c) Statthafte Klageart ist deswegen die Verpflichtungsklage, die auf Erteilung der ursprünglich beantragten Baugenehmigung gerichtet ist.[2]

3. Klagebefugnis, § 42 II VwGO

A könnte einen subjektiv-öffentlichen Anspruch auf Erteilung der Bauerlaubnis gem. § 58 I 1 LBO[3] BW haben.

4. Vorverfahren, § 68 VwGO

a) Voraussetzung ist ferner die ordnungsgemäße Durchführung eines Widerspruchsverfahrens. Dem könnte hier entgegenstehen, dass der Widerspruch im Zeitpunkt seiner Einlegung bereits verfristet war. Gem. § 74 I VwGO beträgt die Widerspruchsfrist einen Monat. Die Baugenehmigung wurde A am 9.12.2013 bekanntgegeben. Erst am 10.2.2014 geht A jedoch gegen sie vor. Demnach wäre der Widerspruch bereits verfristet und mangels eines ordnungsgemäß durchgeführten Vorverfahrens die Klage eigentlich unzulässig.

b) Fraglich ist jedoch, ob sich etwas anderes daraus ergibt, dass die Behörde trotz Verfristung über den Widerspruch entschieden hat.

aa) Nach der Rechtsprechung des BVerwG ist die Behörde nicht dazu verpflichtet, einen verfristeten Widerspruch zurückzuweisen.[4] Die Behörde ist „Herrin des Vorverfahrens", und es liegt in ihrem Ermessen, durch eine Entscheidung in der Sache, den Klageweg zu eröffnen.[5] Dies soll jedoch nicht für den Fall gelten, dass ein schutzwürdiger Dritter auf die Unanfechtbarkeit des VA vertrauen durfte.[6]

---

[1] *BVerwG* NVwZ 1984, 366.
[2] *Weyreuther*, DVBl. 1984, 369.
[3] Art. 68 I 1 BayBO, § 71 BlnBO, § 67 BO Bbg, § 74 BremBO, § 72 HbgBO, § 64 HessBO, § 72 LBO MV, § 75 NdsBO, § 75 LBO NRW, § 70 LBO RhPf, § 73 LBO Saarl, § 72 LBO Sachs, § 71 LBO SA, § 73 LBO SH, § 70 LBO Thür.
[4] *BVerwG* NJW 1978, 508 m. w. N.; BVerwGE 57, 344 f.; *VGH Mannheim* NVwZ-RR 1992, 184.
[5] BVerwGE 57, 344 f. in st. Rspr.
[6] *BVerwG* NJW 1981, 359; *BVerwG* NVwZ 1983, 285 = JuS 1983, 722.

bb) Diese Auffassung wird von der Literatur nicht geteilt. Ihrer Ansicht nach steht die Vorschrift des § 70 VwGO nicht zur Disposition der Widerspruchsbehörde, da sie nicht nur den Interessen der Widerspruchsbehörde, sondern auch denen der Ausgangsbehörde und beteiligter Dritter diene.[7] Ferner folge aus § 70 II VwGO durch die Verweisung auf die Wiedereinsetzung in § 60 I-IV VwGO, dass im Falle einer Fristversäumung nur in einem formalisierten Verfahren und nur aus bestimmten Gründen die Bestandskraft beseitigt werden könne.[8] Ein verfristeter Widerspruch kann deshalb nicht den Devolutiveffekt auslösen und nicht die Zuständigkeit der nächsthöheren Behörde als Widerspruchsbehörde für eine Sachentscheidung begründen.[9] Der Widerspruch hätte deshalb als unzulässig abgewiesen werden müssen.

cc) Dem ist entgegenzuhalten, dass die Vorschrift des § 70 VwGO weder eine gesetzliche Ausschussfrist des materiellen Rechts noch eine die Zulässigkeit einer Klage betreffende Frist enthält. Sie dient in erster Linie dem Schutz der Behörde.[10] Wenn die Widerspruchsbehörde einen sachlichen Bescheid erlässt, wird im gerichtlichen Verfahren die Beachtung der Widerspruchsfrist ausgeschlossen. Außerhalb der stark formalisierten Vorschriften des Prozessrechts gehört zum Inhalt der Sachherrschaft der Behörde jedoch auch, durch einen Bescheid zur Sache, die Voraussetzungen für eine nachfolgende Klage zu schaffen. Deshalb ist der Ansicht der Rechtsprechung zu folgen.

dd) Zu prüfen bleibt, ob N als schutzwürdiger Dritter auf die Unanfechtbarkeit des VA vertrauen durfte. N müsste demnach ein schutzwürdiges Interesse daran haben, dass A sein Haus mit einem Satteldach und nicht mit einem Flachdach baut. Diesen Umstand hat N jedoch nicht beanstandet. Ihm ging es darum, dass A sein Grundstück überhaupt nicht bebaut. Folglich besteht für N kein schutzwürdiges Interesse an der Unanfechtbarkeit des VA, so dass durch den Widerspruchsbescheid der Klageweg wieder eröffnet ist.

5. Hinsichtlich der **Klagefrist** gem. § 74 VwGO bestehen keine Bedenken.

6. Zwischenergebnis

Die Klage ist zulässig.

II. Begründetheit der Klage

Die Klage ist begründet, wenn A einen Anspruch auf Erteilung der Baugenehmigung mit einem Flachdach hat. In diesem Fall wäre die Ablehnung der beantragten Dachform rechtswidrig und der Genehmigungsanspruch des A verletzt (§ 113 V VwGO).

1. Anspruchsgrundlage

Als Anspruchsgrundlage für die Erteilung der Baugenehmigung an A kommt § 58 I 1 LBO BW[11] in Betracht.

---

[7] *Bettermann*, JZ 1965, 267.
[8] *Judick*, NVwZ 1984, 356.
[9] *Schütz*, NJW 1981, 2786 f.
[10] *BVerwG* DÖV 1982, 941.
[11] Art. 68 I 1 BayBO, § 71 BlnBO, § 67 BO Bbg, § 74 BremBO, § 72 HbgBO, § 64 HessBO, § 72 LBO MV, § 75 NdsBO, § 75 LBO NRW, § 70 LBO RhPf, § 73 LBO Saarl, § 72 LBO Sachs, § 71 LBO SA, § 73 LBO SH, § 70 LBO Thür.

2. Genehmigungspflicht

Die Genehmigungspflicht folgt aus §§ 49 i. V. m. 2 I LBO BW[12] für bauliche Anlagen. Es liegt kein genehmigungsfreies Vorhaben gem. § 50 LBO BW[13] i. V. m. dem Anhang zur LBO BW vor.

3. Kenntnisgabeverfahren

Das Kenntnisgabeverfahren gem. § 51 I Nr. 1 LBO BW[14] wurde nicht gewählt und kann auch keine Anwendung finden, da kein Bebauungsplan i. S. d. § 30 I BauGB vorliegt (§ 51 II Nr. 1 LBO BW).

4. Vereinbarkeit mit öffentlich-rechtlichen Vorschriften

a) Die Vorschriften der §§ 30, 31 BauGB finden im vorliegenden Fall keine Anwendung, da für das Gebiet, in dem das Vorhaben verwirklicht werden soll, kein Bebauungsplan existiert.

b) Die Baurechtsbehörde ist von der Anwendbarkeit des § 34 BauGB ausgegangen. Es könnte aber wegen der Lage am Ortsrand fraglich sein, ob es sich hier tatsächlich um ein Vorhaben im unbeplanten Innenbereich oder um ein Vorhaben im Außenbereich handelt und damit § 35 BauGB anwendbar sein könnte.

Aufgrund des Untersuchungsgrundsatzes in § 86 I VwGO ist das Gericht an das Vorbringen der Beteiligten nicht gebunden. Es hat nach eigener Auffassung zu beurteilen, welche der Vorschriften Anwendung findet. Dabei ist diese Frage der Abgrenzung zwischen Innen- und Außenbereich stets im Rahmen einer echten Wertung und Bewertung des konkreten örtlichen Sachverhalts zu beurteilen.[15] Der Außenbereich ist der Bereich, für den kein qualifizierter Bebauungsplan existiert und der nicht im Zusammenhang bebaut ist. Die Abgrenzung erfolgt damit negativ zu den §§ 30 I und 34 BauGB.[16]

aa) Ein Ortsteil ist im Zusammenhang bebaut, soweit eine tatsächlich aufeinander folgende Bebauung vorhanden ist. Für ein Vorhaben im Innenbereich könnte hier sprechen, dass das Baugrundstück mit zwei Seiten an nahe bebaute Grundstücke eines im Zusammenhang bebauten Ortsteils grenzen würde. Eine noch zum Innenbereich gehörende Bebauung wird dann angenommen, wenn sich das geplante Gebäude zwischen zwei Nachbarhäusern befindet. Eine solche Baulücke ist unerheblich, solange der Eindruck der Geschlossenheit und Zusammengehörigkeit erhalten bleibt.[17]

Im vorliegenden Fall sind die Gebäude jedoch anders angeordnet. Hier würde ein länglich bebautes Grundstück in den Außenbereich hervorragen, welches selbst noch zum Innenbereich gehören würde. Das Bauvorhaben des A wäre demnach eine sog. Eckbebauung.

---

[12] Art. 55 BayBO, § 60 BlnBauO, § 54 BO Bbg, § 64 BremLBO, § 59 HbgBO, § 54 HessBO, § 59 LBO MV, § 68 NdsBauO, § 63 BauO NRW, § 61 LBO RhPf, § 60 LBO Saarl, § 59 LBO Sachs, § 58 LBO SA, § 62 LBO SH, § 62 LBO Thür i. V. m. § 2 in den einzelnen LBOs.

[13] Art. 57 BayBO, § 62 BlnBauO, § 55 BO Bbg, § 61 BremLBO, § 60 HbgBO, § 55 HessBO, § 61 LBO MV, § 60 NdsBauO, § 65, 66 BauO NRW, § 62 LBO RhPf, § 61 LBO Saarl, § 61 LBO Sachs, § 60 LBO SA, § 63 LBO SH, § 60 LBO Thür.

[14] Art. 58 BayBO, § 63 BlnBO, § 58 BO Bbg, § 62 BremBO, HbgBO regelt keine Genehmigungsfreistellung, § 56 HessBO, § 63 LBO MV, § 62 II NdsBO, § 67 LBO NRW, § 67 LBO RhPf, § 63 LBO Saarl, § 62 LBO Sachs, § 61 LBO SA, § 68 LBO SH, § 61 LBO Thür.

[15] *OVG Lüneburg* DÖV 1964, 392.

[16] BVerwGE 41, 227.

[17] BVerwGE 31, 26.

Fraglich ist, ob diese dazu führt, dass das Vorhaben des A als dem Innenbereich zugehörig anzusehen ist.

bb) Ein Bebauungszusammenhang im Sinne von § 34 I BauGB reicht räumlich nur soweit, wie die vorhandene Bebauung trotz vorhandener Baulücken den Eindruck der Geschlossenheit und der Zusammengehörigkeit vermittelt. Im Grundsatz endet der Bebauungszusammenhang des Innenbereichs mit der letzten vorhandenen Bebauung. Dabei kommt es weder auf die Grundstücksgrenzen noch auf die Darstellungen im Flächennutzungsplan an. Erforderlich ist vielmehr, dass die zur Bebauung vorgesehene Fläche einen Bestandteil des tatsächlich vorhandenen Bebauungszusammenhangs bildet. Der im Zusammenhang bebaute Ortsteil endet regelmäßig mit dem letzten Baukörper, so dass die daran anschließenden Freiflächen zum Außenbereich gehören.[18]

Falls sich dabei die Bebauung in ihrem Verlauf als unregelmäßig erweist, wird die Grenze des Bebauungszusammenhangs nicht einheitlich entlang der am weitesten in den Außenbereich hineinragenden Gebäude gezogen. Eine solche abrundende Grenzziehung ist dem Satzungsverfahren nach § 34 IV Nr. 3 BauGB vorbehalten. Stattdessen ist die Grenzlinie entlang eines jeden einzelnen Gebäudes zu ziehen, auch wenn sich hierdurch ein verwinkelter Verlauf der Abgrenzung ergibt.

Im Einzelfall können jedoch an das letzte bebaute Grundstück angrenzende unbebaute Flächen durchaus noch dem Innenbereich zugeordnet sein, vor allem wenn sie durch besondere topografische Merkmale wie etwa Flüsse oder auch Straßen deutlich von der freien Landschaft getrennt sind und die Größe einer Baulücke nicht überschreiten.[19] Solche topografischen Merkmale sind dem Sachverhalt hier allerdings nicht zu entnehmen.

Auch eine Hinterlandbebauung in zweiter Reihe kann zulässig sein, solange sie innerhalb der bestehenden Baufluchten bleibt und eine zweireihige Bebauung als Maß der Nutzung in der betreffenden Umgebung vorhanden ist. Es muss in jedem Einzelfall geprüft werden, ob eine derartige Bauweise städtebauliche Spannungen hervorruft oder verstärkt. Eine Bebauung in zweiter Reihe scheidet zunächst dort aus, wo die an der Straße liegenden Häuser den Ortsrand darstellen, weil ein Bauvorhaben im hinteren Teil des Grundstücks dann bereits zum Außenbereich gehören würde. Ein solcher Fall liegt hier laut Sachverhalt aber ebenfalls nicht vor.

Ausgehend von dem Grundsatz, dass, wenn keine Innenbereichssatzung erlassen wurde, der Innenbereich unabhängig vom Verlauf der Grundstücksgrenzen unmittelbar hinter dem letzten Haus des im Zusammenhang bebauten Ortsteils endet, gilt hier also Folgendes:[20] Danach beginnt der Außenbereich unmittelbar hinter dem sich nördlich an das Grundstück des A anschließenden Gebäude, so dass das Vorhaben des A dem Außenbereich zuzuordnen ist. Etwas anderes kann sich auch nicht aus dem Umstand ergeben, dass der bereits genehmigte Wohnblock über das Vorhaben des A hinausragen würde. Denn für die Abgrenzung von Innen- und Außenbereich sind lediglich tatsächlich vorhandene Gebäude maßgeblich, nicht dagegen zwar genehmigte, aber noch nicht errichtete Bauvorhaben.[21] Folglich findet auf das Vorhaben des A die Vorschrift für den Außenbereich § 35 BauGB Anwendung.

c) Zu prüfen wäre daher, ob das Bauvorhaben des A nach § 35 BauGB zulässig ist. Ein privilegiertes Vorhaben nach § 35 I BauGB liegt nicht vor. Es könnte aber als

---

[18] *BVerwG* ZfBR 2000, 428.
[19] *BVerwG* NVwZ 1997, 899.
[20] *BVerwG* NVwZ-RR 1992, 227; *VGH Mannheim* VBlBW 1993, 430; VBLBW 1995, 432.
[21] BVerwGE 35, 256.

sonstiges Vorhaben gem. § 35 II BauGB zulässig sein. Sämtliche Vorhaben, die nicht zu den privilegierten Vorgaben des § 35 I BauGB zählen, fallen unter den Anwendungsbereich des 2. Absatzes, so insbesondere auch Wohnhäuser.[22]

Demnach wird das zu errichtende Gebäude des A von § 35 II BauGB erfasst, sofern nicht öffentliche Belange beeinträchtigt sind. Diese werden beispielhaft in § 35 III BauGB aufgezählt; darüber hinaus sind jedoch noch weitere Belange zu beachten, wie z. B. das Gebot der Rücksichtnahme.[23]

aa) Als öffentlicher Belang i. S. d. § 35 III Nr. 5 BauGB könnte eine Beeinträchtigung des Orts- und Landschaftsbildes in Betracht kommen. Das Landschaftsbild wird dann verunstaltet, wenn das Vorhaben grob unangemessen ist.[24] Eine erhebliche Störung des städtebaulichen und landschaftlichen Gesamteindrucks und des Ortsbildes ist hier durch die Eckbebauung, welche ästhetisch kaum ins Gewicht fallen wird, nicht anzunehmen. Des Weiteren lässt sich aus dem Umstand, dass keine Innenbereichssatzung erlassen wurde, nicht darauf schließen, dass jede weitere Bebauung eine Beeinträchtigung des Orts- und Landschaftsbildes darstellen würde.

bb) Hinsichtlich der Beeinträchtigung der natürlichen Eigenart der Landschaft und des Erholungswertes gem. § 35 III Nr. 5 BauGB gilt das oben Ausgeführte.

cc) Durch das Vorhaben des A könnte die Gefahr einer Splittersiedlung entstehen, welche einen öffentlichen Belang nach § 35 III Nr. 7 BauGB darstellt. Zwar kann schon die erste Bebauung die Entstehung einer Splittersiedlung befürchten lassen,[25] jedoch bestehen bei dem Vorhaben des A als künftige Eckbebauung siedlungsstrukturell keine Bedenken.

dd) Die öffentlichen Belange können aber auch anderen Zwecken dienen, wie z. B. der Rücksichtnahme auf die in der Nähe befindliche Baugebiete oder Bauwerke.[26] Vorliegend könnte fraglich sein, ob die geplante Dachgestaltung sich in die vorhandenen Bauweisen einfügt. Laut Sachverhalt sind auch andere Gebäude mit Flachdächern versehen, so dass es nicht zu bodenrechtlichen Spannungen kommt. Folglich stehen dem Vorhaben des A keine öffentlichen Belange entgegen.

d) Der Wortlaut des § 35 II BauGB spricht zwar dafür, dass es sich hierbei um eine Ermessensvorschrift handelt.[27] In diesem Fall könnte aber das Gericht, selbst wenn keine öffentlichen Belange beeinträchtigt sind, den Rechtsgehalt des Eigentums in Art. 14 I GG bestimmen. Da diese Auslegung der Norm gegen Art. 14 I GG verstoßen würde, ist eine verfassungskonforme Auslegung heranzuziehen.[28] Deswegen ist der Anspruch in Übereinstimmung mit der Rechtsprechung als gebundener Anspruch auf Erteilung der Baugenehmigung zu begreifen.[29] Folglich hat A einen Anspruch auf Erteilung der Baugenehmigung in der von ihm begehrten Form.

5. Zwischenergebnis

A hat einen Anspruch auf die Baugenehmigung mit Flachdach.

---

[22] *OVG Bremen* NVwZ 1995, 606.
[23] BVerwGE 52, 122.
[24] *BVerwG* BauR 1990, 689.
[25] *Spannowsky/Uechtritz*, BauGB, § 35 Rn. 100.
[26] Zu einem ähnlichen Fall BVerwGE 54, 73; siehe auch *BVerwG* BauR 1977, 402.
[27] So vertreten von *Klein*, DÖV 1964, 658; *Körner*, NJW 1965, 518.
[28] *Ortloff*, NVwZ 1988, 320.
[29] BVerwGE 18, 247; BVerwGE 25, 161 st. Rspr.

Ergebnis

Die Klage des A ist zulässig und begründet.

2. Teil: Klage des N

I. Zulässigkeit der Klage

1. Verwaltungsrechtsweg, § 40 VwGO

Die streitentscheidende Norm des § 35 BauGB ist öffentlich-rechtlicher Natur.

2. Statthafte Klageart, § 42 I VwGO

Die statthafte Klageart ist die (Dritt-)Anfechtungsklage gem. § 42 I VwGO.

3. Klagebefugnis, § 42 II VwGO

Voraussetzung ist, dass nach dem Vortrag des N eine Verletzung seiner subjektiven Rechte möglich erscheint. Fraglich ist jedoch, welches subjektive Recht des N hier in Betracht kommen könnte.

a) Ein subjektives Recht des N könnte sich aus Art. 14 I GG ergeben. In der Regel stellt der Erlass einer Baugenehmigung nur einen mittelbaren Eingriff für den Nachbarn dar, da sich der Regelungsgehalt der Genehmigung auf das Grundstück des Nachbarn bezieht. Eine mögliche Verletzung des N in seinem Recht aus Art. 14 I GG kommt aber für den Fall in Betracht, dass die Genehmigungserteilung die vorhandene Grundstückssituation nachhaltig verändert und dadurch der N schwer und unerträglich betroffen wird. Da sich das Grundstück des N am Stadtrand von T befindet und weil sich südlich direkt der Außenbereich anschließt, verschlechtert sich durch die Genehmigungserteilung die Grundstückssituation nicht derart, dass N in qualifizierter Weise davon betroffen ist.

b) Problematisch ist, ob aus § 35 II BauGB ein subjektives Recht des N folgen kann. Grundsätzlich besitzt § 35 II BauGB keine nachbarschützende Wirkung. Die Vorschrift schützt das Allgemeininteresse, was auch in der Formulierung der „öffentlichen Belange" zum Ausdruck kommt. Es könnte jedoch sein, dass das Gebot der Rücksichtnahme Nachbarschutz verleiht. Entgegen der früheren objektiven Ausprägung, die von der Behörde verlangte, die Genehmigung des Vorhabens mit gegenläufigen Nachbarinteressen abzuwägen und die Zumutbarkeit für die Nachbarschaft mit zu berücksichtigen,[30] kommt nun eine subjektive Komponente hinzu. Danach vermittelt das Rücksichtnahmegebot Nachbarschutz, wenn aufgrund der Auslegung der Rechtsnorm nach ihrem Sinn und Zweck in besonders qualifizierter und zugleich individualisierter Weise auf schutzwürdige Interessen eines erkennbar abgegrenzten Kreises Dritter Rücksicht zu nehmen ist.[31] Dieses Gebot der Rücksichtnahme ist hier als Bestandteil der „öffentlichen Belange" des § 35 II BauGB anzusehen[32] und dient in diesem Zusammenhang als Auslegungshilfe. N ist als nördlich angrenzender Nachbar des A direkt von dessen Vorhaben betroffen. Bei einem unmittelbar angrenzenden Nachbar drängt sich die besondere Schutzwürdigkeit geradezu auf.[33] Damit fällt er in den schutzwürdigen Adressatenkreis des Gebotes der Rücksichtnahme für den eine

---

[30] Vgl. Nachweise bei *Alexy,* DÖV 1984, 953 f.
[31] BVerwGE 52, 130.
[32] *BVerwG* NVwZ 1983, 610.
[33] *BVerwG* DVBl. 1981, 930.

Qualifizierung und Individualisierung gegeben ist. N hat somit ein subjektives Recht aus § 35 II BauGB i. V. m. dem Gebot der Rücksichtnahme.

4. Zwischenergebnis

Die Klage des N ist zulässig. Sie hätte gem. § 212a BauGB auch keine aufschiebende Wirkung.

II. Begründetheit der Klage

Die Klage des N ist aber nicht begründet, da Bauherr A, wie oben gezeigt wurde, einen Anspruch auf die beantragte Baugenehmigung hat.

Ergebnis

Die Klage des N ist zulässig, aber nicht begründet.

Fall 9. Bauvoranfragen im Naturschutzgebiet

Baurecht, Naturschutzrecht, Widerspruchsverfahren, Bauvorbescheid, Einvernehmen der Gemeinde, Enteignung, Inhalts- und Schrankenbestimmung

Sachverhalt

A besitzt in der Gemeinde B mit ca. 2 400 Einwohnern, die in Baden-Württemberg liegt, zwei Grundstücke. Er beabsichtigt, zumindest auf einem der Grundstücke ein Wohnhaus zu errichten. Da bei beiden Projekten Fragen des Naturschutzes eine Rolle spielen könnten, ist er sich nicht sicher, auf welchem Grundstück er nun Bauarbeiten durchführen lassen kann. Deswegen möchte er, bevor er mit konkreten Planungen beginnt, eine Bauvoranfrage bei der zuständigen Baurechtsbehörde einholen. Seine Grundstücke liegen am südlichen Stadtrand der Gemeinde B. Das erste Grundstück liegt zwischen zwei bereits bebauten Grundstücken, das zweite Grundstück schließt sich südlich an das erste. Hier befindet sich allerdings bereits keine Nachbarbebauung mehr.

Für beide Grundstücke gelten ein einfacher Bebauungsplan und eine Landschaftsschutzverordnung. Der Bebauungsplan bestimmt das Gebiet zum allgemeinen Wohngebiet. Weitere Bedenken hinsichtlich der Übereinstimmungen mit den Festsetzungen des Bebauungsplans bestehen nicht. Die Landschaftsschutzverordnung enthält ein Verbot der Errichtung von baulichen Anlagen ohne Ausnahmemöglichkeit und dient dem Schutz von Apfelbaumbeständen. Bei der Aufstellung dieser Verordnung wurde seinerzeit jedoch die Existenz des Bebauungsplans von der unteren Naturschutzbehörde übersehen. Hätte die Behörde jedoch von dem Bebauungsplan gewusst, hätte sie nach heutiger Auskunft den Bereich des Bebauungsplans von der Verordnung ausgenommen, da hier das Interesse am Schutz der Baumbestände nicht so groß gewesen wäre.

Das zweite Grundstück liegt außerdem im Bereich einer Erholungsschutzstreifen-Verordnung nach § 55 I 3 NatSchG BW. Der Schutzstreifen verläuft beiderseits eines kleinen Flusses. Er dient dem Schutz von verschiedenen Vogel- und Amphibienarten und lässt deshalb keine Bebauung zu. Beim Erlass dieser späteren Verordnung war der Naturschutzbehörde die Existenz des Bebauungsplans dann allerdings bekannt.

Hinsichtlich der Bauvoranfragen versagt die Gemeinde B ihr Einvernehmen gem. § 36 BauGB. Sie trägt in einem Schreiben ohne rechtliche Belehrung gegenüber A vor, dass auf die Bescheidung der Bauvoranfrage kein Anspruch bestehe und der Bebauungsplan aufgrund der erlassenen Landschaftsschutzverordnung keine Gültigkeit mehr besitze. Daraufhin erlässt das Landratsamt einen ablehnenden Bescheid an A hinsichtlich beider Voranfragen.

A sieht in beiden Verordnungen einen Verstoß gegen sein Recht aus Art. 14 I GG. Außerdem sei bei deren Erlass das Abwägungsgebot aus § 2 III NatSchG BW nicht eingehalten worden.

A hat gegen die Versagung des Einvernehmens durch die Gemeinde bereits Widerspruch eingelegt. Er fragt, ob sein Widerspruch erfolgreich sein wird und wer diesen bescheidet.

Außerdem fragt er, welches weitere Vorgehen in Betracht kommt. Prüfen Sie gutachterlich die aufgeworfenen Fragen.

Lösungsskizze

1. Teil: Widerspruch gegen die Versagung des Einvernehmens

I. Zulässigkeit

1. Verwaltungsrechtsweg (+): streitentscheidende Norm § 36 BauGB
2. Statthaftigkeit (–): kein VA mangels Außenwirkung
3. Zuständige Widerspruchsbehörde: Landratsamt

Ergebnis: Zulässigkeit des Widerspruchs (–)

2. Teil: Widerspruch gegen Bescheid des LRA hinsichtlich des 1. Vorhabens

I. Zulässigkeit

1. Verwaltungsrechtsweg (+): § 57 I LBO BW
2. Statthaftigkeit (+)
3. Widerspruchsbefugnis, § 42 II VwGO analog (+): möglicher Anspruch aus § 57 I LBO BW
4. Zuständige Widerspruchsbehörde (+): LRA
5. Form und Frist (+)
6. Zwischenergebnis: Zulässigkeit des Widerspruchs (+)

II. Begründetheit

1. Anspruchsgrundlage: § 57 I LBO BW (+), wenn Voraussetzungen des § 58 I 1 LBO BW vorliegen
2. Genehmigungspflicht (+)
3. Vereinbarkeit des 1. Vorhabens mit öffentlich-rechtlichen Vorschriften?
   a) Vereinbarkeit mit Bauplanungsrecht (+), Bebauungsplan und § 34 BauGB
   b) Vereinbarkeit mit Landschaftsschutzverordnung
      aa) Ermächtigungsgrundlage für Verordnung: § 29 I NatSchG BW
      bb) Formelle Rechtmäßigkeit der Verordnung (+)
      cc) Materielle Rechtmäßigkeit der Verordnung?
         – unanwendbar im Innenbereich
         – Verstoß gegen Art. 14 I 1 GG (+): Unverhältnismäßigkeit
         – Verstoß gegen § 2 III NatSchG BW (+): Abwägungsdefizit
      dd) Zwischenergebnis: 1. Bauvorhaben materiell-rechtlich zulässig
4. Ermessen (–), sondern gebundener Anspruch
5. Einvernehmen der Gemeinde ist zu ersetzen, § 53 IV 1 LBO BW, § 36 II 3 BauGB

Ergebnis: Widerspruch zulässig und begründet.

3. Teil: Widerspruch gegen Bescheid hinsichtlich 2. Vorhaben

I. Zulässigkeit (s. o.)

II. Begründetheit

1. Anspruchsgrundlage: § 57 I LBO BW
2. Genehmigungspflicht (s. o.)

3. Vereinbarkeit des 2. Vorhabens mit § 35 II, III Nr. 5 BauGB?
   a) Landschaftsschutzverordnung nicht anwendbar (s. o.)
   b) Verstoß gegen Erholungsschutzstreifen-Verordnung?
      aa) Ermächtigungsgrundlage für VO: § 55 I 3 NatSchG BW
      bb) Formelle Fehler (–)
      cc) Materielle Rechtmäßigkeit der Verordnung?
         (1) Verstoß gegen Art. 14 I GG (–)
         (2) Verstoß gegen § 55 I 3 NatSchG BW (–): kein Abwägungsfehler; Landesverordnung geht Bebauungsplan vor
         (3) Ausnahme gem. § 55 II Nr. 3 NatSchG BW (–)
   c) Zwischenergebnis: kein Anspruch hinsichtlich des 2. Vorhabens

Ergebnis: Widerspruch zulässig, aber nicht begründet.

Lösung

1. Teil: Widerspruch gegen die Versagung des Einvernehmens der Gemeinde

I. Zulässigkeit des Widerspruchs

1. Verwaltungsrechtsweg, § 40 I VwGO analog, § 68 VwGO

Als streitentscheidende Norm kommt hier § 36 BauGB in Betracht. Diese Vorschrift besitzt öffentlich-rechtliche Natur, da auf der einen Seite immer und notwendigerweise der Staat Adressat der Norm ist. Eine abdrängende Sonderzuweisung kommt vorliegend nicht in Betracht.

2. Statthaftigkeit des Widerspruchs

Voraussetzung für die Statthaftigkeit des Widerspruchs ist, dass er sich gegen einen nicht erledigten Verwaltungsakt richtet.

Fraglich ist, ob es sich bei der Versagung des Einvernehmens nach § 36 BauGB um einen VA handelt. Dann müsste die Erteilung dieses Einvernehmens eine Regelung mit Außenwirkung darstellen, § 35 LVwVfG.

a) Die in § 36 BauGB vorgesehene Beteiligung der Gemeinde ist Ausdruck ihrer Planungshoheit. Bei der Art der Beteiligung könnte es sich zum einen darum handeln, dass beide Behörden die Rechtsbeziehungen zu A nur durch Erlass eines gemeinsamen VA gestalten können. Andererseits könnte auch der Fall vorliegen, dass nur eine Behörde nach außen einen VA erlässt, während die zweite Behörde eine verwaltungsinterne Mitwirkung wahrnimmt. Hier ist die Baugenehmigungsbehörde durch eine Versagung des Einvernehmens derart gebunden, dass sie die Genehmigung nicht erteilen darf. Aufgrund dieser Rechtsfolge des nicht erteilten Einvernehmens wird die Gemeinde G regelnd tätig.

b) Voraussetzung für einen VA ist weiterhin, dass es sich um eine Maßnahme mit Außenwirkung handelt. Außenwirkung läge vor, wenn ein Tatbestandserfordernis ausschließlich von einer der mitwirkenden Behörden geprüft wird (Teilregelungsbefugnis). Im Rahmen des § 36 II BauGB besitzen die Gemeinde und das Landratsamt als Baugenehmigungsbehörde jedoch eine kongruente Prüfungskompetenz. Die in § 36 BauGB geregelte Form des „Einvernehmens" spricht dem Wortlaut nach für die Beteiligungsform, bei der die Genehmigungsbehörde allein die Entscheidung über das Vorhaben gegenüber dem Antragsteller regelt, also nur sie den VA erlässt. Die Versagung des Einvernehmens durch die Gemeinde stellt deshalb lediglich eine Vorstufe der Regelung dar und ist somit nur eine zwischenbehördliche Abstimmung ohne Verwaltungsaktcharakter.[1] Der Versagung durch die Gemeinde fehlt die unmittelbare rechtliche Außenwirkung.

c) Eine faktische rechtliche Außenwirkung könnte eventuell durch die Zustellung der Versagung an A entstanden sein. Da die Gemeinde jedoch keine Rechtsbehelfsbelehrung vorgenommen hat, ist in dem Schreiben eine bloße informatorische Mitteilung an den Bürger zu sehen. Eine faktische Außenwirkung ist daher abzulehnen.

d) Daraus folgt, dass A nicht mit einem Verpflichtungswiderspruch auf Erteilung des Einvernehmens gegen die Versagung der Gemeinde vorgehen kann.

3. Zuständige Widerspruchsbehörde

Nach § 73 I Nr. 1 VwGO erlässt die nächst höhere Behörde den Widerspruchsbescheid. Allerdings ist hier die Gemeinde in ihrer Planungshoheit als Selbstverwaltungsbehörde betroffen. Bei Selbstverwaltungsangelegenheiten findet § 73 I Nr. 3 VwGO Anwendung, so dass grundsätzlich die Gemeinde selbst als Widerspruchsbehörde zuständig wäre. Allerdings könnte hier § 73 I Nr. 3 VwGO i. V. m. § 8 I AGVwGO Anwendung finden. Im vorliegenden Fall geht es um die Überprüfung der Rechtmäßigkeit des „eventuellen" VA. Auch wenn das Widerspruchsverfahren nicht statthaft ist, muss die Eingabe des A trotzdem beschieden werden. Deshalb hat das Landratsamt als Rechtsaufsichtsbehörde gem. § 8 I AGVwGO den Widerspruch zu bescheiden.

Ergebnis

Der Widerspruch gegen die Versagung durch die Gemeinde ist unzulässig.

2. Teil: Widerspruch gegen den ablehnenden Bescheid des Landratsamts hinsichtlich des 1. Vorhabens

I. Zulässigkeit des Widerspruchs

1. Verwaltungsrechtsweg, §§ 40 I analog, 68 VwGO

Die streitentscheidende Norm des § 57 I LBO BW[2] ist öffentlich-rechtlicher Natur.

2. Statthaftigkeit

Der Widerspruch auf Erteilung des Bauvorbescheids als VA ist statthaft.

3. Widerspruchsbefugnis, § 42 II VwGO analog

A müsste geltend machen, einen subjektiv-öffentlichen Anspruch auf Erteilung des Bauvorbescheids zu haben. Ein solcher könnte sich hier aus § 57 I LBO BW ergeben.

---

[1] BVerwGE 22, 344.
[2] Art. 71 BayBO, § 74 BlnBauO, § 59 BO Bbg, § 69 BremBauO, § 63 HbgBauO, § 66 HessBO, § 75 LBO MV, § 73 NdsBauO, § 71 LBO NRW, § 72 LBO RhPf, § 76 LBO Saarl, § 75 LBO Sachs, § 74 LBO SA, § 66 LBO SH, § 74 LBO Thür.

4. Zuständige Widerspruchsbehörde

Die Gemeinde G hat weniger als 8 000 Einwohner. Damit ist das Landratsamt gem. § 46 I Nr. 3 LBO BW[3] i. V. m. § 15 I Nr. 1 LVG zuständig.

5. Form und Frist

Von der Einhaltung von Form und Frist – ein Monat nach Erhalt des VA – nach § 70 I 1 VwGO kann ausgegangen werden.

6. Zwischenergebnis

Der Widerspruch ist zulässig.

II. Begründetheit des Widerspruchs

Der Widerspruch ist begründet, wenn A einen Anspruch auf Erteilung des Bauvorbescheids hat.

1. Anspruchsgrundlage

Anspruchsgrundlage könnte hier § 57 I LBO BW sein. Danach besteht ein Anspruch auf den Bauvorbescheid, wenn die Voraussetzungen für die Erteilung einer Baugenehmigung gem. § 58 I 1 LBO BW vorliegen.

2. Genehmigungspflicht der Bauvorhaben

a) Voraussetzung für eine Baugenehmigung ist, dass das Vorhaben überhaupt einer Baugenehmigung bedarf. Da A Wohngebäude errichten möchte, handelt es sich um eine genehmigungspflichtige Anlagen nach § 49 i. V. m. § 2 II LBO BW.[4] Ein verfahrensfreies Vorhaben nach § 50 LBO BW[5] kommt vorliegend nicht in Betracht.

b) Zwar handelt es sich bei dem Vorhaben um ein Wohngebäude, so dass das Kenntnisgabeverfahren nach § 51 I Nr. 1 LBO BW[6] grundsätzlich Anwendung finden könnte und eine Genehmigungspflicht nicht erforderlich wäre. Das Bauvorhaben des A entspricht jedoch nicht den Anforderungen des § 51 I LBO BW, da es lediglich im Bereich eines einfachen Bebauungsplanes nach § 30 III BauGB liegt. Das Kenntnisgabeverfahren erfordert für das Bauvorhaben jedoch das Vorliegen eines qualifizierten Bebauungsplanes nach § 30 I BauGB. Damit bleibt es bei der Genehmigungspflicht.

---

[3] Art. 53 I BayBO, § 86 BlnBauO, § 51 I BO Bbg, § 57 I Nr. 2 BremLBO, § 58 HbgBO, § 52 I Nr. 1 lit. b HessBO, § 57 I Nr. 1 LBO MV, § 57 I NdsBauO, § 60 I Nr. 3 lit. b BauO NRW, § 58 I Nr. 3 LBO RhPf, §§ 58, 59 LBO Saarl, § 57 I Nr. 1 LBO Sachs, § 56 I Nr. 1 LBO SA, § 58 I Nr. 2 LBO SH, § 57 I Nr. 1 LBO Thür.

[4] Art. 55 BayBO, § 60 BlnBauO, § 54 BO Bbg, § 64 BremLBO, § 59 HbgBO, § 54 HessBO, § 59 LBO MV, § 58 NdsBauO, § 63 BauO NRW, § 61 LBO RhPf, § 60 LBO Saarl, § 59 LBO Sachs, § 58 LBO SA, § 62 LBO SH, § 62 LBO Thür i. V. m. § 2 in den einzelnen LBOs.

[5] Art. 57 BayBO, § 62 BlnBauO, § 55 BO Bbg, § 61 BremLBO, § 60 HbgBO, § 55 HessBO, § 61 LBO MV, § 60 NdsBauO, §§ 65, 66 BauO NRW, § 62 LBO RhPf, § 61 LBO Saarl, § 61 LBO Sachs, § 60 LBO SA, § 63 LBO SH, § 60 LBO Thür.

[6] Art. 58 BayBO, § 63 BlnBO, § 58 BO Bbg, § 62 BremBO, HbgBO regelt keine Genehmigungsfreistellung, § 56 HessBO, § 63 LBO MV, § 62 II NdsBO, § 67 LBO NRW, § 67 LBO RhPf, § 63 LBO Saarl, § 62 LBO Sachs, § 61 LBO SA, § 68 LBO SH, § 61 LBO Thür.

3. Vereinbarkeit des ersten Vorhabens mit öffentlich-rechtlichen Vorschriften

Weitere Voraussetzung für die Erteilung einer Baugenehmigung wie auch eines Vorbescheides ist die Vereinbarkeit des Vorhabens mit öffentlich-rechtlichen Vorschriften.

a) Vereinbarkeit mit Bauplanungsrecht

Im Falle des Vorliegens eines Bebauungsplanes muss das Vorhaben dessen Anforderungen entsprechen und die Erschließung für die Vorhaben muss gesichert sein. Da der Bebauungsplan im vorliegenden Fall lediglich die Art der baulichen Nutzung festlegt, handelt es sich um einen einfachen Bebauungsplan nach § 30 III BauGB. Als Art der baulichen Nutzung wird hier ein allgemeines Wohngebiet festgelegt, so dass das geplante Wohngebäude des A auf dem Grundstück nach § 1 III 2 i. V. m. § 4 II Nr. 1 BauNVO grundsätzlich zulässig ist. Im Übrigen richtet sich die Genehmigungsfähigkeit von Vorhaben im Bereich eines Bebauungsplanes gem. § 30 III BauGB nach den §§ 34 und 35 BauGB.

Das erste Grundstück liegt zwar am Südrand der Gemeinde, aufgrund der Nachbarbebauung besteht hier allerdings eine sog. Baulücke. Da eine solche Umgebung trotz Baulücken den Eindruck der Geschlossenheit vermittelt, wird dieses Grundstück noch dem Innenbereich zugerechnet (§ 34 BauGB). Das Vorhaben auf dem ersten Grundstück müsste demnach mit der Vorschrift des § 34 BauGB vereinbar sein.

Mangels näherer Ausführungen im Sachverhalt ist davon auszugehen, dass sich die von A geplanten Wohngebäude nach ihrer Art und Bauweise in die Eigenart der näheren Umgebung einfügen. Von einer Beeinträchtigung der gesunden Wohn- und Arbeitsverhältnisse sowie der Beeinträchtigung des Ortsbildes ist ebenfalls nicht auszugehen.

b) Vereinbarkeit mit Naturschutzrecht

Des Weiteren müsste das Vorhaben auf dem ersten Grundstück mit weiteren öffentlich-rechtlichen Vorschriften vereinbar sein. Hier könnte ein Verstoß gegen die Landschaftsschutzverordnung vorliegen.

Die Landschaftsschutzverordnung enthält ein generelles Verbot der Errichtung baulicher Anlagen ohne Erlaubnisvorbehalt. Das Vorhaben des A wäre somit unzulässig, da die Landschaftsschutzverordnung als Landesrecht den Bebauungsplan als Satzungsrecht der Gemeinde bricht. Fraglich ist aber, ob die Landschaftsschutzverordnung wirksam ist.

aa) Ermächtigungsgrundlage zum Erlass der Verordnung ist § 29 I NatSchG BW.

bb) Formelle Rechtmäßigkeit der Verordnung

Die Zuständigkeit zum Erlass der Verordnung richtet sich nach § 73 IV, V NatSchG BW, das Verfahren nach § 74 NatSchG BW. Es kann davon ausgegangen werden, dass die formellen Anforderungen erfüllt sind.

cc) Materielle Rechtmäßigkeit der Verordnung

Die Verordnung muss mit dem ermächtigenden Gesetz und den Grundrechten vereinbar sein.

(1) Die Verordnung könnte im Widerspruch zu anderen gesetzlichen Vorgaben, hier insbesondere zu § 34 BauGB, stehen. Diese Norm geht – sofern die Voraussetzungen gegeben sind – bei einem Grundstück im Innenbereich von einer grundsätzlichen Bebaubarkeit aus. Zwar müssen beim Erlass einer Baugenehmigung auch weitere öffentliche Belange berücksichtigt werden; diese können sich jedoch nicht als absolute Bauhinderungsgründe auswirken, da die Frage der Bebaubarkeit in §§ 30 III, 34 BauGB als lex specialis abschließend geregelt ist. Solche Vorschriften können sich auf Vorhaben lediglich modifizierend auswirken, diese jedoch nicht generell verbieten.[7] Da die Landschaftsschutzverordnung hier ein absolutes Bauverbot ohne Ausnahmemöglichkeit festlegt, ist sie im Innenbereich unanwendbar.

(2) Die Verordnung könnte weiterhin gegen Art. 14 I 1 GG verstoßen, weil sie in unzulässiger Weise in das Eigentumsrecht eingreift. Unter Eigentum ist das Recht zu verstehen, einen Vermögensgegenstand innezuhaben und ihn zu nutzen.[8] Ein Eingriff in das Eigentum an einem Grundstück liegt hier darin, dass der Grundstückseigentümer dieses Grundstück nicht mehr bebauen kann, also nicht mehr so nutzen kann, wie er möchte.

Dieser Eingriff könnte jedoch aufgrund der Sozialbindung des Eigentums aus Art. 14 II GG gerechtfertigt sein. Danach können Befugnisse und Nutzungsmöglichkeiten eines Eigentümers eines Grundstücks begrenzt werden. Im vorliegenden Fall wird die Schranke der Eigentumsgarantie, die gem. Art. 14 I 2 GG im Gesetz geregelt werden muss, in § 57 I NatSchG BW konkretisiert. Hiernach sind Einschränkungen von Eigentümerbefugnissen im Rahmen der Sozialbindung des Eigentums (Art. 14 II 2 GG) zu dulden.

Bezüglich eines Eingriffs in Art. 14 I GG muss nach der Art und der Tragweite des Eingriffs unterschieden werden. Liegt in einem solchen Eingriff eine sog. bloße Inhalts- und Schrankenbestimmung des Eigentums, so ist diese vom Betroffenen, falls verhältnismäßig, entschädigungslos zu dulden (Art. 14 I 2 GG). Liegt dagegen eine sog. Enteignung vor, so ist dem Betroffenen vom Staat eine angemessene Entschädigung zu zahlen (Art. 14 III GG).

Unter Inhalts- und Schrankenbestimmung i. S. d. Art. 14 I 2 GG wird jede generelle und abstrakte Festlegung von Rechten und Pflichten durch den Gesetzgeber hinsichtlich solcher Rechtsgüter verstanden, die als Eigentum i. S. der Verfassung anzusehen sind.[9] Bei einer entschädigungspflichtigen Enteignung dagegen muss der hoheitliche Eingriff inhaltlich auf eine vollständige oder jedenfalls teilweise Entziehung konkreter subjektiver Rechtspositionen, die durch Art. 14 GG gewährleistet und geschützt werden, zielen.[10] Grundsätzlich stellen Regelungen, welche die Nutzung eines Grundstückes aus Gründen des Natur- und Landschaftsschutzes begrenzen, Inhalts- und Schrankenbestimmungen i. S. d. Art. 14 I 2 GG dar.[11] Dabei sind insbesondere die aus der Situationsgebundenheit des Grundstücks hervortretenden immanenten Beschränkungen zu berücksichtigen, wie z. B. die besondere Lage oder die vorherige Nutzung des Grundstücks. Daneben ist auch entscheidend für die Annahme einer Inhaltsbestimmung, ob eine bestimmte rechtlich zulässige Nutzungsmöglichkeit, die sich nach Art und Beschaffenheit des Grundstücks anbietet, untersagt oder wesentlich eingeschränkt worden ist. Hier wurde durch die Landschaftsschutzverordnung ein Verbot erlassen, das den A hindert, das Grundstück als Bauland zu benutzen. Eine

---

[7] BVerwGE 35, 258.
[8] BVerfGE 31, 240; BVerfGE 37, 140.
[9] BVerfGE 34, 146 f.
[10] BVerfGE 35, 361; BVerfGE 58, 330 ff.
[11] *BVerwG* NJW 1990, 2574.

andere Beschränkung ist ihm nicht auferlegt worden. Demnach liegt eine Inhalts- und Schrankenbestimmung vor.

Allerdings darf die Einschränkung verfassungsrechtlich gewährleisteter Eigentumspositionen nicht weiter gehen, als der Schutzzweck selbst reicht, dem die Regelung dient. Demnach muss die Inhalts- und Schrankenbestimmung stets verhältnismäßig sein: Sie darf – gemessen an der sozialen Bedeutung des Eigentumsobjektes und mit Blick auf den Regelungszweck – nicht zu einer übermäßigen Belastung führen und den Eigentümer im vermögensrechtlichen Bereich nicht unzumutbar treffen. Diese Vorgaben sind im vorliegenden Fall verletzt. Zum einen ist hier zu berücksichtigen, dass das Grundstück im Innenbereich liegt und der Schutzzweck der Landschaftsschutzverordnung durch § 34 BauGB von vornherein eingeschränkt wird. Zum anderen ist die Regelung eines absoluten Bauverbotes nicht das mildeste Mittel. Denkbar wäre hier unter anderem der Erlass spezieller Auflagen für die Bauweise von Wohngebäuden im Bereich dieser Verordnung. Darüber hinaus stellt ein Bauverbot einen grundlegenden Eingriff in die Eigentumsfreiheit dar, gegen die der Schutz von Streuobstbeständen nur nach einer – hier nicht erfolgten – umfassenden Abwägung zurücktreten kann.

(3) Die Verordnung könnte weiterhin gegen das ermächtigende Gesetz, insbesondere § 2 III NatSchG BW, verstoßen. Gemäß § 2 III NatSchG BW hat eine Abwägung zwischen den sich aus den Zielen und Grundsätzen des Naturschutzes in § 1 und § 2 I, II NatSchG BW und der Landschaftspflege ergebenden Anforderungen untereinander und gegen die sonstigen Anforderungen der Allgemeinheit an Natur und Landschaft stattzufinden. Einer dieser Belange ist gem. § 2 I Nr. 4 NatSchG BW auch die Nutzungsfähigkeit des Bodens. Hiergegen könnte ein Verstoß vorliegen, da die Existenz eines Bebauungsplans bei der Abwägung übersehen wurde.

Die Naturschutzbehörde trifft die fachliche Entscheidung, ob eine Bodenfläche als Landschaftsschutzgebiet ausgewiesen werden soll und wie dieses Gebiet abzugrenzen ist. Dabei hat sie die Ziele und Belange der §§ 1, 2 NatSchG BW gegeneinander abzuwägen. In diesen Abwägungsprozess sind alle relevanten Belange in Rechnung zu stellen. Bei dieser Abwägung hat sie unter dem Gesichtspunkt der Nutzung des Bodens nicht berücksichtigt, dass ein Bebauungsplan vorliegt, der ein allgemeines Wohngebiet vorsah. Damit kam es bei dem Erlass der Landschaftsschutzverordnung zu einem Abwägungsfehler in Form des Abwägungsausfalls.

Für die Frage der Wirksamkeit der Verordnung ist jedoch entscheidend, ob die Einbeziehung auch dieses Belangs bei der Abwägung zu einem anderen Ergebnis geführt hätte. Nach eigener Stellungnahme zu der Bauvoranfrage führt die Naturschutzbehörde aus, dass sie bei der Kenntnis von der Existenz eines Bebauungsplans zur Zeit ihrer Entscheidung dieses Gebiet von der Landschaftsschutzverordnung ausgenommen hätte, es also zu einem anderen Ergebnis gekommen wäre.

Hinsichtlich des ersten Grundstücks des A liegt demnach ein Abwägungsdefizit vor, so dass die Verordnung für das Grundstück des A unwirksam ist.

dd) Zwischenergebnis

Das Bauvorhaben des A verstößt nicht gegen die Landschaftsschutzverordnung. Das Bauvorhaben hinsichtlich des ersten Grundstücks des A ist somit materiell-rechtlich zulässig.

4. Ermessen

Nach dem Wortlaut der § 57 LBO BW ist es möglich, dass der Behörde ein Ermessen hinsichtlich ihrer Entscheidung eingeräumt wird.

Ein Bauvorbescheid ist für den Bauherrn und Architekten im Hinblick auf die Finanzierung und die Ausarbeitung der Bauvorlagen von besonderer Bedeutung, da ein solcher nach seiner Erteilung Bindungswirkung entfaltet: zwar besitzt der Bauvorbescheid keine Gestaltungswirkung in dem Sinne, dass der Bauherr anfangen kann zu bauen, allerdings darf er in einer späteren Baugenehmigung auch nicht schlechter gestellt werden als im Vorbescheid. Insofern genießt der Bauherr Vertrauensschutz.

Da gem. § 57 II LBO BW die Vorschrift über die Erteilung einer Baugenehmigung entsprechend Anwendung findet und § 58 I 1 LBO BW einen gebundenen Anspruch darstellt, besteht auch auf die Erteilung des Vorbescheids grundsätzlich ein Rechtsanspruch. Es handelt sich mithin bei § 57 I LBO BW um kein „Ermessens-Kann", sondern um ein „Kompetenz-Kann".

Demnach hat auf schriftlichen Antrag des A das Landratsamt als zuständige untere Baurechtsbehörde gem. § 46 I Nr. 3 i. V. m. II Nr. 2 LBO BW[12] den Bauvorbescheid zu erlassen, wenn die Voraussetzungen für die Erteilung einer Baugenehmigung gem. § 58 I 1 LBO BW vorliegen.

5. Erfordernis des Einvernehmens der Gemeinde

Zwar hat A hinsichtlich des Vorhabens auf dem ersten Grundstück einen materiell-rechtlichen Anspruch auf Erteilung des günstigen Bauvorbescheids, die Gemeinde hat jedoch ihr Einvernehmen versagt. Dieses Einvernehmen ist nach § 36 I 1 BauGB Erfordernis für eine Entscheidung nach § 34 BauGB.

Gemäß § 53 IV 1 LBO BW[13] kann die untere Baubehörde als Genehmigungsbehörde das Einvernehmen der Gemeinde jedoch ersetzen, wenn dieses rechtswidrig versagt wurde. Die Genehmigungsbehörde hört zuvor die Gemeinde an und gibt dieser Gelegenheit, über das gemeindliche Einvernehmen binnen angemessener Frist erneut zu entscheiden. Andernfalls ergeht die Genehmigung als Ersatzvornahme, gegen welche Anfechtungswiderspruch und -klage aber keine aufschiebende Wirkung haben. Mit Blick auf § 36 II 3 BauGB handelt es sich bei der Ersetzungsbefugnis um ein „Kompetenz-Kann" wegen des Anspruchs des Antragstellers auf die Genehmigungserteilung und Art. 14 I GG.[14] Der Ermessensspielraum der Rechtsaufsichtsbehörde ist damit auf Null reduziert, das heißt, dass das verweigerte Einvernehmen auf jeden Fall zu ersetzen ist.[15]

Ergebnis

Der Widerspruch ist zulässig und begründet.

---

[12] Art. 53 I BayBO, § 86 BlnBauO, § 51 I BO Bbg, § 57 I Nr. 2 BremLBO, § 58 HbgBO, § 52 I Nr. 1 lit. b HessBO, § 57 I Nr. 1 LBO MV, § 57 I NdsBauO, § 60 I Nr. 3 lit. b BauO NRW, § 58 I Nr. 3 LBO RhPf, §§ 58, 59 LBO Saarl, § 57 I Nr. 1 LBO Sachs, § 56 I Nr. 1 LBO SA, § 58 I Nr. 2 LBO SH, § 57 I Nr. 1 LBO Thür.

[13] Art. 67 I BayBO, § 70 II BlnBO, § 70 I BO Bbg, § 69 I BremBO, § 70 V, VI HbgBO, § 61 I HessBO, § 71 I LBO MV, § 69 NdsBO, § 72 LBO NRW, § 71 LBO RhPf, § 72 LBO Saarl, § 71 LBO Sachs, § 70 LBO SA, § 67 LBO SH, § 70 I LBO Thür.

[14] *BGH* NVwZ 2011, 249.

[15] Hierzu *Dirnberger*, Der Bayerische Gemeinderat 2011, S. 139 ff.

3. Teil: Widerspruch gegen den ablehnenden Bescheid des Landratsamts hinsichtlich des 2. Vorhabens

I. Zulässigkeit des Widerspruchs

Hier gilt das oben Ausgeführte. Der Verpflichtungswiderspruch ist zulässig.

II. Begründetheit des Widerspruchs

Der Widerspruch ist begründet, wenn A einen Anspruch auf Erteilung des Bauvorbescheids hinsichtlich des zweiten Vorhabens hat.

1. Anspruchsgrundlage

Als Anspruchsgrundlage kommt § 57 I LBO BW in Betracht.

2. Genehmigungspflicht der Bauvorhaben

Hier gilt ebenfalls das schon oben Ausgeführte.

3. Vereinbarkeit des 2. Vorhabens mit öffentlich-rechtlichen Vorschriften

a) Das zweite Vorhaben des A muss – da es im Außenbereich liegt – mit § 35 BauGB vereinbar sein. § 35 BauGB unterscheidet nach sog. privilegierten Vorhaben (in Abs. 1) und nichtprivilegierten Vorhaben (in Abs. 2). Während bei Vorhaben nach Abs. 1 ein Abwägungsprozess mit möglicherweise entgegenstehenden öffentlichen Belangen stattzufinden hat, wird ein Vorhaben nach Abs. 2 grundsätzlich unzulässig, sobald öffentliche Belange beeinträchtigt sind.

Hier richtet sich das Vorhaben nach § 35 II BauGB, da Wohnhäuser im Außenbereich keine privilegierten Vorhaben darstellen. Fraglich ist, ob hier öffentlich-rechtliche Belange entgegenstehen. Solche Belange werden durch § 35 III BauGB konkretisiert, wobei dessen Aufzählung nicht abschließend ist.

b) In Betracht kommen entgegenstehende Belange des Naturschutzes nach § 35 III Nr. 5 BauGB. Die Landschaftsschutzverordnung ist nach oben Gesagtem ebenfalls nicht anwendbar. Die Belange des Naturschutzes könnten jedoch durch die Erholungsschutzstreifen-Verordnung gem. § 55 I 3 NatSchG BW ausgefüllt werden.

Gemäß § 55 I 1 NatSchG BW dürfen bauliche Anlagen nicht in Erholungsschutzstreifen errichtet werden. Dies gilt im Falle einer Verordnung nach § 55 I 3 NatSchG BW auch für Gewässer zweiter Ordnung. Bei Vorliegen einer wirksamen Verordnung dürfte B also kein Wohngebäude auf diesem Grundstück errichten.

aa) Ermächtigungsgrundlage für die VO ist § 55 I 3 NatSchG BW.

bb) Formelle Fehler, insbesondere hinsichtlich der Zuständigkeit und des Verfahrens sind nicht ersichtlich.

cc) Materielle Rechtmäßigkeit der Verordnung

(1) Es könnte ein Verstoß gegen Art. 14 I GG vorliegen. Die hier vorliegende Inhalts- und Schrankenbestimmung ist hier jedoch verhältnismäßig. Bei der Berücksichtigung der Baufreiheit als hochrangiges Rechtsgut des Art. 14 I GG, ist bei der Lage des Grundstücks im Außenbereich das generelle Bauverbot bei nichtprivilegierten Vorhaben in Rechnung zu stellen. Um die von der Verordnung verfolgten Ziele des Vogel- und Amphibienschutzes wirksam zu gewährleisten, war der Erlass eines

generellen Bauverbotes auch das mildeste, da einzig mögliche Mittel. Mithin ist ein Verstoß gegen Art. 14 I GG zu verneinen.

(2) Jedoch könnte ein Verstoß gegen das ermächtigende Gesetz vorliegen. Fraglich ist, ob hier dem Abwägungsgebot ordnungsgemäß Rechnung getragen wurde.

Nach Stellungnahme des Naturschutzreferats ergibt sich, dass hierbei der Bestand des Bebauungsplans berücksichtigt wurde. Aufgrund dieser Stellungnahme ergibt sich, dass das Referat alle relevanten Belange gegeneinander gem. §§ 1 und 2 NatSchG BW abgewogen hat und somit kein Fehler vorliegt. Die Verordnung ist damit materiell rechtmäßig.

Fraglich ist nun, in welchem Verhältnis sich die Verordnung und der Bebauungsplan gegenüber stehen, da beide wirksam sind. Bei der Verordnung handelt es sich um Landesrecht, bei dem Bebauungsplan um eine gemeindliche Satzung gem. § 10 BauGB. Aufgrund der Normenhierarchie bricht Landesrecht das kommunale Recht. Damit geht die Verordnung dem Bebauungsplan vor.

(3) Eine Ausnahme gem. § 55 II Nr. 3 NatSchG BW kommt nicht in Betracht, da dies die Naturschutzbehörde in ihrer Stellungnahme mit überzeugenden Gründen abgelehnt hat.

Aufgrund des Verstoßes des Vorhabens gegen die Verordnung gem. § 55 I 3 NatSchG BW ist das Vorhaben des B auf dem zweiten Grundstück materiell-rechtlich nicht zulässig.

c) Zwischenergebnis: A hat keinen Anspruch auf einen Bauvorbescheid hinsichtlich des zweiten Vorhabens.

Ergebnis

Der Widerspruch ist zulässig, aber nicht begründet.

Fall 10. Der geschäftstüchtige Bauherr

Baurecht, Nutzungsuntersagung, Drittschutz im Baurecht, formelle und materielle Illegalität, Befreiung, Ermessensreduzierung, einstweiliger Rechtsschutz, Anordnung der sofortigen Vollziehung, Wiederherstellung der aufschiebenden Wirkung

Sachverhalt

Der geschäftstüchtige Bauherr E beantragt eine Baugenehmigung für den Bau eines dreigeschossigen Wohnhauses. Das Vorhaben liegt in der baden-württembergischen Gemeinde V in einem Bereich, für den ein Bebauungsplan gilt. Dieser enthält lediglich die Festsetzung, dass es sich bei dem Gebiet um ein reines Wohngebiet handelt. Ausnahmen sind im Bebauungsplan nicht vorgesehen. Tatsächlich ist das Wohngebiet lediglich durch Häuser gekennzeichnet, die ausschließlich dem dauerhaften Wohnen dienen. Andere Bauwerke würden hier die städtebauliche Ordnung verletzen.

Nach Abschluss der Bauarbeiten zeigt sich, dass E dieses Gebäude aber tatsächlich als kleines Hotel mit elf Gästezimmern nutzt. Nachbar N ist empört und beschwert sich bei der Gemeinde V über die Lärmentwicklung durch die an- und abreisenden Gäste, die ihn und seine Familie nachts oft am Ein- und Durchschlafen hindern. Für sich und seine Familie befürchtet er Gesundheitsschäden und beantragt den Erlass einer Nutzungsuntersagung gegenüber E, die jedoch von der Behörde abgelehnt wird.

N legt gegen den Bescheid ordnungsgemäß Widerspruch ein und trägt darin vor, dass der baurechtliche Charakter des Gebietes erhalten bleibe müsse. Die Behörde weist den Widerspruch mit Widerspruchsbescheid jedoch zurück. Sie ist unter anderem der Auffassung, dass N schon gar kein Recht habe, eine solche Ordnungsverfügung zu begehren. Die Entscheidung darüber liege allein bei der Behörde.

1. Daraufhin klagt N vor dem Verwaltungsgericht auf Erlass einer Nutzungsuntersagung gegenüber E. Im Verfahren trägt die Behörde vor, dass sie den Zivilrechtsweg hier als vorrangig erachtet. Hat die eingereichte Klage Aussicht auf Erfolg?

2. Angenommen, die Behörde erlässt eine Nutzungsuntersagung gegenüber dem Bauherrn E. Nachdem E die Bauordnungsverfügung erhalten hat, legt er gegen sie ordnungsgemäß Widerspruch ein. Da der Widerspruch aufschiebende Wirkung hat, fragt N, ob er hiergegen etwas unternehmen kann, damit er endlich wieder in Ruhe ein- und durchschlafen kann. Kann N gerichtlichen Rechtsschutz beantragen?

3. Falls N vor Gericht Recht bekommt, kann E dagegen noch etwas unternehmen?

Lösungsskizze

1. Teil: Klage des N auf Nutzungsuntersagung

I. Zulässigkeit der Klage

1. Verwaltungsrechtsweg (+): streitentscheidende Norm § 65 S. 2 LBO BW
2. Statthafte Klageart: Verpflichtungsklage
3. Klagebefugnis, § 42 II VwGO (+): möglicher Anspruch aus § 65 S. 2 LBO BW wegen Verstoß gegen Art der baulichen Nutzung und mögliche Verletzung von Art. 2 II 1 GG
4. Widerspruchsverfahren (+)
5. Allgemeines Rechtsschutzbedürfnis (+): Anspruch aus subjektivem öffentlichem Recht nicht durch Zivilrechtsschutz verdrängt
6. Zwischenergebnis: Zulässigkeit der Klage (+)

II. Beiladung (+): Bauherr E gem. § 65 II VwGO

III. Begründetheit

1. Anspruchsgrundlage: § 65 S. 2 LBO BW
2. Anspruchsvoraussetzung
   a) Formelle Illegalität (+): keine Genehmigung der Nutzungsänderung
   b) Materielle Illegalität
      aa) neben formeller Illegalität auch materiell-rechtlicher Verstoß erforderlich
      bb) Verstoß gegen § 30 III BauGB i. V. m. §§ 3, 15, 1 III 2 BauNVO; keine Genehmigungsfähigkeit nach § 31 I BauGB i. V. m. § 3 III BauNVO oder § 31 II BauGB
      cc) Zwischenergebnis: Anlage formell und materiell illegal genutzt.
   c) Ermessensreduzierung auf Null wegen Gesundheitsgefahr

Ergebnis: Klage zulässig und begründet.

2. Teil: Antrag gem. §§ 80a III 1, II, 80 II Nr. 4 VwGO

I. Zulässigkeit des Antrags

1. Verwaltungsrechtsweg (+)
2. Statthafter Antrag (+): Widerspruch hat auch bei VAs mit Drittwirkung aufschiebende Wirkung
3. Antragsbefugnis, § 42 II VwGO analog (+): möglicherweise in Art. 2 II 1 GG verletzt
4. Vorheriger Antrag bei der Behörde nicht erforderlich
5. Zwischenergebnis: Zulässigkeit des Antrags (+)

II. Begründetheit

1. Grundverwaltungsakt (+): Nutzungsuntersagung an E
2. Besonderes Vollzugsinteresse (+): Nutzungsuntersagung rechtmäßig, Verletzung von Art. 2 II GG anzunehmen
3. Ermessen: keine gleichgewichtigen gegenteiligen Interessen; damit Anspruch auf Erlass der Anordnung

Ergebnis: Antrag zulässig und begründet.

3. Teil: Antrag auf Wiederherstellung der aufschiebenden Wirkung des Widerspruchs

I. Zulässigkeit des Antrags

1. Verwaltungsrechtsweg (+)
2. Statthafter Antrag (+): § 80a III 2 i. V. m. § 80 VII 2, V 1 VwGO
3. Antragsbefugnis, § 42 II VwGO analog (+): E als Adressat eines belastenden VA, möglicherweise zumindest in Art. 2 I GG verletzt
4. Zuständiges Gericht: Gericht der Hauptsache
5. Zwischenergebnis: Zulässigkeit des Antrags (+)

II. Begründetheit

1. Erfolgsaussichten in der Hauptsache, hier: Nutzungsuntersagung rechtmäßig
2. Abwägung: Vollziehungsinteresse überwiegt; kein Anspruch auf Wiederherstellung der aufschiebenden Wirkung
3. Neue/nicht geltend gemachte Umstände (–)

Ergebnis: Antrag zulässig, aber nicht begründet.

Lösung

1. Teil: Klage des N auf Erlass einer Nutzungsuntersagung

I. Zulässigkeit der Klage

1. Verwaltungsrechtsweg, § 40 I VwGO

Die streitentscheidende Norm des § 65 S. 2 LBO BW[1] ist öffentlich-rechtlicher Natur, da auf der einen Seite der Norm immer und notwendigerweise der Staat Adressat ist.

2. Statthafte Klageart

N begehrt von der Bauaufsicht den Erlass einer ihn begünstigenden Nutzungsuntersagung gegenüber E, die VA-Qualität besitzt. Die statthafte Klageart ist damit die Verpflichtungsklage gem. § 42 I VwGO.

3. Klagebefugnis, § 42 II VwGO

N ist klagebefugt, wenn es möglich ist, dass er einen Anspruch auf Erlass des verlangten VA besitzt. N begehrt hier den Erlass einer Nutzungsuntersagungsverfügung. Fraglich ist, ob die Ermächtigungsnorm des § 65 S. 2 LBO dem N Drittschutz vermittelt.

a) Grundsätzlich dienen die Vorschriften des Baurechts dem Schutz der Allgemeinheit. Ein Dritter kann die Anwendung einer einschlägigen Ermächtigungsgrundlage lediglich für den Fall begehren, dass jene Bestimmung außer anderen Schutzrichtungen gerade auch den Dritten in ihren Schutzumfang einschließt.

---

[1] Art. 76 S. 1 BayBO, § 79 S. 2 BlnBauO, § 73 III LBO Bbg, § 79 I 2 BremLBO, § 76 I 2 HbgBauO, § 72 HessBO, § 80 LBO MV, § 79 I Nr. 5 NdsBauO, § 61 BauO NRW, § 81 LBO RhPf, § 82 LBO Saarl, § 80 LBO Sachs, § 79 LBO SA, § 59 II Nr. 4 LBO SH, § 79 LBO Thür.

b) Hier könnte ein Anspruch des N aus § 65 S. 2 LBO folgen. Grundsätzlich besitzen die Normen der LBO jedoch keinen drittschützenden Charakter. Nur ausnahmsweise ist ein Drittschutz zum Schutze von Individualgütern Dritter, insbesondere bei Regelungen über Abstandsflächen zu Grundstücksflächen, anzunehmen.[2] Die Rechtsgrundlage des § 65 S. 2 LBO enthält dagegen keine Schutzaussage zugunsten Dritter, sondern richtet sich lediglich an die Behörde.

c) Die Ermächtigungsgrundlage des § 65 S. 2 LBO verweist für den Erlass einer Nutzungsuntersagung auf das formelle und materielle Baurecht. Nach dem Sachverhalt könnte die tatsächliche Nutzung des Gebäudes als Hotel gegen die zulässige Art der baulichen Nutzung verstoßen.

Bei einem Leistungsverlangen eines Bürgers auf Erlass einer Nutzungsuntersagung ist hinsichtlich des drittschützenden Charakters einer Vorschrift, genauso wie beim Anfechtungsbegehren gegen eine Baugenehmigung, die materielle Baurechtsnorm entscheidend, an der die Ordnungsverfügung bzw. die Baugenehmigung zu messen ist.

d) Im vorliegenden Fall kommt ein Verstoß gegen die Art der baulichen Nutzung nach § 30 III BauGB i. V. m. §§ 3 I, 15 I, 1 III 2 BauNVO in Betracht. Gem. § 9 I Nr. 1 BauGB kann die Nutzungsart im Bebauungsplan festgelegt werden. Die Festsetzung der Art der baulichen Nutzung könnte dabei nachbarschützende Wirkung kraft Bundesrecht entfalten.[3] Zu begründen ist dies mit den engen Grenzen, die diese Festsetzung den Eigentümern in diesem Gebiet setzt. Wenn die Eigentümer selbst diesen Nutzungsbeschränkungen unterworfen sind, soll dies auch für die künftigen, weiteren Vorhaben in diesem Gebiet gelten (sog. baurechtlicher Gebietserhaltungsanspruch).[4] Diese Begründung kann jedoch nur für den Fall der Art der baulichen Nutzung gelten. N besitzt hier deshalb die Klagebefugnis gem. § 42 II VwGO.

e) Ferner kommt als subjektives Recht eine mögliche Verletzung seines Grundrechts auf körperliche Unversehrtheit gem. Art. 2 II 1 GG in Betracht.

4. Das Widerspruchsverfahren wurde ordnungsgemäß durchgeführt.

5. Allgemeines Rechtsschutzbedürfnis

Fraglich ist hier, ob N ein allgemeines Rechtsschutzbedürfnis besitzt. N könnte im vorliegenden Fall sein Begehren auch vor den Zivilgerichten mit einem Anspruch aus § 1004 I BGB i. V. m. § 13 GVG vorbringen. N besitzt jedoch auch einen denkbaren Anspruch aus einem subjektiven öffentlichen Recht, dieser kann nicht durch die Möglichkeit eines Zivilrechtsschutzes verdrängt werden. Dies ergibt sich auch aus § 58 III LBO BW, nach dem das öffentlich-rechtliche Verhältnis unbeschadet der privaten Rechte von Dritten zu beurteilen ist. N kann also auch wahlweise den Verwaltungsrechtsweg beschreiten.

6. Zwischenergebnis

Die Klage des N ist zulässig.

II. Beiladung

Der Bauherr E ist gem. § 65 II VwGO notwendig beizuladen.

---

[2] Vgl. *Ortloff,* NVwZ 1987, 380.
[3] *BVerwG* NVwZ 1996, 787.
[4] *Wahl,* JuS 1984, 580.

III. Begründetheit

Die Klage des N ist begründet, wenn die Ablehnung der Nutzungsuntersagung durch die Behörde rechtswidrig ist, weil N einen Anspruch auf Erlass einer solchen Verfügung hat, § 113 V VwGO.

1. Anspruchsgrundlage

Anspruchsgrundlage für N auf Erlass der Nutzungsuntersagung könnte § 65 S. 2 LBO BW sein.

2. Anspruchsvoraussetzung

Die Nutzungsuntersagung ist zu erlassen, wenn die Anlage im Widerspruch zu öffentlich-rechtlichen Vorschriften errichtet wurde. Zunächst müsste die Anlage ohne ausreichende Baugenehmigung errichtet worden sein.

a) Formelle Illegalität

aa) Fraglich ist, ob die Anlage des E überhaupt einer Baugenehmigung bedarf.

(1) Gem. §§ 49, 2 I, XII LBO BW[5] bedarf die Errichtung des Hauses und die Nutzungsänderung von einem Wohnhaus in ein Hotel grundsätzlich einer Baugenehmigung. Da nach § 3 II, III Nr. 1 BauNVO an einen Beherbergungsbetrieb weitergehende Anforderungen zu stellen sind, handelt es sich auch nicht um ein verfahrensfreies Vorhaben gem. § 50 II Nr. 1 LBO BW.[6]

(2) Eine Baugenehmigung wäre ferner nicht erforderlich, wenn ein Kenntnisgabeverfahren gem. § 51 LBO BW durchgeführt wurde. Ein Hotel mit elf Gästezimmern erfüllt allerdings weder die Voraussetzungen des § 51 I LBO BW[7] noch befindet es sich in einem Bereich, für den ein qualifizierter Bebauungsplan gem. § 51 II LBO BW gilt. Die Durchführung des Kenntnisgabeverfahrens wurde von E zudem nicht gewählt.

bb) Laut Sachverhalt hat E eine Baugenehmigung zum Bau eines Wohnhauses von der Behörde erhalten. Da es im vorliegenden Streit jedoch um eine andere Art der baulichen Nutzung als die genehmigte geht, ist für die Nutzungsänderung ebenfalls eine Genehmigung gem. §§ 49, 2 I, XII Nr. 1 LBO BW erforderlich. Eine solche Genehmigung für die Änderung der Nutzung des Wohnhauses als Hotel hat E allerdings weder beantragt noch erhalten. Eine formelle Illegalität der aktuellen Nutzung ist somit gegeben.

b) Materielle Illegalität

aa) Formelle und materielle Illegalität?

Fraglich ist, ob eine formelle baurechtswidrige Nutzung des Bauwerks für eine Nutzungsuntersagung gem. § 65 S. 2 LBO BW ausreicht oder ob auch eine materielle Illegalität hinzutreten muss.

---

[5] Art. 55 BayBO, § 60 BlnBauO, § 54 BO Bbg, § 64 BremLBO, § 59 HbgBO, § 54 HessBO, § 59 LBO MV, § 68 NdsBauO, § 63 BauO NRW, § 61 LBO RhPf, § 60 LBO Saarl, § 59 LBO Sachs, § 58 LBO SA, § 62 LBO SH, § 62 LBO Thür i. V. m. § 2 in den einzelnen LBOs.
[6] Art. 57 BayBO, § 62 BlnBauO, § 55 BO Bbg, § 61 BremLBO, § 60 HbgBO, § 55 HessBO, § 61 LBO MV, § 60 NdsBauO, §§ 65, 66 BauO NRW, § 62 LBO RhPf, § 61 LBO Saarl, § 61 LBO Sachs, § 60 LBO SA, § 63 LBO SH, § 60 LBO Thür.
[7] Art. 58 BayBO, § 63 BlnBO, § 58 BO Bbg, § 62 BremBO, HbgBO regelt keine Genehmigungsfreistellung, § 56 HessBO, § 63 LBO MV, § 62 II NdsBO, § 67 LBO NRW, § 67 LBO RhPf, § 63 LBO Saarl, § 62 LBO Sachs, § 61 LBO SA, § 68 LBO SH, § 61 LBO Thür.

Es könnte sein, dass eine Parallele zur Abbruchverfügung in Betracht kommt. Aus dem Verhältnismäßigkeitsgrundsatz kann gefolgert werden, dass es unzulässig ist, ein bereits fertig gestelltes Bauwerk abbrechen zu lassen, wenn feststeht, dass es materiell in seiner vorhandenen Form genehmigungsfähig ist. Wegen der Vernichtung eines Vermögensgegenstandes ist in Hinblick auf Art. 14 GG der Erlass einer Abbruchverfügung nur zulässig, wenn die Anlage materiell rechtswidrig ist.

(1) Gegen die Gleichstellung der Nutzungsuntersagung mit einer Abbruchsverfügung spricht jedoch, dass hier keine Vermögensgegenstände vernichtet werden. Der Nutzende wird lediglich dazu gezwungen, seine Vermögensinteressen auf dem Wege der Genehmigungsbeantragung weiterzuverfolgen. Für den Fall, dass kein Bestandsschutz vorliegt oder die Errichtung des Bauwerks offensichtlich materiell rechtmäßig ist, reicht schon das Vorliegen der formellen Illegalität für den Erlass der Nutzungsverfügung.[8]

(2) Auf der anderen Seite gewährt Art. 14 I 1 GG jedoch einen Bestandsschutz, der es erforderlich machen könnte, dass die Anlage seit ihrer Errichtung gegen materielles Recht verstößt. Liegt ein solcher Verstoß nämlich nicht vor, so besteht kein legitimer Grund die Benutzung des Bauwerks zu untersagen.[9] Neben der formellen Illegalität wäre also auch eine materielle erforderlich.

(3) Zu bedenken ist, dass die dauerhafte Nutzungsuntersagung einen starken Eingriff darstellt, der einem Grundrechtseingriff sehr nahe kommt. Für den Betroffenen entstehen erhebliche Nachteile, insbesondere finanzieller Art. E kann sich als Eigentümer auf seine Nutzungsrechte aus Art. 14 I 1 GG berufen, so dass bei materieller Rechtmäßigkeit der Anlage die Nutzungsuntersagung unverhältnismäßig wäre. Neben der formellen Illegalität ist somit auch ein materiell-rechtlicher Verstoß zu prüfen.

bb) Verstoß gegen § 30 III BauGB i. V. m. §§ 3, 15, 1 III 2 BauNVO

Aus dem Bauplanungsrecht könnte sich ein materiell-rechtlicher Verstoß ergeben. Ein solcher Verstoß läge vor, wenn die Anlage in dem reinen Wohngebiet nicht zulässig wäre. Nach dem Sachverhalt liegt das Bauwerk in einem Bereich, für den ein einfacher Bebauungsplan gilt.

(1) Gem. § 30 III BauGB sind, soweit vorhanden, die Festsetzungen des Bebauungsplans zu prüfen. Hier legt der Bebauungsplan das Gebiet als reines Wohngebiet fest. Von seinem Charakter her dient das Gebiet der Wohnruhe. Welche Vorhaben in einem reinen Wohngebiet zulässig sind, ergibt sich aus § 3 BauNVO, der gem. § 1 III 2 BauNVO Bestandteil des Bebauungsplans ist. Nach § 3 II BauNVO sind lediglich Wohnhäuser im reinen Wohngebiet zulässig. Unter den Begriff „Wohnen" fallen die Gesamtheit der mit der Führung eines häuslichen Lebens verbundenen Tätigkeiten und deren eigenständige Gestaltung. Außerdem wohnt dem Begriff eine gewisse Dauer inne.[10] Wohnhäuser sind dazu bestimmt, für eine gewisse Dauer zum Wohnen zu dienen. Dieses ist bei einem Hotel, bei dem ein ständiger Wechsel der Gäste stattfindet, nicht gegeben. Die Zimmer dienen hier nur dem vorübergehenden Aufenthalt von verschiedenen Personen. Das von E betriebene Hotel ist in einem reinen Wohngebiet nach § 3 I BauNVO nicht zulässig.

(2) Die Nutzungsänderung in einen Beherbergungsbetrieb könnte jedoch ausnahmsweise gem. § 31 I BauGB i. V. m. § 3 III BauNVO genehmigungsfähig sein. Ob es

---

[8] *OVG Münster* NVwZ-RR 1989, 344; *OVG Saarbrücken* NVwZ 1985, 122.
[9] *VGH Mannheim* NVwZ 1990, 480.
[10] *VGH Mannheim* NVwZ 1990, 1202; *OVG Lüneburg* OVGE 43, 321.

sich bei einem Hotel mit elf Gästezimmern noch um einen kleinen Beherbergungsbetrieb im Sinne von § 3 III Nr. 1 BauNVO handelt, kann dahingestellt bleiben, denn die Ausnahmemöglichkeit müsste gem. § 1 VI Nr. 2 BauNVO im Bebauungsplan ausdrücklich festgesetzt worden sein. Laut Sachverhalt enthält der Bebauungsplan jedoch keine derartige Ausnahme.

(3) Schließlich könnte die Anlage aufgrund einer Befreiung gem. § 31 II BauGB (sog. Dispens) zulässig sein. Voraussetzung ist zunächst, dass einer der drei Befreiungstatbestände vorliegt.

(a) Fraglich ist, ob eine Befreiung aufgrund des Wohls der Allgemeinheit in Betracht kommt. Zu den öffentlichen Interessen gehört die Errichtung von Anlagen für soziale, kulturelle und sportliche Zwecke. § 31 II Nr. 1 BauGB greift deshalb nicht, wenn lediglich private Interessen vorliegen. Das Hotel des E ist aufgrund seiner privatnützigen Motive deshalb nicht genehmigungsfähig.

(b) Der Einzelfall des E weist auch keine bodenrechtliche Besonderheit auf, die zu einer offenbar unbeabsichtigten Härte führen würde. Damit liegt hier auch nach § 31 II Nr. 3 BauGB kein Befreiungstatbestand vor.

(c) In Betracht könnte ein Dispens gem. § 31 II Nr. 2 BauGB aufgrund städtebaulicher Vertretbarkeit kommen. Dieser Tatbestand würde zu einer uferlosen Ausweitung der Befreiungen führen, wenn nicht eine Korrekturmöglichkeit vorhanden wäre. In diesem Zusammenhang gewinnt deshalb die Anforderung, dass keine Grundzüge der Planung berührt sein dürfen, besonderes Gewicht. Laut des Sachverhalts würden andere Bauwerke als Wohnhäuser die städtebauliche Ordnung stören. Eine Befreiung aufgrund städtebaulicher Vertretbarkeit kann hier nicht angenommen werden.

cc) Zwischenergebnis

Eine Genehmigungsfähigkeit kommt in Bezug auf den Betrieb als Hotel nicht in Betracht. Damit ist die Anlage des E nicht nur formell, sondern auch materiell illegal genutzt worden.

3. Ermessen

Grundsätzlich besteht der Anspruch des N auf eine sachgemäße Ermessensentscheidung. Fraglich ist, ob hier eine Pflicht der Behörde zum Einschreiten aufgrund einer Ermessensreduzierung in Betracht kommt.

a) Eine Pflicht zum Einschreiten könnte daraus resultieren, dass die Bauordnungsverfügungen auch nachbarschützenden Charakter haben. Die Behörde wäre dann gezwungen, den öffentlich-rechtlichen Nachbarschutz im Regelfall durchzusetzen. Etwas anderes kann nur in wohlbegründeten Ausnahmefällen gelten.[11]

b) Dieser Ansatz widerspricht aber der grundsätzlichen Annahme bei Ermessensentscheidungen. Auch hier hat der Nachbar N lediglich einen Anspruch auf ermessensfehlerfreie Entscheidung. Eine Ermessensreduzierung auf Einschreiten der Behörde kann nur für den Fall vorliegen, dass hier ein besonders schwerer Gefahrenfall vorliegt oder eine hohe Intensität der Störung oder Gefährdung anzunehmen ist.[12]

c) Im vorliegenden Fall macht N geltend, dass die Lärmbelästigungen in der Nacht zu Schlafstörungen und in deren Folge zu Gesundheitsschäden führen können. Aufgrund dieser Auswirkungen auf die Familie des E, ist hier von einer Ermessensreduzierung auf Null auszugehen. Die Behörde war verpflichtet aufgrund der Unver-

---

[11] *OVG Münster* NJW 1984, 884.
[12] *OVG Berlin* NJW 1983, 778.

einbarkeit der Anlage mit formellem und materiellem Recht mit einer Bauordnungsverfügung einzuschreiten.

Ergebnis

Die Klage des Nachbarn N ist zulässig und begründet.

2. Teil: Einstweiliger Rechtsschutz des N

N könnte einen Antrag gem. §§ 80a III 1, II, 80 II Nr. 4 VwGO auf vorläufigen
Rechtsschutz beim Verwaltungsgericht stellen.

I. Zulässigkeit des Antrags

1. Verwaltungsrechtsweg, § 40 I VwGO

Bei Streitigkeiten aus dem öffentlichen Baurecht ist der Verwaltungsrechtsweg eröffnet.

2. Statthafter Antrag

N möchte erreichen, dass die Nutzungsuntersagung für sofort vollziehbar erklärt
wird. Bei einem VA mit Drittwirkung könnte ein Antrag auf Anordnung der sofortigen Vollziehung gem. § 80a III 1, II VwGO statthaft sein.

Voraussetzung hierfür ist, dass die Bauordnungsverfügung nicht sofort vollziehbar
ist. Dies ist der Fall, wenn der Widerspruch des E aufschiebende Wirkung hat.

Gem. § 80 I 2 VwGO entfaltet ein Widerspruch auch bei VAs mit Drittwirkung
aufschiebende Wirkung.

Damit ist ein Antrag des N gem. § 80a III 1, II VwGO statthaft.

3. Antragsbefugnis, § 42 II VwGO analog

N ist hier möglicherweise in seinem Recht auf Gesundheit aus Art. 2 II 1 GG
verletzt.

4. Vorheriger Antrag bei der Behörde

Fraglich ist, ob sich N, bevor er einen Antrag nach § 80a III 1 VwGO stellt, erfolglos
an die Behörde gewandt haben muss.

a) Gem. § 80a II VwGO kann auch die Behörde für den vorliegenden Fall eine
sofortige Vollziehung anordnen. Falls der Antragsteller sein Begehren nicht vorher
bei der Behörde vorgebracht hat, könnte das für das gerichtliche Verfahren notwendige Rechtsschutzbedürfnis fehlen.[13]

b) Für die Annahme, dass eine vorherige Geltendmachung bei der Behörde nicht
notwendig ist, spricht, dass, wenn ein Verwaltungsverfahren der gerichtlichen Klage
vorgeschaltet werden soll, dies ausdrücklich und unmissverständlich durch den Gesetzgeber angeordnet werden muss. Dies gebietet der Grundsatz einer rechtsstaatlich
gebotenen Rechtsmittelklarheit. Diesem Gebot genügt der missverständlich formu-
lierte § 80a III 2 VwGO allerdings nicht.[14]

---

[13] In diesem Sinne *VGH München* BayVBl. 1991, 723; vgl. auch *OVG Schleswig* DVBl. 1993,
123.
[14] *BVerwG* NVwZ-RR 1993, 330.

c) Der Gesetzgeber verweist in § 80a III 2 VwGO unter anderem auch auf § 80 VI VwGO. Dieser beschränkt die vorherige Geltendmachung bei der Behörde auf den Fall der Anforderung von öffentlichen Abgaben und Kosten gem. § 80 II Nr. 1 VwGO. Diese beschränkte, ausdrückliche Regelung des Gesetzgebers spricht dafür, dass diese Voraussetzung in den anderen Fällen nicht erforderlich sein soll. Eine analoge Anwendung kommt damit nicht in Betracht.

N kann somit sofort das Verwaltungsgericht mit seinem Begehren anrufen.[15]

5. Zwischenergebnis

Der Antrag des N ist zulässig.

II. Begründetheit

1. Grundverwaltungsakt

Der Grundverwaltungsakt, der hier für sofort vollziehbar erklärt werden soll, ist in der Nutzungsuntersagung an E zu sehen.

2. Besonderes Vollzugsinteresse

Für die Anordnung der sofortigen Vollziehbarkeit nach § 80 II Nr. 4 VwGO ist erforderlich, dass ein öffentliches Interesse vorliegt oder sie im überwiegenden Interesse eines Beteiligten besteht. Dieses besondere Vollzugsinteresse muss in der Regel über das Interesse hinausgehen, das den Erlass des Grundverwaltungsakts rechtfertigt.[16] In Betracht kommt hier das Interesse des N an der Vollziehung des VA, weil Gesundheitsbeeinträchtigungen stattfinden und noch Schäden zu befürchten sind. Nach § 80 III 2 VwGO kann eine Anordnung aus diesen Gründen auch im öffentlichen Interesse getroffen werden. Eine solche Entscheidung bedarf der Abwägung aller betroffener Interessen und der Erfolgsaussicht des Widerspruchs des E. Das Interesse des E besteht in der weiteren Nutzung seines Hotels. Er könnte insoweit einen Eingriff in Art. 12 I und 14 I GG geltend machen. Wie bereits oben geklärt wurde, ist aber die Nutzungsuntersagung rechtmäßig ergangen, so dass hier ein besonderes öffentliches Vollzugsinteresse aufgrund einer Verletzung von Art. 2 II GG des N anzunehmen ist.

3. Ermessen

Grundsätzlich hängt die Anordnung der sofortigen Vollziehbarkeit von einer pflichtgemäßen Ermessensentscheidung ab. Das besondere Vollzugsinteresse besteht im vorliegenden Fall sowohl aufgrund eines öffentlichen wie auch privaten Interesses. Da keine gleichgewichtigen gegenteiligen Interessen entgegenstehen und die Nutzungsuntersagung rechtmäßig ist, besteht ein Anspruch des N auf Erlass der Anordnung. Jede andere Entscheidung wäre hier fehlerhaft.[17]

Ergebnis

Der Antrag ist zulässig und begründet.

---

[15] So auch *VGH Kassel* DVBl. 1992, 45; *OVG Bremen* BauR 1992, 608.
[16] BVerfGE 35, 402; *OVG Schleswig* NVwZ 1992, 689; vgl. zu den Ausnahmen *VGH Kassel* NVwZ 1991, 88.
[17] *VGH München* BayVBl. 1977, 566.

3. Teil: Rechtsschutz des E

E könnte einen Antrag auf Wiederherstellung der aufschiebenden Wirkung seines Widerspruchs nach § 80a III 2, § 80 V 1 VwGO einreichen.

I. Zulässigkeit des Antrags

1. Verwaltungsrechtsweg gem. § 40 I VwGO ist eröffnet.

2. Statthafter Antrag

Ein Antrag des E auf Wiederherstellung der aufschiebenden Wirkung seines Widerspruchs gegen die Nutzungsuntersagung ist gem. § 80a III 2 i. V. m. § 80 VII 2, V 1 VwGO statthaft.

3. Antragsbefugnis, § 42 II VwGO analog

Aufgrund der Akzessorietät des vorläufigen Rechtsschutzes mit dem Hauptsacheverfahren ist es erforderlich, dass E antragsbefugt ist. E ist Adressat einer belastenden Nutzungsuntersagung mit einer Anordnung der sofortigen Vollziehung, die ihn möglicherweise zumindest in Art. 2 I GG verletzt.

4. Zuständigkeit des angerufenen Gerichts

Zuständig für den Antrag ist das Gericht der Hauptsache nach § 80 VII 1 VwGO.

5. Zwischenergebnis

Der Antrag ist zulässig.

II. Begründetheit

Da das Verfahren nach § 80 VII VwGO gegenüber dem früheren ein selbständiges Verfahren ist, wäre für die Begründetheit erforderlich, dass das Interesse des E an der Aussetzung der sofortigen Vollziehung gegenüber dem Vollzugsinteresse überwiegt. Darüber hinaus hätte E aber auch nur dann einen Anspruch auf Entscheidung gem. § 80 VII VwGO, wenn veränderte oder im ursprünglichen Verfahren ohne Verschulden nicht geltend gemachte Umstände vorlägen.

1. Erfolgsaussichten in der Hauptsache

Die Interessenabwägung ist dabei von der Erfolgsaussicht in der Hauptsache abhängig. Hier wird der Widerspruch des E keine Aussicht auf Erfolg haben, da die Nutzungsuntersagung rechtmäßig erlassen wurde.

2. Abwägung

Bei einer offensichtlichen Erfolglosigkeit in der Hauptsache überwiegt grundsätzlich das Vollziehungsinteresse. E hat somit keinen Anspruch auf die Wiederherstellung der aufschiebenden Wirkung seines Widerspruchs.

3. Neue/nicht geltend gemachte Umstände

Auch kann E keine neuen bzw. im ursprünglichen Verfahren ohne Verschulden nicht vorgebrachten Umstände geltend machen.

Ergebnis

Der Antrag ist zulässig, aber nicht begründet.

Fall 11. Der unbequeme Beamte

Beamtenrecht, Unterlassungsklage, allgemeine Leistungsklage, VA-Qualität einer Dienstpostenvergabe, beamtenrechtliche Fürsorgepflicht, öffentlich-rechtliches Schuldverhältnis

Sachverhalt

Der Beamte B arbeitet seit mehreren Jahren auf dem Baurechtsamt der baden-württembergischen Gemeinde T. Aufgrund des Ausscheidens des früheren Amtsträgers wird der Dienstposten des Leiters der Baubehörde zur Neubesetzung ausgeschrieben. B bewirbt sich daraufhin auf den höherwertigen Dienstposten. Dies erscheint ihm insbesondere deswegen lukrativ, da der höherwertige Dienstposten mit einer anschließenden Beförderung einhergehen wird.

Nachdem die zuständige Behörde mehrere Bewerbungen gesichtet hat, entschließt sie sich, den Dienstposten an C zu vergeben. In dem Schreiben an B teilt ihm die Behörde mit, dass C zwar die geringere Qualifikation besitzt, dafür aber schon lange auf einen höheren Dienstposten warten würde.

Ausgangsfall: B möchte sich gegen die Ernennung des C zur Wehr setzen, da er die Argumentation der Behörde nicht für ausreichend hält. Er rechnet sich auch noch Chancen auf den höherwertigen Dienstposten aus, da C noch nicht ernannt wurde.

Welche Klagemöglichkeiten besitzt B, um sein Begehren durchzusetzen?

Nehmen Sie an, dass alle notwendigen Widerspruchsverfahren durchgeführt wurden.

Abwandlung: Angenommen, es hätten sich nur B und C beworben. C wurde zwischenzeitlich ernannt, obwohl B qualifizierter ist. Nachdem die Behörde den B erst bei der nächsten anstehenden Beförderung nach einem Jahr berücksichtigt, fragt er sich, ob er wenigstens Schadensersatzansprüche in Höhe der Gehaltsdifferenz besitzt. Hat eine Klage vor dem Verwaltungsgericht nach erfolglosem Widerspruchsverfahren Aussicht auf Erfolg?

Lösungsskizze

Ausgangsfall

1. Teil: Unterlassung der Postenvergabe an C

I. Zulässigkeit der Klage

1. Verwaltungsrechtsweg (+): § 54 BeamtStG
2. Statthafte Klageart: Unterlassungsklage in der Form der allgemeinen Leistungsklage
3. Klagebefugnis, § 42 VwGO analog (+): B möglicherweise in Art. 33 II GG i. V. m. § 9 BeamStG verletzt

4. Widerspruchsverfahren gem. § 54 II BeamStG (+)
5. Besonders qualifiziertes Rechtsschutzbedürfnis (+): Ernennung des C wäre nicht mehr rückgängig zu machen
6. Zwischenergebnis: Zulässigkeit der Klage (+)

II. Begründetheit

1. Hoheitlicher Eingriff (+): Vergabe des Dienstpostens an C
2. Subjektives Recht (+): Art. 33 II GG i. V. m. § 9 BeamStG
3. Rechtswidrigkeit (+): Verletzung der Bestenauslese
4. Zwischenergebnis: Unterlassungsanspruch des B (+)

Ergebnis: Klage zulässig und begründet.

2. Teil: Vergabe des Dienstpostens an B

I. Zulässigkeit der Klage

1. Verwaltungsrechtsweg (+): § 54 I BeamStG
2. Statthafte Klageart (+): allgemeine Leistungsklage, da mangels Außenwirkung kein VA
3. Klagebefugnis, § 42 VwGO analog (+): Anspruch Art. 33 II GG i. V. m. § 9 BeamStG
4. Widerspruchsverfahren (+)
5. Zwischenergebnis: Zulässigkeit der Klage (+)

II. Begründetheit

1. Anspruchsgrundlage: Fürsorgepflicht, Art. 33 II GG i. V. m. § 9 BeamStG
2. Voraussetzung (+): Ernennung, § 8 BeamStG i. V. m. § 9 II LBG BW
3. Rechtsfolge: Anspruch auf Neubescheidung.
4. Zwischenergebnis: teilweise Begründetheit der Klage

Ergebnis: Klage ist zulässig und teilweise begründet.

Abwandlung: Klage auf Schadensersatz

I. Zulässigkeit der Klage

1. Verwaltungsrechtsweg (+): SchE-Anspruch aus verwaltungsrechtlichem Sonderverhältnis
2. Statthafte Klageart: allgemeine Leistungsklage.
3. Klagebefugnis, § 42 VwGO analog (+): SchE-Anspruch aus analoger Anwendung der positiven Forderungsverletzung
4. Widerspruchsverfahren (+)
5. Rechtsschutzbedürfnis (+)
6. Zwischenergebnis: Zulässigkeit der Klage (+)

II. Begründetheit

1. Anspruchsgrundlage: SchE wegen Verletzung der Beförderungspflicht aus öffentlich-rechtlichem Schuldverhältnis in analoger Anwendung der Positiven Forderungsverletzung, § 280 I BGB
2. Voraussetzungen des Anspruchs
   a) Pflichtverletzung durch den Dienstherrn (+): Verstoß gegen Bestenauslese
   b) Verschulden des Dienstherrn (+): Beweislastumkehr

c) Kausaler Schaden (+): Ermessensreduzierung auf Null bzgl. Ernennung des B

d) Rechtsfolge: SchE-Anspruch auf Geld, § 251 BGB analog

Ergebnis: Klage zulässig und begründet.

Lösung

Ausgangsfall

1. Teil: Klage auf Unterlassung der Vergabe des Postens an C

I. Zulässigkeit der Klage

1. Verwaltungsrechtsweg, § 54 BeamtStG

Die Zulässigkeit des Verwaltungsrechtsweges ergibt sich hier spezialgesetzlich aus der aufdrängenden Sonderzuweisung des § 54 BeamtStG, da eine beamtenrechtliche Streitigkeit vorliegt. Hiernach ist für Streitigkeit aus dem Beamtenverhältnis der Verwaltungsrechtsweg zwingend vorgeschrieben.

2. Statthafte Klageart

a) Das Klagebegehren des B richtet sich darauf, die Ernennung des C zu verhindern. Statthafte Klageart könnte demnach die Anfechtungsklage gem. § 42 I VwGO sein. Es ist jedoch zu bedenken, dass C noch nicht ernannt wurde. Somit läge ein Fall des vorbeugenden Rechtsschutzes in der Form einer vorbeugenden Unterlassungsklage vor.

b) Diese Klageart ist gesetzlich nicht geregelt. Fraglich ist deshalb, ob eine vorbeugende Unterlassungsklage überhaupt statthaft ist. Mit der Verpflichtung der Behörde durch das Gericht, einen bestimmten VA zu unterlassen, würde das Gewaltenteilungsprinzip in unzulässiger Weise durchbrochen. Außerdem ist eine solche Klageart nicht erforderlich, da durch Widerspruch oder Klage gem. § 80 I VwGO ein Suspensiveffekt gegenüber dem VA eintreten würde.[1]

c) Die gesamte Tätigkeit der Verwaltungsgerichte ist jedoch gerade darauf gerichtet, Eingriff in Handlungen der Behörden vorzunehmen. Daneben gebietet Art. 19 IV GG einen effektiven Rechtsschutz, der nur gewährleistet ist, wenn auch vorbeugende Klagen statthaft sind, sofern nachträglicher Rechtsschutz nicht mehr ausreichen würde.[2] Im vorliegenden Fall könnte deshalb eine vorbeugende Unterlassungsklage in Betracht kommen.

d) Aufgrund des Klagebegehrens des B könnte jedoch ebenfalls eine vorbeugende Feststellungsklage in Betracht kommen. Fraglich ist, ob sie nicht deshalb auszuscheiden ist, weil sie gegenüber der vorbeugenden Leistungsklage in der Form der Unterlassungsklage gem. § 43 II VwGO subsidiär ist. Die Subsidiaritätsklausel findet jedoch beim vorbeugenden Rechtsschutz keine Anwendung, selbst wenn wie hier beide Klageformen grundsätzlich in Betracht kommen. § 43 II VwGO soll die Rechtspre-

---

[1] *Schmitt Glaeser/Horn*, Verwaltungsprozeßrecht, Rn. 313.
[2] *Dreier*, JA 1987, 419.

chungsorgane nur vor einer doppelten Inanspruchnahme schützen bzw. die Umgehung von besonderen Sachentscheidungsvoraussetzungen verhindern. Diese Gefahren bestehen beim vorbeugenden Rechtsschutz jedoch nicht.[3] Damit kommen hier grundsätzlich beide vorbeugende Rechtsschutzmöglichkeiten nebeneinander in Betracht.

e) Zwischenergebnis: Hier ist die Unterlassungsklage in der Form der allgemeinen Leistungsklage statthafte Klageart.

3. Klagebefugnis, § 42 VwGO analog

Um Popularklagen auszuschließen, ist die Klagebefugnis gem. § 42 II VwGO in den Fällen der allgemeinen Leistungsklage analog anzuwenden. Dieses Argument muss auch für den vorbeugenden Rechtsschutz gelten. Durch die Übertragung des höherwertigen Dienstpostens an C könnte B möglicherweise in seinen Rechten aus Art. 33 II GG i. V. m. § 9 BeamtStG verletzt sein.

4. Widerspruchsverfahren

Gem. § 54 II BeamtStG ist bei beamtenrechtlichen Streitigkeiten grundsätzlich ein Widerspruchsverfahren durchzuführen. Laut Sachverhalt ist dieses durchgeführt worden.

5. Besonders qualifiziertes Rechtsschutzbedürfnis

a) Der vorbeugende Rechtsschutz ist gegenüber den nachträglichen Rechtsschutzmöglichkeiten subsidiär. Deshalb ist es erforderlich, dass B ein zusätzliches besonders qualifiziertes Rechtsschutzbedürfnis geltend machen kann.[4]

b) Für den Fall, dass sich B gegen schlichtes Verwaltungshandeln wendet, wäre hierfür eine Wiederholungsgefahr ausreichend. Eine solche ist im vorliegenden Fall jedoch nicht gegeben.

c) Richtet sich die Klage dagegen gegen den Erlass eines künftigen VA, ist zu berücksichtigen, dass hier der Rechtsschutz in der VwGO geregelt wurde. Aufgrund des Suspensiveffekts nach § 80 I VwGO wäre B eigentlich ausreichend geschützt. Ein qualifiziertes Rechtsschutzbedürfnis kann jedoch für den Fall angenommen werden, dass ein Abwarten auf nachträglichen Rechtsschutz für ihn unzumutbar wäre.[5] Dies ist anzunehmen, wenn durch die behördliche Entscheidung vollendete Tatsachen geschaffen würden, die sich nicht oder nur unter erheblichen Umständen rückgängig machen ließen.

d) Fraglich ist, ob im vorliegenden Fall durch die Ernennung des C vollendete Tatsachen geschaffen worden sind. Dies ist der Fall, wenn die erfolgte Ernennung nicht mehr rückgängig zu machen ist.

aa) Grundsätzlich beginnt der Vertrauensschutz bei begünstigenden VAs mit Drittwirkung erst mit der Unanfechtbarkeit des VA. Falls eine beamtenrechtliche Ernennung gegen subjektive Rechte aus Art. 33 II GG verstößt, kann der Verstoß nicht vom Gesetzgeber legalisiert werden. Deshalb regelt das materielle Beamtenrecht nur die Rücknahme durch den Dienstherrn. Die Frage einer Aufhebung durch das Gericht ist hiervon nicht betroffen.[6] Die Überlegungen, die für eine Ernennung gelten, müssen ebenfalls für die Vergabe eines Dienstposten gelten, weil diese weni-

---

[3] BVerwGE 40, 327 f.
[4] *Peine*, Jura 1983, 292 ff.
[5] *BVerwG* DVBl. 1981, 939.
[6] *Müller*, JuS 1985, 278.

ger formalisiert ist und nicht wie die Ernennung durch §§ 8 ff. BeamtStG einge-schränkt wird. Mangels Vertrauensschutzes des C bleibt die Dienstpostenvergabe aufhebbar.[7]

bb) Gegen die Annahme, dass die Rückgängigmachung einer Ernennung oder Dienstpostenvergabe möglich ist, spricht, dass die Entscheidung über die Stellen-besetzung das Verfahren beendet. Da keine weitere Planstelle verfügbar ist, kann die Dienststelle nicht noch ein zweites Mal vergeben werden. C hat einen Rechts-anspruch auf ein, seinem statusrechtlichen Amt entsprechendes abstrakt und konkret funktionelles Amt, das ihm aufgrund seiner Ernennung rechtmäßig übertragen wer-den würde.[8] Damit würde eine Anfechtungsklage des B mangels Rechtsschutzbedürf-nisses entfallen, weil sich die Klage in der Hauptsache erledigt hat.[9] Für diese Ansicht spricht, dass die übrigen Bewerbungen infolge der Übertragung des Dienstpostens an C gegenstandslos werden. Mit der Besetzung des Dienstpostens an C bleibt kein Raum mehr für eine neue Auswahlentscheidung.[10]

cc) Eine Anfechtungsklage gegen die erfolgte Ernennung des C hätte aufgrund der Hoheit der Ämterorganisation keine Aussicht auf Erfolg. Deshalb besitzt B hier ein qualifiziertes Rechtsschutzbedürfnis.

6. Zwischenergebnis

Die Klage ist zulässig.

II. Begründetheit

Die Klage ist begründet, wenn B einen öffentlich-rechtlichen Unterlassungsanspruch besitzt. Voraussetzung des Anspruchs ist das Drohen eines hoheitlichen Eingriffs in seine subjektiven Rechte, der rechtswidrig wäre.

1. Hoheitlicher Eingriff

Der hoheitliche Eingriff läge hier in der Vergabe des Dienstpostens an C. Dadurch würde gleichzeitig der Antrag des B auf Zuweisung der Planstelle gegenstandslos.

2. Subjektives Recht

Die verletzten Rechte des B resultieren aus Art. 33 II GG i. V. m. § 9 BeamtStG. Dabei ist § 9 BeamtStG eine Konkretisierung der Rechte und Pflichten aus Art. 33 II GG.

3. Rechtswidrigkeit

Der Eingriff in die subjektiven Rechte müsste rechtswidrig sein. Hier könnte eine Verletzung der Bestenauslese vorliegen. Gemäß § 9 BeamtStG hat die Auslese der Bewerber und die Vergabe der Dienstposten nach Eignung, Befähigung und fachli-cher Leistung zu erfolgen. In erster Linie soll hiermit dem öffentlichen Interesse an einer bestmöglichen Besetzung der Beamtenstellen des öffentlichen Dienstes Genüge getan werden.[11] Nach dem Sachverhalt ist B besser qualifiziert als C. Die Ernennung des C wäre damit rechtswidrig.

---

[7] *Britz*, DÖV 1982, 233 f.
[8] *BVerwG* NVwZ 1989, 158.
[9] *Günther*, ZBR 1983, 51.
[10] *VGH München* NVwZ 1983, 755.
[11] *BVerwG* DVBl. 1984, 432.

4. Zwischenergebnis

B besitzt einen Unterlassungsanspruch.

Ergebnis

Die Klage ist zulässig und begründet.

2. Teil: Klage auf Vergabe des Dienstpostens an B

I. Zulässigkeit der Klage

1. Verwaltungsrechtsweg

Der Verwaltungsrechtsweg ist gem. § 54 I BeamtStG eröffnet.

2. Statthafte Klageart

Statthafte Klageart könnte die Verpflichtungsklage sein, wenn die Vergabe eines Dienstpostens ein VA gem. § 35 S. 1 LVwVfG BW ist. Voraussetzung dafür ist, dass die begehrte Maßnahme Außenwirkung besitzt.

a) Die Maßnahme betrifft die Dienstpostenvergabe im Bereich der Verwaltung und richtet sich nach Beamtenrecht. Es handelt sich damit um eine Maßnahme einer Verwaltungsbehörde auf dem Gebiet des öffentlichen Rechts.

b) Eine Regelung liegt insoweit vor, als A ein höherwertiger Dienstposten übertragen wird.

c) Ferner müsste diese Regelung Außenwirkung haben. Das ist der Fall, wenn ihre Rechtsfolgen gegenüber einer außerhalb der Verwaltung stehenden Person eintreten, nicht dagegen, wenn nur eine verwaltungsinterne Regelung vorliegt. Die Differenzierung zwischen behördeninternen und behördenexternen Maßnahmen ist bei einem Beamten nur bedingt brauchbar, da der betroffene Beamte sowohl Träger eigener Rechte ist als auch zugleich in seiner Funktion als Amtsträger betroffen ist.

Es ist deshalb entscheidend darauf abzustellen, ob die Maßnahme die Amtsstellung oder die persönliche Rechtsstellung des B betrifft. Ausgangspunkt für die Abgrenzung zwischen VA und behördeninternem Verwaltungshandeln ist dabei die Amtsstellung des Beamten, die an dem Begriff „Amt" anknüpft.

Ein VA liegt vor, wenn das Amt im statusrechtlichen Sinne – also in seinem Bestehen oder Umfang – betroffen ist, da Wirkung über den behördeninternen Bereich hinaus besteht. Bei Änderung des Amtes im abstrakt-funktionellen Sinne liegt ebenfalls ein VA vor, weil der Beamte künftig in einer anderen Behörde tätig wird.

Eine Änderung des Amtes im konkret-funktionellen Sinne verbleibt dagegen im behördeninternen Bereich. Die persönliche Rechtsstellung des Beamten wird hierdurch nicht betroffen, weil er kein eigenes subjektives Recht hat, welches konkrete Amt er innerhalb seiner Behörde erledigt.

aa) An der Außenwirkung könnte zu zweifeln sein, weil B lediglich den Dienstposten wechseln würde und damit nur das Amt im konkret-funktionellen Sinne verändert werden würde. Allerdings zieht hier die Dienstpostenvergabe eine Beförderung nach sich, weil B einen höherwertigen Dienstposten anstrebt. Damit läge eine individualrechtlich relevante Regelung vor, die in die private Lebenssphäre eingreifen würde. In diesem Fall wäre das Amt im statusrechtlichen Sinne betroffen, so dass ein VA in Betracht kommt.[12]

---

[12] *OVG Koblenz* ZBR 1975, 117; *Britz*, DÖV 1982, 231 ff.

bb) Zu bedenken ist jedoch, dass die Beförderung nicht unmittelbare Folge der Vergabe eines höheren Dienstpostens wäre, sondern auf einer weiteren, neuen Entscheidung des Dienstherrn beruht. Die Dienstpostenvergabe stellt damit nur eine das statusrechtliche und funktionell-abstrakte Amt unberührt lassende Zuweisung anderer Aufgabenbereiche dar. Deshalb sind die Fälle einer Dienstpostenvergabe mit einer beamtenrechtlichen Umsetzung vergleichbar.[13] Damit liegt nur der Wechsel eines konkret-funktionellen Amtes vor, der keine unmittelbare Außenwirkung gegenüber B hat.

cc) Damit kommt eine allgemeine Leistungsklage auf Vornahme schlichten Verwaltungshandelns in Betracht.[14] Diese Klageart ist in der VwGO zwar nicht ausdrücklich geregelt worden. Ihre Existenz wird in §§ 43 II, 111, 113 IV, 169 II, 170, 191 I VwGO jedoch vorausgesetzt, als ein Unterfall der Leistungsklage, bei der nicht der Erlass eines VA begehrt wird, sondern schlichtes Verwaltungshandeln der Gegenstand ist. Mangels Außenwirkung der Dienstpostenvergabe ist deshalb die allgemeine Leistungsklage statthaft.

3. Klagebefugnis, § 42 VwGO analog

Damit Popularklagen ausgeschlossen werden, ist die Klagebefugnis gem. § 42 II VwGO in den Fällen der allgemeinen Leistungsklage analog anzuwenden. B könnte einen Anspruch auf den höherwertigen Dienstposten aus Art. 33 II GG i. V. m. § 9 BeamtStG besitzen.

4. Widerspruchsverfahren

Das Widerspruchsverfahren gem. § 54 II BeamtStG wurde erfolglos durchgeführt.

5. Zwischenergebnis

Die Klage ist zulässig.

II. Begründetheit

Die Klage des B ist begründet, wenn B einen Anspruch auf die Dienstpostenvergabe an ihn besitzt.

1. Anspruchsgrundlage

Anspruchsgrundlage könnte die Fürsorgepflicht des Dienstherrn aus Art. 33 II GG i. V. m. § 9 BeamtStG sein.[15]

2. Voraussetzung

Für die Dienstpostenvergabe ist gem. § 8 BeamtStG i. V. m. § 9 II LBG BW[16] eine Ernennung erforderlich.

---

[13] *VGH Kassel* NVwZ 1982, 638.
[14] *Battis*, BBG, § 8 Rn. 36.
[15] Zur Fürsorgepflicht siehe *Schnellenbach*, VerwArch 2001, 2 ff.
[16] Vgl. § 6 BBG, §§ 8, 21 BeamtStG, § 9 HessBG, § 8 LBG RhPf, §§ 11, 12 LBG Saarl, § 10 LBG Sachs, § 8 LBG SA, § 9 LBG SH, § 7 LBG Thür.

3. Rechtsfolge

Dem Dienstherrn steht bei der Dienstpostenvergabe jedoch ein Beurteilungsspielraum bei der Prüfung der Kriterien Eignung für das Amt, Befähigung sowie vorherige fachliche Leistung zu. Ein Anspruch auf Beförderung besteht grundsätzlich nicht.[17] B kann lediglich verlangen, dass der Dienstherr ihn nicht aus unsachlichen Erwägungen von der Beförderung ausschließt. Grundsätzlich dienen die beamtenrechtlichen Vorschriften über die Ernennung dem öffentlichen Interesse an der bestmöglichen Besetzung der staatlichen Planstellen. Daneben hat aber auch der Beamte ein berechtigtes Interesse im Rahmen der dienstlichen, beamten- und haushaltsrechtlichen Gegebenheiten, beruflich aufzusteigen. Aufgrund der Fürsorgepflicht ist es dem Dienstherrn verboten, sich bei der Ablehnung der Dienstpostenvergabe von anderen als sachgerechten, ermessensfehlerfreien Gesichtspunkten leiten zu lassen, auch wenn sein Ermessensspielraum dabei sehr weit ist.[18] B besitzt somit nur einen Anspruch auf fehlerfreie Auswahl und hat, da die ursprüngliche Bescheidung ermessensfehlerhaft war, einen Anspruch auf Neubescheidung.

4. Zwischenergebnis

Die Klage ist teilweise begründet.

Ergebnis

Die Klage ist zulässig und teilweise begründet.

Abwandlung: Klage auf Schadensersatz

I. Zulässigkeit der Klage

1. Verwaltungsrechtsweg

Der Verwaltungsrechtsweg könnte gem. § 54 I BeamtStG gegeben sein.

a) Fraglich ist jedoch, ob hier nicht vielmehr ein Schadensersatzanspruch aus Amtshaftung wegen Verletzung des öffentlich-rechtlichen Dienst- und Treueverhältnisses gem. Art. 34 GG i. V. m. § 839 BGB in Betracht kommt. Dieser Anspruch müsste gem. Art. 34 S. 3 GG vor den Zivilgerichten geltend gemacht werden.

b) Der Verwaltungsrechtsweg wäre jedoch dann eröffnet, wenn hier auch ein Schadensersatzanspruch aus verwaltungsrechtlichem Sonderverhältnis resultieren könnte.[19] Voraussetzungen für eine solche Haftung sind, dass ein Rechtsverhältnis mit besonderen Rechten und Pflichten sowie keine abschließende Sonderregelung vorliegen und es einen sachlichen Grund für eine Besserstellung gibt. Im Gegensatz zum Amtshaftungsanspruch – wobei auch hier die neuere Rechtsprechung Beweiserleichterungen gewährt – greift bei beamtenrechtlichen Ansprüchen eine Beweislastumkehr gem. § 280 I 2 BGB analog zu Lasten des Dienstherrn.[20] Als sachlicher Grund kommt hier das öffentlich-rechtliche Dienst- und Treueverhältnis in Betracht.

Außerdem ist ein verwaltungsrechtliches Sonderverhältnis deswegen anzunehmen, weil ein Beamter sonst schlechter stünde als ein Angehöriger des öffentlichen Dienstes, dem das allgemeine Dienstvertragsrecht des BGB beisteht. Der Verwaltungsrechtsweg ist damit eröffnet.

---

[17] BVerwGE 15, 7; *Battis*, BBG, § 22 Rn. 6; a. A. *Tietgen*, DVBl. 1963, 513.
[18] *Battis*, NJW 1988, 952.
[19] Hierzu *Battis*, BBG, § 22 Rn. 30.
[20] BVerwGE 13, 17 ff., zu § 282 BGB in der Fassung vor 2002; jetzt § 280 I 2 BGB.

2. Statthafte Klageart

Als statthafte Klageart könnte hier eine Verpflichtungsklage in Betracht kommen. Da B hier seinen Anspruch aber nicht unmittelbar auf § 45 BeamtStG stützt, begehrt er keinen VA. Damit ist eine Verpflichtungsklage nicht einschlägig. Statthafte Klageart ist die allgemeine Leistungsklage.[21]

3. Klagebefugnis, § 42 VwGO analog

Damit Popularklagen ausgeschlossen sind, ist die Klagebefugnis gem. § 42 II VwGO in den Fällen der allgemeinen Leistungsklage analog anzuwenden. Hier ist eine Verletzung des Art. 33 II GG aufgrund einer fehlerhaften Ernennung möglich (s. o.). Der Schadensersatzanspruch könnte auf der Nichterfüllung der verfassungsrechtlich verbürgten Pflicht zur Bestenauslese beruhen. Damit könnte B einen schuldrechtlichen Schadensersatzanspruch aus analoger Anwendung der Positiven Forderungsverletzung besitzen.

4. Widerspruchsverfahren

Das Widerspruchsverfahren wurde gem. § 54 II BeamtStG erfolglos durchgeführt.

5. Das **Rechtsschutzbedürfnis** ist gegeben.

6. Zwischenergebnis

Die Klage ist zulässig.

II. Begründetheit

Die Klage ist begründet, wenn B einen Schadensersatzanspruch wegen Verletzung des öffentlich-rechtlichen Dienst- und Treueverhältnisses besitzt.

1. Anspruchsgrundlage

Als Anspruchsgrundlage könnte hier ein Schadensersatzanspruch wegen der Verletzung der Beförderungspflicht aus öffentlich-rechtlichem Schuldverhältnis in analoger Anwendung der Positiven Forderungsverletzung (§ 280 I BGB) in Betracht kommen.

2. Voraussetzungen des Anspruchs

a) Pflichtverletzung durch den Dienstherrn

aa) Zu prüfen ist, ob die Fürsorgepflicht verletzt wurde. Eine solche Verletzung liegt nur vor, wenn A einen Anspruch auf die Beförderung hat. Eine Fürsorgepflicht ist nur auf das jetzige Amt beschränkt. Ein Anspruch auf Beförderung besteht grundsätzlich nicht. B hat insoweit nur einen Anspruch auf ermessensfehlerfreie Entscheidung. Er kann nur verlangen, dass ihn der Dienstherr nicht aus unsachgemäßen Erwägungen von der Beförderung ausschließt. In erster Linie dienen die beamtenrechtlichen Vorschriften zwar dem öffentlichen Interesse an einer bestmöglichen Besetzung der Planstellen, daneben dienen sie aber auch dem berechtigten Interesse des Beamten im Rahmen der dienstlichen, beamten- und haushaltsrechtlichen Möglichkeiten, angemessen beruflich aufzusteigen.[22]

---

[21] Zu den möglichen Klagearten vgl. *Schnellenbach*, Beamtenrecht, § 3 Rn. 78.
[22] BVerwGE 19, 254.

Ein materiell-rechtlicher Beförderungsanspruch besteht nur in seltenen Ausnahmefällen. Dann ist allerdings der Rückgriff auf die Fürsorgepflicht nicht notwendig, sondern entscheidend sind die Kriterien der Beförderung nach § 9 BeamtStG.

bb) Nach dem Sachverhalt kommt ein Verstoß gegen die Bestenauslese in Betracht. § 9 BeamtStG ist eine Konkretisierung des Art. 33 II GG, nach welcher der Dienstherr die Auslese und Ernennung der Bewerber nach Eignung, Befähigung und fachlicher Leistung vorzunehmen hat.[23] Statt C hätte eigentlich B ernannt werden müssen, so dass ein Verstoß gegen § 9 BeamtStG vorliegt. In der unterlassenen Ernennung des B liegt eine Pflichtverletzung.

b) Verschulden des Dienstherrn

Grundsätzlich obliegt dem Beamten, der einen Leistungsanspruch geltend macht, die materielle Beweislast dafür, dass er bei rechtsfehlerfreier Behandlung seiner Bewerbung um ein Beförderungsamt voraussichtlich zum Zuge gekommen wäre. Aus dem Gebot des effektiven Rechtsschutzes gern. Art. 19 IV i. V. m. Art. 33 II GG folgt aber, dass dem Beamten nicht die Beweislast für diejenigen zur Beurteilung des hypothetischen Kausalverlaufs erforderlichen Tatsachen auferlegt werden darf, deren Ermittlung ihm aus tatsächlichen Gründen unmöglich ist. Dies gilt jedenfalls für alle Vorgänge aus dem Verantwortungs- und Verfügungsbereich des Dienstherrn, die dem Einblick des Beamten entzogen sind. Insoweit trifft die Behörden eine Darlegungspflicht (§ 86 VwGO) und findet im Falle der Nichterweislichkeit dieser Tatsachen eine Umkehr der materiellen Beweislast zu Lasten des Dienstherrn statt.[24] Demnach müsste hier der Dienstherr darlegen, dass er die unterlassene Beförderung als Pflichtverletzung nicht verschuldet hat. Gelingt ihm dies nicht, gilt sein Verhalten als schuldhaft.

c) Kausaler Schaden

Fraglich ist, ob die Pflichtverletzung kausal für den Schaden ist. Problematisch könnte dies sein, weil es sich bei der Beförderung um eine Ermessensentscheidung handelt. Eine Kausalität ist für den Fall anzunehmen, wenn eine Ermessensreduzierung auf Null vorliegt. Nach dem Sachverhalt hätte B ernannt werden müssen. Der kausale Schaden besteht deshalb in der Gehaltsdifferenz.

d) Rechtsfolge

aa) Eine rückwirkende Ernennung gem. §§ 249 ff. BGB analog kommt wegen § 8 IV BeamtStG nicht in Betracht.

bb) B hat jedoch einen Schadensersatzanspruch auf Geld gem. § 251 BGB analog. Der Anspruch umfasst den durch die unterbliebene Beförderung entstandenen Vermögensschaden.

Ergebnis

Die Klage ist zulässig und begründet.

---

[23] *BVerwG* DVBl. 1989, 199.
[24] BVerwGE 118, 378; BGHZ 129, 234.

Fall 12. Der verpasste Weihnachtsmarkt

Kommunalrecht, Gewerberecht, Fortsetzungsfeststellungsklage, Zweistufentheorie, Zugang zu öffentlichen Einrichtungen, Erschöpfung von Kapazitäten, Selbstbindung der Verwaltung

Sachverhalt

In der Stadt S in Baden-Württemberg findet auf dem Marktplatz jedes Jahr in den letzten zwei Wochen vor Weihnachten ein Weihnachtsmarkt statt. Dabei handelt es sich um keine nach dem Gewerberecht festgesetzte Veranstaltung. Die Standplätze für diese Veranstaltung werden an die Bewerber auf Antrag hin zugewiesen.

B, der Einwohner von S ist, möchte mit seinem Verkaufsstand erstmals zugelassen werden. Er beabsichtigt, auf dem Weihnachtsmarkt Kerzen in verschiedenen Farben und Formen und auch solche aus Bienenwachs zu verkaufen. Sein Antrag wird nach einer Auswahl zwischen den Bewerbern in einem Schreiben der Behörde, das ihm am 27.11.2012 bekanntgegeben wurde, mit der Begründung abgelehnt, dass alle Plätze bereits vergeben wurden. Unter anderem habe nämlich C, welcher der Behörde wegen seiner Teilnahme in den Jahren zuvor bekannt sei und sich auch stets bewährt habe, eine Zulassung erhalten. C werde ebenfalls einen Verkaufsstand für Kerzen aufbauen, so dass kein weiterer Bedarf bestehe. B wird außerdem in dem Schreiben mitgeteilt, dass die Stadt auch im darauf folgenden Jahr den Platz an C vergeben wird, da dieser schon seit Jahren der Gemeinde als zuverlässig bekannt sei. Vom 8.12. bis 23.12.2012 findet daraufhin der Weihnachtsmarkt ohne B statt.

Ausgangsfall: Am 3.1.2013 entschließt sich B, Klage vor dem Verwaltungsgericht zu erheben. Er möchte auf jeden Fall am nächsten Weihnachtsmarkt teilnehmen und erwägt außerdem, den entgangenen Gewinn in Höhe von 3.000 Euro später beim Amtsgericht geltend zu machen. Hat die verwaltungsgerichtliche Klage Aussicht auf Erfolg?

Abwandlung 1: Kann B einen Anspruch auf Zulassung geltend machen, wenn er kein Einwohner der Stadt S ist, die Gemeinde aber andere Teilnehmer zugelassen hat, die ebenfalls nicht Gemeindeeinwohner sind?

Abwandlung 2: Angenommen bei dem Weihnachtsmarkt handelt es sich um eine nach § 69 I GewO festgesetzte Veranstaltung. Hat die Klage des B auf Zulassung Aussicht auf Erfolg?

Lösungsskizze

Ausgangsfall

I. Zulässigkeit der Klage

1. Verwaltungsrechtsweg (+): 1. Stufe der Zweistufentheorie „Ob"
2. Statthafte Klageart: Fortsetzungsfeststellungsklage

3. Klagebefugnis, § 42 II VwGO analog (+): möglicher Anspruch aus § 10 II 2 GemO BW
4. Entbehrlichkeit des Widerspruchsverfahrens
5. Besonderes Feststellungsinteresse (+): Wiederholungsgefahr (–); Schadensersatzpräjudiz
6. Klagefrist (+): Fristbeginn, § 74 I 2 VwGO analog mit Erledigung des VA
7. Zwischenergebnis: Zulässigkeit der Klage (+)

II. Begründetheit

1. Anspruchsgrundlage: § 10 II 2 GemO BW
2. Anspruchsvoraussetzungen
   a) Gemeindeeinwohner (+)
   b) öffentlich-rechtliche Einrichtung (+)
   c) Zweck des § 10 II 2 GemO BW auf Dauer zu dienen bestimmt (+)
   d) Nutzung im Rahmen des Widmungszwecks (+)
3. Rechtsfolge: gebundener Anspruch
   a) hier aber: Kapazitätserschöpfung
   b) Anspruch auf Ausweitung der Kapazitäten aus Art. 12 I und 3 I GG (–)
   c) gebundener Anspruch wird ermessensfehlerfreie Entscheidung
   d) Zwischenergebnis: nur Anspruch auf fehlerfreie Bescheidung (+)
4. Anspruch auf Neubescheidung
   a) Anspruch (+) wenn Ermessensfehler bei Ablehnung: Vorliegen eines Ermessensfehlers?
   b) Ermessensfehlgebrauch (+): alleiniges Kriterium „bekannt und bewährt"
5. Zwischenergebnis: Anspruch auf ermessensfehlerfreie Bescheidung (+)

Ergebnis: Klage zulässig, aber nur teilweise begründet.

Abwandlung 1

 I. Anspruch direkt aus § 10 II 2 GemO BW (–): kein Einwohner
II. Anspruch aus Art. 3 I GG i. V. m. Selbstbindung der Gemeinde (+): falls Nichtgemeindeeinwohner bereits zugelassen

Abwandlung 2

I. Zulässigkeit der Klage

1. Verwaltungsrechtsweg (+): streitentscheidende Norm § 70 I GewO
2. Statthafte Klageart: Fortsetzungsfeststellungsklage
3. Klagebefugnis, § 42 II VwGO analog (+): möglicher Anspruch aus § 70 I GewO
4. Widerspruchsverfahren, besonderes Feststellungsinteresse und Klagefrist (s. o.)
5. Zwischenergebnis: Zulässigkeit der Klage (+)

II. Begründetheit

1. Anspruchsgrundlage: § 70 I GewO geht § 10 II 2 GemO BW vor
2. Tatbestandsvoraussetzungen
   a) Antrag (+)
   b) festgesetzte Veranstaltung gem. § 68 GewO (+)
   c) B gehört zum Teilnehmerkreis (+)

3. Rechtsfolge: gebundener Anspruch
    a) bei Kapazitätserschöpfung: Anbieter aus sachlichen Gründen ausschließbar,
       § 70 III GewO
    b) aber auch hier Ermessensfehler
Ergebnis: Klage zulässig, aber nur teilweise begründet.

Lösung

Ausgangsfall

I. Zulässigkeit der Klage

1. Verwaltungsrechtsweg

Der Verwaltungsrechtsweg nach § 40 I VwGO ist eröffnet, wenn eine öffentlich-rechtliche Streitigkeit vorliegt. Dies könnte problematisch sein, da die Stadt die konkrete Vergabe der Plätze privatrechtlich durch Mietverträge gestalten kann. Im vorliegenden Fall geht es jedoch zunächst um die Zulassung zum Weihnachtsmarkt. Es kommt damit die Zweistufentheorie zur Anwendung. Die erste Stufe der Zulassung ist stets öffentlich-rechtlicher Natur („Ob"), während die zweite Stufe, die Ausgestaltung der Nutzung, privatrechtlich erfolgt („Wie").

Da es B um das Recht auf Teilnahme am Weihnachtsmarkt geht, ist hier die erste Stufe maßgeblich. Über das „Ob", also das Recht auf Zugang zu einer öffentlichen Einrichtung, ergeht eine gesonderte Entscheidung nach öffentlich-rechtlichen Vorschriften. Als streitentscheidende Norm kommt § 10 II 2 GemO BW[1] in Betracht. Da sich ein Anspruch aus dieser Norm nur gegen die Gemeinde richtet, besitzt sie öffentlich-rechtliche Natur. Der Verwaltungsrechtsweg ist damit eröffnet.

2. Statthafte Klageart

a) Problematisch ist, welche Klageart hier einschlägig ist. Das Begehren des B richtete sich ursprünglich auf den Erlass eines begünstigenden VA, der ihn zur Teilnahme am Weihnachtsmarkt berechtigt. In diesem Fall wäre eine Verpflichtungsklage statthaft. Andererseits ist die Sache im Rahmen der gerichtlichen Entscheidung jedoch nicht spruchreif gem. § 113 IV VwGO, weil die Behörde einen Ermessensspielraum bei der Auswahl der Bewerber besitzt. Nur wenn es sich um eine gebundene Entscheidung handelt oder eine Ermessensreduzierung auf Null vorliegt, führt die Verpflichtungsklage zum Erfolg. Deshalb könnte auch eine (isolierte) Anfechtungsklage gegen den ablehnenden Bescheid in Betracht kommen, weil eine Verpflichtungsklage keine weitergehende Verurteilung erwarten lässt.[2]

b) Unabhängig von der gewählten Klageart ist aber zu bedenken, dass B erst am 3.1.2013, als der Weihnachtsmarkt bereits stattgefunden hatte, Klage erhoben hatte. Eine Klage gem. § 42 I VwGO ist somit, weil eine Erledigung zwischenzeitlich eingetreten ist, nicht mehr statthaft.

---

[1] Art. 21 BayGO, § 14 I GO Bbg, § 20 HessGO, Bremen: § 15 Verfassung für die Stadt Bremerhaven, § 14 II KomVerf MV, § 30 I NdsKomVG, § 8 II GO NRW, § 14 II GO RhPf, § 19 I KSVG Saarl, § 10 II GO Sachs, § 22 I GO SA, § 18 I GO SH, § 14 I KO Thür. Ansonsten gilt der Anspruch gewohnheitsrechtlich, z. B. *OVG Berlin* Der Städtetag 1979, 162.
[2] BVerwGE 38, 103.

Fraglich ist deshalb, ob im vorliegenden Fall eine sog. Fortsetzungsfeststellungsklage gem. § 113 I 4 VwGO in Betracht kommt. Gesetzlich geregelt ist in dieser Vorschrift jedoch nur der Fall, dass ursprünglich eine Anfechtungsklage statthaft war und die Erledigung während des verwaltungsgerichtlichen Prozesses stattgefunden hat. In den anderen Fällen – einer ursprünglichen Verpflichtungsklage oder einer Erledigung vor Klageerhebung – würde eine Rechtsschutzlücke entstehen, die in analoger Anwendung des § 113 I 4 VwGO zu schließen ist.[3] Unabhängig davon, welche ursprüngliche Klageart gewählt wird, findet § 113 IV VwGO hier analoge Anwendung, weil die Erledigung vor der Klageerhebung durch B stattgefunden hat.

c) Bei den Zulässigkeitsvoraussetzungen ist zunächst erforderlich, dass die Klage z. B. auch als ursprüngliche Verpflichtungs- bzw. Anfechtungsklage zulässig gewesen wäre.

3. Klagebefugnis, § 42 II VwGO analog

B ist klagebefugt, wenn er eine Anspruchsgrundlage geltend machen kann, die sich mit seinem Begehren deckt. Im vorliegenden Fall könnte B möglicherweise einen Anspruch aus § 10 II 2 GemO besitzen. B ist somit klagebefugt.

4. Widerspruchsverfahren

B hat vor der Klageerhebung kein Widerspruchsverfahren durchgeführt. In der Regel ist eine Klage in diesem Fall unzulässig. Es könnte jedoch sein, dass hier ein Vorverfahren entbehrlich ist, weil die Erledigung noch vor Ablauf der Widerspruchsfrist eingetreten ist.

Nach einer Ansicht besitzt die Widerspruchsbehörde keine Feststellungsbefugnis in Bezug auf die Rechtswidrigkeit einer Maßnahme. Das Widerspruchsverfahren setzt somit einen noch wirksamen VA zwingend voraus.[4] Demgegenüber wird teilweise vertreten, dass im Rahmen des § 68 VwGO auch die Widerspruchsbehörde die Feststellung der Rechtswidrigkeit einer Maßnahme vornehmen kann.[5]

Dem Kläger hilft letztlich aber nur eine rechtskräftige gerichtliche Entscheidung, um eine verbindliche Klärung herbeizuführen. Damit ist das Vorverfahren im vorliegenden Fall für B entbehrlich.

5. Besonderes Feststellungsinteresse

Als weitere Voraussetzung ist gem. § 113 I 4 VwGO erforderlich, dass B ein besonderes Feststellungsinteresse besitzt. B könnte ein Interesse aufgrund eines beabsichtigten Schadensersatzprozesses oder wegen Wiederholungsgefahr vorliegen.

a) Nach dem Vortrag des B ist ein wirkliches Interesse an einem späteren Schadensersatzprozess vorhanden. Gem. § 121 VwGO wäre das Zivilgericht an die Rechtskraft des Feststellungsurteils des Verwaltungsgerichts gebunden.[6] Schadensersatzansprüche, die ernsthaft angestrebt werden, reichen aber für die Annahme eines besonderen Feststellungsinteresses alleine nicht aus. Aus Gründen der Prozessökonomie greift dieser Gesichtspunkt nur, wenn die Erledigung nach der Klageerhebung stattgefunden hat. Da im vorliegenden Fall die Klageerhebung jedoch erst nach dem erledigenden Ereignis stattfand, hätte B gleich vor dem Zivilgericht auf Schadens-

---

[3] *BVerwG* NJW 1991, 581, st. Rspr.
[4] BVerwGE 81, 229, st. Rspr.
[5] *Schenke,* FS Menger, 1985, S. 467.
[6] BVerwGE 9, 198.

ersatz klagen können.[7] Die Vorbereitung eines Amtshaftungs- oder Entschädigungsprozesses reicht hier für die Annahme eines besonderen Feststellungsinteresses nicht aus.

b) Ein besonderes Feststellungsinteresse könnte jedoch aufgrund einer Wiederholungsgefahr vorliegen. B beabsichtigt, nächstes Jahr erneut einen Antrag auf Zulassung zum Weihnachtsmarkt einzureichen. Damit B nicht wieder einen ablehnenden Bescheid im folgenden Jahr abwarten muss, der auf den gleichen rechtlichen Erwägungen beruht und der wieder erledigt sein könnte, bevor seine Rechtmäßigkeit geklärt ist, besitzt er hier ein besonderes Feststellungsinteresse.[8]

c) Zwischenergebnis: Ein berechtigtes besonderes Feststellungsinteresse des B ist vorhanden.

6. Klagefrist

Fraglich ist, ob der B hier die Einhaltung einer Klagefrist beachten muss, wenn das Vorverfahren, wie in diesem Fall, entbehrlich ist.

a) Nach einer Meinung findet für die Klagefrist der § 74 I 2 VwGO analog Anwendung, so dass B eine Monatsfrist für die Einlegung der Klage zu beachten hätte.[9] Die Notwendigkeit einer Klagefrist folge aus dem prozessualen Charakter der erweiterten Fortsetzungsfeststellungsklage als umgestellte Verpflichtungsklage. Der Adressat eines erledigten VA dürfe nicht besser gestellt werden als der Adressat eines schon bestandskräftig gewordenen VA. Fristbeginn wäre dann in analoger Anwendung des § 74 I 2 VwGO der Zeitpunkt der Erledigung des VA, also der 8.12.2012 mit Beginn des Weihnachtsmarktes. Die Klageerhebung am 3.1.2013 läge somit noch innerhalb der Monatsfrist. Auf § 58 II VwGO, der ebenfalls analog Anwendung fände und dazu führen würde, dass dem B aufgrund unterbliebener Rechtsmittelbelehrung eine Frist von einem Jahr offen stünde, müsste hier nicht abgestellt werden.

b) Nach einer anderen Meinung soll die Fortsetzungsfeststellungsklage keiner weiteren Fristbindung unterliegen, sofern nicht schon im Erledigungszeitpunkt die für die Verpflichtungsklage maßgebliche Klage- bzw. Widerspruchsfrist abgelaufen war.[10] Dies ergebe sich aus der Ähnlichkeit der Fortsetzungsfeststellungsklage mit der einfachen Feststellungsklage, die ebenfalls keiner Fristbindung unterliege. Da hier im Zeitpunkt des erledigenden Ereignisses (Beginn des Weihnachtsmarktes) die Widerspruchsfrist für den Bescheid vom 27.11.2012 noch nicht abgelaufen war, wäre der B bei Einreichung seiner Klage an keine Frist gebunden.

Dieser Ansicht hat sich nun auch das BVerwG angeschlossen. Danach finden hier keine Fristvorschriften Anwendung. Die Klagemöglichkeit wird aber durch Verwirkung und Dauer des berechtigten Interesses begrenzt.[11]

c) Da hier beide Auffassungen zum gleichen Ergebnis führen, erübrigt sich eine Entscheidung des Problems. B hat nach jeder Ansicht die Frist für die Einlegung seiner Klage gewahrt.

7. Zwischenergebnis

Die Klage ist zulässig.

---

[7] *VGH München* BayVBl. 1983, 473; *BVerwG* NJW 1989, 2486.
[8] BVerwGE 80, 365.
[9] *VGH München* DVBl. 1992, 1492 f.
[10] BVerwGE 26, 167; *Erichsen,* Jura 1989, 50 ff.
[11] *BVerwG* NVwZ 2000, 63.

II. Begründetheit

Die Fortsetzungsfeststellungsklage ist begründet, wenn dem Kläger der begehrte VA zustand. Das ist der Fall, wenn er einen Anspruch auf Zulassung zum Weihnachtsmarkt hatte.

1. Anspruchsgrundlage

Als Anspruchsgrundlage kommt § 10 II 2 GemO BW in Betracht.

2. Anspruchsvoraussetzungen

Zunächst ist Anspruchsvoraussetzung, dass der Tatbestand des § 10 II 2 GemO BW erfüllt ist.

a) Laut Sachverhalt ist B Einwohner der Gemeinde S.

b) Weiterhin müsste es sich bei dem Marktplatz um eine öffentlich-rechtliche Einrichtung handeln. Hierunter wird eine Einrichtung verstanden, die von einer Gebietskörperschaft (Gemeinde) durch Widmungsakt der allgemeinen Benutzung durch die Gemeindeangehörigen und in ihrem Gebiet niedergelassenen Vereinigungen zugänglich gemacht und die von der Gemeinde im öffentlichen Interesse unterhalten oder betrieben wird. Die Widmung dient dazu, bei öffentlichen Einrichtungen den Leistungszweck, also in welchem Umfang und zu welchem Zweck die Sache der Leistungsverwaltung zur Verfügung steht, festzulegen.[12] Sie kann ausdrücklich durch Gesetz, VA und Satzung oder konkludent durch Verwaltungspraxis (Eröffnung der Einrichtung oder Einweihung) erfolgen. Letztlich existiert für die Widmung von Leistungseinrichtungen eine widerlegbare Vermutung. Hier ist davon auszugehen, dass der städtische Platz aufgrund seiner ständigen Nutzung für Märkte zumindest konkludent gewidmet wurde.

c) Bei dem Marktplatz handelt es sich außerdem um eine gemeindliche Einrichtung, die dem Zwecke des § 10 II 2 GemO BW auf Dauer zu dienen bestimmt ist.

d) Gewährleistet wird durch diese Vorschrift jedoch nur die Nutzung im Rahmen des Widmungszwecks, hier also dem Aufbauen von Verkaufsbuden und dem Verkauf von entsprechenden Utensilien. Von einer Benutzung durch B im Rahmen dieses Widmungszwecks ist auszugehen.

e) Die Tatbestandsvoraussetzungen für einen Anspruch des B auf Benutzung des Marktplatzes liegen somit vor.

3. Rechtsfolge

Die Rechtsfolge des § 10 II 2 GemO BW ist ein gebundener Anspruch auf Benutzung des Marktplatzes.

a) Im vorliegenden Fall sind aber bereits alle Plätze auf dem Marktplatz vergeben worden. Eine weitere Zulassung des B zum Weihnachtsmarkt ist aus Platzgründen nicht möglich, da die Kapazitätsgrenze erreicht ist. Insgesamt hat es also mehr Bewerber als tatsächlich vorhandene Ausstellungsflächen gegeben.

b) Fraglich ist, ob B einen Anspruch auf Ausweitung der Kapazitäten hat. Gemäß § 10 II GemO BW besitzt B nur einen Anspruch auf Teilhabe, nicht aber auf eine weitergehende Widmung zur Kapazitätsausweitung. Auch aus Art. 12 GG i. V. m. Art. 3 GG folgt kein Anspruch, da Grundrechte grundsätzlich Abwehrrechte und

---

[12] *OVG Münster* NJW 1987, 2695.

keine Teilhaberechte sind.[13] Ein solcher Anspruch besteht nur, wenn er für die Grundrechtsgewährleistung unerlässlich ist. Letztlich ist es Sache der Gemeinde, im Rahmen ihrer Möglichkeiten, die Kapazitäten festzulegen. Hier spielen finanzielle Gesichtspunkte, aber auch der tatsächlich vorhandene Platz für den Markt eine Rolle. Ein Anspruch des B gegen die Gemeinde, die Kapazitäten auszubauen, besteht nicht.

c) Bei Erreichung von Kapazitätsgrenzen wandelt sich deshalb der gebundene Anspruch auf Zulassung in einen Anspruch auf ermessensfehlerfreie Entscheidung.[14]

d) B besitzt damit nur einen Anspruch auf fehlerfreie Bescheidung.

4. Anspruch auf Neubescheidung durch die Behörde

Der dem B grundsätzlich zustehende Anspruch auf ermessensfehlerfreie Bescheidung könnte jedoch schon erloschen sein, wenn die Behörde in ihrem Bescheid ihr Ermessen fehlerfrei ausgeübt hat. Hierbei muss sich das Gericht darauf beschränken, etwaige Ermessensfehler nachzuprüfen. Eine ersatzweise inhaltliche Ausübung des Ermessens durch das Gericht ist – als unzulässiger Eingriff in die Exekutive – hingegen nicht zulässig.

a) Der Anspruch des B auf ermessensfehlerfreie Entscheidung würde noch bestehen, wenn ein Ermessensfehler bei der Ablehnung vorläge. Es ist damit zu prüfen, ob bei der Auswahl ein Ermessensfehler in Betracht kommt.

b) Hier könnte ein Ermessensfehlgebrauch vorliegen. Für die Auswahl der Bewerber kann eine ganze Reihe von Kriterien herangezogen werden. So könnte nach der zeitlichen Priorität der Anträge, einem Lossystem oder dem Warenangebot des Ausstellers entschieden werden. Die Auswahl aufgrund der Bekanntheit und Bewährtheit des C ist für sich genommen kein sachwidriges Merkmal, da die Gemeinde auch zum Schutz der Kunden und anderer Aussteller ein Interesse an einem problemfreien Ablauf des Weihnachtsmarktes hat.[15] Dies ist vor allem dann der Fall, wenn es sich um gefahrenintensive Betriebe handelt, wie z. B. einer Achterbahn auf dem Volksfest. Um ein solches besonderes Gewerbe handelt es sich im vorliegenden Fall bei dem Kerzenverkaufsstand jedoch nicht.

c) Es könnte deshalb sein, dass die Behörde bei ihrer Auswahl allein nach dem Kriterium „bekannt und bewährt" sachwidrig gehandelt hat, weil weitere abwägungsrelevante Gesichtspunkte übersehen wurden. Zu bedenken ist, dass dieses Kriterium als Dauerkriterium ungeeignet ist, da es zu einer ungerechten Perpetuierung der Ausstellersituation führt.[16] Neue Teilnehmer hätten keine Chance ihre Verkaufsstände auf einem Markt aufzubauen. Damit wäre aber die Chancengleichheit verletzt. Die Behörde kündigt B auch bereits an, ihn im nächsten Jahr ebenfalls nicht zu berücksichtigen, so dass sein Zugang zum Weihnachtsmarkt langfristig verhindert wird. Weitere Entscheidungskriterien für die Vergabe der Standplätze wären z. B. die Attraktivität der ausgestellten Waren oder der Zeitpunkt der Antragstellung. Deswegen ist die Entscheidung der Behörde, sich allein auf das Kriterium „bekannt und bewährt" zu berufen, ermessensfehlerhaft.

5. Zwischenergebnis

Der Anspruch des B auf ermessensfehlerfreie Bescheidung besteht noch.

---

[13] BVerfGE 50, 337.
[14] *OVG Lüneburg* NVwZ 1983, 49; *Lässig*, NVwZ 1983, 19.
[15] *VGH München* NVwZ 1982, 120; *Püttner/Lingemann*, JA 1984, 128.
[16] *BVerwG* DVBl. 1984, 1071; *Selmer*, JuS 1982, 391.

Ergebnis

Das Verwaltungsgericht stellt in seinem Urteil die Rechtswidrigkeit der Ablehnung fest, nicht aber, dass B einen Anspruch auf Zulassung besessen hatte. Die Klage ist deshalb zulässig und nur teilweise begründet.

Abwandlung 1

I. Anspruch direkt aus § 10 II 2 GemO BW?

Gemäß dem Wortlaut des § 10 II 2 GemO BW besitzt B, wenn er nicht Einwohner der Gemeinde ist, keinen Anspruch auf Zulassung. Nur falls der Zulassungsanspruch direkt aus der Widmung folgt, würde er auch für Nichteinwohner gelten.[17] Diese Ansicht vermag jedoch nicht zu überzeugen, weil es bereits fraglich ist, ob die Gemeinde aus haushaltsrechtlichen Gründen eine kommunale Einrichtung überhaupt zur Benutzung durch Einwohner anderer Gemeinden widmen darf.[18]

II. Anspruch aus Art. 3 I GG i. V. m. Selbstbindung der Gemeinde

Falls die Gemeinde schon andere Aussteller zugelassen hat, die ebenfalls nicht Gemeindeeinwohner sind, könnte sich ein Anspruch aus Art. 3 I GG i. V. m. der Selbstbindung der Verwaltung ergeben. Im Bereich der Ermessensverwaltung darf die Behörde nicht ohne sachlich gerechtfertigten Grund von einer geübten Verwaltungspraxis abweichen. Dadurch soll die Gleichbehandlung der Bürger gewährleistet werden, die gleiche Begehren an die Behörde richten.[19] B hat damit ebenso einen Anspruch auf Zulassung wie die anderen Antragsteller.

Ergebnis

B hat als Einwohner einer fremden Gemeinde einen Zulassungsanspruch aus Art. 3 I GG i. V. m. Selbstbindung der Verwaltung.

Abwandlung 2

I. Zulässigkeit der Klage

1. Verwaltungsrechtsweg

Der Verwaltungsrechtsweg nach § 40 I VwGO ist eröffnet, wenn eine öffentlich-rechtliche Streitigkeit vorliegt. Streitentscheidende Norm ist hier § 70 I GewO. Da § 70 I GewO grundsätzlich auch private Veranstalter verpflichtet, handelt es sich um keine ausschließlich öffentlich-rechtliche Norm. Falls eine Gemeinde Veranstalter ist, könnte jedoch § 70 I GewO als öffentlich-rechtliche Norm Anwendung finden.[20] Hierfür spricht, dass in diesem Fall der Weihnachtsmarkt gleichzeitig die Voraussetzungen für eine kommunale Einrichtung erfüllt und damit ein Zusammenhang mit der Leistungsverwaltung besteht. § 70 I GewO ist damit im vorliegenden Fall eine öffentlich-rechtliche Vorschrift. Der Verwaltungsrechtsweg ist eröffnet, da es sich bei der Geltendmachung der Ansprüche aus § 70 I GewO um eine öffentlich-rechtliche Streitigkeit handelt.

---

[17] *Axer,* NVwZ 1996, 114.
[18] *Waechter,* Kommunalrecht, Rn. 562.
[19] *Peine,* Allgemeines Verwaltungsrecht, Rn. 139.
[20] So *Lässig,* NVwZ 1983, 18 f., für den Fall, dass ein Hoheitsträger Veranstalter ist.

2. Statthafte Klageart

Statthafte Klageart ist auch hier die Fortsetzungsfeststellungsklage gem. § 113 I 4 VwGO analog.

3. Klagebefugnis, § 42 II VwGO analog

B ist klagebefugt, da er möglicherweise einen Anspruch aus § 70 I GewO besitzt.

4. Hinsichtlich des **Widerspruchsverfahrens,** des **besonderen Feststellungsinteresses** und der **Klagefrist** gilt das oben Ausgeführte.

5. Zwischenergebnis

Die Klage ist zulässig.

II. Begründetheit

Die Fortsetzungsfeststellungsklage ist begründet, wenn dem Kläger der begehrte VA zustand. Das ist der Fall, wenn er einen Anspruch auf Zulassung zum Weihnachtsmarkt hatte.

1. Anspruchsgrundlage

B könnte einen Anspruch aus § 10 II 2 GemO BW und § 70 I GewO auf Zulassung besitzen. Fraglich ist, in welchem Verhältnis diese beiden Ansprüche zueinander stehen.

Die kommunalrechtlichen Vorschriften sind umfassender, da sie nicht „gewerberechtlich" motiviert sind. Will der Veranstalter und somit auch die Gemeinde von den Marktprivilegien Gebrauch machen, so muss der Veranstalter auch die diese Privilegien rechtfertigende Marktfreiheit gewährleisten. Dabei muss das Gleichbehandlungsgebot berücksichtigt werden. Es kann auch keine Rolle spielen, ob der Bewerber Einwohner der Gemeinde ist oder nicht. Damit geht der Anspruch aus § 70 I GewO vor.[21]

Wenn eine Veranstaltung nach der GewO festgesetzt wurde und damit Bundesrecht Anwendung findet, darf sich der Zugang nach Art. 31 GG nur nach diesen Vorschriften richten. Eine Einschränkung durch die GemO als Landesrecht darf dieses Recht nicht vereiteln.[22]

Wenn eine bestimmte Veranstaltung nach § 69 I GewO festgesetzt wurde, ist für einen öffentlich-rechtlichen Zulassungsanspruch aus § 10 II GemO BW damit kein Raum mehr. Die §§ 69 ff. GewO verdrängen also diesen Zulassungsanspruch. Für B kommt somit ein Anspruch aus § 70 I GewO in Betracht.

2. Tatbestandsvoraussetzungen

a) B hat einen Antrag bei der Gemeinde als Veranstalter des Weihnachtsmarkts eingereicht. Damit sind die formellen Voraussetzungen erfüllt.

b) Beim Weihnachtsmarkt müsste es sich um eine festgesetzte Veranstaltung gem. § 68 GewO handeln. Ein Weihnachtsmarkt ist dem Jahrmarkt in § 68 II GewO gleichzustellen, da die angebotenen Leistungen der Teilnehmer und der Ablauf der Veranstaltung durchaus vergleichbar sind.

---

[21] Vgl. *Fuhr/Friauf/Stahlhacke,* GewO, § 70 Rn. 11.
[22] Vgl. *Stober/Eisenmenger,* Besonderes Wirtschaftsverwaltungsrecht, § 46 IV 2.

c) B gehört mit seinem Verkaufsstand für Kerzen auch zum Teilnehmerkreis. Dieses zeigt sich auch daran, dass C mit dem gleichen Angebot zugelassen wurde.

3. Rechtsfolge

a) Als Rechtsfolge besteht ein gebundener Anspruch auf Zulassung im Rahmen der Benutzungsbestimmungen. Auch hier stellt sich die Frage, wie zu verfahren ist, wenn die Nachfrage nach Ausstellungsplätzen höher ist als das tatsächliche Angebot. Gem. § 70 III GewO kann der Veranstalter bei Kapazitätserschöpfung Anbieter wie den B aus sachlichen Gründen von der Teilnahme ausschließen.

b) Es bleibt jedoch zu beachten, dass es sich bei dem Ausschluss auch nach Vorliegen von sachlichen Gründen um eine Ermessensentscheidung handelt, wonach B auch hier ermessensfehlerfrei beschieden werden muss. In Betracht könnte hier ein Ermessensfehlgebrauch kommen, weil die Behörde aus sachwidrigen Gesichtspunkten B ausgeschlossen hat. Insoweit ergeben sich die gleichen Erwägungen wie oben.

4. Zwischenergebnis

B hat weiterhin einen Anspruch auf ermessensfehlerfreie Bescheidung.

Ergebnis

Das Verwaltungsgericht stellt in seinem Urteil die Rechtswidrigkeit der Ablehnung fest, nicht aber, dass B einen Anspruch auf Zulassung besessen hatte. Die Klage ist deshalb zulässig und nur teilweise begründet.[23]

---

[23] Vergleichbarer Fall, allerdings mit Schwerpunkt im Gewerberecht, bei *Sander/Sigloch,* Fälle zum Wirtschaftsverfassungs- und Wirtschaftsverwaltungsrecht, Fall 11.

Fall 13. Das verstimmte Gemeinderatsmitglied

Kommunalrecht, Kommunalverfassungsstreitverfahren, Feststellungsklage, sitzungsleitende Maßnahmen des Bürgermeisters, Grundrechtsschutz eines Gemeinderatsmitglieds, Schutznormtheorie

Sachverhalt

A ist Gemeinderatsmitglied der „Grünen" in der baden-württembergischen Gemeinde G. Der Rat besteht insgesamt aus 36 Gemeinderäten. Zu einer Gemeinderatssitzung, in der über die Ansiedlung eines stark umweltbelastenden Gewerbebetriebes in der Gemeinde beschlossen werden soll, bringt A ein Plakat mit, das er im Sitzungssaal an seinem Tisch befestigt. Auf dem Plakat drückt er sein Missfallen an der geplanten Ansiedlung des Unternehmens aus. Nachdem etliche Gemeinderäte mit Beschimpfungen gegenüber A die Entfernung des Plakats fordern, ordnet Bürgermeister B dessen Entfernung an, um einen ordnungsgemäßen Ablauf der Sitzung zu gewährleisten.

A, der daraufhin unter Protesten sein Plakat einsteckt, erfährt aber gleich den nächsten „Schlag". Bürgermeister B teilt mit, dass nach Anhörung des Ältestenrates die Redezeit während der Beratung über die Ansiedlung für die großen Fraktionen (CDU, SPD) auf 20 Minuten und für die kleinen Fraktionen (Bündnis90/Die Grünen, Freie Wähler und FDP) auf 10 Minuten beschränkt wird. B hält diese Maßnahme für notwendig, um die zahlreichen Tagesordnungspunkte im Laufe der Sitzung abhandeln zu können. Er weist in diesem Zusammenhang auf die Geschäftsordnung des Gemeinderats hin, die in § 10 III folgende Regelung vorsieht: „Der Vorsitzende kann nach Anhörung des Ältestenrates die Redezeit der Gemeinderäte zum gleichen Verhandlungsgegenstand zeitlich beschränken." Trotz starker Proteste von Seiten einiger Gemeinderatsmitglieder, unter anderem auch von A, wird im Folgenden so verfahren. Mit knapper Mehrheit stimmt schließlich der Gemeinderat der Firmenansiedlung zu.

Ausgangsfall: A ist empört über den Ablauf der Gemeinderatssitzung. Er erhebt Klage vor dem Verwaltungsgericht gegen die Maßnahmen des B. Außerdem klagt er gegen den Beschluss des Gemeinderats über die Ansiedlung, den er durch die Redezeitbeschränkung für rechtswidrig zustande gekommen hält. Haben die Klagen des A Aussicht auf Erfolg?

Abwandlung: Aufgrund des Vorgehens des A ist das Landratsamt auf den Vorgang aufmerksam geworden. Es hält den Beschluss ebenfalls für rechtswidrig, da das Rederecht in unzulässiger Weise eingeschränkt worden sei. Das Landratsamt beanstandet daraufhin den Gemeinderatsbeschluss und fordert unter Fristsetzung dessen Aufhebung. Nach erfolglosem Widerspruchsverfahren legt die Gemeinde gegen die Beanstandungsverfügung Klage ein. Ohne das Urteil abzuwarten, hebt das Landratsamt den Gemeinderatsbeschluss schließlich auf. Was kann die Gemeinde unternehmen, nachdem das Widerspruchsverfahren gegen die Aufhebung erfolglos durchgeführt wurde?

Lösungsskizze

Ausgangsfall

1. Teil: Klage gegen die Anordnungen des Bürgermeisters

I. Zulässigkeit

1. Verwaltungsrechtsweg (+): streitentscheidende Norm § 36 GemO BW
2. Statthafte Klageart
   - Anfechtungsklage (–): mangels Außenwirkung
   - Kommunalverfassungsstreitverfahren (+) in der Form der Feststellungsklage
3. Feststellungsinteresse
   - jedes wirtschaftliche, ideelle oder rechtliche Interesse
   - organschaftliche Mitgliedsrechte möglicherweise verletzt (+): Recht auf Amtsausübung
   - Rederecht beschnitten, §§ 24 ff., 36 II, 37 I GemO BW aufgrund Mitgliedschaft im Gemeinderat
4. Beteiligtenfähigkeit, § 61 VwGO (+)
   a) Kläger (+): §§ 61 Nr. 1, 61 Nr. 2 VwGO analog oder § 63 BVerfGG analog
   b) Beklagter (+): Bürgermeister, § 61 Nr. 2 VwGO
5. Rechtsschutzbedürfnis (+): Wiederholungsgefahr; keine Möglichkeit einer internen Beanstandung; kein Aufsichtsverfahren
6. Subsidiarität (–)
7. Objektive Klagehäufung, § 44 VwGO
8. Zwischenergebnis: Zulässigkeit der Klage (+)

II. Begründetheit

1. Passivlegitimation (+): Bürgermeister
2. Rechtmäßigkeit der Aufforderung zum Entfernen des Schilds
   a) Ermächtigungsgrundlage: § 36 I 2 GemO BW
   b) Formelle Rechtmäßigkeit (+)
   c) Materielle Rechtmäßigkeit (+): Plakat verhindert sachliche Diskussion
   d) Verhältnismäßigkeit (+): Eingriff in Art. 5 I GG gerechtfertigt
   e) Ermessensfehler (–)
   f) Zwischenergebnis: Rechtmäßigkeit der Anordnung der Plakatentfernung
3. Rechtmäßigkeit der Redezeitbeschränkung
   a) Ermächtigungsgrundlage: § 10 III der Geschäftsordnung
   b) Formelle Voraussetzung (+): Anhörung des Ältestenrates
   c) Materieller Verstoß gegen das Rederecht aus § 37 I GemO BW (–)
   d) Verhältnismäßigkeit (+)
   e) Weitere Ermessensfehler (–)
   f) Zwischenergebnis: Rechtmäßigkeit der Redezeitbeschränkung (+)

Ergebnis: Klage ist zulässig, aber nicht begründet.

2. Teil: Klage gegen den Gemeinderatsbeschluss

I. Zulässigkeit

1. Verwaltungsrechtsweg (+), s. o.
2. Statthafte Klageart (+): Kommunalverfassungsstreitverfahren in der Form der Feststellungsklage

3. Beteiligtenfähigkeit, § 61 VwGO
   a) A (s. o.)
   b) Gemeinderat (+), § 61 Nr. 2 VwGO
4. Besonderes Feststellungsinteresse (–): Schutz desGewerbeunternehmens, das Gegenstand des Beschlusses war und nicht der einzelne Gemeinderat; Klagebefugnis A (–)
5. Zwischenergebnis: Zulässigkeit der Klage (–)

Hilfsgutachten:

II. Begründetheit (–): Rederechtsbeschränkung rechtmäßig, Beschluss nicht fehlerhaft

Abwandlung: Klage der Gemeinde gegen Aufhebung des Ratsbeschlusses

I. Zulässigkeit der Klage

1. Verwaltungsrechtsweg (+): streitentscheidende Norm § 125 GemO BW
2. Statthafte Klageart (+): Anfechtungsklage
3. Klagebefugnis (+): mögliche Verletzung des Selbstverwaltungsrechts der Gemeinde aus Art. 28 II GG
4. Widerspruchsverfahren (+)
5. Kläger: Gemeinde als Rechtsträger
6. Zwischenergebnis: Zulässigkeit der Klage (+)

II. Begründetheit

1. Ermächtigungsgrundlage: § 123 GemO BW
2. Formelle Rechtmäßigkeit (+): § 119 GemO BW
3. Materielle Rechtmäßigkeit
   a) Anordnung der Rechtsaufsichtsbehörde (+): Beanstandung des Gemeinderatsbeschlusses durch LRA, § 121 GemO BW
   b) Nicht fristgerechtes Nachkommen der Anordnung durch Gemeinde
   c) Aufhebung als Ersatzvornahme; Vollstreckbarkeit (–): aufschiebende Wirkung der Klage
4. Zwischenergebnis: Rechtswidrigkeit der Aufhebung (+) und Verletzung der Gemeinde im Selbstverwaltungsrecht

Ergebnis: Klage zulässig und begründet.

Lösung

Ausgangsfall

1. Teil: Klage gegen die Anordnungen des Bürgermeisters

I. Zulässigkeit

1. Verwaltungsrechtsweg, § 40 I VwGO

Eine öffentlich-rechtliche Streitigkeit liegt vor, wenn die streitentscheidende Norm öffentlich-rechtlicher Natur ist. Vorliegend geht es um die Ausübung der Ordnungsfunktion des Bürgermeisters während einer Gemeinderatssitzung. Dessen Befugnisse könnten sich hier aus § 36 GemO BW[1] ergeben, also einer Norm mit öffentlich-rechtlicher Natur. Der Streit ist auch nichtverfassungsrechtlicher Art, da die Beteiligten keine verfassungsorganschaftliche Qualität besitzen. Beim Gemeindeverfassungsrecht geht es ebenfalls nicht um Staatsverfassungsrecht, also um Inhalt, Auslegung und Anwendung der Verfassung, sondern um kommunales Organisationsrecht.[2] Folglich ist der Verwaltungsrechtsweg gegeben.

2. Statthafte Klageart

a) Anfechtungsklage

Es könnte sich um eine Anfechtungsklage handeln, wenn es sich bei den Maßnahmen des Bürgermeisters um Verwaltungsakte handelt. Fraglich ist damit, welche rechtliche Qualität die Aufforderung, das Plakat zu entfernen und die Redezeitbeschränkung besitzen. Falls es sich um VAs handeln würde, müssten sie die Voraussetzungen des § 35 S. 1 LVwVfG erfüllen. Fraglich ist hier jedoch, ob die Maßnahmen Außenwirkung besitzen. Es handelt sich hier um einen Rechtsstreit zwischen Bürgermeister und Gemeinderatsmitglied. Die Rechtsstellung einer Person, die außerhalb der Gemeindeverwaltung steht, wird durch die Anordnung und Redezeitbeschränkung nicht berührt. Zur Klärung von Innenrechtsbeziehungen sind Bürgermeister B als Organ der Gemeinde und A als Teil des Organs Gemeinderat am Verfahren beteiligt. Die Maßnahmen des B besitzen keine Außenwirkung und sind somit keine VAs. Die Anfechtungsklage ist nicht statthaft.

b) Kommunalverfassungsstreitverfahren

aa) Fraglich ist, welche Verfahrensart bei der Klage eines Gemeinderatsmitglieds gegen ein anderes Gemeindeorgan einschlägig ist.[3] Da keines der in der VwGO ausdrücklich geregelten Verfahren einschlägig sein soll, wurde früher eine Klageart *sui generis* für das Kommunalverfassungsstreitverfahren angenommen.[4]

bb) Die Annahme einer eigenen Klageart ist jedoch nur zulässig, wenn dem A nicht auf andere Weise Rechtsschutz zu gewähren ist. Die allgemeine Leistungsklage bzw. die Feststellungsklage können jedoch grundsätzlich geeignet sein, einem Gemeinderatsmitglied solchen Rechtsschutz zu gewähren. Falls ein solches Verfahren im vorliegenden Fall dem Begehren des A zur Durchsetzung verhelfen könnte, ist kein Platz mehr für die Anwendung einer Verfahrensart *sui generis*.[5] Es bleibt zu prüfen, ob hier eine allgemeine Leistungsklage oder eine Feststellungsklage in Betracht kommen.

(1) Die allgemeine Leistungsklage ist einschlägig, wenn A die Vornahme, das Unterlassen oder die Rückgängigmachung eines bestimmten Organhandelns begehren würde.[6] Hier klagt A jedoch nicht gegen schlichtes Handeln des B, sondern gegen zwei Anordnungen mit Regelungsgehalt.

(2) Eine Feststellungsklage kommt in Betracht, wenn eine irreparable Maßnahme eines anderen Organs angegriffen wird.[7] Bei der Aufforderung, das Plakat zu ent-

---

[1] Vgl. Art. 53 BayGO, § 45 I GO Bbg, Bremen: § 29 Verfassung der Stadt Bremerhaven, § 60 HessGO, § 29 I KomVerf MV, § 63 NdsKomVG, § 51 I GO NRW, §§ 36 II, 38 GO RhPf, § 43 KSVG Saarl, § 38 I GO Sachs, § 55 I 2 GO SA, §§ 37, 42 GO SH, § 41 KO Thür.
[2] BVerwGE 3, 33.
[3] Vgl. *Ehlers*, NVwZ 1990, 105 ff.
[4] So zuerst *OVG Lüneburg* DÖV 1961, 548.
[5] *VGH München* BayVBl. 1987, 239 f.; *Fehrmann*, DÖV 1983, 311.
[6] *OVG Münster* JZ 1983, 25.
[7] *OVG Münster* OVGE 32, 192.

fernen, und der Redezeitbeschränkung handelt es sich um solche Maßnahmen, die irreparabel sind. Statthafte Klageart ist somit das Kommunalstreitverfahren in der Form der Feststellungsklage.

Für die Zulässigkeit dieser Klageart müssten im Folgenden auch die allgemeinen Voraussetzungen für eine Feststellungsklage nach § 43 VwGO vorliegen.

3. Feststellungsinteresse

a) Gem. § 43 I VwGO muss der Kläger ein besonderes Feststellungsinteresse nachweisen können. In der Regel ist dafür jedes wirtschaftliche, ideelle oder rechtliche Interesse ausreichend. Das Vorbringen einer möglichen Verletzung subjektiver Rechte ist im Rahmen der Feststellungsklage nicht erforderlich.

b) Für die Statthaftigkeit der Feststellungsklage ist weiterhin das Vorliegen eines hinreichend konkreten Rechtsverhältnisses notwendig. Hierunter versteht man eine durch öffentlich-rechtlichen Vertrag, durch VA oder unmittelbar durch eine öffentlich-rechtliche Regelung begründete rechtliche Beziehung zwischen zwei Rechtssubjekten. Im Rahmen einer Kommunalverfassungsstreitigkeit ist hierfür zu verlangen, dass der Kläger in seinen organschaftlichen Mitgliedsrechten möglicherweise verletzt ist.[8] Die Grundsätze der Klagebefugnis aus § 42 II VwGO sind analog anzuwenden.

Hinsichtlich der Aufforderung, das Plakat zu entfernen, ist es möglich, dass der Kläger in seinem Recht auf Amtsausübung verletzt wurde.

c) Zum anderen wurde A in seinem Rederecht beschnitten. Damit erscheint es möglich, dass er in seinem subjektiven Recht aus §§ 24 ff.,[9] 36 II,[10] 37 I[11] GemO BW aufgrund seiner Mitgliedschaft im Gemeinderat verletzt ist. R ist klagebefugt.

4. Beteiligtenfähigkeit, § 61 VwGO

a) Kläger

Fraglich ist, ob A beteiligtenfähig gem. § 61 Nr. 1 VwGO ist. Gegen die Anwendung des § 61 Nr. 1 VwGO könnte nämlich sprechen, dass A hier nicht als natürliche Person, sondern als mit eigenen Rechten ausgestatteter Teil des Gemeinderates klagt.[12] Ein Organteil, das eigene Rechte geltend macht, darf jedoch nicht schlechter gestellt werden als ein Kollegialorgan, so dass § 61 Nr. 2 VwGO analog anzuwenden ist.[13] Teilweise wird auch eine Analogie zu § 63 BVerfGG angenommen.[14] Letztlich kann der Streit dahinstehen, da A in jedem Fall beteiligtenfähig ist.

b) Beklagter

Der Bürgermeister B ist ebenfalls gem. § 61 Nr. 2 VwGO beteiligtenfähig.

---

[8] *OVG Koblenz* NVwZ 1985, 283.
[9] Vgl. Art. 29 f. BayGO, § 35 GO Bbg, Bremen: §§ 2, 18 Verfassung für die Stadt Bremerhaven, § 50 HessGO, § 22 KomVerf MV, § 58 NdsKomVG, § 41 GO NRW, § 32 GO RhPf, § 28 GO Sachs, § 44 GO SA, § 27 GO SH, § 22 KO Thür.
[10] Vgl. Art. 45 I BayGO, Bremen: § 31 Verfassung für die Stadt Bremerhaven, § 60 I Hess-GO, § 69 NdsKomVG, § 37 GO RhPf, § 39 KSVG Saarl, § 34 II GO SH.
[11] Vgl. Art. 47 BayGO, § 46 GO Bbg, Bremen: § 25 Verfassung für die Stadt Bremerhaven, § 53 HessGO, § 30 KomVerf MV, § 65 NdsKomVG, § 49 GO NRW, § 39 GO RhPf, § 44 KSVG Saarl, § 39 GO Sachs, § 53 GO SA, § 38 GO SH, § 36 KO Thür.
[12] So aber *OVG Münster* OVGE 28, 211.
[13] *Von Mutius,* JuS 1979, 185.
[14] *Püttner,* Kommunalrecht, Rn. 257.

5. Rechtsschutzbedürfnis

a) Bei sitzungsleitenden Maßnahmen ist zu bedenken, dass sich diese grundsätzlich mit dem Ende der Sitzung erledigen. Da bei einem ähnlichen Verhalten des A in Zukunft mit gleicher Reaktion seitens des Bürgermeisters gerechnet werden muss, kann hier jedoch ein Rechtsschutzbedürfnis aufgrund Wiederholungsgefahr angenommen werden.

b) Darüber hinaus war die Möglichkeit einer internen Beanstandung nicht gegeben. Wegen der Mehrheitsverhältnisse im Ältestenrat und im Gemeinderat hätte sie auch keine Aussicht auf Erfolg gehabt. Es ist auch kein Aufsichtsverfahren durch die Rechtsaufsichtsbehörde eingeleitet worden, so dass das Rechtsschutzbedürfnis vorliegt.

6. Subsidiaritätsklausel, § 43 II VwGO

In Bezug auf die Subsidiarität der Feststellungsklage bestehen keine Bedenken, da keine andere Klageart in Betracht kommt. Selbst wenn die Kommunalverfassungsstreitigkeit als eigenständige Klageart begriffen wird, ist diese gegenüber der Feststellungsklage ihrerseits subsidiär.[15]

7. Objektive Klagehäufung, § 44 VwGO

Vorliegend handelt es sich um zwei Klagebegehren, die nach § 44 VwGO im Wege der objektiven Klagehäufung verfolgt werden können.

8. Zwischenergebnis

Die Klage ist zulässig.

II. Begründetheit

Die Klage ist begründet, wenn die Anordnungen des Bürgermeisters rechtswidrig waren und A dadurch in seinen Rechten als Teil des Gemeinderats verletzt wurde.

1. Passivlegitimation

Fraglich ist, gegen wen A seine Klage zu richten hat. Bei einem Streit zwischen zwei Organen, wie beim Kommunalverfassungsstreitverfahren, gilt nicht wie sonst in den Fällen der Feststellungsklage das Rechtsträgerprinzip. Vielmehr ist hier die Klage – entsprechend den Besonderheiten dieses „Insichprozesses" – gegen dasjenige Organ zu richten, das sich nach der innerorganisatorischen Kompetenz- und Pflichtenordnung verantwortlich zeichnet.[16] Damit ist hier der Bürgermeister passiv legitimiert.

2. Rechtmäßigkeit der Aufforderung, das Schild zu entfernen

a) **Ermächtigungsgrundlage** für die Maßnahme des B ist sein Recht auf Ausübung seiner Ordnungsfunktion während einer Gemeinderatssitzung aus § 36 I 2 GemO BW.[17]

b) Hinsichtlich der **formellen Rechtmäßigkeit** bestehen keine Bedenken.

---

[15] *OVG Münster* NJW 1979, 1726.
[16] *OVG Münster* NVwZ 1983, 486.
[17] Vgl. Art. 53 BayGO, § 45 GO Bbg, Bremen: § 29 II Verfassung für die Stadt Bremerhaven, § 58 IV HessGO, § 29 I 2 KomVerf MV, § 63 NdsKomVG, § 51 GO NRW, § 36 II GO RhPf, § 43 I KSVG Saarl, § 38 I 2 GO Sachs, § 55 I 2 GO SA, § 37 GO SH, § 41 KO Thür.

c) Materielle Rechtmäßigkeit

Gemäß § 36 I GemO BW hat der Bürgermeister durch geeignete Maßnahmen auf einen reibungslosen Ablauf der Gemeinderatssitzung hinzuwirken. Er hat für eine sachliche Atmosphäre zu sorgen, in der Rede und Widerrede möglich ist. Aufgrund der vorgetragenen sachlichen Argumente sollen die Ratsmitglieder in der Lage sein, eine eigene Meinung zum Tagungspunkt zu bilden. Das Plakat des A ist hingegen geeignet, eine solche sachliche Diskussion zu verhindern. Eine Meinungsbildung aufgrund der Überzeugungskraft der Argumente ist erschwert, da hier demonstrativ eine Auffassung zum Ausdruck gebracht wird, die keinen offenen Austausch mehr zulässt.[18] Deshalb bewegt sich die Maßnahme des L innerhalb des rechtlichen Rahmens des § 36 I 2 GemO BW.

d) Verhältnismäßigkeit

aa) Die Maßnahme ist geeignet und erforderlich, um einen sachlichen Ablauf der Sitzung zu gewährleisten. Fraglich ist jedoch, ob sie auch angemessen ist. Es ist zu prüfen, ob der Vorteil die Nachteile, hier insbesondere einen Eingriff in Art. 5 I GG, aufwiegt.

bb) Das Meinungsäußerungsrecht steht A nur bei Äußerungen als Bürger und im Rahmen seiner konkreten Rechte als Ratsmitglied zu. Er genießt jedoch grundsätzlich keinen Grundrechtsschutz, soweit er nur in der Eigenschaft als Ratsmitglied betroffen ist.[19] Private Meinungen dürfen demnach nur geäußert werden, sofern dies mit der mitgliedschaftlichen Stellung eines Gemeinderatsmitglieds und den Grundsätzen eines ordnungsgemäßen Ablaufs einer Gemeinderatssitzung zu vereinbaren ist.[20]

Hierbei ist jedoch zu bedenken: Zwar dient das Kommunalverfassungsstreitverfahren der Durchsetzung von Mitgliedschaftsrechten, wenn allerdings gleichzeitig die persönliche Rechtssphäre des A betroffen ist, ist auch der Grundrechtsschutz zu berücksichtigen.[21]

(1) Ein Eingriff in den Schutzbereich von Art. 5 I GG liegt vor, da A seine Meinung nicht auf dem Plakat kundtun konnte.

(2) Eingeschränkt werden kann das Grundrecht durch allgemeine Gesetze nach Art. 5 II GG. Solch ein allgemeines Gesetz ist auch § 36 I 2 GemO BW, da hier nicht gezielt eine bestimmte Meinung, sondern nur die Art der Kundgabe beschränkt wird.

(3) Der Eingriff muss zudem gerechtfertigt sein. Die Meinungskundgabe des A durch das Plakat beeinträchtigt die Sitzungsordnung und ist durch Art. 5 I GG nicht mehr gedeckt. Es ist zu berücksichtigen, dass der Gemeinderat ein Organ der Gemeinde ist, das die Aufgabe hat, divergierende Auffassungen seiner Mitglieder in Diskussionen zusammenzuführen. Er ist jedoch kein Forum für die Verbreitung privater Meinungen.

e) Weitere **Ermessensfehler** sind nicht ersichtlich.

f) Zwischenergebnis

Die Anordnung des B, das Plakat zu entfernen, ist damit rechtmäßig.

---

[18] *OVG Koblenz* NVwZ 1985, 673.
[19] *OVG Münster* JZ 1983, 25.
[20] *BVerwG* NVwZ 1988, 837.
[21] *BVerwG* BayVBl. 1988, 408.

3. Rechtmäßigkeit der Redezeitbeschränkung

a) Wirksame Ermächtigungsgrundlage

Fraglich ist, ob sich die Maßnahme des Bürgermeisters auf eine wirksame Ermächtigungsgrundlage stützen kann. In Betracht könnte hier § 10 III der Geschäftsordnung als Rechtsgrundlage kommen. Die Geschäftsordnung regelt die Möglichkeit des Vorsitzenden zur Beschränkung der Redezeit für Fraktionen. Diese Beschränkung betrifft indirekt auch die Redezeitbeschränkung für Gemeinderäte und gibt somit dem Bürgermeister eine Ermächtigungsgrundlage für sein Vorgehen.

b) Formelle Voraussetzung für die Redezeitbeschränkung ist die vorherige Anhörung des Ältestenrates. Diese Anhörung hat der Bürgermeister laut Sachverhalt durchgeführt.

c) Materielle Rechtmäßigkeit

Fraglich ist, ob die vorgenommene Redezeitbeschränkung materiell-rechtlich rechtmäßig war.

aa) Die ermächtigende Norm des § 10 III der Geschäftsordnung könnte gegen das Rederecht der Gemeinderatsmitglieder aus § 37 I GemO BW[22] verstoßen.

bb) § 10 III der Geschäftsordnung findet seine Rechtsgrundlage in § 36 II GemO BW. Die Regelung der Redezeitbeschränkung regelt den inneren Ablauf der Sitzung.

cc) Grundsätzlich muss jedoch eine Redezeitbeschränkung möglich sein, um die Arbeitsfähigkeit des Gemeinderates aufrechtzuerhalten. Damit der Gemeinderat seine Rechte zur Beschlussfassung gem. § 37 I GemO effizient wahrnehmen kann, ist es erforderlich, dass der Vorsitzende in Einzelfällen die Redezeit einschränken kann, wenn z. B. zahlreiche Anträge zur Beschlussfassung vorliegen. Nach dem Sachverhalt befürchtet B, nicht sämtliche Tagesordnungspunkte behandeln zu können. Wenn sich alle 36 Gemeinderatsmitglieder zu dem betreffenden Gegenstand äußern würden, käme es bei einer unbeschränkten Redezeit aller Räte zu einer uferlosen Debatte. Ohne Redezeitbeschränkung wäre die Arbeitsfähigkeit des Organs ganz erheblich beeinträchtigt. Eine Redezeitbeschränkung ist deshalb grundsätzlich zulässig. Voraussetzung ist jedoch, dass die Beschränkung verhältnismäßig ist.

d) Verhältnismäßigkeit

aa) Eine Redezeitbeschränkung ist geeignet, die Arbeitsfähigkeit des Gemeinderates aufrechtzuerhalten. Die hier konkret vorgenommene Redezeitbeschränkung ist gleichfalls das mildeste Mittel, weil sie fraktionsbezogen vorgenommen wurde. Die Fraktionen können dann nach ihrer Wahl die Redezeit an ihre Fraktionsmitglieder verteilen. Damit ist eine Ungleichbehandlung ausgeschlossen, wie sie hätte entstehen können, wenn der Vorsitzende nur einzelnen Gemeinderäten die Redezeit beschnitten hätte, zum Beispiel wenn diese nur Mitglieder der gleichen Fraktion gewesen wären.

bb) Fraglich ist, ob die konkrete Maßnahme angemessen ist, da sie insbesondere gegen Art. 3 I GG verstoßen könnte. Die unterschiedliche Beschränkung der Redezeit für die Fraktionen könnte gegen das Gleichbehandlungsgebot verstoßen. Die Redezeit der kleinen Fraktionen wurde stärker beschränkt als die der großen Fraktio-

---

[22] Vgl. Art. 47 BayGO, § 46 GO Bbg, Bremen: § 25 Verfassung für die Stadt Bremerhaven, § 53 HessGO, § 30 KomVerf MV, § 65 NdsKomVG, § 49 GO NRW, § 39 GO RhPf, § 44 KSVG Saarl, § 39 GO Sachs, § 53 GO SA, § 38 GO SH, § 36 KO Thür.

nen. Die Fraktionsstärke als Maß der Beschneidung des Rederechts heranzuziehen, könnte jedoch ein zulässiges Kriterium für eine Differenzierung sein: Die Stärke einer Fraktion spiegelt letztlich den Wählerwillen bei der Stimmabgabe und repräsentiert damit die Wählerschaft im Gemeinderat.

e) Weitere Ermessensfehler

Ermessensfehler des Bürgermeisters bei dem Entschluss, das Recht zu beschneiden und hinsichtlich der Art und Weise der Beschränkung sind nicht ersichtlich.

f) Zwischenergebnis

Die Redezeitbeschränkung ist rechtmäßig.

Ergebnis

Die Klage ist zulässig, aber nicht begründet.

2. Teil: Klage gegen den Gemeinderatsbeschluss

I. Zulässigkeit

1. Verwaltungsrechtsweg

Der Verwaltungsrechtsweg ist gem. § 40 I VwGO, wie oben ausgeführt, gegeben.

2. Statthafte Klageart

Bei der Klage eines Gemeinderatsmitglieds gegen den Gemeinderat auf Aufhebung eines Beschlusses handelt es sich ebenfalls um ein Kommunalverfassungsstreitverfahren.

Das Kommunalverfassungsstreitverfahren liegt in der Form der Feststellungsklage vor, wenn Streitgegenstand ein Gemeinderatsbeschluss ist. Die Feststellung der Rechtswidrigkeit des Beschlusses reicht hierbei aus, da ein rechtswidriger Beschluss ohne weiteres unwirksam ist und nicht erst durch den Rat aufgehoben werden muss.[23] Die Rechtswidrigkeit des Gemeinderatsbeschlusses kann im Rahmen des Kommunalverfassungsstreitverfahrens festgestellt werden.

3. Beteiligtenfähigkeit, § 61 VwGO

a) A ist als Kläger – wie oben ausgeführt – beteiligtenfähig.

b) Der beklagte Gemeinderat ist gem. § 61 Nr. 2 VwGO beteiligtenfähig.

4. Besonderes Feststellungsinteresse

Es ist zu prüfen, ob B klagebefugt gem. § 42 II VwGO analog ist. Dabei erscheint es fraglich, ob A subjektive Rechte wahrnimmt, wenn er die Rechtswidrigkeit eines Gemeinderatsbeschlusses feststellen lassen möchte. Grundsätzlich ist zu fragen, ob die Norm, auf der die angegriffene Verwaltungsentscheidung beruht, dazu bestimmt ist, rechtliche Interessen einzelner Bürger zu schützen (sog. Schutznormtheorie).[24] Geschützt ist hier das Gewerbeunternehmen, das Gegenstand des Beschlusses war

---

[23] *Papier,* DÖV 1980, 299.
[24] *Pietzner/Ronellenfitsch,* Das Assessorexamen im öffentlichen Recht, § 14 Rn. 13.

und nicht der einzelne Gemeinderat. So könnte höchstens das Unternehmen den Beschluss angreifen, nicht aber A.

A ist damit nicht klagebefugt.

5. Zwischenergebnis

Die Klage ist nicht zulässig.

Hilfsgutachten:

II. Begründetheit

Die Klage wäre auch nicht begründet, da die Beschränkung des Rederechts rechtmäßig war (siehe oben). Eine Fehlerhaftigkeit des Beschlusses liegt damit nicht vor.

Abwandlung: Klage der Gemeinde gegen die Aufhebung des Ratsbeschlusses

I. Zulässigkeit der Klage

1. Verwaltungsrechtsweg, § 40 I VwGO

Die Streitigkeit zwischen der Gemeinde G und dem Landratsamt als Kommunalaufsichtsbehörde richtet sich gem. § 125 GemO BW[25] nach öffentlichem Recht.

2. Statthafte Klageart

Statthafte Klageart könnte die Anfechtungsklage sein. Voraussetzung hierfür wäre jedoch, dass es sich bei der Aufhebung des Gemeinderatsbeschlusses um einen Verwaltungsakt handelt. Fraglich ist allerdings, ob das Merkmal der Außenwirkung gegeben ist, denn dieses fehlt immer dann, wenn eine Regelung nur verwaltungsintern ergeht. Dies könnte hier deshalb der Fall sein, da die Gemeinde der mittelbaren Staatsverwaltung zuzurechnen ist. Allerdings nimmt die Gemeinde insofern eine Sonderstellung ein, als sie das verfassungsrechtlich gewährleistete Recht der Selbstverwaltungshoheit besitzt, Art. 28 II GG. In diesem Bereich kommen verwaltungsrechtlichen Maßnahmen deshalb Außenwirkung zu. Im vorliegenden Fall betrifft die Aufhebung des Gemeinderatsbeschlusses die (innere) Organisationshoheit und damit das gemeindliche Selbstverwaltungsrecht. Damit aber handelt es sich um eine Maßnahme einer Behörde auf dem Gebiet des öffentlichen Rechts zur Regelung eines Einzelfalls mit Außenwirkung, weshalb die Maßnahme als Verwaltungsakt zu qualifizieren ist. Damit aber ist die Anfechtungsklage die statthafte Klageart (vgl. auch die insoweit deklaratorische Vorschrift des § 125 GemO BW).

3. Klagebefugnis, § 42 II VwGO

Möglicherweise ist das Selbstverwaltungsrecht der Gemeinde aus Art. 28 II GG verletzt worden. Dieses beinhaltet eine institutionelle Garantie der Gemeinden auf eigenverantwortliche Erfüllung öffentlicher Aufgaben im eigenen Namen durch selbst gewählte Organe.[26]

4. Das **Widerspruchsverfahren** wurde laut Sachverhalt durchgeführt.

---

[25] Vgl. § 130 GO Bbg, § 85 KomVerf MV, § 123 GO NRW, § 126 GO RhPf, § 136 KSVG Saarl, § 141 GO SA.
[26] *Gern*, Kommunalrecht BW, Rn. 32 ff.

5. Kläger

Fraglich ist, ob der Gemeinderat oder die Gemeinde richtiger Kläger ist. Der materiell-rechtliche Abwehranspruch gegenüber der Rechtsaufsichtsbehörde kann nur von der Gemeinde als Rechtsträger und nicht vom Gemeinderat als Organ geltend gemacht werden.

6. Zwischenergebnis

Die Klage ist zulässig.

II. Begründetheit

Die Klage der Gemeinde ist begründet, wenn die Aufhebung rechtswidrig ist und die Gemeinde in ihrem Selbstverwaltungsrecht verletzt.

1. Ermächtigungsgrundlage

Ermächtigungsgrundlage für die Aufhebungsverfügung ist § 123 GemO BW.[27]

2. Formelle Rechtmäßigkeit

Zuständige Rechtsaufsichtsbehörde ist das Landratsamt gem. § 119 GemO BW.

3. Materielle Rechtmäßigkeit

a) Voraussetzung ist eine vorherige Anordnung der Rechtsaufsichtsbehörde. Hier hat das Landratsamt den **Gemeinderatsbeschluss gem. § 121 GemO BW beanstandet.**

b) Die Gemeinde G ist der **Anordnung innerhalb der gesetzten Frist nicht nachgekommen.**

c) Bei der Aufhebung durch das Landratsamt handelt es sich um eine **Ersatzvornahme,** die eine Maßnahme der Verwaltungsvollstreckung ist. Deshalb ist es erforderlich, dass die Beanstandung der Rechtsaufsichtsbehörde vollstreckbar ist. Dies ist der Fall, wenn sie bestandskräftig geworden ist oder der sofortige Vollzug gem. § 80 II Nr. 4 VwGO angeordnet wurde. Im vorliegenden Fall hat die Klage gegen die Beanstandung jedoch aufschiebende Wirkung gem. § 80 I 1 VwGO. Da die Anordnung nicht vollstreckbar war, durfte die Ersatzvornahme noch nicht durchgeführt werden.

4. Zwischenergebnis

Die Aufhebung des Gemeinderatsbeschlusses war rechtswidrig und verletzt die Gemeinde in ihrem Selbstverwaltungsrecht.

Ergebnis

Die Klage ist zulässig und begründet.

---

[27] Vgl. Art. 113 BayGO, § 127 GO Bbg, Bremen: § 68 Verfassung für die Stadt Bremerhaven, § 140 HessGO, § 82 II KomVerf MV, § 174 NdsKomVG, § 123 II GO NRW, § 123 GO RhPf, § 133 KSVG Saarl, § 116 GO Sachs, § 138 GO SA, § 125 GO SH, § 121 KO Thür.

Fall 14. Razzia in der Gaststätte

Versammlungsrecht, Verdrängung des Polizeirechts, Fortsetzungsfeststellungsklage, Feststellungsklage, verfassungskonforme Auslegung

Sachverhalt

Ende Oktober 2013 erfuhr die Stadt S in Baden-Württemberg aus sicherer Quelle, dass in rechtsextremen Kreisen zur Teilnahme an einer Veranstaltung im Stadtgebiet aufgerufen werde. Zweck der Veranstaltung sei vermutlich die Gründung einer lockeren Organisation in Form einer „Kameradschaft" zur Verfestigung der rechtsextremen Strukturen in S. Nach Einschätzung von S kommt es zur Begehung von Straftaten. Insbesondere müsse mit dem Verbreiten von Propagandamitteln verfassungswidriger Organisationen gerechnet werden. Das zuständige Amt für öffentliche Ordnung erließ daraufhin eine Verfügung mit folgendem Inhalt:

Nr. 1: „Am Abend des 5.11.2013 werden von der Polizei Kontrollstellen eingerichtet, um die Personalien aller Personen festzustellen, die sich an einem Versammlungsort der rechtsextremen neonazistischen Szene im Stadtgebiet von S-Nord aufhalten."

Nr. 2: „Ferner wird angeordnet, dass die entsprechend der nach Nr. 1 angetroffenen Personen sowie deren mitgeführte Sachen zu durchsuchen sind."

Nr. 3: „Hiermit wird der sofortige Vollzug der Maßnahmen nach Nr. 1 und Nr. 2 angeordnet."

Bei der für den 5.11.2013 angekündigten Veranstaltung in der Gaststätte X, auf welcher der Liedermacher B singen sollte, nahm auch R teil. Bei dieser Zusammenkunft waren ca. 190 Personen zugegen. Im Vorfeld der Veranstaltung wurde auf dem Hauptbahnhof von S der Bundesvorsitzende Y der inzwischen verbotenen „Freiheitlichen Arbeiterpartei Deutschlands" sowie der „amtsbekannte" Rechtsextremist Z festgestellt. Hierbei wurden 15 Nachdrucke des Buches „Mein Kampf" von Adolf Hitler beschlagnahmt. Beide Personen wurden im Laufe des Abends vor der Gaststätte X angetroffen. Kurz bevor die Veranstaltung in der Gaststätte mit ihrem Programm beginnen sollte, betrat die Polizei das Lokal und erklärte, dass eine „Razzia" durchgeführt werde. Dies geschehe auf der Grundlage von § 26 PolG BW. Zu dem Zeitpunkt übernahm R als Vertreter des Versammlungsleiters die Leitung der Versammlung und legte gegen die Maßnahme Widerspruch ein. R weigert sich, personell überprüft und durchsucht zu werden. Als er dann die Durchführung der polizeilichen Maßnahme zu verhindern suchte, wurde er von einem Beamten festgenommen und unter lautstarkem Protest aus dem Versammlungsraum geführt, wobei er noch Widerstand leistete. Inzwischen wurden bei der Durchsuchung des Pkw des Liedermachers B ca. 200 Tonträger mit rechtsextremen Titeln und verschiedenen Büchern und Broschüren sichergestellt. Über den Polizeieinsatz und vor der Gaststätte wurden Videoaufnahmen gemacht.

R beabsichtigt auch weiterhin solche Veranstaltungen zu besuchen und möchte deshalb am nächsten Tag sowohl gegen die Verfügung als auch gegen die „Razzia" der Polizei vorgehen. Wie ist die Rechtslage?

Lösungsskizze

I. Zulässigkeit der Klage

1. Verwaltungsrechtsweg (+): Normen des Versammlungsrechts
2. Allgemeinverfügung und Polizeieinsatz
   a) Statthafte Klageart: Fortsetzungsfeststellungsklage
   b) Klagebefugnis (+): Adressat belastender Polizeimaßnahmen
   c) Widerspruchsverfahren (+)
   d) Fortsetzungsfeststellungsinteresse
      – Allgemeinverfügung (+): Wiederholungsgefahr
      – Polizeieinsatz (+): Rehabilitationsinteresse
   e) Zwischenergebnis: Zulässigkeit der Klage (+)
3. Filmen der Veranstaltung
   a) Statthafte Klageart: Feststellungsklage
   b) Feststellungsinteresse (+): Eingriff in Art. 8 GG und Art. 2 I, Art. 1 I GG
   c) Zwischenergebnis: Zulässigkeit der Feststellungsklage (+)
4. Objektive Klagehäufung (+)
5. Zwischenergebnis: Zulässigkeit der Klage (+)

II. Begründetheit

1. Begründetheit der Verfügung und des Polizeieinsatzes
   a) Rechtmäßigkeit der Verfügung (–): keine, § 37 I LVwVfG
   b) Rechtmäßigkeit des Polizeieinsatzes
      aa) Anwendbarkeit des allgemeinen Polizeirechts?
      bb) Einschlägigkeit des Versammlungsgesetzes: Versammlung i. S. d. § 1 VersG?
         (1) Öffentliche Versammlung (+)
         (2) Öffentliche Angelegenheiten (+): politischen Gestaltung
         (3) Reichweite des Versammlungsgesetzes (+): auch schon vor Beginn der Veranstaltung
      cc) Ermächtigungsgrundlage: § 13 I 2 VersG
         (1) § 13 I Nr. 3 und Nr. 2 VersG (–)
         (2) § 13 I Nr. 4 VersG (–)
2. Videoaufnahme
   – Rechtsgrundlage: § 12a VersG
   – Videoaufnahme durch § 12a VersG legitimiert beim gleichzeitigen Vorliegen der Voraussetzungen des § 13 VersG: hier (–)

Ergebnis: Klage zulässig und begründet.

Lösung

I. Zulässigkeit der Klage

1. Verwaltungsrechtsweg gem. § 40 I VwGO

Eine öffentlich-rechtliche Streitigkeit gem. § 40 I VwGO liegt vor, da sowohl die Verfügung als auch die von der Polizei ergriffenen Maßnahmen subordinationsrechtlicher Natur sind. Außerdem sind die streitentscheidenden Normen des Versammlungsrechts öffentlich-rechtlicher Natur, weil Adressat auf der einen Seite der Norm stets der Staat ist. Die Streitigkeit ist nicht verfassungsrechtlicher Art und auch keinem anderen Gericht zugewiesen, so dass der Verwaltungsrechtsweg gem. § 40 I VwGO eröffnet ist.

2. Allgemeinverfügung und Polizeieinsatz

a) Statthafte Klageart

R möchte gegen die Verfügung und die polizeilichen Maßnahmen vom 5.11.2013 vorgehen. Bei der Verfügung und den polizeilichen Maßnahmen handelt es sich um Verwaltungsakte gem. § 35 LVwVfG. Eine Anfechtungsklage gem. § 42 I VwGO kommt nicht in Betracht, da sich die Verfügung und der Polizeieinsatz durch Zeitablauf am 5.11.2013 erledigt haben. Statthafte Klageart ist daher die Fortsetzungsfeststellungsklage gem. § 113 I 4 VwGO analog. Voraussetzung ist, dass die ursprünglich statthafte Anfechtungsklage zulässig gewesen wäre und ein Fortsetzungsfeststellungsinteresse besteht.

b) Klagebefugnis gem. § 42 II VwGO

R ist als Adressat der belastenden Polizeimaßnahmen auch klagebefugt. Dasselbe ergibt sich für die Allgemeinverfügung vom 5.11.2013, denn nach der Vorstellung der Stadt S sollte auch ihm gegenüber als Teilnehmer der Versammlung die Verfügung durch den Polizeieinsatz unmittelbar vollstreckt werden.

c) Widerspruchsverfahren, § 68 VwGO

Der Streit, ob es bei einer Fortsetzungsfeststellungsklage eines Widerspruchsverfahrens i. S. d. § 68 VwGO bedarf, kann hier dahinstehen, denn R hat direkt Widerspruch gegen die polizeilichen Maßnahmen eingelegt. Hinsichtlich der Verfügung ist davon auszugehen, dass mangels Rechtsbehelfsbelehrung die Jahresfrist des § 58 VwGO noch nicht abgelaufen ist.

d) Fortsetzungsfeststellungsinteresse

R müsste überdies ein besonderes Interesse an der Feststellung der Rechtswidrigkeit der Verfügung und des Polizeieinsatzes haben. Hinsichtlich der Allgemeinverfügung könnte sich ein berechtigtes Interesse aus der Gefahr einer Wiederholung ergeben. R hat deutlich gemacht, dass er auch in Zukunft vergleichbare Veranstaltungen besuchen möchte. Dabei besteht erneut die hinreichende Gefahr, dass Identitätsfeststellungen und Durchsuchungen durch Verfügungen angeordnet werden. Ein Feststellungsinteresse liegt damit für die Verfügung vor. Hinsichtlich des Polizeieinsatzes vom 5.11.2013 könnte R ein Rehabilitationsinteresse haben. Das Interesse an einer Rehabilitierung ist nach einer erledigten polizeilichen Maßnahme dann als berechtigt anzuerkennen, wenn mit ihr ein Eingriff in grundrechtlich geschützte Positionen verbunden ist und dieser Eingriff geeignet ist, das Ansehen des Betroffenen in der Öffentlichkeit herabzusetzen.[1] Die Festnahme durch den Beamten tangiert Art. 2 I GG und ist geeignet, einen negativen Eindruck bei Passanten etc. zu hinterlassen, so dass abträgliche Nachwirkungen mit der Festnahme verbunden sind. R hat somit auch hinsichtlich des Polizeieinsatzes ein berechtigtes Feststellungsinteresse.

e) Zwischenergebnis

Hinsichtlich der übrigen Zulässigkeitsvoraussetzungen bestehen keine Bedenken. Die Klage ist damit zulässig.

3. Filmen der Veranstaltung

a) Statthafte Klageart

R möchte überdies feststellen lassen, dass die Videoaufnahmen von der Veranstaltung rechtswidrig waren. Eine Anfechtungsklage scheidet hier aus, da das Filmen der Teilnehmer einer Versammlung mangels Regelungswirkung keinen Verwaltungsakt gem. § 35 LVwVfG darstellt. Statthaft könnte dagegen die Feststellungsklage gem. § 43 I VwGO sein. Dann müsste ein feststellungsfähiges konkretes Rechtsverhältnis vorliegen. Ein Rechtsverhältnis i. S. d. § 43 I VwGO ist gegeben, wenn sich aus einem konkreten Sachverhalt aufgrund einer öffentlich-rechtlichen Regelung rechtliche Beziehungen zu einer anderen Person oder Sache ergeben.[2] Ein konkretes Rechtsverhältnis könnte sich daraus ergeben, dass R in dem fraglichen Zeitraum von den Videoaufnahmen erfasst wurde. Der Umstand dass die Rechtsverhältnisse aufgrund eines Realakts entstanden ist, ist für dessen Gültigkeit unerheblich. Fraglich ist jedoch, ob dieses Rechtsverhältnis noch besteht. Mit der Beendigung der Videoaufnahme endete auch das Rechtsverhältnis.[3] Es ist jedoch anerkannt, dass auch vergangene Rechtsverhältnisse Gegenstand einer Feststellungsklage sein können, wenn dafür ein berechtigtes Interesse besteht.[4]

b) Feststellungsinteresse

Das Filmen von Versammlungsteilnehmern ohne deren Einwilligung stellt einen Eingriff in die Versammlungsfreiheit gem. Art. 8 GG, aber auch in das Recht auf informationelle Selbstbestimmung aus Art. 2 I, Art. 1 I GG dar.[5] Diese begründen ein berechtigtes Interesse daran, dass die Rechtswidrigkeit der Maßnahme festgestellt wird.

c) Zwischenergebnis

Die Feststellungsklage ist ebenfalls zulässig.

4. Objektive Klagehäufung

Die Klagebegehren sind einem einheitlichen Lebensvorgang zuzurechnen. Damit können die Klagen gem. § 44 VwGO in einem Verfahren verbunden werden.

---

[1] *VGH Mannheim* VBlBW 1986, 308.
[2] BVerwGE 89, 328.
[3] *VGH Mannheim* VBlBW 1998, 762.
[4] *VGH Mannheim* VBlBW 1998, 109.
[5] Vgl. *Dietel/Gintzel/Kniesel*, Demonstrations- und Versammlungsfreiheit, § 12a Rn. 2.

5. Zwischenergebnis

Die Klage ist zulässig.

II. Begründetheit

1. Begründetheit der Verfügung und des Polizeieinsatzes

a) Rechtmäßigkeit der Verfügung

Fraglich ist, ob die Verfügung hinreichend bestimmt ist i. S. d. § 37 I LVwVfG. Eine Verfügung erfüllt nur dann das Erfordernis der Bestimmtheit, wenn aus der getroffenen Regelung und sonstigen für die Betroffenen bekannten oder ohne weiteres erkennbaren Umstände klar und eindeutig hervorgeht, welche Anforderungen sie zu befolgen haben. Dazu gehört die Klarheit, welcher räumliche Bereich von den Maßnahmen erfasst werden soll. Hier umfasste die Verfügung den ganzen Stadtteil S-Nord. Folglich durfte die Verfügung so verstanden werden, dass sie sich nur auf Personen bezog, die sich am 5.11.2013 in der Nähe der Kontrollstellen an einem Versammlungsort der rechtsextremistischen neonazistischen Szene in diesem Stadtteil aufhielten. Ob davon nun auch andere Teilorte von S erfasst wurden, geht aus der Verfügung nicht hervor. Demnach ist die Verfügung mangels hinreichender räumlicher Bestimmtheit nicht rechtmäßig. Hinsichtlich der Verfügung ist die Fortsetzungsfeststellungsklage gem. § 113 I 4 VwGO begründet.

b) Rechtmäßigkeit des Polizeieinsatzes

aa) Anwendbarkeit des allgemeinen Polizeirechts

Fraglich ist zunächst, aufgrund welcher Rechtsgrundlage die „Razzia" in der Gaststätte X erging. Eine „Razzia" als solche ist im PolG BW nicht geregelt. Die einzelnen Maßnahmen die Bestandteil der „Razzia" waren, können jedoch auf verschiedene Rechtsgrundlagen im Polizeirecht gestützt werden. Die Personenfeststellung erfolgt aufgrund von § 26 I Nr. 2 und 3 PolG BW,[6] das Anhalten und Festhalten der Betroffenen aufgrund von § 26 II PolG BW. § 29 I Nr. 4 und 5 PolG BW[7] enthält für die Durchsuchung von Personen, § 30 Nr. 4 und 5 PolG BW[8] für die Durchsuchung von Sachen eine Ermächtigungsgrundlage. Die Razzia kann jedoch nur auf diese Normen gestützt werden, wenn das allgemeine Polizeirecht auch anwendbar ist.

Eine Anwendbarkeit des allgemeinen Polizeirechts scheidet in dem Moment aus, in dem eine spezialgesetzliche Regelung den Rückgriff darauf versperrt. Eine solche Regelung könnte hier in Form des Versammlungsgesetzes vorliegen. Ist das Versammlungsgesetz einschlägig, so kann ein Polizeieinsatz nur unter den engen Voraussetzungen dieses Gesetzes erfolgen.

---

[6] Art. 13 BayPAG, §§ 21 f. BlnASOG, §§ 12, 14 PolG Bbg, § 11 BremPolG, § 12 HbgSOG, § 18 I HessSOG, §§ 29 f. SOG MV, § 13 NdsSOG, §§ 12 f. PolG NRW, § 10 POG RhPf, § 9 PolG Saarl, § 19 PolG Sachs, § 20 SOG SA, §§ 181 f. LVwG SH, § 14 PAG Thür.

[7] Art. 21 BayPAG, § 34 BlnASOG, § 21 PolG Bbg, § 19 BremPolG, § 15 HbgSOG, § 36 HessSOG, §§ 53 f. SOG MV, § 22 NdsSOG, § 39 PolG NRW, § 18 POG RhPf, § 17 PolG Saarl, § 23 PolG Sachs, § 41 SOG SA, §§ 202 f. LVwG SH, § 23 PAG Thür.

[8] Art. 22 BayPAG, § 35 BlnASOG, § 22 PolG Bbg, § 20 BremPolG, § 15a HbgSOG, § 37 HessSOG, §§ 57 f. SOG MV, § 23 NdsSOG, § 40 PolG NRW, § 19 POG RhPf, § 18 PolG Saarl, § 24 PolG Sachs, § 42 SOG SA, §§ 206 f. LVwG SH, § 24 PAG Thür.

bb) Einschlägigkeit des Versammlungsgesetzes

Demnach müsste im Zeitpunkt der Razzia eine Versammlung i. S. d. § 1 VersG vorgelegen haben. Die Versammlung ist nicht im VersG definiert. Unstreitig ist jedoch, dass eine öffentliche Versammlung eine Zusammenkunft einer zahlenmäßig nicht bestimmten Mehrheit von Menschen an einem bestimmten Ort zu einem gemeinsamen Zweck ist, bei der öffentliche Angelegenheiten gemeinsam erörtert, beraten und kundgegeben werden.[9]

(1) Öffentliche Versammlung

Fraglich könnte jedoch sein, ob es sich hier um eine öffentliche Versammlung gehandelt hat. Die Öffentlichkeit einer Versammlung bestimmt sich danach, ob sie einen abgeschlossenen oder individuell nicht abgrenzbaren Personenkreis erfasst.[10] Der Personenkreis könnte insofern abgeschlossen gewesen sein, als dass es sich bei der Veranstaltung um eine Versammlung zur Gründung einer rechtsextremistischen Gruppierung handelte. Maßgebliches Kriterium ist jedoch, ob jeder, der von der Zusammenkunft Kenntnis erhält, die Möglichkeit hat, an dieser teilzunehmen.[11] Dies ist nicht der Fall, wenn eine Einladung an einen bestimmten Personenkreis ergeht.[12] Anhaltspunkte dafür, dass nur gezielt bekannte Größen der rechtsextremistischen Szene eingeladen wurden, liegen nicht vor. Vielmehr konnte jeder, der von der Veranstaltung erfuhr, sich Zutritt verschaffen. Hinsichtlich des Teilnehmerkreises liegt eine öffentliche Veranstaltung somit vor.

(2) Öffentliche Angelegenheiten

Fraglich ist ferner, ob sich die Versammlung in der Gaststätte mit einer öffentlichen Angelegenheit beschäftigt. Öffentliche Angelegenheiten sind solche, die auf allgemeines Interesse im lokalen, im regionalen, im nationalen oder internationalen Rahmen stoßen und politisch gestaltet werden sollen. An der politischen Gestaltung dürften hier keine Zweifel bestehen, denn als der Bundesvorsitzende der inzwischen verbotenen „Freiheitlichen Arbeiterpartei Deutschlands" Y sowie Z angetroffen wurden, waren bei deren Überprüfung am Bahnhof in S bereits 15 Nachdrucke von Hitlers „Mein Kampf" beschlagnahmt worden. Auch dass bei der Durchsuchung des Pkw des Liedermachers B ca. 200 Tonbänder mit rechtsextremistischen Titeln sowie verschiedene Bücher und Broschüren sichergestellt worden waren, lässt ebenfalls darauf schließen, dass die Teilnehmer zu einer öffentlichen Veranstaltung zusammengekommen waren. Dass der Liedermacher B vor den Teilnehmern singen sollte, ändert nichts an der Öffentlichkeit der Veranstaltung, zumal hier davon ausgegangen werden muss, dass es sich dabei um politische Lieder handelt, die zu einem öffentlichen Zweck Stellung beziehen.

(3) Reichweite des Versammlungsgesetzes

Da die Teilnehmer der Veranstaltung sich in der Gaststätte X auch schon versammelt hatten, als die „Razzia" durchgeführt wurde, unterstand die Versammlung auch schon dem Schutz des Versammlungsgesetzes. Der Umstand, dass die Veranstaltung noch nicht begonnen hatte, ändert nichts an dem Vorliegen einer Versammlung gem. § 1 I

---

[9] *VGH Mannheim* NVwZ 1998, 763.
[10] *Dietel/Gintzel/Kniesel*, Demonstrations- und Versammlungsfreiheit, § 1 Rn. 211 f.
[11] *Ott/Wächtler/Heinhold*, VersG, § 1 Rn. 29.
[12] *Dietel/Gintzel/Kniesel*, Demonstrations- und Versammlungsfreiheit, § 1 Rn. 221.

VersG.[13] Da diese Versammlung weder gem. § 5 VersG verboten noch gem. § 13 VersG aufgelöst worden ist, unterlag sie im Moment des Eingreifens der Polizei noch dem besonderen Schutz aus Art. 8 I GG und damit den Anforderungen des VersG.

cc) Razzia gem. § 13 VersG

Zu prüfen ist daher, ob die Razzia aufgrund einer Norm des VersG ergehen durfte. Ermächtigungsgrundlage für ein polizeiliches Einschreiten gegen versammlungsspezifische Gefahren könnte § 13 VersG sein. § 13 I 2 VersG sieht neben der in Satz 1 vorgesehenen gebundenen Auflösung auch andere Mittel zur Abwehr konkreter Gefahren vor, die ein ebenso geeignetes, aber weniger einschneidendes Mittel darstellen. Die „Razzia" könnte als Unterbrechung der Versammlung gem. § 13 I 2 VersG zu sehen sein. Diese ist gem. § 13 I 2 VersG dann erlaubt, wenn einer der Tatbestände des § 13 I 1 Nr. 1 bis 4 VersG eingreifen.

(1) § 13 I 1 Nr. 3 und Nr. 2 VersG

Der Tatbestand des § 13 I 1 Nr. 3 VersG ist nicht erfüllt, da keine Anhaltspunkte dafür vorliegen, dass von den Teilnehmern Waffen oder sonstige gefährliche Werkzeuge mitgeführt wurden. Ferner ist auch nicht ersichtlich, dass die Razzia der Abwehr eines gewalttätigen oder aufrührerischen Verlaufs der Versammlung oder der Abwehr von Gefahren für das Leben und die Gesundheit der Teilnehmer dienen sollte.

(2) § 13 I 1 Nr. 4 VersG

Die Razzia könnte jedoch aufgrund von § 13 I 1 Nr. 4 1. Alt. VersG ergangen sein. Dann müsste es durch den Verlauf der Versammlung zu strafbaren Handlungen gekommen sein. Strafbare Handlungen wurden zwar begangen, jedoch erfolgten diese nicht in dem Zeitpunkt als die Polizei die Gaststätte betrat. Folglich kam es in dem Verlauf der Versammlung nicht zu strafbaren Handlungen. § 13 I 1 Nr. 4 1. Alt. VersG ist somit ebenfalls nicht einschlägig. Ebensowenig wurde zu versammlungsbedingten Straftaten während der Versammlung aufgefordert. Zum Zeitpunkt des Einschreitens der Polizei hatte die Veranstaltung noch nicht begonnen und auch im Vorfeld hat keine Verbreitung von verbotenen Schriften und Tonbändern stattgefunden, so dass § 13 I 1 Nr. 4 2. Alt. VersG ebenfalls nicht einschlägig ist. Folglich lässt sich die Razzia auf keine versammlungsrechtliche Maßnahme stützen und ist somit rechtswidrig. Die Fortsetzungsfeststellungsklage ist auch im Hinblick auf die polizeilichen Maßnahmen begründet.

2. Videoaufnahme

Die Feststellungsklage ist begründet, wenn die Anfertigung von Videoaufnahmen zur Dokumentation einer polizeilichen Razzia und zur Identifikation der Versammlungsteilnehmer bis zur Festnahme des Klägers rechtswidrig gewesen ist.

Rechtsgrundlage für das Anfertigen der Videoaufnahme könnte § 12a VersG sein. Seinem Wortlaut nach ist § 12a VersG immer dann anwendbar, wenn eine Gefahr für die öffentliche Sicherheit und Ordnung droht. Die Polizei könnte hier aufgrund der zu erwartenden Gesetzesverstöße und damit auf der Grundlage einer Vermutung die Versammlung filmen. Damit wäre die Vorschrift aber genauso weit gefasst wie das allgemeine Polizeirecht und würde den Anforderungen des Art. 8 II GG nicht mehr

---

13 *VGH Mannheim* NVwZ 1998, 763.

gerecht. Daher ist § 12a VersG verfassungskonform auszulegen. Nicht ersichtlich ist, warum nach § 12a VersG eine Versammlung gefilmt und damit in Grundrechte der Versammlungsteilnehmer eingegriffen werden darf, wenn nach § 13 VersG die Anforderungen für sonstige polizeiliche Maßnahmen nicht vorliegen. Folglich ist davon auszugehen, dass eine Videoaufnahme erst dann durch § 12a VersG legitimiert wird, wenn gleichzeitig die Voraussetzungen des § 13 VersG vorliegen.[14] Wie bereits oben gezeigt wurde, ist dies hier nicht der Fall, so dass auch die Videoaufnahme nicht rechtmäßig war. Damit ist die Feststellungsklage begründet.

Ergebnis

Die Klage ist zulässig und begründet.

---

[14] *Dietel/Gintzel/Kniesel,* Demonstrations- und Versammlungsfreiheit, § 12a Rn. 7.

Fall 15. Der unerträgliche Probealarm

Daseinsvorsorge, allgemeine Leistungsklage, allgemeiner Folgenbeseitigungsanspruch, öffentlich-rechtlicher Unterlassungsanspruch, TA-Lärm, Duldungspflicht

Sachverhalt

A ist Mieter einer Erdgeschosswohnung mit Terrasse und Garten. Die Wohnung befindet sich in einem Haus, das auf einem Grundstück in Nähe der Friedrich-Schiller-Schule in der baden-württembergischen Stadt S steht.

Zum Schutz der Gemeindeeinwohner beschließt die Gemeinde, eine Feuersirene auf dem Dach der Schule anzubringen. Um die Funktionsfähigkeit der Sirene zu überprüfen, entscheidet sich die zuständige Behörde dafür, zweimal im Monat von 17.00 bis 17.30 Uhr Probealarm zu geben.

A sah zunächst den Sinn einer Feuersirene noch ein, ist jetzt aber über den häufigen Probealarm verärgert. In der Regel kommt er gegen 16.30 Uhr von der Arbeit nach Hause und möchte im Sommer dann noch den Garten nutzen. Außerdem befürchtet er für sich Gesundheitsschäden, da der Lärm unerträglich laut ist. A veranlasst deshalb Untersuchungen, die ergeben, dass die Stärke des Lärms mit 100 dB(A) über den Grenzwerten der TA-Lärm liegt. Nach 6.1d) der TA beträgt der Immissionsrichtwert in einem Gebiet, das vorwiegend dem Wohnen dient, tagsüber 55 dB(A). Aufgrund der längeren Dauer des Alarms sind hier Gesundheitsschäden als Folge nicht auszuschließen.

Nachdem A die Behörde erfolglos bat, die Sirene wieder zu entfernen oder den Probealarm wenigstens zu verkürzen, reicht er Klage beim Verwaltungsgericht ein. Er begehrt in seinem Klageantrag die Gemeinde zu verurteilen, die Feuersirene abzubauen oder zumindest hilfsweise, den Probealarm zeitlich zu reduzieren. Hat die Klage Aussicht auf Erfolg?

Lösungsskizze

I. Zulässigkeit der Klage im Hauptantrag

1. Verwaltungsrechtsweg, § 40 I VwGO (+)
2. Statthafte Klageart: allgemeine Leistungsklage (Realakt)
3. Klagebefugnis, § 42 II VwGO analog (+): mögliche Verletzung in Art. 2 II 1 GG und Art. 14 I GG
4. Rechtsschutzbedürfnis (+)
5. Zwischenergebnis: Zulässigkeit der Klage (+)

II. Begründetheit des Hauptantrags

1. Anspruchsgrundlage

a) Beseitigungsanspruch aus § 1004 I 2 BGB (–), da zivilrechtlicher Anspruch
b) Öffentlich-rechtlicher FBA
    aa) Bindung der vollziehenden Gewalt an Recht und Gesetz, Art. 20 III GG (+)
    bb) FBA allgemein anerkannt
2. Anspruchsvoraussetzungen
    a) Eingriff in subjektives Recht?
        aa) A als Mieter: Eingriff in Art. 14 I 1 GG (-)
        bb) Grenzwertüberschreitung der TA-Lärm: Eingriff in Art. 2 II 1 GG (+)
    b) Hoheitliches Handeln (+)
    c) Rechtswidrigkeit
        aa) Zuständigkeit (+)
        bb) Legitimität des Betriebs der Feuersirene (+)
        cc) Duldungspflicht des A bzgl. Existenz der Sirene, §§ 5 I Nr. 1, 22 BImSchG (+)
3. Zwischenergebnis: Zulässigkeit der Klage (+), Begründetheit (–)

III. Zulässigkeit hinsichtlich Hilfsantrag

1. Verwaltungsrechtsweg (+)
2. Statthafte Klageart: allgemeine Leistungsklage in Form der Unterlassungsklage
3. Klagebefugnis (+)
4. Klagehäufung gem. § 44 VwGO (+)
5. Rechtsschutzbedürfnis (+)
6. Weitere Zulässigkeitsvoraussetzungen (–), da kein VA
7. Zwischenergebnis: Zulässigkeit der Klage hinsichtlich Hilfsantrag

IV. Begründetheit hinsichtlich Hilfsantrags

1. Anspruchsgrundlage
    a) Unterlassungsanspruch aus § 1004 I 2 BGB (–)
    b) Öffentlich-rechtlicher Unterlassungsanspruch
        aa) aus Abwehrfunktion der Grundrechte oder zumindest aus Art. 20 III GG
        bb) Unterlassungsanspruch allgemein anerkannt
2. Voraussetzungen
    a) Drohender Eingriff in subjektives Recht (+): Eingriff in Art. 2 II 1 GG
    b) Hoheitliches Handeln (+)
    c) Rechtswidrigkeit
        aa) Duldungspflicht des A, aber Verhältnismäßigkeitsgrundsatz
        bb) Verstoß gegen das Lärmschutzrecht (+): Alarm länger als 10 Minuten
    d) Wiederholungsgefahr (+)
3. Zwischenergebnis: Begründetheit der Klage im Hilfsantrag
Ergebnis: Klage zulässig und teilweise begründet.

Lösung

Die Klage des A hat Aussicht auf Erfolg, wenn sie im Hauptantrag oder zumindest im Hilfsantrag zulässig und begründet ist.

I. Zulässigkeit der Klage im Hauptantrag

1. Verwaltungsrechtsweg, § 40 I VwGO

Der Verwaltungsrechtsweg ist nach § 40 I VwGO eröffnet, wenn es sich um eine öffentlich-rechtliche Streitigkeit handelt. A wendet sich hier gegen Störungen von einem Nachbargrundstück, so dass auch eine Anwendbarkeit der Abwehransprüche aus dem Nachbarrecht des BGB in Betracht kommen könnte. Zu prüfen ist deshalb, ob A sich gegen Störungen zur Wehr setzt, die öffentlich-rechtlich zu qualifizieren sind. Der Aufbau der Feuersirene und damit auch der Abbau als *actus contrarius* könnten eine hoheitliche Tätigkeit darstellen, wenn sie in einem Zusammenhang mit einer Verwaltungstätigkeit stehen. Der Staat ist verpflichtet, für die soziale Sicherheit seiner Bevölkerung Sorge zu tragen. Dafür hat er Einrichtungen und Leistungen zu schaffen, die der Versorgung des Einzelnen in wirtschaftlicher, sozialer und kultureller Hinsicht dienen. Diese Aufgabe der Verwaltung, nämlich die Bereitstellung von notwendigen Gütern und Leistungen, wird mit dem Begriff der Daseinsvorsorge umschrieben.[1] Dazu gehört auch der Schutz der Bevölkerung vor Brandgefahren und die hierfür notwendige Zurverfügungstellung von Warnsystemen. Die Errichtung der Sirene und die von der Sirene verursachten Geräusche stehen deshalb in einem engen Sachzusammenhang mit der hoheitlichen Verwaltungstätigkeit.

Der Verwaltungsrechtsweg ist damit zulässig.

2. Statthafte Klageart

Es könnte eine allgemeine Leistungsklage statthaft sein. Obwohl die allgemeine Leistungsklage in der VwGO nicht ausdrücklich geregelt ist, gehört sie nach allgemeiner Auffassung zu den verwaltungsprozessualen Klagearten. An einigen Stellen der VwGO wird ihre Existenz angedeutet. §§ 43 II 1, 111, 113 IV, 169 II, 170, 191 I VwGO sprechen von der „Leistungsklage". Würde die VwGO die Verpflichtungsklage als einzige Art der Leistungsklagen anerkennen, würde sie in den Vorschriften von der „Verpflichtungsklage" statt von der „Leistungsklage" sprechen. Da dies nicht geschehen ist, muss geschlossen werden, dass es neben der Verpflichtungsklage die allgemeine Leistungsklage als weitere Art der Leistungsklagen gibt. Die allgemeine Leistungsklage ist einschlägig, wenn der Kläger von der Behörde ein schlichtes hoheitliches Handeln, Dulden oder Unterlassen begehrt. Das Klagebegehren des A im Hauptantrag richtet sich auf den Abbau einer Feuersirene. Der Abbau der Sirene enthält als *actus contrarius* des Aufbaus keine Regelung, so dass im Ergebnis ein Realakt vorliegt. Damit ist die allgemeine Leistungsklage statthaft.

3. Klagebefugnis, § 42 II VwGO analog

Die Klagebefugnis in § 42 II VwGO bezieht sich ausdrücklich nur auf die Anfechtungs- und Leistungsklage. Damit sog. Popularklagen ausgeschlossen sind, wird die Klagebefugnis gem. § 42 II VwGO in den Fällen der allgemeinen Leistungsklage analog angewendet.[2] Es ist von einer Gesetzeslücke auszugehen, weil die Klagebefugnis über die Prozessführungsbefugnis und das Rechtsschutzbedürfnis hinausgeht. Gem. Art. 19 IV 1 GG ist der Rechtsweg nur eröffnet, wenn eine subjektive Verletzung geltend gemacht wird. Im vorliegenden Fall ist es nach dem Vortrag des A möglich, dass dieser in seinen Rechten aus Art. 2 II 1 GG und Art. 14 I 1 GG verletzt

---

[1] Zu diesem Begriff *Ossenbühl*, DÖV 1971, 513 ff.
[2] *Frotscher*, DÖV 1971, 259 ff.

ist. Es droht ihm auch künftig eine Verletzung in subjektiven Rechten. Somit könnte A einen Anspruch auf Abbau der Sirene aus den Grundrechten besitzen.

4. Rechtsschutzbedürfnis

Die allgemeine Leistungsklage verlangt gem. § 68 I und II VwGO nicht die Durchführung eines Vorverfahrens. Aus prozessökonomischen Gründen ist es jedoch erforderlich, dass die Behörde ihre eigene Handlung nochmals überprüfen und gegebenenfalls Abhilfe schaffen kann. Nach dem Sachverhalt hat A sein Begehren der Behörde vorgetragen, bevor er Klage erhob. Da die Behörde seinem Begehren nicht entsprach, besitzt er ein Rechtsschutzbedürfnis.

5. Zwischenergebnis

Die Klage ist zulässig.

II. Begründetheit des Hauptantrags

Die allgemeine Leistungsklage ist begründet, wenn A einen Anspruch gegen die Gemeinde auf Entfernung der Sirene besitzt. Fraglich ist aber schon, ob bereits die bloße Existenz der Sirene einen Anspruch rechtfertigen kann, da sie allein zu keiner Lärmbelästigung beiträgt. Vernünftigerweise ist der Antrag des A jedoch so auszulegen, dass er durch den Abbau der Feuersirene erreichen möchte, dass es überhaupt zu keiner Störung mehr kommen kann.

1. Anspruchsgrundlage

a) Beseitigungsanspruch aus § 1004 I 2 BGB

Ein Anspruch aus § 1004 I 2 BGB kommt nicht in Betracht, da er als zivilrechtliche Anspruchsgrundlage bei hoheitlichem Verhalten keine Anwendung findet. Ein gesetzlich geregelter Beseitigungsanspruch liegt im vorliegenden Fall damit nicht vor.

b) Öffentlich-rechtlicher Folgenbeseitigungsanspruch

A könnte jedoch einen allgemeinen Folgenbeseitigungsanspruch besitzen. Fraglich ist, wie ein solcher Anspruch hergeleitet werden kann.

aa) Fehlt es an einer ausdrücklichen Regelung, so lässt sich ein öffentlich-rechtlicher Beseitigungsanspruch aus der Abwehrfunktion von Grundrechten oder zumindest aus Art. 20 III GG herleiten. Für den Fall, dass die Rechtsordnung ein subjektives Recht anerkennt, muss sie auch die Ansprüche zur Verteidigung des damit geschützten Bereiches schaffen. Durch Art. 20 III GG wird die vollziehende Gewalt an Gesetz und Recht gebunden. Hieraus kann gefolgert werden, dass die Behörde verpflichtet ist, die rechtswidrigen Folgen ihres Handelns wieder zu beseitigen oder solches Handeln zu unterlassen.[3]

bb) Die Existenz des allgemeinen Folgenbeseitigungsanspruchs wird zum Teil auch aus einer Analogie zum Zivilrecht aus §§ 1004 I, 12, 862 BGB oder dem Gebot der Gerechtigkeit, dem Rechtsstaatsprinzip, dem Grundsatz des Gesetzesvorbehalts oder der Rechtsschutzgarantie des Art. 19 IV GG hergeleitet. Diese unterschiedlichen weiteren Begründungsansätze schließen sich dabei nicht aus, sondern sie stützen sich gegenseitig ab.

---

[3] *BVerwG* DVBl. 1984, 1179.

cc) Die Frage der Herleitung des allgemeinen Folgenbeseitigungsanspruchs kann jedoch dahingestellt bleiben, da ein solcher Anspruch inzwischen allgemein anerkannt ist.[4] Im vorliegenden Fall könnte A einen solchen Anspruch auf Abbau der Sirene besitzen.

2. Anspruchsvoraussetzungen

a) Eingriff in ein subjektives Recht

Als Anspruchsvoraussetzung müsste zunächst ein Eingriff in ein subjektives Recht des A vorliegen. Dieses Recht könnte einfachgesetzlicher Natur sein oder letztlich aus den Grundrechten folgen.

Ein Eingriff in ein einfachgesetzliches subjektives Recht kommt in diesem Fall nicht in Betracht. Es könnte jedoch ein Grundrechtseingriff vorliegen.

aa) Da A nicht Eigentümer des Grundstücks ist, scheint ein Eingriff in Art. 14 I 1 GG fraglich zu sein. Der Gegenstand des Eigentums im Sinne von Art. 14 I 1 GG ist jedoch nicht mehr identisch mit dem Eigentumsbegriff des Zivilrechts. In der modernen Industriegesellschaft sind Eigentumssurrogate immer wichtiger für die soziale Sicherheit geworden.[5] Deshalb ist heute die Verfügungsgewalt über den Eigentumsgegenstand entscheidend.[6] Auch ein Mieter übt eine Verfügungsgewalt über die Wohnung aus, die im Eigentum des Vermieters steht. A wird hier zumindest als Mieter in seinem Besitz gestört und könnte deshalb in seinem Grundrecht aus Art. 14 I 1 GG beeinträchtigt sein. Der Schutzumfang der Grundrechte umfasst dabei nicht nur Ge- oder Verbote als sog. klassische Grundrechtseingriffe, sondern auch faktische, mittelbare Beeinträchtigungen.[7] Für den Schutz bei reflexartigen Auswirkungen von hoheitlichem Handeln kommt es jedoch zusätzlich auf die Schwere der Beeinträchtigung und die Individualisierbarkeit der Folgen für den Grundrechtsträger an.[8] Erforderlich ist deshalb, dass für A ein schwerer, unerträglicher Eingriff in Art. 14 I 1 GG vorliegt. Ein Verstoß des staatlichen Handelns gegen objektiv-rechtliche Bestimmungen beinhaltet dabei gleichzeitig auch eine subjektive Grundrechtsverletzung.[9] Die TA-Lärm stellt als technische Anleitung jedoch wegen der fehlenden Verbindlichkeit keine solche Bestimmung dar. Da der Probealarm nicht ständig stattfindet, sondern A lediglich zeitweise an der Nutzung des Gartens hindert, ist von einem solchen schweren Eingriff nicht auszugehen.

bb) Es könnte jedoch ein Eingriff in das Recht auf körperliche Unversehrtheit gem. Art. 2 II 1 GG vorliegen. Ein solcher Eingriff läge vor, wenn der Lärm so laut ist, dass Gesundheitsschäden eintreten können. Nach dem Sachverhalt überschreiten die Sirenentöne aufgrund ihrer Dauer die Werte der TA-Lärm. Hierbei handelt es sich um eine Verwaltungsvorschrift, die eigentlich nur eine (verwaltungs-)interne Bindung bewirkt, im Gegensatz zur Rechtsverordnung, die auch Außenwirkung besitzt. Im verwaltungsgerichtlichen Verfahren kann der Richter aber zumindest in typischen Regelfällen die TA-Lärm als antizipiertes Sachverständigengutachten heranziehen. In jüngerer Zeit wird die TA-Lärm aber als eine normkonkretisierende Verwaltungsvorschrift für unbestimmte Rechtsbegriffe („Gesundheitsverletzung") angesehen und

---

[4] *Köckenbauer,* JuS 1988, 782.
[5] *Hesse,* Grundzüge des Verfassungsrechts, Rn. 443.
[6] BVerfGE 83, 208 f., st. Rspr.
[7] Vgl. BVerwGE 32, 178 f.
[8] *Schenke,* Verwaltungsprozessrecht, Rn. 498.
[9] BVerfGE 6, 37 ff.

auf diese Weise eine Bindungswirkung erzeugt.[10] Die TA-Lärm kann damit im Gerichtsverfahren berücksichtigt werden. Auch wenn ein einzelner Ton, der nur kurze Zeit über dem Grenzwert liegt, noch keine negativen Gesundheitsauswirkungen haben muss, stellt sich die Sachlage bei häufigen und lang anhaltenden Tönen anders dar. Da die Grenzwerte der TA-Lärm überschritten werden und der Alarm längere Zeit anhält, liegt ein Eingriff in das Gesundheitsrecht des A vor.

b) Hoheitliches Handeln

Erforderlich ist, dass A ein hoheitliches Handeln beseitigen möchte. A begehrt, den Aufbau der Sirene rückgängig zu machen. Eigentlich ergibt sich hier der Eingriff aber erst durch die Töne, welche die Sirene ausstößt. Der Existenz der Sirene ist dafür jedoch eine notwendige Voraussetzung. Eine aufgestellte Sirene ohne Alarmmöglichkeit macht keinen Sinn. Eine Vermeidung des Lärms wird auf jeden Fall erreicht, wenn die Sirene wieder entfernt wird. Die Existenz der Sirene ist notwendige Voraussetzung und Ursache für die Lärmentwicklung.

c) Rechtswidrigkeit

Die Verletzung des Gesundheitsrechts des A durch die Aufstellung der Sirene muss außerdem rechtswidrig sein. Der Aufbau der Feuersirene ist dann rechtswidrig, wenn er gegen gesetzliche Vorschriften verstößt.

aa) Die Zuständigkeit der handelnden Behörde ist gegeben.

bb) Der Betrieb einer Feuersirene ist aus dem Gesichtspunkt der Daseinsvorsorge außerdem legitim.

cc) Da es für weitere Rechtmäßigkeitsvoraussetzungen bei Realakten keine einheitlichen Grundsätze gelten, findet das schlichte Verwaltungshandeln im übrigen seine Grenzen an den Grundrechten des betroffenen Grundrechtsträgers und am Verhältnismäßigkeitsprinzip.

Nach dem Sachverhalt geht es um Immissionen, die von der öffentlich-rechtlichen Nutzung des Schulgrundstücks ausgehen und sich für A als (unmittelbaren) Anwohner beeinträchtigend auswirken.

Aufgrund des Nachbarschaftsverhältnisses könnte § 906 BGB analog geprüft werden.[11] Dahinter steht der Gedanke, dass ein Betroffener, der gegen Handlungen eines Bürgers vorgehen kann, dieses Verhalten erst recht nicht von einer hoheitlich handelnden Verwaltung zu dulden hat. Dieser Ansatz kann gleichfalls aus § 5 I Nr. 1 bzw. § 22 BImSchG entwickelt werden. Fraglich ist, ob hier A eine Duldungspflicht hinsichtlich der Existenz der Feuersirene trifft. In vorliegenden Fall resultieren die Gesundheitsbeeinträchtigungen aus den Tönen des Probealarms der Feuersirene. Im Ernstfall eines Brandes ist der Betrieb einer Feuersirene zur Warnung der Bevölkerung jedoch geboten. Da die Gemeinde für den Schutz des Lebens ihrer Einwohner im Rahmen der Daseinsvorsorge verantwortlich ist, gehört es auch zu ihrer notwendigen Aufgabe, Feuersirenen aufzustellen. Hinsichtlich der Existenz einer Feuersirene trifft A deshalb eine Duldungspflicht.

---

[10] Siehe *OVG Lüneburg* DVBl. 1985, 1322; *OVG Münster* NVwZ 1988, 173; BVerwGE 55, 256.
[11] *OVG Münster* DÖV 1983, 1022.

3. Zwischenergebnis

A hat keinen Anspruch gegen die Gemeinde auf Entfernung der Sirene. Hinsichtlich des Hauptantrages ist die Klage daher zwar zulässig, aber nicht begründet.

III. Zulässigkeit der Klage hinsichtlich des Hilfsantrages

1. Verwaltungsrechtsweg, § 40 I VwGO

Der Verwaltungsrechtsweg wäre nach § 40 I VwGO eröffnet, wenn es sich um eine öffentlich-rechtliche Streitigkeit handeln würde. A wendet sich im Hilfsantrag gegen den Probealarm als Immission vom Nachbargrundstück. Beim Probealarm könnte es sich um eine hoheitliche Tätigkeit handeln, wenn er im Zusammenhang mit einer Verwaltungstätigkeit steht. Der Staat ist, wie oben gezeigt wurde, verpflichtet, für die soziale Sicherheit seiner Bevölkerung Sorge zu tragen und Warnsystemen zum Schutze der Bevölkerung zur Verfügung zu stellen. Dabei ist es notwendig, dass die Sirene auch zur Probe eingeschaltet wird, um ihre Funktionstüchtigkeit zu überprüfen und ihre Funktion für den Notfall sicher zu stellen. Die von der Sirene verursachten Geräusche stehen deshalb in einem engen Sachzusammenhang mit der hoheitlichen Verwaltungstätigkeit.

Der Verwaltungsrechtsweg ist damit zulässig.

2. Statthafte Klageart

Es könnte auch hier eine allgemeine Leistungsklage statthaft sein. Bei den Klagebegehren des A im Hilfsantrag geht es um die Reduzierung des Probealarms. Auch die Töne der Sirene enthalten keine Regelung, da sie lediglich der Information der Einwohner über Gefahren dienen. Beim Probealarm dienen die Töne der internen Verwaltungskontrolle zur Überprüfung der Funktionsfähigkeit der Sirene, so dass im Ergebnis Realakte vorliegen. Ebenso wie im Zivilrecht nach § 241 I 2 BGB kann auch im öffentlichen Recht die begehrte Leistung in einem Unterlassen bestehen. Damit ist die allgemeine Leistungsklage in der Form der Unterlassungsklage statthaft.

3. Klagebefugnis, § 42 II VwGO analog

Hier ist die Klagebefugnis zum Ausschluss von sog. Popularklagen gem. § 42 II VwGO analog anzuwenden. Im vorliegenden Fall ist es nach dem Vortrag des A möglich, dass dieser in seinen Rechten aus Art. 2 II 1 GG und Art. 14 I GG verletzt ist. Es droht ihm auch künftig eine Verletzung von Freiheitsrechten. Somit könnte A einen Unterlassungsanspruch auf Reduzierung des Probealarms aus den Grundrechten besitzen.

4. Klagehäufung, § 44 VwGO

Fraglich ist, ob eine eventuale Klagehäufung zulässig ist. Die Verbindung mehrerer Klagen ist als objektive Klagehäufung gem. § 44 VwGO grundsätzlich möglich. Dabei kommt es nicht darauf an, dass die Klagen nebeneinander verfolgt werden. Die Klagebegehren können auch eventual gestellt werden, also als Haupt- und Hilfsantrag. Beide Klagebegehren richten sich gegen die Gemeinde und haben ihre Grundlage im gleichen Lebenssachverhalt, nämlich der Lärmentwicklung der Sirene. Die Voraussetzungen für eine objektive Klagehäufung sind hier gegeben.

5. Rechtsschutzbedürfnis

Laut Sachverhalt hat A auch dieses Begehren der Behörde vorgetragen, bevor er die Klage anhängig machte. Weil die Behörde diesem Begehren nicht nachkam, besitzt er ein Rechtsschutzbedürfnis.

6. Weitere Zulässigkeitsvoraussetzungen

Weitere Zulässigkeitsvoraussetzungen bestehen lediglich im Falle einer Unterlassungsklage, die sich gegen den Erlass künftiger VAs richtet. Hier ist dann besonders zu begründen, warum vorbeugender Rechtsschutz erforderlich sein soll. Im vorliegenden Fall beruhen die Sirenengeräusche aber nicht auf einem VA.

7. Zwischenergebnis

Die Klage ist hinsichtlich des Hilfsantrages zulässig.

IV. Begründetheit hinsichtlich des Hilfsantrags

Die Klage ist hinsichtlich des Hilfsantrags begründet, wenn A einen Anspruch auf teilweise Unterlassung des Probealarms hat. Fraglich ist, woraus sich ein solcher Anspruch herleiten lässt.

1. Anspruchsgrundlage

a) Unterlassungsanspruch aus § 1004 I 2 BGB

Ein Anspruch aus § 1004 I 2 BGB kommt nicht in Betracht, da er als zivilrechtliche Anspruchsgrundlage bei hoheitlichem Verhalten keine Anwendung findet. Ein gesetzlich geregelter Unterlassungsanspruch liegt im vorliegenden Fall damit nicht vor.

b) Öffentlich-rechtlicher Unterlassungsanspruch

A könnte jedoch einen allgemeinen Unterlassungsanspruch besitzen. Fraglich ist, wie ein solcher Anspruch hergeleitet werden kann.

aa) Fehlt es an einer ausdrücklichen Regelung, so lässt sich ein öffentlich-rechtlicher Unterlassungsanspruch aus der Abwehrfunktion von Grundrechten oder zumindest aus Art. 20 III GG herleiten. Für den Fall, dass die Rechtsordnung ein subjektives Recht anerkennt, muss sie auch die Ansprüche zur Verteidigung des damit geschützten Bereiches schaffen. Durch Art. 20 III GG wird die vollziehende Gewalt an Gesetz und Recht gebunden. Hieraus kann gefolgert werden, dass die Behörde verpflichtet ist, die rechtswidrigen Folgen ihres Handelns wieder zu beseitigen oder ein künftiges rechtswidriges Handeln zu unterlassen.[12]

Für den Fall, dass die Rechtsverletzungen erst bevorstehen, müssen diese Folgerungen erst recht gelten. Schließlich steht dem Abwehrcharakter der Grundrechte ein Unterlassungsanspruch näher als ein Beseitigungsanspruch. Deshalb müssen zum Schutze subjektiver Rechte öffentlich-rechtliche Unterlassungsansprüche existieren. Insbesondere für Grundrechte muss dies gelten, soweit diese Abwehrrechte enthalten.[13]

bb) Die Existenz des allgemeinen Unterlassungsanspruchs könnte sich – gleichfalls wie der allgemeine Folgenbeseitigungsanspruch – aus einer Analogie zu §§ 1004 I,

---

[12] *BVerwG* DVBl. 1984, 1179.
[13] *VGH München* NVwZ 1982, 555; *OVG Münster* DÖV 1983, 1020.

12, 862 BGB, dem Gebot der Gerechtigkeit, dem Rechtsstaatsprinzip, dem Grundsatz des Gesetzesvorbehalts oder Rechtsschutzgarantie des Art. 19 IV GG ergeben. So bildet der öffentlich-rechtliche Unterlassungsanspruch die Parallele zum zivilrechtlichen Unterlassungsanspruch aus §§ 1004 I, 12, 862 BGB. Seine praktische Hauptbedeutung erhält er gegenüber schlichtem Verwaltungshandeln. Gegenüber VAs besteht er zwar auch, ist aber wegen des bei VAs bestehenden spezifischen Rechtsschutzsystems nur sehr eingeschränkt zulässig. Die verschiedenen weiteren Begründungsvorschläge schließen sich hier nicht aus, sondern stützen das gefundene Ergebnis.

cc) Die Frage der Herleitung des allgemeinen Unterlassungsanspruchs kann dahingestellt bleiben, da ein solcher Anspruch inzwischen allgemein anerkannt ist.[14] Im vorliegenden Fall kommt somit dieser allgemeine Unterlassungsanspruch des A in Betracht. Weiterhin müssen dessen Voraussetzungen erfüllt sein.

2. Voraussetzungen

a) Drohender Eingriff in ein subjektives Recht

Wie oben bereits gezeigt wurde, kommt auch hier kein Eingriff in ein einfach gesetzliches Recht und ebenfalls nicht in Art. 14 I 1 GG in Betracht. Ein Eingriff in Art. 2 II 1 GG liegt jedoch vor, da die Höchstwerte der TA-Lärm aufgrund der Dauer des Alarms überschritten werden.

b) Hoheitliches Handeln

Der zu erwartende Probealarm der Behörde stellt schlichtes Verwaltungshandeln dar. Dieses Handeln ist aufgrund der staatlichen Aufgabe der Daseinsvorsorge geboten, so dass es in einem öffentlich-rechtlichen Zusammenhang steht.

c) Rechtswidrigkeit

aa) Das bevorstehende Verwaltungshandeln muss im Falle seiner Durchführung rechtswidrig sein. Dies ist der Fall, wenn A keine Duldungspflicht trifft. Wie oben gezeigt wurde, besteht hinsichtlich der Existenz der Feuersirene eine Duldungspflicht des A. Damit ist allerdings noch nicht geklärt, welches Maß an Lärmstörungen damit verbunden sein darf.

Dem Verwaltungshandeln sind insbesondere durch die Grundrechte des A und dem Verhältnismäßigkeitsgrundsatz Grenzen gesetzt.

bb) Hier geht es um Immissionen, die von der öffentlich-rechtlichen Nutzung des Nachbargrundstücks ausgehen. Teilweise wird für den Fall § 906 BGB analog angewandt oder dieser Grundsatz aus § 5 I Nr. 1 bzw. § 22 BImSchG abgeleitet (siehe oben). Die Geräuschentwicklung durch den Probealarm ist hier aber weder unwesentlich im Sinne des § 906 I BGB noch ortsüblich i. S. d. § 906 II BGB.

Der Staat ist jedoch gehalten, durch sein Handeln die öffentliche Sicherheit und Ordnung nicht zu stören, außer wenn dies durch die Erfüllung der öffentlichen Aufgabe zwingend geboten ist.[15] Aus der entsprechenden Anwendung dieser Immissionsschutzregeln, insbesondere des § 22 I Nr. 1 BImSchG, ergibt sich für den vorliegenden Fall, dass die Behörde den Lärm der Feuersirene gering zu halten hat und eine Überschreitung dieser Störungsgrenze nur zulässig ist, wenn dies für die Sicher-

---

[14] *Köckenbauer,* JuS 1988, 782.
[15] BVerwGE 29, 52.

heit der Bürger zwingend geboten ist. Dies wäre z. B. bei einem wirklichen Brand in der Stadt der Fall, nicht aber bei einem Probealarm, der lediglich die Funktionstüchtigkeit der Sirene überprüfen möchte.

Grundsätzlich ist ein Probealarm der Feuersirene allerdings durch A zu dulden, da die Gemeinde ein legitimes Interesse an der Überprüfung der Funktionsfähigkeit der Sirene hat. Fraglich ist nur, ob das Ausmaß des Lärms von A zu dulden ist. Die Lautstärke der Töne einer Feuersirene ist in der Regel nicht regulierbar. Außerdem ist dem Sachverhalt zu entnehmen, dass hier vor allem die Dauer der Lärmbelästigung zu Gesundheitsschäden führen kann. A trifft zwar eine Duldungspflicht hinsichtlich des Probealarms, allerdings ist seine Dauer zu reduzieren. A hat nur die Dauer von 10 Minuten[16] Probealarm zu dulden.

Somit liegt hier ein Verstoß gegen das Lärmschutzrecht vor, der zur Rechtswidrigkeit des Verwaltungshandelns führt, soweit es über die zulässigen 10 Minuten Probealarm hinausgeht.

d) Wiederholungsgefahr

Erforderlich ist weiterhin, dass die Gefahr besteht, dass das hoheitliche Handeln der Verwaltungsbehörde künftig bevorsteht. Das ist insbesondere in den Fällen anzunehmen, wenn die Verwaltungsbehörde gleichartige Maßnahmen schon vorgenommen hat und weitere derartige Maßnahmen zu befürchten sind. Falls noch keine solche Maßnahme erlassen wurde, sind strengere Anforderungen an die Wahrscheinlichkeit der betreffenden Maßnahme zu stellen. Nach dem Sachverhalt ist davon auszugehen, dass der Probealarm in gleicher Weise von der Gemeinde fortgeführt wird, da sie dem Begehren des A auch ursprünglich nicht nachgekommen ist. Eine Wiederholungsgefahr ist im vorliegenden Fall gegeben.

3. Zwischenergebnis

A hat einen Unterlassungsanspruch auf Reduzierung der Dauer des Probealarms. Die Klage ist damit im Hilfsantrag begründet.

Ergebnis

Die Klage ist zulässig und teilweise begründet.

---

[16] *Anmerkung:* Hier müssen Sie sich als Bearbeiter für eine sinnvolle, exakte Zeitdauer entscheiden.

Fall 16. Der umstrittene Ablösevertrag

Öffentlich-rechtlicher Vertrag, allgemeine Leistungsklage, Verwaltungsrechtsweg, Klagebefugnis, Rechtsschutzbedürfnis, öffentlich-rechtlicher Erstattungsanspruch

Sachverhalt

Bauunternehmer B hat nach Fertigstellung der Baupläne für ein Apartmenthaus einen Bauantrag bei der Gemeinde L, die in Baden-Württemberg liegt, gestellt.

Bei der Planung war zunächst als Parkmöglichkeit für die 38 Wohnungen die Errichtung von Stellplätzen vorgesehen. Diese sollten sich unmittelbar hinter dem Haus befinden.

Die Gemeinde L, die weniger als 5.000 Einwohner hat, ist hiermit allerdings nicht einverstanden. Sie plant mit Hilfe der verschiedenen Ablösebeträge später einen großräumigen Parkplatz in dem Stadtviertel zu schaffen. Sie macht ihr Einvernehmen mit dem Bauvorhaben vom Abschluss einer sog. „Ablösevereinbarung" abhängig.

Das zuständige Landratsamt erteilte die beantragte Baugenehmigung, nachdem B mit der Gemeinde L eine solche Ablösevereinbarung getroffen hat. In dieser Ablösevereinbarung sagt B der Gemeinde die Zahlung von 190 000 Euro als Ersatz für den Bau von 38 Stellplätzen zu. Später bezahlt B vereinbarungsgemäß das Geld an die Gemeinde.

Nachdem nun das Apartmenthaus fertig gestellt ist, möchte B jedoch sein Geld zurück haben. Er meint, dass der Ablösevertrag deswegen nichtig sei, weil die Zahlung als Ersatz für den Bau der Parkplätze erfolgt sei. Diese dürfen aber allein schon deshalb nicht gebaut werden, weil sie sich auf der rückwärtigen Seite des Apartmenthauses nicht i. S. d. § 34 I BauGB einfügen. Dieser Vortrag wird von der Baurechtsbehörde auch nicht bestritten. Außerdem sei nach Ansicht des B, die Gemeinde nicht zum Abschluss der Ablösevereinbarung berechtigt gewesen.

Hat die Klage des B Klage Aussicht auf Erfolg?

Abwandlung: Die Gemeinde L ist zwei Jahre später aufgrund eines erfolgreichen Antrags gem. § 46 II 1 Nr. 1 LBO BW[1] selbst Baugenehmigungsbehörde geworden.

Sie hat mittlerweile eine Stellplatzeinschränkungssatzung[2] erlassen. Danach wird die Stellplatzherstellungspflicht aus der Landesbauordnung eingeschränkt und dem auf diese Weise von der Herstellungspflicht Befreiten statt dessen eine Pflicht zur Zahlung eines Ablösebetrages auferlegt.

B beantragt für ein zweites Bauprojekt, einem Apartmenthaus mit einem identischen Konzept, die Baugenehmigung. Er möchte dieses Mal 38 Stellplätze schaffen und keine Ausgleichszahlungen leisten, zumal auch die zukünftigen Eigentümer Wert auf eine Abstellmöglichkeit für ihre Autos direkt am Haus legen.

---

[1] Art. 53 II BayBO, § 58 BlnBO, § 51 BO Bbg, § 57 BremBO, § 58 HbgBO, § 52 HessBO, § 57 LBO MV, § 57 NdsBO, § 60 LBO NRW, § 58 LBO RhPf, § 58 LBO Saarl, § 57 LBO Sachs, § 56 LBO SA, § 58 LBO SH, § 59 LBO Thür.

[2] Vgl. z. B. auch § 51 V LBO NRW.

L hat jedoch für das betreffende Teilgebiet des Bebauungsplanes einen Einschränkungs-
bereich im Stadtgebiet geschaffen, für den das Maß der Einschränkung 50 % beträgt. Es
darf hier also nur die Hälfte der erforderlichen Stellplätze angelegt werden. Soweit danach
Stellplätze nicht hergestellt werden dürfen, sind sie in gleicher Weise durch Zahlung eines
Geldbetrages abzulösen wie Stellplätze, die aufgrund tatsächlicher Umstände nicht hergestellt werden können. Der Bauherr wird verpflichtet, pro abzulösenden Stellplatz
10 000 Euro an die Gemeinde L zu zahlen.

Die Gemeinde bietet B an, im Rahmen eines öffentlich-rechtlichen Vertrags zu vereinbaren, ihm die Baugenehmigung zu erteilen unter der Bedingung, 19 Stellplätze zu
erstellen und sich im übrigen zu verpflichten, 190 000 Euro an die Gemeinde L zu zahlen.
Es soll im Vertrag auch vereinbart werden, dass die Hälfte des Betrages der besseren
Ausstattung der städtischen Leihbücherei zugute kommt.

Frage 1: Der Leiter des Rechtsamts bekommt jedoch Zweifel, ob ein solcher Vertrag
überhaupt möglich ist. Er bittet Sie, gutachterlich zu prüfen, wie die Rechtslage ist.

Frage 2: Angenommen die Gemeinde und B schließen einen Vertrag ab, B zahlt allerdings
nicht. Wäre die Klage der Gemeinde zulässig?

Lösungsskizze

Ausgangsfall

I. Zulässigkeit der Klage

1. Verwaltungsrechtsweg, § 40 I VwGO
   a) Zivilrechtliche Rückabwicklung gem. §§ 812 ff. BGB (–)
   b) Öffentlich-rechtlicher Erstattungsanspruch (+)
2. Statthafte Klageart: allgemeine Leistungsklage
3. Klagebefugnis, § 42 II VwGO analog (+)
4. Widerspruchsverfahren nicht erforderlich (–): kein VA
5. Allgemeines Rechtsschutzbedürfnis (+)
6. Klagefrist (–): nicht erforderlich
7. Zwischenergebnis: Zulässigkeit der Klage (+)

II. Begründetheit

1. Anspruchsgrundlage: §§ 812 ff. BGB analog i. V. m. § 62 S. 2 LVwVfG
2. Tatbestandsvoraussetzungen
   a) Vermögensverschiebung (+)
   b) Fehlender Rechtsgrund? Ablösevertrag zwischen B und Gemeinde L?
      aa) Ermächtigungsgrundlage für Vertragsschluss (+): Austauschvertrag,
          §§ 56, 54 LVwVfG
      bb) Nichtigkeit des Ablösevertrags, § 54 S. 1 oder §§ 59 II Nr. 1, 54 S. 2,
          56 LVwVfG?
          (1) Zulässigkeit der Handlungsform (+): öffentlich-rechtlicher Vertrag
              neben Erlass VA zulässig
          (2) Nichtigkeit des Vertrags (+), wenn VA mit diesem Inhalt nichtig wäre
              – (P) Zuständigkeit für Erlass des VA liegt bei LRA: Unzuständig-
              keit der Gemeinde?
3. Zwischenergebnis: Anspruch des B auf Rückzahlung des Geldes (–)

Ergebnis: Zulässigkeit der Klage (+), Begründetheit (–)

Abwandlung: Frage 1

I. Ermächtigungsgrundlage: §§ 56, 54 LVwVfG

II. Formelle Rechtmäßigkeit (+)

1. Zuständigkeit, § 46 III LBO (+)
2. Schriftform, § 57 LVwVfG (+)

III. Materielle Rechtmäßigkeit

1. Zulässigkeit der Handlungsform (s. o.)
2. Zulässiger Vertragsinhalt
   a) Leistungen im sachlichen Zusammenhang: Koppelungsverbot (+)
   b) Vereinbarung für einen bestimmten Zweck (+): Ablösung einer gesetzlichen Verpflichtung aus § 37 I LBO
   c) Gegenleistung zur Erfüllung öffentlicher Aufgaben, § 37 V 2 LBO (–)

Ergebnis: Teilnichtigkeit des Vertrages gem. § 59 II Nr. 1 LVwVfG

Abwandlung: Frage 2

I. Zulässigkeit der Klage der Gemeinde

1. Verwaltungsrechtsweg gem. § 40 I VwGO (+)
2. Klageart: allgemeine Leistungsklage
3. Klagebefugnis, § 42 II VwGO analog (+)
4. Allgemeines Rechtsschutzbedürfnis (+)

Ergebnis: Zulässigkeit der allgemeinen Leistungsklage (+)

Lösung

Ausgangsfall

I. Zulässigkeit der Klage

1. Verwaltungsrechtsweg gem. § 40 I VwGO

Der Verwaltungsrechtsweg gem. § 40 I VwGO ist eröffnet, wenn eine öffentlich-rechtliche Streitigkeit vorliegt, die nicht verfassungsrechtlicher Art ist und auch keinem anderem Gericht zugewiesen ist. Eine öffentlich-rechtliche Streitigkeit liegt vor, wenn die streitentscheidende Norm dem öffentlichen Recht zuzuordnen ist. Die Beteiligten streiten um die Rückzahlung von Geld aus einem Vertrag. Es könnte sich um einen öffentlich-rechtlichen Vertrag im Sinne von §§ 54, 56 LVwVfG[3] handeln.

a) Dann könnte B einen öffentlich-rechtlichen Erstattungsanspruch haben, den er nicht vor den Zivilgerichten, sondern auf dem Verwaltungsrechtsweg geltend machen müsste.

Es könnte aber auch eine rein zivilrechtliche Rückabwicklung gem. §§ 812 ff. BGB in Betracht kommen.

---

[3] Die hier anwendbaren Landesverwaltungsverfahrensgesetze sind gleichlautend, bis auf die teilweise abweichenden Vorschriften §§ 121 ff. LVwG SH.

Die Rechtsprechung[4] stellt bei der Rückabwicklung nichtiger Verträge teilweise auf den öffentlich-rechtlichen Zweck der Leistung ab und bejaht deshalb einen öffentlich-rechtlichen Erstattungsanspruch, wenn der Leistungszweck öffentlich-rechtlich war. Gegenteiliges könnte man nur dann annehmen, wenn zwischen der Behörde und dem Vertragspartner tatsächlich keinerlei Rechtsbeziehung bestand, so dass eine zivilrechtliche Rückabwicklung angebracht wäre.[5]

b) Im vorliegenden Fall hat der Sachzusammenhang seine Grundlage im öffentlichen Recht. Regelmäßig bestimmen die einzelnen Landesbauordnungen,[6] dass Bauvorhaben mit zu erwartendem Zu- und Abgangsverkehr nur errichtet werden dürfen, wenn in ausreichender Zahl und Größe sowie geeigneter Beschaffenheit Stellplätze oder Garagen hergestellt bzw. nachgewiesen werden. Daneben enthalten die meisten Landesbauordnungen regelmäßig die ins Ermessen gestellte Ermächtigung der Behörden, von der Erfüllung der Pflicht zur Errichtung von Stellplätzen gegen Zahlung eines Ablösebetrages abzusehen, wenn die Errichtung der Stellplätze dem Bauherrn nicht zumutbar oder unmöglich ist.[7]

Deshalb kommt hier nur ein öffentlich-rechtlicher Erstattungsanspruch in Frage. Der Verwaltungsrechtsweg ist damit eröffnet.

2. Statthafte Klageart

B möchte einen Rückzahlungsanspruch geltend machen. Er begehrt also eine Leistung in Geld von der Behörde. Eine Geldleistung ist als schlichtes hoheitliches Handeln zu qualifizieren, das keine VA-Qualität besitzt.

Es kommt damit eine allgemeine Leistungsklage in Betracht. Die Leistungsklage ist in der VwGO zwar nicht ausdrücklich geregelt, sie ist aber gewohnheitsrechtlich anerkannt. So wird sie z. B. in §§ 43 II, 111, 113 III, 169 II, 170 und 191 I VwGO erwähnt.

Sie ist statthaft, wenn das Begehren des Klägers auf eine Leistung gerichtet ist, die nicht im Erlass eines Verwaltungsakts besteht.

Da B hier die Zahlung von Geld erstrebt, ist die allgemeine Leistungsklage richtige Klageart.

3. Klagebefugnis, § 42 II VwGO analog

Strittig ist, ob bei der allgemeinen Leistungsklage eine Klagebefugnis analog § 42 II VwGO erforderlich ist.

Ein Teil der Literatur nimmt an, dass keine Gesetzeslücke vorliegt, weil die Prüfung der Klagebefugnis durch das allgemeine Rechtsschutzbedürfnis und die Prozessführungsbefugnis aufgefangen werden kann. Somit soll eine analoge Anwendung des § 42 II VwGO nicht in Betracht kommen.[8]

Die Prüfung der Klagebefugnis und des Rechtsschutzinteresses überschneidet sich jedoch nicht. Beim Rechtsschutzinteresse wird festgestellt, ob eine Klage auf einfachere Weise verfolgt werden kann oder die Klageerhebung unnötig bzw. unlauter ist und somit nicht erforderlich ist. Bei der Klagebefugnis geht es dagegen um die

---

[4] *BVerwG* DVBl 1990, 870.

[5] Z. B. im Fall *BVerwG* NJW 1990, 2482.

[6] § 37 LBO BW, Art. 47 BayBO, § 50 BlnBauO, § 43 BO Bbg, § 49 BremBO, § 48 HbgBO, § 44 HessBO, § 49 LBO MV, § 47 NdsBO, § 51 LBO NRW, § 47 LBO RhPf, § 47 LBO Saarl, § 49 LBO Sachs, § 48 LBO SA, § 50 LBO SH, § 49 LBO Thür.

[7] Nennung der einschlägigen Landesvorschriften in Fußnote 13; hierzu auch *Meißner,* NVwZ 1998, 928.

[8] Vgl. *Erichsen,* Jura 1992, 386 ff.; *Schechinger,* DVBl. 1991, 1182 ff.

Frage, ob generell eine Verletzung der Rechte des Klägers in Betracht kommt. Eine Prüfung der Klagebefugnis ist damit erforderlich, weil eine Lücke besteht.[9]

Die analoge Anwendung des § 42 II VwGO ist zu bejahen, weil auch bei der allgemeinen Leistungsklage die Gefahr einer sog. Popularklage besteht.[10] Die Klagebefugnis ist hier gegeben, da B einen öffentlich-rechtlichen Erstattungsanspruch haben könnte.

4. Widerspruchsverfahren

Ein Vorverfahren ist nicht notwendig, da hier kein VA vorliegt.

5. Allgemeines Rechtsschutzbedürfnis

B muss sein Begehren vor Klageerhebung gegenüber der Behörde erfolglos geltend machen.

6. Die Einhaltung einer **Klagefrist** ist nicht erforderlich.

7. Zwischenergebnis

Die Klage ist also zulässig.

II. Begründetheit

Die allgemeine Leistungsklage ist begründet, wenn B einen Anspruch auf Rückzahlung des Geldes hat.

1. Anspruchsgrundlage

Anspruchsgrundlage für die Rückzahlung des Geldes könnte der öffentlich-rechtliche Erstattungsanspruch[11] sein. Teilweise wird dieser Anspruch auf §§ 812 ff. BGB analog i. V. m. § 62 S. 2 LVwVfG gestützt. Nach anderer Auffassung gründet sich der öffentlich-rechtliche Erstattungsanspruch auf den Grundsatz der Rechtmäßigkeit der Verwaltung und ist damit ein eigenständiges Rechtsinstitut, das gewohnheitsrechtlich verfestigt ist.[12] Der Streit kann hier jedoch dahingestellt bleiben, da ein solcher Anspruch auf jeden Fall allgemein anerkannt ist.

2. Tatbestandsvoraussetzungen

a) Vermögensverschiebung

Laut Sachverhalt hat B an die Gemeinde L 190 000 Euro gezahlt.

b) Fehlender Rechtsgrund

Die Leistung des B muss ohne Rechtsgrund vorgenommen worden sein. Es spielt dabei keine Rolle, ob ein Rechtsgrund von Anfang an nicht vorlag oder er erst später weggefallen ist. Entscheidend ist jedoch, dass eine bloße Rechtswidrigkeit eines öffentlich-rechtlichen Vertrages nicht ausreicht, weil dieser, wie ein VA, nach wie vor wirksam ist.

---

[9] BVerwGE 60, 150; *BVerwG* NJW 1996, 2046 ff.; *Ronellenfitsch,* VerwA 1991, 125 ff.
[10] *Ehlers,* NVwZ 1990, 109.
[11] Dazu allgemein *Schoch,* Jura 1994, 82 ff.
[12] Siehe *Peine,* Allgemeines Verwaltungsrecht, Rn. 1023.

Rechtsgrund für die Zahlung des B könnte im vorliegenden Fall der Ablösevertrag zwischen B und der Gemeinde L sein.

aa) Ermächtigungsgrundlage für den Vertragsschluss

B und die Gemeinde L könnten im vorliegenden Fall einen Austauschvertrag gem. §§ 56, 54 LVwVfG abgeschlossen haben, wenn der Vertragsgegenstand öffentlich-rechtlicher Natur ist. B verpflichtet sich im Vertrag zur Zahlung eines Geldbetrags, während er selbst von der baurechtlichen Verpflichtung zur Stellplatzschaffung freigestellt wird. Damit ist ein Austauschvertrag zustande gekommen.

bb) Nichtigkeit des Ablösevertrags

Die Zahlung des Geldes durch B wäre rechtsgrundlos erfolgt, wenn der mit der Gemeinde geschlossene Ablösevertrag nichtig war.

Da eine bloße Rechtswidrigkeit des Vertrags nicht ausreichen würde, müsste dieser nichtig sein. Die Nichtigkeit könnte sich hier aus § 54 S. 1 oder §§ 59 II Nr. 1, 54 S. 2, 56 LVwVfG ergeben.

(1) Zulässigkeit der Handlungsform

Fraglich ist, ob der Abschluss des öffentlich-rechtlichen Vertrages trotz der inzwischen gesetzlich geregelten Ablösemöglichkeiten gem. § 37 V LBO BW[13] möglich ist. Entgegen der früheren Auffassung, die einen verwaltungsrechtlichen Vertrag nur für zulässig erachtet, wenn ein Gesetz den Abschluss ausdrücklich vorsieht,[14] ist nach h. M. eine Gestaltung der Rechtslage durch Abschluss eines öffentlich-rechtlichen Vertrages grundsätzlich möglich, soweit dem nicht zwingende Rechtsvorschriften entgegenstehen.[15] Dieser Grundsatz ist in § 54 S. 1 LVwVfG niedergelegt worden, auch wenn er in den folgenden Paragraphen wieder stark eingeschränkt wird.

Es ist somit zu prüfen, ob § 37 V LBO BW, der die Baurechtsbehörde zum Erlass eines VA ermächtigt, dem Abschluss eines Ablösevertrags entgegensteht. Nach dieser Vorschrift kann die Ablösepflicht in einem VA als Nebenbestimmung zur Baugenehmigung geregelt werden.

Aufgrund gesetzlicher Befreiungsvoraussetzungen könnte es jedoch möglich sein, dass ein individuelles Abweichen von der Stellplatzpflicht erforderlich wird. Deshalb gibt es gute Gründe, den Abschluss öffentlich-rechtlicher Verträge neben dem Erlass eines VA zuzulassen.[16] Der Abschluss eines Ablösevertrages ist grundsätzlich möglich.

(2) Nichtigkeit des Vertrags

Gem. § 59 II Nr. 1 LVwVfG wäre der Vertrag nichtig, wenn ein VA mit entsprechendem Inhalt ebenfalls nichtig wäre. Die Gemeinde hätte danach nur dann einen wirksamen subordinationsrechtlichen öffentlich-rechtlichen Vertrag mit B schließen können, wenn sie einen entsprechenden Verwaltungsakt ihm gegenüber hätte erlassen können. Nach § 37 V 1 LBO BW kann die Baurechtsbehörde einen Verwaltungsakt

---

[13] Art. 47 III Nr. 3 BayBO, § 43 III BO Bbg, § 49 BremBO, § 49 HbgBO, § 44 HessBO, § 49 II LBO MV, § 47 NdsBO, § 51 V LBO NRW, § 47 IV LBO RhPf, § 47 III LBO Saarl, § 49 II LBO Sachs, § 48 II LBO SA, § 50 VI LBO SH, § 49 III LBO Thür.
[14] *Schmidt-Salzer*, VerwArch 1971, 148.
[15] BVerwGE 49, 362.
[16] Vgl. dazu *VGH Mannheim* BRS 30 Nr. 108, 213; *OVG Münster* BRS 32 Nr. 108.

gegenüber dem Bauherrn erlassen, in dem sie ihm eine Verpflichtung zur Zahlung an die Gemeinde als Ersatz für die Stellplatzschaffung auferlegt.

(a) Jedoch ist nach §§ 46 I Nr. 3 LBO BW,[17] 13 I Nr. 1 LVwVfG untere Baurechtsbehörde grundsätzlich das Landratsamt. Die Voraussetzungen von Abs. 2 und 3 liegen für die Gemeinde L nicht vor. Das Landratsamt war aber nicht Vertragspartner von B. Gemäß §§ 59 II Nr. 1, 54 S. 2 LVwVfG könnte der Vertrag nichtig sein, wenn ein Verwaltungsakt der Gemeinde an B nichtig gewesen wäre.

Gem. § 44 I LVwVfG wäre der VA nichtig, wenn er an einem besonders schwerwiegenden Fehler gelitten hätte. Da die Gemeinde für den Erlass des VA nicht zuständig ist, könnte ein solcher Fehler vorliegen. Die Gemeinde ist auch unter keinem erdenklichen Gesichtspunkt zuständig. Deshalb könnte dieser Fehler auch offensichtlich sein.

(b) Entgegen der engen Fassung von § 54 S. 2 LVwVfG könnte es jedoch vertretbar sein, dass die vertragsschließende Behörde nicht selbst die Befugnis besitzen müsste, um den VA zu erlassen. Es könnte auch ausreichen, wenn sie einen solchen VA bei einer anderen Behörde beantragen kann.[18] Hier könnte die Gemeinde L ihre Zustimmung gegenüber dem Landratsamt vom Abschluss eines Ablösevertrags abhängig machen. In dieser Hinsicht wäre der Abschluss des Ablösevertrags durch die Gemeinde nicht zu beanstanden.

(c) Beim Abschluss eines Ablösevertrags ist es aber fraglich, ob nicht eine originäre Zuständigkeit der Gemeinde für den Abschluss vorliegt. Gem. § 37 V 3 LBO BW legt die Gemeinde auch im Falle eines VA der Baurechtsbehörde den konkreten Geldbetrag fest. Da die Gemeinde schließlich auch Empfängerin des Geldes ist, erscheint es sachgerecht, eine Zuständigkeit der Gemeinde für den Vertragsabschluss anzunehmen.[19]

(d) Selbst wenn die Gemeinde nicht berechtigt war, ihr Einvernehmen vom Abschluss eines Ablösevertrags abhängig zu machen, kann B aus Treu und Glauben das Geld nicht zurückfordern.[20] Die Baugenehmigung kann nur erteilt werden, wenn die bauordnungsrechtliche Stellplatzpflicht erfüllt ist. Da sich nach dem Sachverhalt die Stellplätze hinter dem Haus nicht einfügen, hätte eigentlich keine Baugenehmigung erteilt werden können. Durch den Ablösevertrag wurde nun das Begehren des B, die Erteilung der Baugenehmigung, erreicht, so dass er das Geld nicht zurückfordern kann.

(3) Der Ablehnung des Rückforderungsanspruchs steht ferner nicht entgegen, dass sich die Stellplätze nicht i. S. d. § 34 I BauGB einfügen würden. Die Ablösemöglichkeit wurde gerade auch aus dem Grund eingeführt, dass der Bau von Stellplätzen aus rechtlichen oder tatsächlichen Gründen nicht möglich ist. Die baurechtliche Vereinbarkeit des Vorhabens des B soll durch den Ablösevertrag gerade herbeigeführt werden.

Die Gemeinde hat somit einen rechtlichen Grund für das Behaltendürfen des Geldes.

---

[17] Art. 53 I BayBO, § 86 BlnBauO, § 51 I BO Bbg, § 57 I Nr. 2 BremLBO, § 58 HbgBO, § 52 I Nr. 1 lit. b HessBO, § 57 I Nr. 1 LBO MV, § 57 I NdsBauO, § 60 I Nr. 3 lit. b BauO NRW, § 58 I Nr. 3 LBO RhPf, §§ 58, 59 LBO Saarl, § 57 I Nr. 1 LBO Sachs, § 56 I Nr. 1 LBO SA, § 58 I Nr. 2 LBO SH, § 57 I Nr. 1 LBO Thür.

[18] *Kopp/Ramsauer*, VwVfG, § 54 Rn. 21.

[19] Vgl. *OVG Saarlouis* NJW 1993, 1612. So teilweise auch die landesrechtlichen Regelungen.

[20] *BVerwG* NJW 1998, 3135.

3. Zwischenergebnis

B hat keinen Anspruch auf Rückzahlung des Geldes.

Ergebnis

Die Klage ist zwar zulässig, aber nicht begründet.

Abwandlung: Frage 1

Die Gemeinde kann den Ablösevertrag abschließen, wenn sie dazu ermächtigt ist und der Vertrag keinen Fehler aufweist.

I. Ermächtigungsgrundlage

Ermächtigungsgrundlage für den Abschluss des Vertrages ist §§ 56, 54 LVwVfG.

II. Formelle Rechtmäßigkeit

Die Gemeinde L wäre als untere Baurechtsbehörde nach § 46 III LBO BW zum Abschluss des Vertrags zuständig. Der Vertrag muss gem. § 57 LVwVfG schriftlich geschlossen werden.

III. Materielle Rechtmäßigkeit

1. Zulässigkeit der Handlungsform (siehe oben)

2. Zulässiger Vertragsinhalt

Nach § 56 LVwVfG ist die von B zu erbringende Gegenleistung von bestimmten Voraussetzungen abhängig, damit der Vertrag rechtmäßig ist.

a) Leistungen im sachlichen Zusammenhang

Das sog. Koppelungsverbot soll eine sachwidrige Motivation des Verwaltungshandelns verhindern. Es soll kein „Ausverkauf von Hoheitsrechten" stattfinden. Darum darf die Behörde die Erfüllung ihrer hoheitlichen Aufgaben grundsätzlich nicht von unmittelbar „verkoppelten" ökonomischen Gegenleistungen abhängig machen. Die Leistungen der Vertragsparteien müssen deshalb in einem inneren Zusammenhang stehen.[21] Fraglich ist, ob ein solcher Zusammenhang zwischen der Befreiung von der Stellplatzpflicht und der Geldleistung existiert. Ein unmittelbarer Zweckzusammenhang ist dabei allerdings nicht erforderlich. Deswegen ist ein Ablösevertrag, der die Erteilung einer Baugenehmigung gegen Zahlung eines Ablösebetrags vorsieht, zulässig.[22]

b) Vereinbarung für einen bestimmten Zweck

Die Gegenleistung des B muss mit einem bestimmten Zweck vereinbar sein. Der Zweck ist hier die Ablösung einer bestehenden gesetzlichen Verpflichtung aus § 37 I LBO BW. Diese gesetzliche Pflicht ist ablösbar, wenn die Stellplatzschaffung aus rechtlichen oder tatsächlichen Gründen erschwert ist.

In der vorliegenden Fallvariante liegen tatsächliche Schwierigkeiten nicht vor, denn die Stellplätze können in genügender Anzahl beim Gebäude geschaffen werden.

---

[21] *BVerwG* NVwZ 1994, 485.
[22] *BVerwG* NVwZ 1987, 410.

Ein rechtliches Hindernis liegt allerdings in der Stellplatzeinschränkungssatzung der Gemeinde.[23] Soweit eine solche Satzung vorliegt, kann die Gemeinde einen Verwaltungsakt mit dem entsprechenden Inhalt erlassen.

c) Gegenleistung zur Erfüllung öffentlicher Aufgaben

Die Gegenleistung des B darf nur für solche Aufgaben verwendet werden, für welche die Behörde örtlich und sachlich zuständig ist.

Eine Einschränkung dieser Voraussetzung könnte in der konkreten Zweckbestimmung des § 37 V 2 LBO BW liegen. Es wird hier verlangt, dass das Geld von der Gemeinde zu einem bestimmten Zweck verwendet werden muss. Dieser Zweck liegt in der Schaffung von Parkraum an anderer Stelle. Teilweise ist dieser Zweck der Geldverwendung im Vertrag jedoch abbedungen worden.

Die Bestimmung, dass ein Teil des Geldes für die Stadtbücherei aufgewendet wird, ist im Rahmen des Ablösevertrages nicht zulässig.

Ergebnis

Damit ist der Vertrag zum Teil gem. § 59 II Nr. 1 LVwVfG nichtig, was im Zweifel gem. § 59 III LVwVfG zur Nichtigkeit des gesamten Vertrages führt.

Abwandlung: Frage 2

I. Zulässigkeit der Klage der Gemeinde

1. Verwaltungsrechtsweg, § 40 I VwGO

Der Verwaltungsrechtsweg ist gegeben, da es sich um einen Anspruch aus einem öffentlich-rechtlichen Vertrag handelt

2. Klageart

Statthafte Klageart für die Zahlung eines Geldbetrags ist die allgemeine Leistungsklage (siehe oben).

3. Klagebefugnis, § 42 II VwGO analog

Die Gemeinde könnte einen Anspruch auf Zahlung der 190 000 Euro aus dem öffentlich-rechtlichen Vertrag besitzen.

4. Allgemeines Rechtsschutzbedürfnis

Das Rechtsschutzbedürfnis kann entfallen, wenn der Gemeinde ein einfacheres, aber mindestens gleich effektives Verfahren zur Durchsetzung ihres Zahlungsanspruchs zur Verfügung steht. Zu prüfen ist, ob die Gemeinde nicht die Möglichkeit des Erlasses eines VA besitzt. Für diesen Fall müsste sie nicht den Weg einer gerichtlichen Klage beschreiten.

Fraglich ist jedoch, welche Ermächtigungsgrundlage zum Erlass des VA in Betracht kommen würde. Der öffentlich-rechtliche Vertrag selbst ermächtigt nicht zum Erlass eines VA. Durch den Abschluss des Vertrages hat sich die Gemeinde auf die gleiche Ebene mit dem B begeben. Ein Über-/Unterordnungsverhältnis, das für den Erlass

---

[23] *Finkelnburg/Ortloff/Otto*, Öffentliches Baurecht, Band II, S. 60 f.

des VA notwendig wäre, liegt damit nicht vor. Damit ist das allgemeine Rechtsschutzbedürfnis für die Gemeinde zu bejahen.

Ergebnis

Die allgemeine Leistungsklage ist zulässig.

Fall 17. Sportanlage und heranrückende Wohnbebauung

Immissionsschutzrecht, Baurecht, Verpflichtungsklage, Bauen im unbeplanten In-
nenbereich, Rücksichtnahmegebot, Beiladung, Sportanlagenlärmschutzverord-
nung, Grenzwerte

Sachverhalt

A ist Eigentümer eines Grundstücks im unbeplanten Innenbereich der Gemeinde S. Unmittelbar an der Grenze seines Grundstücks liegt ein gemeindlich betriebener Sportplatz,
der bereits 2000 errichtet wurde und damals noch im Außenbereich lag. A beantragt 2012
bei der zuständigen Baurechtsbehörde die Erteilung einer Baugenehmigung zur Errichtung
eines Wohnhauses in einem Abstand von 5m zum Sportplatz. Im bauaufsichtlichen Verfahren versagte die Gemeinde ihr Einvernehmen mit der Begründung, von dem Sportplatz
gingen Emissionen aus, die zivilrechtliche Streitigkeiten und möglicherweise sogar eine
Nutzungsuntersagung nach sich ziehen könnten. Das Bauvorhaben des A werde stärkeren
Belästigungen ausgesetzt sein als die bereits vorhandene Bebauung. Aus einem der
Gemeinde vorliegendem Sachverständigengutachten geht hervor, dass während der
werktäglichen Trainingszeiten innerhalb der Ruhezeit mit einem Geräuschpegel von
59,5 dB(A) und an sonntäglichen Wettkampfveranstaltungen einem Pegel von 64,5 dB(A)
zu rechnen sei. Ferner beruft die Gemeinde sich darauf, dass der Sportplatz zuerst errichtet
wurde und deshalb Bestandsschutz genieße. Da die Wohnbebauung aus den genannten
Gründen mit dem Sportplatz nicht vereinbar sei, könne das Haus nicht errichtet werden.

Die Baurechtsbehörde lehnte wegen des fehlenden gemeindlichen Einvernehmens der
Gemeinde den Bauantrag ab. A erklärt, er werde sein Wohnhaus nicht wie geplant,
sondern weiter vom Sportplatz entfernt und diesem abgewandt errichten. Nach erfolglosem Widerspruchsverfahren möchte A wissen, ob eine Klage Aussicht auf Erfolg hat.

Auszug aus der Achtzehnten Verordnung zur Durchführung des BImSchG – Sportanlagenlärm-
schutzverordnung (18. BImSchVO)[1]

§ 1 Anwendungsbereich. (1) Diese Verordnung gilt für die Errichtung, die Beschaffenheit und
den Betrieb von Sportanlagen, soweit sie zum Zwecke der Sportausübung betrieben werden
und einer Genehmigung nach § 4 des Bundes-Immissionsschutzgesetzes nicht bedürfen.

(2) Sportanlagen sind ortsfeste Einrichtungen im Sinne des § 3 Abs. 5 Nr. 1 des Bundes-Immissionsschutzgesetzes, die zur Sportausübung bestimmt sind.

(3) Zur Sportanlage zählen auch Einrichtungen, die mit der Sportanlage in einem engen räumlichen und betrieblichen Zusammenhang stehen. Zur Nutzungsdauer der Sportanlage gehören
auch die Zeiten des An- und Abfahrverkehrs sowie des Zu- und Abgangs.

§ 2 Immissionsrichtwerte. (1) Sportanlagen sind so zu errichten und zu betreiben, dass die in
den Absätzen 2 bis 4 genannten Immissionsrichtwerte unter Einrechnung der Geräuschimmis-
sionen anderer Sportanlagen nicht überschritten werden.

---

[1] BGBl. I 1991, 1588, 1790.

(2) Die Immissionsrichtwerte betragen für Immissionsorte außerhalb von Gebäuden
1. in Gewerbegebieten
   tags außerhalb der Ruhezeiten 65 dB(A),
   tags innerhalb der Ruhezeiten 60 dB(A),
   nachts 50 dB(A),
2. in Kerngebieten, Dorfgebieten und Mischgebieten
   tags außerhalb der Ruhezeiten 60 dB(A),
   tags innerhalb der Ruhezeiten 55 dB(A),
   nachts 45 dB(A),
3. in allgemeinen Wohngebieten und Kleinsiedlungsgebieten
   tags außerhalb der Ruhezeiten 55 dB(A),
   tags innerhalb der Ruhezeiten 50 dB(A),
   nachts 40 dB(A),
4. in reinen Wohngebieten
   tags außerhalb der Ruhezeiten 50 dB(A),
   tags innerhalb der Ruhezeiten 45 dB(A),
   nachts 35 dB(A),
5. in Kurgebieten, für Krankenhäuser und Pflegeanstalten
   tags außerhalb der Ruhezeiten 45 dB(A),
   tags innerhalb der Ruhezeiten 45 dB(A),
   nachts 35 dB(A).
(…)

§ 3 Maßnahmen. Zur Erfüllung der Pflichten nach § 2 Abs. 1 hat der Betreiber insbesondere
1. an Lautsprecheranlagen und ähnlichen Einrichtungen technische Maßnahmen, wie dezentrale Aufstellung von Lautsprechern und Einbau von Schallpegelbegrenzern, zu treffen,
2. technische und bauliche Schallschutzmaßnahmen, wie die Verwendung lärmgeminderter oder lärmmindernder Ballfangzäune, Bodenbeläge, Schallschutzwände und -wälle, zu treffen,
3. Vorkehrungen zu treffen, dass Zuschauer keine übermäßig Lärm erzeugenden Instrumente wie pyrotechnische Gegenstände oder druckgasbetriebene Lärmfanfaren verwenden, und
4. An- und Abfahrtswege und Parkplätze durch Maßnahmen betrieblicher und organisatorischer Art so zu gestalten, dass schädliche Umwelteinwirkungen durch Geräusche auf ein Mindestmaß beschränkt werden.

§ 5 Nebenbestimmungen und Anordnungen im Einzelfall. (4) Bei Sportanlagen, die vor In-Kraft-Treten dieser Verordnung baurechtlich genehmigt oder – soweit eine Baugenehmigung nicht erforderlich war – errichtet waren, soll die zuständige Behörde von einer Festsetzung von Betriebszeiten absehen, wenn die Immissionsrichtwerte an den in § 2 Abs. 2 genannten Immissionsorten jeweils um weniger als 5 dB(A) überschritten werden; dies gilt nicht an den in § 2 Abs. 2 Nr. 5 genannten Immissionsorten.

(…)

Lösungsskizze

I. Zulässigkeit der Klage

1. Verwaltungsrechtsweg (+)
2. Statthafte Klageart: Verpflichtungsklage
3. Klagebefugnis (+): möglicher Anspruch aus § 58 I LBO BW
4. Widerspruchsverfahren (+)
5. Zwischenergebnis: Zulässigkeit der Klage (+)

II. Beiladung gem. § 65 II VwGO (+)

III. Begründetheit der Klage

1. Anspruchsgrundlage: § 58 I 1 LBO BW
2. Vereinbarkeit mit Bauplanungsrecht
   a) Unbeplanter Innenbereich: § 34 II BauGB i. V. m. § 4 II Nr. 1 BauNVO (+): Wohngebäude

b) Verstoß gegen Gebot der Rücksichtnahme? Unzumutbare Lärmimmissionen, § 15 I 2 2. Alt. BauNVO?

    aa) Sportplatz als genehmigungsfreies Vorhaben: nach §§ 22 I Nr. 1 iVm 3 BImSchG Schutz vor schädlichen Umwelteinwirkungen (erhebliche Belästigungen), Erheblichkeitsgrenze bestimmt sich nach Sportanlagenlärmschutzverordnung, hier: erhebliche Immissionen (+), Überschreitung laut SV-Gutachten

    bb) § 15 III BauNVO, Vorbelastung des Grundstücks? Duldungspflicht der Überschreitung bis 5 dB(a), §§ 2 II Nr. 3, 5 IV der 18. BImSchV, hier höhere Überschreitung, aber Prinzip der Gegenseitigkeit: Sportanlagenbetreiber Verpflichtung zur Lärmminderung nicht nachgekommen

3. Zwischenergebnis: Anspruch des A auf Baugenehmigung (+)

Ergebnis: Klage ist zulässig und begründet.

Lösung[2]

I. Zulässigkeit der Klage

1. Zulässigkeit des Verwaltungsrechtswegs

Der Verwaltungsrechtsweg ist aufgrund des öffentlich-rechtlichen Charakters der streitentscheidenden Norm des § 58 I 1 LBO BW[3] gegeben.

2. Statthafte Klageart

Das Klagebegehren des A ist hier auf die Erteilung der Baugenehmigung und damit eines VA gerichtet. Folglich ist die Verpflichtungsklage statthafte Klageart.

3. Klagebefugnis

A könnte einen subjektiv-öffentlichen Anspruch auf Erteilung der Bauerlaubnis gem. § 58 I LBO BW haben.

4. Widerspruchsverfahren

Das nach § 68 II, I VwGO erforderliche Widerspruchsverfahren wurde laut Sachverhalt erfolglos durchgeführt.

5. Zwischenergebnis

Die Klage ist als Verpflichtungsklage zulässig.

---

[2] Fall ähnelt *BVerwG* NVwZ 2000, 1050.
[3] Art. 68 I 1 BayBO, § 71 BlnBO, § 67 BO Bbg, § 74 BremBO, § 72 HbgBO, § 64 HessBO, § 72 LBO MV, § 75 NdsBO, § 75 LBO NRW, § 70 LBO RhPf, § 73 LBO Saarl, § 72 LBO Sachs, § 71 LBO SA, § 73 LBO SH, § 70 LBO Thür.

II. Beiladung gem. § 65 II VwGO

Voraussetzung für die Erteilung der Baugenehmigung ist, dass die Gemeinde ihr Einvernehmen gem. § 36 BauGB erteilt. Deshalb liegt ein Fall der notwendigen Beiladung gem. § 65 II VwGO vor.[4]

III. Begründetheit der Klage

Die Verpflichtungsklage ist begründet, wenn A einen Anspruch auf Erteilung der Baugenehmigung gem. § 58 I 1 LBO BW[5] hat. In diesem Fall wäre die Ablehnung rechtswidrig und der Genehmigungsanspruch des A verletzt (§ 113 V VwGO).

1. Anspruchsgrundlage

Gem. § 58 I 1 LBO BW besteht ein Anspruch auf die Baugenehmigung, wenn keine öffentlich-rechtlichen Vorschriften entgegenstehen. Zu prüfen ist, ob das Vorhaben mit den bauplanungsrechtlichen Vorschriften der §§ 29 ff. BauGB vereinbar ist.

2. Vereinbarkeit mit Bauplanungsrecht

a) Unbeplanter Innenbereich

Das Grundstück des A liegt im unbeplanten Innenbereich der Gemeinde S. Die Zulässigkeit des Vorhabens in dem jeweiligen Baugebiet bestimmt sich daher nach § 34 BauGB. § 34 II BauGB sieht vor, dass die Zulässigkeit einer Bebauung sich nach den Vorschriften der BauNVO bestimmt, wenn seine nähere Umgebung nach seiner Art der baulichen Nutzung einem der Baugebiete der BauNVO entspricht.[6] Hier entspricht die Umgebung des Grundstücks einem allgemeinen Wohngebiet i. S. d. § 4 BauNVO. Da § 4 II Nr. 1 BauNVO Wohngebäude ausdrücklich für zulässig erklärt, wäre die Wohnbebauung des Grundstücks mit § 34 II BauGB vereinbar und somit zulässig.

b) Gebot der Rücksichtnahme

Fraglich ist jedoch, ob die Errichtung eines Wohnhauses 5m neben einem Sportplatz nicht gegen das Gebot der Rücksichtnahme i. S. d. § 15 BauNVO verstößt. Gem. § 15 I 2 2. Alt. BauNVO sind bauliche Anlagen unzulässig, wenn sie unzumutbaren Störungen oder Belästigungen durch die Umgebung ausgesetzt werden. Die Vorschrift soll sicherstellen, dass eine an sich im Baugebiet zulässige und schutzwürdige Nutzung im Einzelfall unzulässig ist, wenn sie unzumutbaren Belästigungen anderer zulässiger Anlagen ausgesetzt wird. § 15 I 2 2. Alt. BauNVO stellt damit eine besondere Ausprägung der Gegenseitigkeit der Rücksichtnahme im Bauplanungsrecht dar.[7]

Folglich ist ein Wohnhaus im Abstand von 5m zum Sportplatz unzulässig, wenn es dadurch unzumutbaren Lärmimmissionen ausgesetzt sein würde. Für die baurechtliche Genehmigung eines Wohnhauses an der Grenze zu einem Sportplatz kann als Zumutbarkeitsgrenze in Nachbarkonflikten auf die materiell-rechtlichen Maßstäbe des Immissionsschutzrechts zurückgegriffen werden,[8] die die Zumutbarkeitsgrenze

---

[4] *BVerwG* Buchholz 310, § 65 Nr. 100; *VGH Mannheim* NVwZ 1977, 199.
[5] Art. 68 I 1 BayBO, § 71 BlnBO, § 67 BO Bbg, § 74 BremBO, § 72 HbgBO, § 64 HessBO, § 72 LBO MV, § 75 NdsBO, § 75 LBO NRW, § 70 LBO RhPf, § 73 LBO Saarl, § 72 LBO Sachs, § 71 LBO SA, § 73 LBO SH, § 70 LBO Thür.
[6] *BVerwG* NVwZ-RR 1977, 463; *BVerwG* NVwZ 2000, 1050.
[7] BVerwGE 98, 243.
[8] *BVerwG* BauR 2000, 234.

nach § 15 III BauNVO zwar nicht abschließend festlegen, aber als Orientierungshilfe auch im Baurecht heranzuziehen sind.[9]

aa) Das BImSchG legt die Grenze der zumutbaren Umwelteinwirkungen für Nachbarn und damit das Maß der gebotenen Rücksichtnahme mit Wirkung auch für das Baurecht allgemeinverbindlich fest.[10]

Das BImSchG unterscheidet zwischen genehmigungsbedürftigen und nicht genehmigungsbedürftigen Anlagen. Die aufgrund § 4 I 3 BImSchG erlassene 4. BImSchV enthält im Anhang eine Auflistung der genehmigungsbedürftigen Anlagen. Der Sportplatz ist nicht im Anhang zur 4. BImSchV aufgeführt und somit ein genehmigungsfreies Vorhaben i. S. d. §§ 22 ff. BImSchG.

§ 22 I Nr. 1 BImSchG schützt die Nachbarschaft vor schädlichen Umwelteinwirkungen. Gem. § 3 I BImSchG sind schädliche Umwelteinwirkungen Immissionen, die geeignet sind, erhebliche Belästigungen herbeizuführen. Immissionen sind nach § 3 II BImSchG auch die auf Nachbarn einwirkende Geräusche.

Fraglich ist demnach, ob es sich bei den im Sachverständigengutachten ermittelten Geräuschpegeln um erhebliche Belästigungen handelt. Die Erheblichkeitsgrenze für Geräuschpegel an Sportplätzen bestimmt sich nach der Sportanlagenlärmschutzverordnung (18. BImSchV), deren Erlass auf § 23 I BImSchG zurückgeht und hierfür baugebietsspezifische Immissionsrichtwerte konkretisiert.

(1) Zu prüfen ist zunächst, ob der Anwendungsbereich der Sportanlagenlärmschutzverordnung eröffnet ist. Gem. § 1 I der 18. BImSchV gilt die Verordnung für die Errichtung und den Betrieb von Sportanlagen. Da es sich hier um eine bauaufsichtliche Genehmigung eines Wohnbauvorhabens handelt, sind Immissionsrichtwerte der Sportanlagenlärmschutzverordnung nicht unmittelbar anwendbar. Hier könnte jedoch eine entsprechende Anwendung der Verordnung in Betracht kommen. Sinn und Zweck der 18. BImSchV ist es zum Schutz der Allgemeinheit und der Nachbarschaft vor schädlichen Umwelteinwirkungen Anforderungen auch an den Betrieb nicht genehmigungsbedürftiger Sportanlagen zu stellen.[11] Deshalb können ihre Werte hier entsprechend herangezogen werden.

(2) Die Erheblichkeit der Lärmimmissionen ist anhand der in § 2 der 18. BImSchV niedergelegten Richtwerte zu ermitteln. § 2 II Nr. 3 der 18. BImSchV sieht für ein allgemeines Wohngebiet tagsüber außerhalb der Ruhezeiten 55 dB(A) und tagsüber während der Ruhezeiten 50 dB(A) vor. Nach den Angaben des Sachverständigengutachtens liegt außerhalb der Ruhezeiten eine Überschreitung dieses Richtwertes um 9,8 dB(A) und innerhalb der Ruhezeiten um 9,5 dB(A) vor. Demnach sind die vom Sportplatz ausgehenden Immissionen als erheblich anzusehen.

Zu prüfen ist jedoch, ob hier nicht aufgrund von § 5 IV der 18. BImSchV andere Richtwerte gelten. § 5 IV der 18. BImSchV sieht Privilegierungen für Anlagen vor, die vor 1991 und damit vor dem Erlass der Verordnung errichtet wurden. Der Sportplatz ist 1990 errichtet worden, so dass hier gem. § 5 IV der 18. BImSchV Richtwertüberschreitungen bis zu 5 dB(A) als tolerabel angesehen werden können. Da die Lärmimmissionen die Richtwerte jedoch um fast 10 dB(A) überschreiten, ist der Sportlärm auch nach § 5 IV der 18. BImSchV als erheblich anzusehen. Eine Wohnbebauung neben dem Sportplatz ist somit nach den immissionsrechtlichen Kriterien als rücksichtslos und daher nicht genehmigungsfähig anzusehen.

---

[9] *Dürr*, Baurecht BW, Rn. 93; *BVerwG* NVwZ 1999, 298.
[10] *BVerwG* NJW 1984, 254; *BVerwG* DVBl. 1993, 111.
[11] BVerwGE 52, 126.

bb) § 15 III BauNVO bestimmt jedoch, dass die Zulässigkeit einer baulichen Anlage sich nicht allein nach dem BImSchG richtet. Die bauplanungsrechtliche Zulässigkeit eines Wohnbauvorhabens, das an eine bestehende Sportanlage unmittelbar heranrückt bestimmt sich demnach nicht abschließend danach, ob die Richtwerte des § 2 II der 18. BImSchV eingehalten oder überschritten werden.[12]

Ziel des § 15 I 2 BauNVO ist es, die abträglichen Nutzungen benachbarter Grundstücke in rücksichtsvoller Weise einander zuzuordnen und dadurch Spannungen und Störungen zu verhindern. Der durch die Immissionsrichtwerte gesetzte Rahmen kann dabei im Einzelfall unangemessen sein. Nach der Rechtsprechung des BVerwG sind die baugebietsbezogenen Richtwerte der 18. BImSchV je nach Lage des Einzelfalls durch situationsbezogene Zumutbarkeitskriterien zu ergänzen. Solche sind z. B. die Vorbelastung des Grundstücks oder die Verringerung der Lärmbetroffenheit durch bauliche Vorkehrungen.[13]

(1) Fraglich ist daher, ob durch den vorhandenen Sportplatz eine Vorbelastung des Grundstücks vorliegt und ob die mit Rücksicht darauf ermittelte Zumutbarkeitsschwelle für Lärmimmissionen überschritten wurde.

Der Sportplatz der Gemeinde S war zulässigerweise im Außenbereich errichtet worden. Erst durch die später heranrückende Wohnbebauung ist das Grundstück des A Teil des Innenbereichs geworden ist. Damit unterliegt das Grundstück infolge der immissionsträchtigen Sportanlage auf dem Nachbargrundstück seit vielen Jahren einer erheblichen Situationsbelastung und ist mit dieser Belastung Innenbereichsgrundstück geworden. Das Vorhandensein des Sportbetriebs vor der Wohnnutzung ist daher als faktische Vorbelastung bei der Beurteilung der Zumutbarkeit des Sportlärms zu berücksichtigen.

Diese Vorbelastung kann dazu führen, dass dem Schutz des Wohnens ein geringerer Stellenwert zukommt und Beeinträchtigungen im weiter gehenden Maße zumutbar sind, also sie sonst in dem betreffenden Baugebiet hinzunehmen wären.[14] Diese kann jedoch nur dazu führen, dass A die Überschreitung der in § 2 II Nr. 3 der 18. BImSchV bestimmten Richtwerte im Rahmen des § 5 IV der 18. BImSchV hinnehmen muss. Eine Überschreitung bis zu 5 dB(A) hätte er demnach zu dulden. Die gemessenen Pegel übersteigen die Richtwerte unter Berücksichtung der 5 dB(A) jedoch nochmals um 4,8 dB(A) bzw. 4,5 dB(A), weshalb die mit Rücksicht auf die Vorbelastung ermittelte Zumutbarkeitsschwelle überschritten ist. Folglich wäre die Wohnbebauung des A neben dem Sportplatz trotz der Vorbelastung des Grundstücks rücksichtslos.

(2) Zu prüfen wäre ferner, ob ein Verstoß gegen § 15 I 2 2. Alt. BauNVO auch deshalb vorliegt, weil A auf Maßnahmen verzichtet hat, welche die Lärmbetroffenheit des Grundstücks gemindert hätten. A wollte ursprünglich in unmittelbarer Nähe, d. h. in nur 5m Entfernung zum Sportplatz das Wohngebäude errichten. Durch diese Nähe wäre die Wohnbebauung der Lärmimmission ungemindert ausgesetzt gewesen und damit rücksichtslos.

Da A jedoch bereit ist, das Gebäude vom Sportplatz abgewandt und in größerer Entfernung zu errichten, wird eine Verringerung der Lärmbetroffenheit erreicht, weshalb das Vorhaben nicht rücksichtslos und demnach genehmigungsfähig wäre.

---

[12] *BVerwG* DÖV 2000, 464.
[13] *BVerwG* DÖV 2000, 465.
[14] BVerwGE 88, 214.

(3) Fraglich ist somit, ob A die Baugenehmigung unter Hinweis auf die Überschreitung der Sportlärmimmissionen versagt werden kann, obwohl er seiner Verpflichtung zur Lärmminderung nachkommt.

Da die beiden Zumutbarkeitskriterien Ausfluss des Gebotes der Rücksichtnahme i. S. d. § 15 I 2 2. Alt. BauGB sind, ist die Antwort anhand des Sinn und Zwecks der Regelung zu ermitteln.

Dieses Gebot der Rücksichtnahme beruht auf dem Prinzip der Gegenseitigkeit. Auf der einen Seite steht die Verpflichtung des Sportanlagenbetreibers seinen Pflichten zur Lärmminderung gem. § 22 I BImSchG i. V. m. § 3 der 18. BImSchV nachzukommen, auf der anderen Seite die des Bauherrn, durch bauliche Vorkehrungen die Lärmbetroffenheit zu mindern. Durch die Überschreitung der Richtwerte für die Lärmimmissionen ist die Gemeinde ihrer immissionsschutzrechtlichen Verpflichtung nicht nachgekommen. Sie ist deshalb im Gegensatz zum A, der seine Verpflichtung erfüllt hat, im Rahmen des § 15 I 2 2. Alt. BauNVO nicht schutzwürdig. Die Gemeinde kann die sie treffenden Verpflichtungen zur Lärmminderung nicht mit der Begründung in Abrede stellen, die Sportanlage sei zuerst errichtet worden und daher gegenüber der später heranrückenden Wohnbebauung „in ihrem Bestand" geschützt.[15] Ein dem Betreiber der Sportanlage zukommender baurechtlicher Bestandsschutz kann sich nur in den Grenzen halten, die ihm das Immissionsschutzrecht lässt. Das Immissionsschutzrecht ist dynamisch angelegt. Die Grundpflichten aus § 22 I 1 BImSchG i. V. m. § 3 der 18. BImSchV sind nicht nur im Zeitpunkt der Errichtung der Anlage, sondern in der gesamten Betriebsphase zu erfüllen. Dem Bauherr der mit seinem Wohnbauvorhaben an die Sportanlage heranrückt und seine Obliegenheiten zur Minderung der Immissionen erfüllt, kann die Baugenehmigung daher nicht mit dem Hinweis versagt werden, dass der Betreiber der Sportanlage seine immissionsschutzrechtlichen Verpflichtungen nicht erfüllt.[16] Folglich ist die Wohnbebauung neben dem Sportplatz nicht rücksichtslos i. S. d. § 15 I 2 2. Alt. BauNVO und damit gem. § 34 II BauGB zulässig.

3. Zwischenergebnis

A hat einen Anspruch auf Baugenehmigung gem. § 58 I 1 LBO.

Ergebnis

Die Klage ist zulässig und begründet.

---

[15] *BVerwG* DÖV 2000, 466.
[16] *BVerwG* DÖV 2000, 466.

Fall 18. Streit um einen Sportplatz

Kommunalrecht, allgemeine Leistungsklage, Zweistufentheorie, Zugang zu öffentlicher Einrichtung, Entwidmung, Gemeinderatsbeschluss, Ermessensfehler

Sachverhalt

Bei der 18 000 Einwohner zählenden Gemeinde G in Baden-Württemberg beantragte die Spielvereinigung V für ihre sportlichen Aktivitäten eine zweistündige Trainingseinheit wöchentlich auf einem Sportplatz. Diese Trainingseinheit wollte V auf dem Sportplatz des X-Vereins e. V. oder des Y-Vereins e. V. wahrnehmen. G ist jedoch der Ansicht, dass die Sportplatzbelegung Sache der Vereine sei. Zwar habe sich G vertraglich die Letztentscheidungskompetenz bezüglich der Platzbelegung vorbehalten, jedoch werden die Belegungszeiträume durch die Vereine festgesetzt, welche die Plätze auch verwalten. V solle sich daher an X oder Y wenden. Beide Vereine lehnten aber die Einräumung einer zweistündigen Trainingseinheit ab. Der Sportverein X gab an, dass er nicht verpflichtet sei, einen solchen Zeitraum zur Verfügung zu stellen. Zwar habe G den Grund und Boden für die Einrichtung des Sportplatzes bereitgestellt, jedoch sei der Ausbau von X selbst durchgeführt worden und unterliege daher nicht der Verfügungsbefugnis der Gemeinde. Im Übrigen habe man der Gemeinde schon zugestanden, dass auf dem X-Platz von Montag bis Freitag von 8.00 bis 14.00 Uhr die Klassen der Grund- und Gesamtschule Sport treiben und im Winter der Platz auch den Sportvereinen zur Verfügung gestellt wird, die keinen eigenen Hartplatz haben. Auch der Y-Verein lehnte das Ansinnen von V mit der Begründung ab, dass dieser Sportplatz im Eigentum des Vereins stünde. Dies ergebe sich daraus, dass der Sportplatz auf einem Vereinsgrundstück errichtet worden sei. Zwar seien hier die Sachmittel für den Ausbau von der Gemeinde gestellt worden, jedoch habe die Gemeinde dem Verein in einem Vertrag unter Abschnitt II das vorrangige Recht zur Nutzung eingeräumt. Im Gegenzug hat sich der Verein verpflichtet, das Nutzungsrecht an dem Platz nicht ohne Zustimmung der Gemeinde einem Dritten zu überlassen. Im Übrigen würde die Einräumung einer Trainingseinheit zu einer unangemessenen Einschränkung von Y führen, denn der Belegungsplan ließe keinen Raum mehr für eine zusätzliche Inanspruchnahme durch V. V ist der Ansicht, dass eine Einschränkung von Y nicht unangemessen wäre, wenn V in dem Zeitraum freitags von 17.00 bis 21.00 Uhr trainieren würde. Dieser Zeitraum ist als Bedarfstraining für die 1. und 2. Mannschaft ausgewiesen und stellt für beide Mannschaften bereits die 5. Trainingseinheit dar. Die restlichen vier Trainingseinheiten liegen an den übrigen Wochentagen zur gleichen Zeit.

V möchte sich nicht länger mit den Vereinen auseinandersetzen. Auf erneutes Anfragen teilte G mit, sie sei ebenfalls der Ansicht, dass der Y-Platz belegt sei. Der Y-Verein habe wesentlich mehr Mitglieder als V und sei aufgrund des Vertrages zur vorrangigen Nutzung des Platzes berechtigt. V ist entschlossen die Einräumung einer Trainingseinheit auf dem X- oder Y-Platzes gegenüber G nun gerichtlich durchzusetzen. Hat dies Aussicht auf Erfolg?

Abwandlung: Wenig später veranstaltet G ein Sportfest, um dem regen sportlichen Interesse der Gemeindebürger entgegenzukommen. Hierfür wird der X-Sportplatz zur Verfügung gestellt. Die Veranstaltung soll insgesamt sechs Tage dauern und jeweils an drei Wochenenden stattfinden. Nachdem das Sportfest am ersten Wochenende stattgefunden hat, wird der Vorschlag eingebracht, dass die Veranstaltung abgebrochen werden sollte. Grund dafür ist das Ausbleiben eines Großteils der erwarteten Teilnehmer, weswegen eine Vielzahl der Wettkämpfe nicht stattfinden konnte. Der Kostenaufwand sei daher im Verhältnis zur Teilnehmerzahl unverhältnismäßig hoch. Die dafür bereitgestellten Mittel könnten sinnvoller eingesetzt werden. In der daraufhin einberufenen Gemeinderatssitzung waren drei Gemeinderäte wegen Krankheit entschuldigt, zwei fehlten unentschuldigt und ein weiterer, von dem angenommen wurde, dass er sich im Urlaub befände, wurde nicht benachrichtigt, erschien jedoch rechtzeitig zur Sitzung. Auf dieser wurde dann beschlossen, dass die Veranstaltung nicht mehr stattfinden soll. Während der Beschlussfassung waren auch zwei Gemeinderäte anwesend, die dem Verein der Lauffreunde angehören, der am letzten Wochenende an dem vorgesehenen 10 000-Meter-Lauf teilnehmen wollte. Die Gemeinderäte selbst beabsichtigten allerdings nicht, bei der Veranstaltung mitzulaufen. Der Verein der Lauffreunde e. V. möchte jedoch gegen die vorzeitige Beendigung des Sportfestes vorgehen. Hat der Verein einen Anspruch auf Fortführung der Veranstaltung?

Lösungsskizze

Ausgangsfall

I. Zulässigkeit der Klage

1. Verwaltungsrechtsweg, § 40 I VwGO (+)
2. Statthafte Klageart: allgemeine Leistungsklage
3. Klagebefugnis, § 42 II VwGO analog (+): möglicher Anspruch aus § 10 II 2 GemO BW
4. Beteiligten- und Prozessfähigkeit (+)
5. kein Vorverfahren und keine Klagefrist
6. Allgemeines Rechtsschutzbedürfnis (+): kein alternativer Rechtsschutz
7. Zwischenergebnis: Zulässigkeit der Klage (+)

II. Beiladung des X- und Y-Vereins (+): § 65 II VwGO

III. Begründetheit der Klage

1. Passivlegitimation: Gemeinde (+), § 78 I Nr. 1 VwGO.
2. Anspruch auf Nutzung eines Sportplatzes aus § 10 II 2 GemO BW?
   a) Gemeindeangehörige (+): auch Vereinigungen
   b) Sportplätze des X und Y-Vereins: öffentliche Einrichtungen?
      aa) Sportanlage X
         (1) Gemeindliche Einrichtung (+): Gemeinde als Grundstückseigentümerin
         (2) Öffentlichkeit (+): Sportplatz für Nutzung durch Allgemeinheit
         (3) Nutzung von Zweckbestimmung umfasst (+)
         (4) Zwischenergebnis: Anspruch des V auf Nutzung des X-Platzes (+)
      bb) Sportanlage Y
         (1) Gemeindliche Einrichtung (+): maßgebliche Einwirkungsmöglichkeit derGemeinde durch Vertrag
         (2) Öffentlichkeit (+): vertragliche Pflicht

    (3) Nutzung im Rahmen der Kapazität, hier: Unmöglichkeit der zusätzlichen Belegung durch V

    (4) fehlerfreie Ermessensausübung (–): kein sachlicher Grund für Ausschluss

3. Spruchreife (–): keine Ermessensreduzierung auf Null; Anspruch auf Neubescheidung

Ergebnis: Zulässigkeit und Begründetheit der Klage (+)

Abwandlung: Anspruch aus § 10 II 2 GemO BW

I. Öffentliche Einrichtung

konkludente Widmung durch kostenlose Veranstaltung des Sportfestes; aber: Entwidmung durch Gemeinderatsbeschluss?

II. Grenzen des Anspruchs

Rechtmäßigkeit der vorzeitigen Beendigung des Sportfestes?

1. Formelle Rechtmäßigkeit des Gemeinderatsbeschlusses
    a) Zuständigkeit des Gemeinderats (+): kein Geschäft der laufenden Verwaltung
    b) Beschlussfähigkeit des Gemeinderats
        aa) Ordnungsgemäße Ladung (–), aber Heilung
        bb) Befangenheit (–)
2. Materielle Rechtmäßigkeit des Gemeinderatsbeschlusses (+): Widerruf der Widmung, § 49 II Nr. 3 LVwVfG

Ergebnis: Kein Anspruch mangels Vorliegen einer öffentlichen Einrichtung

Lösung

Ausgangsfall

I. Zulässigkeit der Klage

1. Verwaltungsrechtsweg, § 40 I VwGO

Der Verwaltungsrechtsweg gem. § 40 I VwGO ist eröffnet, wenn eine öffentlich-rechtliche Streitigkeit nicht verfassungsrechtlicher Art vorliegt und die Streitigkeit durch Bundesgesetz nicht einem anderen Gericht zugewiesen ist. Fraglich ist, ob eine öffentlich-rechtliche Streitigkeit vorliegt. Dies ist der Fall, wenn die Beteiligten um Rechtsfolgen aus der Anwendung öffentlich-rechtlicher Normen streiten. V begehrt die Nutzung eines der beiden Sportplätze. Ein solcher Zulassungsanspruch könnte sich zum einen aus einer privatrechtlichen Norm (§ 826 BGB) ergeben,[1] die zu einem Kontrahierungszwang der Vereine mit V führt. Zum anderen ließe sich ein Anspruch aus § 10 II 2 GemO BW[2] und damit aus einer öffentlich-rechtlichen Norm herleiten.

---

[1] *Tettinger/Erbguth/Mann,* Besonderes Verwaltungsrecht, Rn. 256.
[2] Art. 21 BayGemO, § 14 I GO Bbg, Bremen: § 15 Verfassung für die Stadt Bremerhaven, §§ 19, 20 HessGO, § 14 II KomVerf MV, § 30 I NdsKomVG, § 8 II GO NRW, § 14 II GO

Wird, wie hier, die Einrichtung in der Form des Privatrechts betrieben,[3] haben die Einwohner ein Wahlrecht, ob sie den Anspruch auf Zulassung gegen die Gemeinde in der Form des Einwirkungsanspruchs geltend machen oder ob sie den Dritten selbst vor dem Zivilgericht in Anspruch nehmen wollen.[4] V möchte seinen Einwirkungsanspruch gegen die Gemeinde G durchsetzen. Dieser Zulassungsanspruch müsste öffentlich-rechtlicher Natur sein. Das ist der Fall, wenn es innerhalb einer zweistufigen Zulassung um die erste Stufe, also das „Ob" der Zulassung geht.[5] Handelt es sich aber um das „Wie" des Benutzungsverhältnisses, so kommen bei privatrechtlicher Ausgestaltung des Benutzungsverhältnisses auch privatrechtliche Normen in Betracht. Da es V aber nicht um eine bestimmte Anzahl von Stunden, sondern um die generelle Zulassung und damit um das „Ob" geht, läge nach dieser Ansicht eine öffentlich-rechtliche Streitigkeit vor. Es könnte jedoch sein, dass bei einer privatrechtlich betriebenen Einrichtung das gesamte Benutzungsverhältnis dem Privatrecht zuzuordnen ist und der Zulassungsanspruch vor den Zivilgerichten geltend gemacht werden muss. Gegen diese Ansicht spricht jedoch, dass die Gemeinde sich durch die Wahl der privatrechtlichen Rechtsform dem gemeinderechtlichen Zulassungsanspruch nicht entziehen kann.[6] Vielmehr sind auch bei privatrechtlicher Ausgestaltung der Benutzungsverhältnisse Meinungsverschiedenheiten zwischen dem Bürger und der Gemeinde über den Zugang zu der Einrichtung als öffentlich-rechtliche Streitigkeit vor den Verwaltungsgerichten zu klären.[7] Folglich ist mit der erstgenannten Ansicht davon auszugehen, dass es sich bei dem Zulassungsanspruch um einen öffentlich-rechtlichen Anspruch handelt. Da der Streit auch nicht verfassungsrechtlicher Art und keinem anderen Gericht zugewiesen ist, ist der Verwaltungsrechtsweg gem. § 40 I VwGO eröffnet.

2. Statthafte Klageart

Fraglich ist, welche Klageart statthaft ist. V begehrt die Zulassung zu einer öffentlichen Einrichtung. Dieser Zulassungsanspruch könnte mittels einer Verpflichtungsklage gem. § 42 I 2. Alt. VwGO geltend gemacht werden. Dann müsste es sich bei der Zulassungsentscheidung um einen Verwaltungsakt i. S. d. § 35 S. 1 LVwVfG handeln. Grundsätzlich ist die Entscheidung auf der ersten Stufe bezüglich des „Ob" der Zulassung als Verwaltungsakt zu qualifizieren, da durch sie der Zugang zu der Einrichtung erst eröffnet wird und sie daher eine verbindliche Rechtsfolgenbegründung darstellt. Hier kann die Gemeinde wegen der privatrechtlichen Ausgestaltung des Benutzungsverhältnisses den Zugang nicht mittels eines Verwaltungsakts eröffnen. In diesem Fall ist der Zulassungsanspruch daher auf ein Einwirken der Gemeinde auf die von ihr kontrollierte juristische Person zum Abschluss des entsprechenden privatrechtlichen Vertrages gerichtet. Diese Einwirkung erfolgt aufgrund der vertraglich vorbehaltenen Entscheidungsbefugnis der Gemeinde G bezüglich der Platzbelegung. Folglich liegen hier eine zivilrechtliche Durchsetzung und damit ein schlichtes Verwaltungshandeln vor. Statthafte Klageart ist somit nicht die Verpflichtungsklage, sondern die allgemeine Leistungsklage, die in §§ 43 II 1, 113 II, III, 169 II, 170 und 191 I VwGO erwähnt wird.

RhPf, § 19 I KSVG Saarl, §§ 2 I, 10 II GO Sachs, § 22 I GO SA, § 18 I GO SH, § 14 I KO Thür.

[3] Eingetragene Vereine sind gem. § 21 BGB juristische Personen des Privatrechts.
[4] *BVerwG* NVwZ 1991, 59.
[5] Dazu *Peine*, Allgemeines Verwaltungsrecht, Rn. 892 ff.
[6] *Tettinger/Erbguth/Mann*, Besonderes Verwaltungsrecht, Rn. 256.
[7] *BVerwG* NJW 1990, 134.

3. Klagebefugnis, § 42 II VwGO analog

Ob § 42 II VwGO analog angewendet werden kann, ist umstritten. Nach dem Wortlaut des § 42 II VwGO ist die Klagebefugnis als Ausschluss der Popularklage auf die Anfechtungs- und Verpflichtung beschränkt. Demgegenüber spricht für eine analoge Anwendung von § 42 II VwGO, dass die Klagebefugnis ein ganz allgemein bestimmendes prozessuales Prinzip ist, das die Popularklage ausschalten und über § 42 VwGO hinaus für jede Klage gelten soll. Dieser Streit kann jedoch dahinstehen, da zumindest die Möglichkeit besteht, dass V einen Anspruch auf Zulassung gem. § 10 II 2 GemO BW hat.

4. Beteiligten- und Prozessfähigkeit

Die Beteiligtenfähigkeit von V und G ergibt sich aus § 61 Nr. 1 VwGO. V ist gem. § 21 BGB eine juristische Person des Privatrechts, G als Gebietskörperschaft eine juristische Person des öffentlichen Rechtes, § 1 IV GemO BW.

V und G sind gem. § 62 III VwGO prozessfähig. V wird durch seinen Vorstand gem. § 26 II 1 BGB vertreten, die Gemeinde durch den Bürgermeister gem. § 42 I 2 GemO BW.

5. Vorverfahren und Klagefrist

Ein Vorverfahren gem. § 68 VwGO ist nicht durchzuführen, da Normen des 8. Abschnitts der VwGO grundsätzlich nur für die Anfechtungs- und Verpflichtungsklage gelten. Gleiches gilt für die Klagefrist gem. § 74 VwGO.

6. Allgemeines Rechtsschutzbedürfnis

V müsste ein schutzbedürftiges Interesse an der begehrten gerichtlichen Entscheidung haben. Dieses liegt immer dann nicht vor, wenn es vor Erhebung einer Klage einen einfacheren und kostengünstigeren Weg zur Durchsetzung der Interessen des Betroffenen gibt. Ein solch einfacherer und kostengünstigerer Weg ist hier nicht ersichtlich. Ein allgemeines Rechtsschutzbedürfnis liegt damit vor.

7. Zwischenergebnis

Die Klage ist zulässig.

II. Beiladung des X- und Y-Vereins

Fraglich könnte sein, ob zum Klageverfahren die Vereine X und Y von Amts wegen notwendig beizuladen sind, § 65 II VwGO. Dies ist der Fall, wenn die Entscheidung des Gerichts aus Rechtsgründen nur einheitlich ergehen kann. Erkennt das Gericht den Anspruch des V für gegeben an, so sind X und/oder Y verpflichtet, V den entsprechenden Belegungszeitraum einzuräumen. Folglich kann die Entscheidung nur einheitlich ergehen, so dass X und Y notwendig beizuladen sind.

III. Begründetheit der Klage

Die allgemeine Leistungsklage ist begründet, wenn sie gegen den richtigen Beklagten gerichtet ist und dem Kläger der behauptete Anspruch tatsächlich zusteht.

1. Passivlegitimation, § 78 VwGO

Die Klage ist gegen denjenigen zu richten, der für die Entscheidung über die Zulassung zum Sportplatz zuständig ist. Für die Zulassung zu öffentlichen Einrichtungen ist die Gemeinde G als selbständige ursprüngliche Gebietskörperschaft zuständig. G ist somit richtiger Beklagter gem. § 78 I Nr. 1 VwGO.

2. Anspruch auf Nutzung eines Sportplatzes

V hat einen Anspruch auf Zulassung zum Sportplatz gem. § 10 II 2 GemO BW, wenn V zum Kreis der Zugangsberechtigten gehört und der Sportplatz tatsächlich eine öffentliche Einrichtung ist.

a) Gem. § 10 II 2, IV GemO BW sind alle Gemeindeangehörigen berechtigt, die öffentlichen Einrichtungen der Gemeinde zu nutzen. Gem. § 10 IV GemO BW ist dieser Zulassungsanspruch auch auf Vereinigungen anzuwenden. V ist als Spielvereinigung daher zum Kreis der Zugangsberechtigten zu zählen.

b) Der Zulassungsanspruch besteht jedoch nur dann, wenn eine öffentliche Einrichtung vorhanden ist. Demnach müsste es sich bei den Sportplätzen des X und Y-Vereins um öffentliche Einrichtungen handeln.

aa) Sportanlage X

(1) Sportanlage als gemeindliche Einrichtung

Bei der Sportanlage X müsste es sich um eine gemeindliche Einrichtung handeln. Gemeindliche Einrichtungen liegen dann vor, wenn die Organe der Gemeinde auf die Betriebe oder Unternehmungen aufgrund der Eigentumsverhältnisse oder der vertraglichen Bestimmungen maßgeblich Einfluss nehmen können.[8] Die X-Sportanlage wird von dem Verein X und damit von einer juristischen Person des Privatrechts verwaltet. Für die Qualifikation einer Anlage als gemeindliche Einrichtung kommt es jedoch nicht darauf an, in welcher Rechtsform eine derartige Einrichtung errichtet oder betrieben wird.[9] Denn die Gemeinde hat insofern ein Wahlrecht[10] und kann die Einrichtung, wie auch hier, durch eine juristische Person des Privatrechts betreiben lassen. Maßgeblich ist allein die Einwirkungsmöglichkeit der kommunalen Körperschaft auf die Entscheidungen der Betriebsleitung.[11] Zu prüfen ist daher, ob G aufgrund der Eigentumsverhältnisse Einfluss auf X ausüben kann. Der Sportverein X hat den Platz in Eigenarbeit errichtet und dies durch Vereinsmittel finanziert. Demnach müsste der Sportplatz im Eigentum des Vereins stehen, so dass G aufgrund der Eigentumsverhältnisse keine Einwirkungsmöglichkeit hätte. Dem ist jedoch entgegen zu halten, dass die Gemeinde das Grundstück, auf dem der Sportplatz errichtet worden ist, zur Verfügung gestellt hat. Gem. §§ 93, 94 I 1 BGB können wesentliche Bestandteile eines Grundstücks nicht Gegenstand besonderer Rechte sein. Unter wesentlichen Bestandteilen eines Grundstücks sind solche Sachen zu verstehen, die mit dem Boden fest verbunden sind. Bei dem Sportplatz handelt es sich um eine solche mit dem Grundstück fest verbundene Sache. Demnach steht dem Eigentümer des Grundstücks auch das Eigentum an dem Sportplatz zu. Folglich ist die Gemeinde damit Eigentümerin des Sportplatzes und kann aufgrund dieser Eigentumsverhältnisse auch Einfluss auf den X-Verein nehmen.

---

[8] *Von Mutius,* Kommunalrecht, Rn. 637.
[9] *Seewald,* Kommunalrecht, in: Steiner, Besonderes Verwaltungsrecht, Rn. 140.
[10] *Gern,* Kommunalrecht, Rn. 291.
[11] *Von Mutius,* Kommunalrecht, Rn. 637.

(2) Öffentlichkeit des Sportplatzes

Ein Zulassungsanspruch setzt ferner voraus, dass die Anlage eine öffentliche ist. Eine öffentliche Einrichtung liegt dann vor, wenn der Wille der Gemeinde erkennbar ist, die Einrichtung unter Verpflichtung zur Gleichbehandlung aller im öffentlichen Interesse zur Verfügung zu stellen. Der Wille, die Einrichtung der Öffentlichkeit zur Verfügung zu stellen, manifestiert sich in der Widmung.[12] Der Sportplatz ist von der Gemeinde nicht ausdrücklich gewidmet worden. Es käme jedoch eine konkludente Widmung in Betracht. Maßgebend ist die Erkennbarkeit des Behördenwillens, dass die Sache einem bestimmten öffentlichen Zweck dienen soll.[13] Nach dem Belegungsplan steht die Sportanlage von Montags bis Freitags in der Zeit von 8.00 bis 14.00 Uhr den Grund- und Gesamtschulen zur Verfügung. Darüber hinaus ist festgelegt, dass der Hartplatz im Winter auch jenen Sportvereinen unentgeltlich zur Verfügung gestellt werden soll, die keinen eigenen Hartplatz haben. Demnach soll der Sportplatz der Nutzung durch die Allgemeinheit zur Verfügung stehen, so dass eine öffentliche Zweckbestimmung vorliegt. Die X-Anlage stellt daher eine öffentliche Einrichtung dar.

(3) Grenzen des Anspruchs

Der Zulassungsanspruch besteht jedoch nicht unbegrenzt, sondern nur im Rahmen der tatsächlichen und rechtlichen Möglichkeiten und der Zweckbestimmung der öffentlichen Einrichtung.[14] Fraglich ist, ob die Zweckbestimmung des X-Platzes dem Zulassungsanspruch nicht entgegensteht. Der Zweck einer öffentlichen Einrichtung bestimmt sich durch ihre Widmung. Aus der konkludenten Widmung ergibt sich, dass der Platz neben Schulen auch Sportvereinen zur Verfügung stehen soll. Bei V handelt es sich jedoch nicht um einen Sportverein, sondern um eine Spielvereinigung. Jedoch erscheint eine Beschränkung auf Sportvereine nicht gerechtfertigt, da die X-Anlage zu sportlichen Zwecken genutzt werden soll und auch V den Hartplatz für sportliche Aktivitäten nutzen möchte.

(4) Zwischenergebnis

Folglich ist die Nutzung des Sportplatzes durch V von dessen Zweckbestimmung umfasst, so dass V einen Anspruch auf Nutzung des X-Platzes gem. § 10 II 2 GemO BW hat.

bb) Sportanlage Y

(1) Gemeindliche Einrichtung

Bei der Sportanlage Y müsste es sich ebenfalls um eine öffentliche Einrichtung handeln. Die Sportanlage Y wurde von dem Y-Verein auf einem Vereinsgrundstück errichtet, wofür die Gemeinde G jedoch die erforderlichen Sachmittel zur Verfügung stellte. Aufgrund der Eigentumsverhältnisse hat G daher keine Einwirkungsmöglichkeit auf Y. Fraglich könnte jedoch sein, ob sich diese Möglichkeit nicht aus dem zwischen G und Y geschlossenen Vertrag ergibt. Aus dem Abschnitt II des Vertrages geht hervor, dass die Sportanlage Y nicht ohne Genehmigung der Gemeinde Dritten überlassen werden darf. Insofern hat die Gemeinde aufgrund des Vertrages eine maß-

---

[12] *Seewald*, in: Steiner, Besonderes Verwaltungsrecht, Rn. 141.
[13] *VGH Mannheim* NVwZ-RR 1989, 268.
[14] *VGH Mannheim* NVwZ-RR 1990, 502.

gebliche Einwirkungsmöglichkeit auf Y. Eine gemeindliche Einrichtung liegt somit auch hier vor.

(2) Öffentlichkeit der Einrichtung

Eine ausdrückliche Widmung liegt hier ebenfalls nicht vor. Jedoch sind nach der Vermutungsregel der Rechtsprechung die für die Allgemeinheit nutzbaren kommunalen Einrichtungen „öffentliche" Einrichtungen.[15] Y hat sich durch den Abschluss des Vertrages dazu verpflichtet, den Zugang zum Sportplatz allen Einwohnern von G sowie den hiesigen Sport- und Fußballvereinen unentgeltlich zu ermöglichen. Demnach ist davon auszugehen, dass es sich bei der Y-Anlage ebenfalls um eine öffentliche Einrichtung handelt.

(3) Grenzen des Anspruchs

Die Zulassung kann nur im Rahmen der Kapazität der Einrichtung verlangt werden. Nach dem Belegungsplan des Y-Platzes ist kein Raum mehr für eine zusätzliche Belegung durch V. Fraglich ist, ob die Gemeinde davon ausgehen durfte, dass der Platz tatsächlich belegt war.

(4) Ermessen der Gemeinde

Soweit die Kapazität nicht ausreicht, also mehr Bewerber als freie Plätze vorhanden sind, steht der Gemeinde bezüglich des zuzulassenden Vereins ein Auswahlermessen zu.[16] Dieses Ermessen müsste pflichtgemäß ausgeübt worden sein. Die Gemeinde G hat V zunächst auf die Zuständigkeit der Vereine hinsichtlich der Sportplatzbelegung hingewiesen und insofern von ihrem Auswahlermessen keinen Gebrauch gemacht. Indem sie V jedoch mitteilte, sie werde sich der Auffassung der Vereine anschließen, hat sie eine Auswahl zu Ungunsten von V getroffen und damit ihr Ermessen ausgeübt.

Diese Auswahl müsste jedoch aufgrund vernünftiger, sachlich einleuchtender Gründe unter Berücksichtigung des Gleichheitssatzes getroffen worden sein.[17] Ein Argument für die Ablehnung war die vorrangige Berücksichtigung des Y-Vereins aufgrund des zwischen G und V geschlossenen Vertrages. Hier hat der Y-Verein bereits vier Trainingseinheiten wöchentlich sowie eine Trainingseinheit am Freitag von 17.00 bis 21.00 Uhr, die nach Bedarf genutzt wird. Selbst wenn innerhalb dieses Zeitraums V eine zweistündige Trainingsmöglichkeit eingeräumt würde, bleiben der 1. und 2. Mannschaft jeweils immer noch eine Stunde für ihr Bedarfstraining. Die vorrangige Berücksichtigung des Y-Vereins stünde der Zulassung von V auch insofern nicht entgegen, als dass die beantragten zwei Stunden weit weniger als die Hälfte dessen ist, was der 1. und 2. Mannschaft bisher eingeräumt worden ist. Eine unangemessene Benachteiligung des Y-Vereins liegt auch deshalb nicht vor, weil es der Gemeinde unbenommen bliebe, die Trainingszeit auf den X- und Y-Platz zu verteilen. V stünde dann in sehr geringem Umfang in Konkurrenz mit Y. Auch der Einwand, dass der Y-Verein eine erheblich größere Anzahl an aktiven Vereinsmitgliedern habe, rechtfertigt einen Ausschluss der Spielvereinigung nicht. Denn die Größe eines Vereins kann höchstens für die Einräumung der Anzahl von Trainingszeiten von Bedeutung sein.[18]

---

[15] Vgl. nur *VGH München* BayVBl. 1991, 86; hierzu *Gern*, Kommunalrecht, Rn. 290.
[16] *VGH Mannheim* ESVGH 38, 223; *Seewald*, Kommunalrecht, in: Steiner, Besonderes Verwaltungsrecht, Rn. 154.
[17] *VGH Mannheim* ESVGH 38, 223; *VGH München* BayVBl. 1980, 403.
[18] So auch *VGH München* NVwZ-RR 1998, 194.

Folglich liegt kein sachlicher Grund für den Ausschluss vor. Somit hat V auch einen Anspruch auf Nutzung der Y-Anlage. Die Entscheidung war somit ermessensfehlerhaft und rechtswidrig.

3. Spruchreife

Die Entscheidung wäre gem. § 113 V 1 VwGO spruchreif, wenn hinsichtlich der Zulassung eine Ermessensreduzierung auf Null vorläge. Da jedoch die Entscheidung, die 2-stündige Trainingseinheit entweder auf den X- oder den Y-Platz oder auf beide zu verteilen, allein der Gemeinde zusteht, kann in diesem Fall das Gericht keine Verpflichtung zur Zulassung zum X- oder Y-Platz aussprechen. Folglich ergeht mangels entsprechender Spruchreife ein Bescheidungsurteil, wonach G verpflichtet wird, über die Zulassung von V neu zu entscheiden, gem. § 113 V 2 VwGO analog.

Ergebnis

Die Klage ist zulässig und begründet.

Abwandlung: Anspruch aus § 10 II 2 GemO BW

Der Lauffreunde e. V. könnte einen Anspruch auf Teilnahme an dem Gemeindesportfest am letzten Wochenende gem. § 10 II 2 GemO BW haben. Dann müsste es sich bei dem Sportfest um eine öffentliche Einrichtung i. S. d. § 10 II GemO BW handeln.

I. Öffentliche Einrichtung

Auch hier müsste der Wille der Gemeinde erkennbar sein, die Einrichtung unter Verpflichtung zur Gleichbehandlung aller, im öffentlichen Interesse zur Verfügung zu stellen.[19] Die Gemeinde wollte mit dem Sportfest dem sportlichen Interesse ihrer Gemeindebürger entgegenkommen und dieses ihnen zugänglich machen. Einrichtung ist daher nicht nur der Sportplatz, sondern auch das Gemeindesportfest selbst, denn öffentliche Einrichtungen können sowohl Organisationen oder Dienstleistungen sowie eine Mischung aus beidem sein. Entscheidend ist lediglich, dass sie von der Gebietskörperschaft durch Widmungsakt der allgemeinen Benutzung zugänglich gemacht worden ist und einem öffentlichen Zweck dient.[20] Die konkludente Widmung liegt in der kostenlosen Veranstaltung des Sportfestes, das für alle Gemeindebürger zugänglich ist und dem sozialen und kulturellen Wohl dient. Eine tatsächliche Durchführung des Sportfests liegt ebenfalls vor, da es bereits an zwei Wochenenden stattgefunden hat. Fraglich ist jedoch, ob tatsächlich noch eine öffentliche Einrichtung vorliegt oder ob durch den Gemeinderatsbeschluss eine wirksame Entwidmung des Sportfests erfolgt ist.

II. Grenzen des Anspruchs

Das Recht auf Zulassung kann nur solange bestehen, wie eine öffentliche Einrichtung auch vorhanden ist. Grundsätzlich haben die Gemeindeangehörigen kein Recht darauf, dass eine gemeindliche Einrichtung in ihrem Umfang erhalten bleibt.[21] Hier wird jedoch nicht eine unbefristet gewidmete Einrichtung wieder entwidmet, sondern eine für einen bestimmten Zeitraum vorgesehene Veranstaltung früher beendet. Fraglich ist daher, ob der Verein Lauffreunde e. V. nicht zumindest einen erhöhten Schutz

---

[19] *VGH München* BayVBl. 1969, 355.
[20] BayVBl. 1986, 703.
[21] *VGH Kassel* NJW 1979, 886.

genießt, weil er zumindest davon ausgehen konnte, dass die Einrichtung für den zunächst vorgesehenen Zeitraum zur Verfügung steht. Aufgrund der unterschiedlichen Schutzwürdigkeit erscheint es sinnvoll einen Unterschied zwischen einer befristeten und unbefristet gewidmeten Einrichtung zu machen.[22] Zu prüfen wäre daher, ob die vorzeitige Beendigung des Sportfestes rechtmäßig war.

1. Formelle Rechtmäßigkeit des Gemeinderatsbeschlusses

a) Zuständigkeit des Gemeinderats

Da sowohl die Veranstaltung als auch die Schließung des Sportfestes kein Geschäft der laufenden Verwaltung ist, war der Gemeinderat zuständig, §§ 24 I 1, 44 II GemO BW.

b) Beschlussfähigkeit des Gemeinderats

aa) Ordnungsgemäße Ladung

Der Gemeinderatsbeschluss ist nur dann rechtmäßig, wenn der Gemeinderat beschlussfähig war. Das ist der Fall, wenn die Sitzung ordnungsgemäß einberufen worden ist, § 37 I 1 GemO BW. Hier wurde ein Gemeinderat nicht geladen, weil angenommen wurde, dass er sich im Urlaub befände und daher verhindert sei. Eine ordnungsgemäße Ladung erfordert jedoch, dass die Ladung an sämtliche Gemeinderäte ergeht, selbst wenn bekannt ist, dass einzelne Mitglieder durch Krankheit oder Abwesenheit verhindert sind.[23] Demnach fehlt es hier an einer ordnungsgemäßen Ladung. Dieser Verfahrensfehler gilt jedoch als geheilt, wenn das nicht geladene Gemeinderatsmitglied in der Sitzung anwesend ist.[24]

Hier erschien der nicht geladene Gemeinderat noch rechtzeitig zur Sitzung, so dass der Verfahrensfehler geheilt ist.

bb) Befangenheit von zwei Gemeinderatsmitgliedern

Einer wirksamen Beschlussfassung könnte jedoch entgegenstehen, dass zwei Mitglieder des Vereins Lauffreunde e. V. während der Sitzung anwesend waren. Die Vereinsmitglieder müssten dann befangen gewesen sein. Gem. § 18 I Nr. 4 GemO BW[25] ist ein Gemeinderatsmitglied, das Mitglied eines eingetragenen Vereins ist, dem die Entscheidung möglicherweise einen unmittelbaren Vorteil einbringt nur dann befangen, wenn es den Verein kraft Gesetzes oder Vollmacht vertritt. Diese Befugnis trifft bei einfachen Vereinsmitgliedern nicht zu.[26] Mangels entgegenstehender Angaben im Sachverhalt ist davon auszugehen, dass es sich bei den Gemeinderatsmitgliedern um einfache Mitglieder des Vereins Lauffreunde e. V. handelt. Eine Befangenheit dieser Mitglieder liegt somit nicht vor. Der Gemeinderat war somit beschlussfähig.

2. Materielle Rechtmäßigkeit des Gemeinderatsbeschlusses

Rechtsgrundlage für die vorzeitige Beendigung der Veranstaltung könnte § 49 LVwVfG sein. Die Veranstaltung des Sportfests und damit die Zurverfügungstellung

---

[22] BayVBl. 1986, 703.
[23] *Gern*, Kommunalrecht, Rn. 243.
[24] *Seewald*, Kommunalrecht, in: Steiner, Besonderes Verwaltungsrecht, Rn. 212.
[25] Art. 49 I BayGO, § 28 I GO Bbg, Bremen: § 11 Verfassung für die Stadt Bremerhaven, § 25 I HessGO, § 24 I Ziff. 1 KomVerf MV, § 41 NdsKomVG, § 31 I GO NRW, § 22 I GO RhPf, § 27 I KSVG Saarl, § 20 I GO Sachs, § 31 I 1 GO SA, § 22 I GO SH; § 38 KO Thür.
[26] *VGH Mannheim* NVwZ 1987, 1104.

einer gemeindlichen Einrichtung ist ein begünstigender Verwaltungsakt. § 49 II LVwVfG ist somit grundsätzlich einschlägig. § 49 II Nr. 1, 2, 4 und 5 LVwVfG kommen nicht in Betracht. Rechtsgrundlage für den Widerruf könnte daher nur § 49 II Nr. 3 LVwVfG sein.

Die Anwendung von § 49 II Nr. 3 LVwVfG ist insofern problematisch, als dass die Gemeinde G von vornherein berechtigt gewesen wäre, den Verwaltungsakt nicht zu erlassen.

Denn den Gemeindeangehörigen erwächst kein Recht darauf, dass von der Gemeinde eine öffentliche Einrichtung, die nicht vorhanden ist, geschaffen oder erweitert wird. Grundsätzlich ist der Katalog des § 49 LVwVfG abschießend. Jedoch steht die analoge Anwendung einzelner Widerrufsgründe in besonders gelagerten Fällen, in denen die Aufrechterhaltung des Verwaltungsaktes gegen grundlegende, insbesondere durch das Verfassungsrecht gebotene Zweck- und Wertvorstellungen der Rechtsordnung verstoßen würde, nicht entgegen.[27] Fraglich ist daher, ob die von der Gemeinde angeführten Gründe als nachträgliche Tatsachen anzusehen sind und ob ohne Widerruf der Widmung das öffentliche Interesse gefährdet gewesen wäre.

Es müssten neue Tatsachen eingetreten sein. Neue Tatsachen liegen hier insofern vor, als das Ausbleiben einer überwiegenden Anzahl der geschätzten Teilnehmer die Durchführung des Sportfestes als sinnlos erscheinen lässt. G wäre auch berechtigt gewesen, das Sportfest nicht zu veranstalten, da ein derartiger Anspruch der Gemeindebürger auf Schaffung einer öffentlichen Einrichtung nicht besteht. Ferner müsste ohne den Widerruf der Widmung das öffentliche Interesse gefährdet sein. Hier wird vorgetragen, dass das Sportfest im Verhältnis zur Teilnehmerzahl zu kostenaufwendig sei. Grundsätzlich sind auch fiskalische Interessen öffentliche Interessen. Denn im öffentlichen Interesse liegen auch die sparsame Verwaltung öffentlicher Mittel und die Vermeidung von überflüssigen Aufwendungen.[28] Eine solche überflüssige Aufwendung stellt die Veranstaltung eines Sportfestes dar, welches keine hinreichende Teilnehmerzahl hat. Folglich konnte G die Widmung gem. § 49 II Nr. 3 LVwVfG widerrufen.

Ergebnis

Ein Anspruch auf Zulassung besteht mangels öffentlicher Einrichtung nicht mehr.

---

[27] *Kopp/Ramsauer*, VwVfG, § 49 Rn. 49.
[28] *BVerwG* DVBl. 1982, 797; DÖV 1986, 202.

Fall 19. Der lautstarke Flughafen

Immissionsschutzrecht, Luftverkehrsgesetz, Feststellungsklage, Europarecht, Vorlageverfahren an den EuGH, Nachtflugbeschränkung

Sachverhalt

K1 ist eine GmbH, die sich mit dem Transport von Frachtgut aller Art beschäftigt. Im Betriebsverlauf wird der Transport der Fracht über Umverteilungsstellen, sog. Drehkreuze, organisiert, wo Flugzeuge entladen, die Fracht sortiert wird und Flugzeuge wiederbeladen werden. Dieses Umschlagsystem ermöglicht die weltweite Auslieferung von Fracht über Nacht. Ohne den nächtlichen Flugbetrieb ist das System nicht operabel. Die K1 GmbH verfügt über neun solcher Drehkreuze in Europa, eines davon in N. K1 betreibt dieses für Osteuropa bedeutsame Drehkreuz N seit 1986. Es wird überwiegend von Luftfahrzeugen der Typen Boeing 727-100 hk und Boeing 727-200 hk angeflogen. K2 ist ebenfalls eine Gesellschaft, die ihren Hauptsitz in Belgien hat. Sie betreibt ein Flugunternehmen, das mit 40 % Geschäftsanteil zu K1 gehört und das den Flugbetrieb in N für K1 durchführt. Sie wird auf 94 Strecken in Europa ausschließlich für K1 tätig. Jedes der in N eingesetzten Luftfahrzeuge des Typs Boeing 727 verfügt über eine Lärmzertifikation nach Kapitel 3 (des Bd. 1, Teil II des Anhangs 16 zum ICAO-Abkommen); erreicht werden Lärmwerte dieser Flugzeuge für die Kapitel 3 Zertifikation durch den Einsatz von Schalldämpfern. Die Kosten für die Umrüstung auf leisere Triebwerke würden 11 Millionen Euro pro Flugzeug kosten. 2006 bekommen K1 und K2 ein Schreiben vom Staatsministerium für Wirtschaft, Verkehr und Technologie. In diesem wird ihnen mitgeteilt, dass aufgrund der Änderung der sog. Bonusliste Strahlflugzeuge mit Lärmzertifikation nach Anhang 16 Bd. 1, Teil II, Kapitel 3 zum ICAO-Abkommen zwischen 22 Uhr und 6 Uhr Ortszeit auf dem Flughafen in N nicht starten und landen dürfen. Unter Abschnitt II Ziff. 2 der Verfügung wird bestimmt, dass die Flugzeuge, die gegenwärtig noch auf der Bonusliste geführt werden und bereits auf dem Flughafen N starten und landen, bis zum 1.1.2015 übergangsweise weiterfliegen dürfen. Grund für die Streichung der Flugzeugtypen von der Liste war ein Gutachten. Dieses ermittelte unter Berücksichtigung der künftig zu erwartenden Verkehrssteigerung eine Geräuschbelastung, durch welche die Anwohner in ihrer Nachtruhe verstärkt beeinträchtigt würden. Ein lärmbedingtes Aufwachen in der Nacht sowie die damit verbundenen Gesundheitsgefährdungen wären bei gleich bleibender Lärmbelastung nicht mehr auszuschließen.

K1 und K2 erheben gegen das ihnen zugestellte Schreiben Einwände. Diese werden vom Staatsministerium jedoch für unbegründet gehalten, da bei Lärmschutzmaßnahmen, insbesondere die Nachtruhe, ein die privaten Interessen der Flughafenbenutzer überwiegender planerischer Belang ist. K1 und K2 möchten feststellen lassen, dass die Verfügung des Staatsministeriums, sie durch die Änderung der Bonusflugliste vom Nachtflugverkehr auszuschließen, nichtig ist. Mit der Verschärfung der Nachtflugbeschränkungen werde in ihre Grundrechte eingegriffen. Im Übrigen verletze die Änderung der Bonusliste europäisches Unionsrecht.

1. Erfolgsaussichten der Klage von K1 und K2?
2. Was wird das erkennende Gericht im Hinblick auf den letzten Einwand tun?

Lösungsskizze

1. Teil: Erfolgsaussichten der Klage
I. Zulässigkeit

1. Verwaltungsrechtsweg, § 40 I VwGO (+)
2. Statthafte Klageart: Feststellungsklage
3. Feststellungsinteresse (+): zumindest wirtschaftliches Interesse
4. Klagebefugnis, § 42 II VwGO analog (–)
   a) § 6 II 1, 3 LuftVG (–): keine subjektiven Rechte
   b) Art. 12 I, Art. 14 I GG (–): keine gegenwärtige Betroffenheit
5. Zwischenergebnis: Zulässigkeit der Klage (–)

Hilfsgutachten:

6. Beteiligten- und Prozessfähigkeit (+): K1 und K2 gem. § 61 Nr. 1 VwGO beteiligten- und gem. § 62 III VwGO prozessfähig; Land gem. § 61 Nr. 1 beteiligten- und gem. § 62 III VwGO prozessfähig
7. Allgemeines Rechtsschutzbedürfnis (+)

II. Begründetheit der Klage

1. Passivlegitimation, § 78 I Nr. 1 VwGO analog (+)
2. Nichtigkeit der Verfügung, § 44 LVwVfG
   a) § 44 II LVwVfG und § 44 III LVwVfG (–)
   b) § 44 I LVwVfG?
      aa) Materielle Rechtmäßigkeit der Verfügung?
         – Abwägung nach § 6 II 1 LuftVG zwischen Gesundheitsinteressen der Bevölkerung und den privaten Interessen: Handlungsbedarf zum Schutz der Bevölkerung (+); Abwägungsdisproportionalität (–); Verhältnismäßigkeit (+)
      bb) Verstoß gegen Art. 14 I GG (–): Schutzbereich nicht eröffnet
      cc) Verstoß gegen Art. 12 GG (–): kein Eingriff
      dd) Verstoß gegen Art. 3 I GG (+): sachliche Rechtfertigung

Ergebnis: Begründetheit der Feststellungsklage (–)

2. Teil: Verstoß gegen europarechtliche Bestimmungen
I. Zulässigkeit eines Vorabentscheidungsverfahrens gem. Art. 267 AEUV

1. Vorlageberechtigung, Art. 267 II AEUV (+): jedes Gericht eines Mitgliedstaates
2. Zulässigkeit der Vorlagefrage, Art. 267 I AEUV Entscheidungserheblichkeit, Art. 267 II AEUV (+)
3. Fakultative und obligatorische Vorlage, Art. 267 II, III AEUV(+): fakultative Vorlage i. S. d. Art. 267 II AEUV

II. Vorlageentscheidung des Gerichtshofs

1. Verstoß gegen Art. 34 AEUV (–): kein Handel
2. Verstoß gegen Art. 56, 57 AEUV (–): keine Schlechterbehandlung von EU-Ausländern

Ergebnis: Verstoß gegen Unionsrecht (–)

Lösung

1. Teil: Erfolgsaussichten der Klage

I. Zulässigkeit der Klage

1. Verwaltungsrechtsweg gem. § 40 I VwGO

Der Verwaltungsrechtsweg ist gem. § 40 I VwGO eröffnet, da das Staatsministerium gegenüber den Klägern K1 und K2 in einem Über-/Unterordnungsverhältnis steht und somit eine öffentlich-rechtliche Streitigkeit nicht verfassungsrechtlicher Art vorliegt, welche auch keinem anderen Gericht zugewiesen ist.

2. Statthafte Klageart

Der Kläger begehrt die Feststellung, dass die Verfügung des Staatsministeriums bezüglich der Verschärfung der Nachtflugbeschränkungen nichtig ist. Bei der Verfügung handelt es sich um einen Verwaltungsakt i. S. d. § 35 LVwVfG. Statthafte Klageart ist somit die Feststellungsklage gem. § 43 I 2. Alt. VwGO. Die Subsidiaritätsanordnung gem. § 43 II 1 VwGO greift bei einer Nichtigkeitsfeststellungsklage nicht ein.

3. Feststellungsinteresse

K1 und K2 haben aufgrund der von ihnen befürchteten finanziellen Einbußen zumindest ein wirtschaftliches Interesse an der baldigen Feststellung der Nichtigkeit der Nachtflugbeschränkungen.

4. Klagebefugnis, § 42 II VwGO analog

Fraglich ist, ob § 42 II VwGO analog auf die Feststellungsklage anzuwenden ist. Zum einen wird das Erfordernis der Klagebefugnis bejaht, um die Popularklage auszuschließen.[1] Eine andere Ansicht lehnt eine so weitreichende Analogie unter dem Hinweis darauf ab, dass eine Popularklage durch das Erfordernis des besonderen Feststellungsinteresses bereits ausgeschlossen würde.[2] Dieser Streit kann hier jedoch dahinstehen. Im vorliegenden Fall geht es um eine gegen einen Verwaltungsakt gerichtete Nichtigkeitsklage, für die nach überwiegender Ansicht auf § 42 II VwGO zurückzugreifen ist.[3] Eine auf die Nichtigkeit eines Verwaltungsakts gerichtete Feststellungsklage ist demnach unzulässig, wenn der nichtige Verwaltungsakt subjektiv-öffentliche Rechte des Klägers nicht zu beeinträchtigen vermag.[4]

a) § 6 II 1, 3 LuftVG als subjektiv-öffentliches Recht

Eine Klagebefugnis könnte sich aus § 6 II 1, 3 LuftVG ergeben. Voraussetzung dafür ist, dass K1 und K2 als Benutzer des Flughafens N aus § 6 II 1, 3 LuftVG ein subjektiv-öffentliches Recht geltend machen können. § 6 II 1, 3 LuftVG betrifft jedoch nicht das Rechtsverhältnis Flughafenbenutzer und Genehmigungsbehörde,

---

[1] *BVerwG* NVwZ 1991, 470; BVerwGE 100, 271; *OVG Koblenz* NVwZ 1983, 304.
[2] *Würtenberger*, Verwaltungsprozeßrecht, Rn. 425.
[3] *BVerwG* NJW 1982, 2205; BVerwGE 74, 1; *Laubinger*, VerwArch 82, 480 ff.; a. A. *Schmitt Glaeser/Horn*, Verwaltungsprozeßrecht, Rn. 341.
[4] *Würtenberger*, Verwaltungsprozeßrecht, Rn. 428.

sondern das zwischen Flughafenbetreiber und Genehmigungsbehörde.[5] Ein Recht der Flughafenbenutzer lässt sich aus dieser Regelung daher nicht entnehmen.

b) Art. 12 I GG und Art. 14 I GG

K1 könnte in ihren Grundrechten aus Art. 12 I und Art. 14 I GG verletzt sein. Als juristische Person kann K1 gem. Art. 19 III GG nur solche Rechte geltend machen, die ihrem Wesen nach auch auf sie anwendbar sind. Dies ist bei Art. 14 I GG und Art. 12 GG der Fall. K2 kann sich als ausländische juristische Person aus dem EU-Bereich grundsätzlich ebenfalls kraft Unionsrecht sowohl auf Art. 12 als auch auf Art. 14 GG berufen.[6]

Die Beeinträchtigung der Grundrechte muss jedoch zumindest möglich erscheinen. Das Nachtflugverbot für die Flugzeuge von K2 betrifft K1 als Betreiber des Umschlagsystems zwar nicht direkt, jedoch ist wegen seiner engen Geschäftsbeziehungen zu K2 eine „faktische" Beeinträchtigung seines Rechts am eingerichteten und ausgeübten Gewerbebetrieb und seines Rechts auf freie Berufsausübung möglich. Diese Rechtsgutsverletzung ist jedoch nur dann möglich, wenn der Kläger unmittelbar und gegenwärtig betroffen ist.[7] Ein gegenwärtiges Betroffensein liegt dann nicht vor, wenn der angegriffene Hoheitsakt erst in Zukunft zu einer rechtlichen Beeinträchtigung führt.[8] Die Verfügung des Staatsministeriums enthält einen Verweis auf die sog. Bonusliste. Bei dieser handelt es sich um eine Liste von Flugzeugen, die nach einem Sachverständigengutachten weniger lärmintensiv sind. Da diese Liste auf den jeweils eingeholten Gutachten basiert, kann sie sich jederzeit ändern. Aufgrund dieser dynamischen Verweisung könnte K2 bereits gegenwärtig betroffen sein. Dies würde jedoch voraussetzen, dass K2 sofort von jeglicher Änderung der Bonusliste erfasst wird. Gemäß des Abschnitts I Ziff. 2.2 der Verfügung wirken sich nachträgliche Streichungen von der Bonusliste nicht für solche Luftfahrtunternehmen aus, die zum Zeitpunkt des Inkrafttretens bereits am Flughafen N operieren. Für diese Unternehmen gilt eine Übergangsregelung bis zum 1.1.2015. Folglich wird K2 und damit auch nicht K1 von der Dynamik der Regelung erfasst, so dass derzeitig noch keine gegenwärtige Betroffenheit vorliegt. Die Klagebefugnis ist daher für K1 und K2 nicht gegeben.

5. Zwischenergebnis

Die Klage ist damit unzulässig. Ein vorbeugender Rechtsschutz kommt auch nicht in Betracht, da es den Klägern zuzumuten ist, auf den repressiven Rechtsschutz verwiesen zu werden. Folglich ist weiter im Hilfsgutachten zu prüfen.

Hilfsgutachten

6. Beteiligten- und Prozessfähigkeit

K1 und K2 sind gem. § 61 Nr. 1 VwGO beteiligtenfähig. Die Prozessfähigkeit ihrer Vertreter ergibt sich aus § 62 III VwGO. Das Land ist ebenfalls gem. § 61 Nr. 1 beteiligtenfähig und gem. § 62 III VwGO, vertreten durch den zuständigen Landesminister, auch prozessfähig.

---

[5] *VGH München* NVwZ-RR 1998, 491.
[6] Vgl. dazu *Jarass*, in: Jarass/Pieroth, GG, Art. 12 Rn. 12, 13, Art. 19 Rn. 23.
[7] *Schenke*, Verwaltungsprozessrecht, Rn. 502 a.
[8] Allerdings extensive Auslegung der Unmittelbarkeit und Gegenwärtigkeit; vgl. BVerwGE 62, 351.

7. Allgemeines Rechtsschutzbedürfnis

Fraglich ist, ob die Kläger zunächst gem. § 44 V LVwVfG vorgehen müssen. § 44 V LVwVfG ermöglicht es der Behörde, jederzeit den Verwaltungsakt für nichtig zu erklären. Nach einer Ansicht ist vor dem verwaltungsgerichtlichen Rechtsschutz prinzipiell gem. § 44 V LVwVfG vorzugehen.[9] Nach anderer Auffassung besteht ein Rechtsschutzbedürfnis jedenfalls dann, wenn damit zu rechnen ist, dass ein Vorgehen nach § 44 V LVwVfG den Rechtsstreit nicht beendet.[10] Die Kläger haben Einwände gegen die Streichung der Flugzeugtypen von der Bonusliste erhoben. Da dies ohne Erfolg geschah, ist ein Vorgehen gem. § 44 V LVwVfG nicht erforderlich. Das Rechtsschutzbedürfnis ist gegeben.

II. Begründetheit der Klage

Die Feststellungsklage ist begründet, wenn der angefochtene Verwaltungsakt nichtig ist.

1. Passivlegitimation, § 78 I Nr. 1 VwGO analog

Passivlegitimiert ist der Träger der Behörde, die den Verwaltungsakt erlassen hat. Die Verfügung erging durch das Staatsministerium. Folglich ist das Land richtiger Beklagter.

2. Nichtigkeit der Verfügung

a) Mangels spezialgesetzlicher Regelungen ist die Rechtmäßigkeit der Verfügung an § 44 LVwVfG zu messen. Es sind keine zwingenden Nichtigkeitsgründe gem. § 44 II LVwVfG und auch keine Ausnahmen davon nach § 44 III LVwVfG ersichtlich.

b) Zu prüfen ist daher, ob ein besonders schwerer Fehler gem. § 44 I LVwVfG vorliegt. Die Fehlerhaftigkeit des Verwaltungsakts setzt zumindest voraus, dass dieser rechtswidrig ist.

aa) Materielle Rechtmäßigkeit der Verfügung

Die Verfügung könnte auf der Grundlage von § 6 II 1 LuftVG ergangen sein. Voraussetzung dafür ist, dass es sich bei der Neuregelung des Nachtflugverkehrs um eine Genehmigung i. S. d. § 6 II 1 LuftVG handelt. Gem. § 6 I 1 LuftVG dürfen Flughäfen nur mit einer Genehmigung betrieben werden. Gegenstand der Genehmigung ist daher nicht nur die Standortfrage, sondern auch der Betrieb des Flughafens im Ganzen. Festsetzungen auf der Grundlage des § 6 II 1 LuftVG können daher auch solche sein, die den Flughafenbetrieb näher regeln, wie z. B. Richtungs- und Nachtflugbeschränkungen.[11]

(1) Abwägungsvorgang

Die hier ergangene Verschärfung der Nachtflugbeschränkung müsste jedoch einerseits auf einer Abwägung zwischen den in § 6 II 1 LuftVG enthaltenen öffentlichen Belangen und den privaten Belangen andererseits beruhen. Danach ist der Erlass der neuen Nachtflugbeschränkung nur dann rechtmäßig, wenn die öffentlichen Interessen die privaten dahingehend überwiegen, dass ein Handlungsbedarf der Behörde

---

[9] *Schmitt Glaeser/Horn*, Verwaltungsprozeßrecht, Rn. 342.
[10] *Kopp/Schenke*, VwGO, § 43 Rn. 20.
[11] *Kloepfer*, Umweltrecht, § 14 Rn. 321; BVerwGE 75, 243.

vorlag. Als öffentlicher Belang kam hier zum einen der Schutz der Bevölkerung vor übermäßigen nächtlichen Lärmeinwirkungen in Betracht, aber auch die aus gesamtwirtschaftlicher Sicht erforderliche Aufrechterhaltung eines Nachtflugbetriebs auf dem Flughafen N. Demgegenüber standen die Interessen von K1 und K2 an dem Einsatz der Flugzeugmuster Boeing 727-100 hk und Boeing 727-200 hk sowie das Interesse an dem reibungslosen Weitertransport der nächtlich zu befördernden Fracht. Das vom Staatsministerium eingeholte Gutachten ergab, dass die Anzahl von gesundheitsgefährdenden Schallreizen mittlerweile ein Ausmaß angenommen hat, welches eine Gesundheitsbeeinträchtigung durch lärmbedingtes Aufwachen sehr wahrscheinlich macht. Die Abwägung der Gesundheitsinteressen der Bevölkerung und den privaten Interessen hat dem Gesichtspunkt der gesetzlichen Leitlinie des § 29b I 2 LuftVG zu erfolgen, wonach auf den Schutz der Nachtruhe besondere Rücksicht zu nehmen ist. Folglich überwiegt der Schutz vor nächtlichen Lärmeinwirkungen gegenüber den wirschaftlichen Interessen der Kläger. Ein Handlungsbedarf zum Schutz der Bevölkerung vor nächtlichen Fluglärmeinwirkungen lag damit vor.

(2) Abwägungsergebnis

Fraglich könnte sein, ob das Abwägungsergebnis, die Flugzeuge von der sog. Bonusliste zu streichen, Abwägungsfehler aufweist. Hinsichtlich der Maßnahme zum Schutz der Bevölkerung vor nächtlichem Fluglärm könnte eine Abwägungsdisproportionalität vorliegen. Dies ist der Fall, wenn die Interessen der Kläger die Flugzeuge auch weiterhin einzusetzen sowie das Interesse am ungestörten Verladeablauf nicht hinreichend gewichtet worden sind. Das Staatsministerium hätte anstelle der Streichung der Flugzeugtypen auch ein gegebenenfalls beschränktes Nachtflugverbot erlassen können. Es ist jedoch fraglich, ob ein Flugverbot für alle Flugzeugtypen nicht mindestens ebenso stark in die Interessen zumindest von K2 eingegriffen hätte. Auch eine Lärmkontingentierung scheint nicht angebracht, um die privaten Interessen weniger zu beeinträchtigen, denn in diesem Fall würde das Umschlagsystem möglicherweise nicht mehr vollständig ausgelastet sein. Demnach erfolgte die Wahl der Maßnahme auch unter Berücksichtigung der Klägerinteressen. Ein Abwägungsfehler liegt daher nicht vor.

(3) Grundsatz der Verhältnismäßigkeit

Zu prüfen ist ferner, ob die Verschärfung der Nachtflugbeschränkungen dem Grundsatz der Verhältnismäßigkeit entspricht. Ein Verstoß könnte dann vorliegen, wenn das Ministerium gehalten gewesen wäre, den nächtlichen Fluglärm zunächst durch den Einsatz passiver Lärmschutzmaßnahmen zu ergreifen, anstelle mit aktiven Lärmschutzmaßnahmen in Form der Betriebsbeschränkung vorzugehen.[12] Eine Antwort darauf könnte § 41 II BImSchG geben. Dieser enthält rechtsgrundsätzlich den Gedanken des Vorrangs des aktiven Lärmschutzes vor dem passiven Lärmschutz. Jedoch ist das BImSchG auf Lärmeinwirkungen durch den Luftverkehr nicht anwendbar, § 2 II 1 BImSchG. Daher käme diese Wertung als materielle Vorgabe des Bundesimmissionsschutzrechts als Anhaltspunkt für eine fachplanerische Abwägung i. S. d. § 6 II 1 LuftVG in Betracht. Für diese Annahme spricht auch, dass § 29b LuftVG in dieselbe Richtung deutet.[13] Ein Vorrang des passiven Lärmschutzes vor dem aktiven Lärmschutz besteht demnach nicht.

---

[12] *VGH München* NVwZ-RR 1998, 493.
[13] *Jarass*, BImSchG, § 2 Rn. 21.

bb) Verstoß gegen Art. 14 I GG

Die Verschärfung der Nachtflugbeschränkungen könnte K1 in seinem Recht am eingerichteten und ausgeübten Gewerbebetrieb verletzen. Da K1 selbst nicht am Flugverkehr teilnimmt, kommt eine Beeinträchtigung nur insofern in Betracht, als dass seine Geschäftsbeziehungen zu K2 gefährdet sind. Fraglich ist, ob diese Geschäftsbeziehungen ein schutzfähiges Rechtsgut i.S.d. Art. 14 I GG sind. Einer Ansicht nach umfasst das Recht am eingerichteten und ausgeübten Gewerbebetrieb alles, was den wirtschaftlichen Wert des Betriebes ausmacht.[14] Darunter wären auch die Geschäftsbeziehungen zu K2 zu verstehen. Das BVerfG engt jedoch den Schutz des Gewerbebetriebs auf seine wirtschaftliche Grundlage ein, so dass tatsächliche Gegebenheiten und Umweltbedingungen nicht mehr in den Schutzbereich fallen.[15] Bei den hier geltend gemachten Geschäftsbeziehungen handelt es sich um eine tatsächliche Gegebenheit.[16] Selbst wenn man auch die Geschäftsbeziehungen als wirtschaftlichen Wert in den Schutzbereich des Art. 14 I GG einbeziehe, läge kein Eingriff in den Schutzbereich vor, denn K1 könnte sich zur Aufrechterhaltung seines Gewerbebetriebs auch anderer Fluggesellschaften bedienen.[17] Art. 14 I GG ist ebenfalls nicht verletzt.

cc) Verstoß gegen Art. 12 I GG

Ein Eingriff in die Freiheit der Berufsausübung gem. Art. 12 I GG liegt nicht vor, da es K1 unbenommen bleibt, sein Drehkreuz auch anderen Flugzeugen zur Verfügung zu stellen.

dd) Verstoß gegen Art. 3 I GG

Die Streichung der Flugzeuge des Klägers von der Bonusliste könnte gegen den Gleichbehandlungsgrundsatz des Art. 3 I GG verstoßen. K2 macht geltend, dass die von ihm eingesetzten Flugzeugmuster gegenüber anderen, die weiterhin auf der Bonusliste geführt werden, weitaus geräuschärmer sind. Da es sich bei beiden Flugmustern um solche handelt, die als lärmintensiv anzusehen sind, liegt ein wesentlich gleicher Sachverhalt vor. Fraglich ist jedoch, ob dieser sich rechtfertigen lässt oder mangels dessen willkürlich ist. Eine Rechtfertigung der Ungleichbehandlung kann nur aufgrund von Lärmschutzgesichtspunkten erfolgen. Es erscheint jedoch fraglich, ob eine Maßnahme dem Lärmschutz dient, wenn dadurch Flugzeugen mit höheren Lärmwerten gegenüber solchen mit geringeren Werten weiterhin gestattet wird, den Flughafen zu nutzen. Dabei ist jedoch zu bedenken, dass die Entscheidung, nächtliche Starts und Landungen von Strahlflugzeugen zu verbieten, auf einer Lärmprognose beruht. Dieser liegt die Annahme zugrunde, dass die von K1 eingesetzten Flugzeuge auch weiterhin die lautesten Flugzeuge mit einem erheblichen Anteil an den nächtlichen Flugbewegungen auf dem Flughafen N sein werden. Die auf der Bonusliste noch enthaltenen Flugzeugmuster, die lauter sind, fallen dagegen hinsichtlich der Lärmentwicklung nicht sonderlich ins Gewicht, da sie aufgrund der kurzen Start- und Landebahnen den Flughafen N nur gelegentlich in Anspruch nehmen. Folglich ist die Verringerung der lauten Flugzeuge, die aufgrund ihrer Häufigkeit einen Großteil der Lärmemissionen ausmachen, kein willkürlicher Akt, sondern beruht vielmehr auf dem Unterscheidungsgrund der Lärmverursachung. Die Un-

---

[14] BGHZ 23, 162; BGHZ 92, 37; BVerwGE 62, 226; *Engel*, AöR 1993, 169.
[15] BVerfGE 58, 353.
[16] BVerfGE 77, 118.
[17] So *VGH München* NVwZ-RR 1998, 493.

gleichbehandlung ist somit gerechtfertigt. Es liegt kein Verstoß gegen Art. 3 I GG vor.

Ergebnis

Mangels Rechtswidrigkeit der Verfügung liegt kein schwerer Fehler i. S. d. § 44 I LVwVfG vor. Die Feststellungsklage ist damit auch unbegründet.

2. Teil: Verstoß gegen europarechtliche Bestimmungen

Das Gericht kann die Vereinbarkeit von nationalem Recht mit Unionsrecht nicht selbst überprüfen. Es wird daher beschließen, dass das Verfahren ruht und die Fragen dem EuGH zur Vorabentscheidung gem. Art. 267 AEUV vorlegen.

I. Zulässigkeit eines Vorabentscheidungsverfahrens gem. Art. 267 AEUV

1. Vorlageberechtigung gem. Art. 267 II AEUV

Vorlageberechtigt ist jedes Gericht eines Mitgliedstaates, somit auch das hier vorlegende Verwaltungsgericht.

2. Zulässigkeit der Vorlagefrage, Art. 267 I AEUV

Gem. Art. 267 I AEUV können Fragen nach der Auslegung und nach der Gültigkeit von Unionsrecht gestellt werden. Das Gericht möchte wissen, ob Art. 34, 49 ff. AEUV den Nachtflugbestimmungen entgegensteht. Weil es um die Auslegung von Unionsrecht geht, ist die Vorlagefrage zulässig.

3. Entscheidungserheblichkeit, Art. 267 II AEUV

Verstießen die deutschen Nachtflugbeschränkungen gegen Unionsrecht, so hätte die Klage, bei einer Umdeutung in eine Anfechtungsklage, Aussicht auf Erfolg. Mangels Offenkundigkeit des Fehlers wäre eine Feststellungsklage unbegründet. Folglich ist die Gültigkeit der deutschen Nachtflugbeschränkungen auch entscheidungserheblich i. S. d. Art. 267 II AEUV.

4. Fakultative und obligatorische Vorlage, Art. 267 II, III AEUV

Da das hier angerufene Gericht weder ein letztinstanzliches noch ein oberstes Gericht ist, kommt nur eine fakultative Vorlage i. S. d. Art. 267 II AEUV in Betracht.

II. Vorlageentscheidung des Gerichtshofs

In seiner Sachentscheidung über die Auslegungsfrage hat der Gerichtshof darüber zu entscheiden, wie Art. 34, 56 f. AEUV im Hinblick auf die Vorlagefrage auszulegen ist.

1. Verstoß gegen Art. 34 AEUV

Bei den deutschen Nachtflugbeschränkungen müsste es sich um Maßnahmen gleicher Wirkung handeln. Der Begriff der „Maßnahme gleicher Wirkung" wird im Vertrag selbst nicht definiert.[18] Nach der ständigen Rechtsprechung des EuGH („Dassonville-Formel") ist unter einer Maßnahme gleicher Wirkung jede Maßnahme zu verstehen, die geeignet ist, den Handel zwischen den Mitgliedstaaten unmittelbar oder

---

[18] *Oppermann/Classen/Nettesheim*, Europarecht, § 19 Rn. 24 ff.

mittelbar, tatsächlich oder potenziell zu behindern.[19] Hier geht es jedoch nicht um den Handel mit Waren. Die Kläger betreiben jeweils ein Unternehmen zur Beförderung von Fracht als Luftfrachtunternehmer und als Flugzeugbetreiber. Damit sind die Kläger auf dem Verkehrssektor tätige Dienstleistungsunternehmen, vgl. Art. 58 I AEUV. Art. 34 I AEUV ist somit nicht einschlägig.

2. Verstoß gegen Art. 56, 57 AEUV

Die Nachtflugbeschränkungen stellen ebensowenig einen Verstoß gegen die Dienstleistungsfreiheit dar, denn die beanstandete Regelung beinhaltet keine Schlechterbehandlung von EU-Ausländern.[20]

Ergebnis

Es liegt kein Verstoß gegen Unionsrecht vor.

---

[19] *EuGH* Slg. 1974, 837 ff. – Dassonville.
[20] *BVerwG* DVBl. 1998, 1188.

Fall 20. Die parteiliche IHK

Wirtschaftsverwaltungsrecht, IHK, gesetzlicher Aufgabenkreis, einstweiliges Rechtsschutzverfahren, Aufsichtsverfahren

Sachverhalt

Die Getreu GmbH (G) ist seit 1995 als Versicherungsmaklerin in Stuttgart tätig. Damit gehört sie kraft Gesetzes der Industrie- und Handelskammer (IHK) Region Stuttgart an. Anlässlich der in einem Monat stattfindenden Landtagswahl beschließt der Kammervorstand, durch Rundschreiben und Zeitungsinserate die Kammermitglieder aufzufordern, die X-Partei zu wählen. Die IHK ist der Ansicht, die X-Partei fördere mit ihrer Politik am besten das Wohl der Wirtschaft und verdiene deshalb uneingeschränkte Unterstützung.

Die Geschäftsführer der G sind darüber empört und wollen dies unter allen Umständen verhindern. Die G ist der Ansicht, dass die IHK gar nicht befugt sei, sich in die Landespolitik einzumischen. Diese Auffassung teilen sie auch der IHK schriftlich mit. Die IHK zeigt sich von den Argumenten der Geschäftsführer jedoch nicht beeindruckt und teilt der G mit, dass sie weiterhin an ihrem Vorhaben festhält.

1. Die G hält die Aktion nach wie vor für rechtswidrig und bittet Sie um Auskunft, ob sie mit Aussicht auf Erfolg rasche gerichtliche Schritte unternehmen kann, um den Kammervorstand an dem Vorhaben zu hindern.

2. Außerdem möchte die G wissen, ob eventuell ein Anspruch auf Einschreiten gegen die Aufsichtsbehörde der IHK besteht, um auf diese Weise ans Ziel zu gelangen.

Lösungsskizze

1. Teil: Einstweiliger Rechtsschutz

I. Zulässigkeit des Antrags gem. § 123 I VwGO

1. Verwaltungsrechtsweg in der Hauptsache, § 40 I VwGO (+)
2. Statthaftigkeit des Antrags (+)
   a) Unterlassungsklage in der Hauptsache
   b) Sicherung des status quo: Sicherungsanordnung, § 123 I 1 VwGO
3. Antragsbefugnis, § 42 II VwGO analog (+)
   – Anordnungsgrund (+): mögliche Verletzung des Persönlichkeitsrechts aus Art. 2 I GG und nachhaltige Beeinträchtigung
   – Anordnungsgrund (+): umgehende Bekanntmachung der Meinungsäußerung der IHK durch Briefversand
4. Allgemeines Rechtsschutzbedürfnis (+)
   – anderer effektiver Rechtsschutz (–)
   – Anliegen vorher gegenüber IHK vorgebracht

5. Beteiligten- und Prozessfähigkeit (+), § 61 Nr. 1 VwGO: durch Geschäftsführer prozessfähig, § 62 III VwGO; IHK gem. § 61 Nr. 1 VwGO beteiligten- und nach § 62 III VwGO prozessfähig
6. Zuständigkeit des Gerichts der Hauptsache (+)
7. Ordnungsgemäßer Antrag, §§ 81, 82 VwGO (+)
8. Zwischenergebnis: Zulässigkeit des Antrags auf einstweilige Anordnung (+)

II. Begründetheit

1. Anordnungsanspruch, § 123 I 1 VwGO (+)
   – Unterlassungsanspruch aus §§ 1004, 862, 12 BGB analog oder Art. 2 I GG
   – allgemeinpolitisches Mandat besitzt IHK nicht, § 1 IHKG
2. Anordnungsgrund: Vereitelung oder Erschwerung der Rechtsverwirklichung durch drohende Veränderung des bestehenden Zustandes (+): Folgen der Meinungsäußerung nicht mehr rückgängig zu machen
3. Glaubhaftmachung, §§ 920, 294 ZPO (+)
4. Rechtsfolge
   a) Gebundene Entscheidung oder Ermessen
      – überwiegende Erfolgsaussichten in der Hauptsache bzw.
      – Überwiegen der Interessen der G
   b) Inhalt der Entscheidung: keine Vorwegnahme der Hauptsache, aber Untersagung der Meinungskundgabe bis zur Entscheidung in der Hauptsache geboten
5. Zwischenergebnis: Begründetheit des Antrags (+)

Ergebnis: Antrag auf Erlass einer einstweiligen Anordnung zulässig und begründet.

2. Teil: Anspruch gegen die Aufsichtsbehörde

– IHK unterliegt Aufsicht des Landes, § 11 I IHKG
– Verstoß der IHK mit Wahrnehmung eines allgemeinpolitischen Mandats gegen ihren Aufgabenkreis
– rechtswidriges Handeln (+)
– Ergebnis: Voraussetzungen für ein Eingreifen der Rechtsaufsichtsbehörde (+)

Lösung

1. Teil: Einstweiliger Rechtsschutz gegen die Aktion der IHK

G kann ein einstweiliges Rechtsschutzverfahren anstrengen, um rasche gerichtliche Hilfe zu erlangen.

I. Zulässigkeit des Antrags gem. § 123 I VwGO

1. Zulässigkeit des Verwaltungsrechtswegs in der Hauptsache

Der Antrag auf einstweilige Anordnung setzt die Eröffnung des Verwaltungsrechtswegs in der Hauptsache voraus, vgl. § 123 II 1 VwGO. Dieser ist gem. § 40 I VwGO dann eröffnet, wenn eine öffentlich-rechtliche Streitigkeit vorliegt. Voraussetzung hierfür ist, dass der Streitgegenstand sich als unmittelbare Folge des öffentlichen Rechts darstellt.

Als Körperschaft des öffentlichen Rechts (§ 3 I IHKG) ist die IHK Träger in öffentlicher Gewalt. § 1 I IHKG regelt den gesetzlichen Aufgabenbereich der IHK, dessen Umfang vorliegend in Streit steht. Bei diesen Angelegenheiten handelt es sich um öffentliche Aufgaben.[1] Folglich ist der Unterlassungsanspruch öffentlich-rechtlicher Natur. Mangels einer verfassungsrechtlichen Streitigkeit sowie einer abdrängenden Sonderzuweisung ist der Verwaltungsrechtsweg gem. § 40 I VwGO eröffnet.

2. Statthaftigkeit des Antrags

a) Rechtsschutz in der Hauptsache

Der Antrag auf Erlass einer einstweiligen Anordnung ist gemäß § 123 V VwGO wegen des Rechtsschutzgebots in Art. 19 IV GG in all jenen Fällen statthaft, in denen der vorläufige Rechtsschutz nicht nach §§ 80, 80a, 80b VwGO zu gewähren ist. Dies ist der Fall, wenn der Rechtsschutz in der Hauptsache durch eine Feststellungs-, Verpflichtungs- oder allgemeine Leistungsklage zu suchen ist. G begehrt das Unterlassen von schriftlichen politischen Äußerungen. Hierbei handelt es sich um ein schlichtes Verwaltungshandeln, das von der IHK unterlassen werden soll. Statthafte Klageart in der Hauptsache wäre daher eine Unterlassungsklage in der Form einer allgemeinen Leistungsklage. Folglich ist die einstweilige Anordnung nach § 123 I VwGO statthafte Antragsart.

b) Regelungs- oder Sicherungsanordnung?

Fraglich ist, ob die Untersagung der Äußerung eine Sicherungsanordnung gem. § 123 I 1 VwGO oder eine Regelungsanordnung gem. § 123 I 2 VwGO darstellt. Die Sicherungsanordnung dient der Sicherung des Status quo, soweit dies erforderlich ist, um die Vereitelung oder Beeinträchtigung eines Rechts des Antragstellers zu verhindern. Die Regelungsanordnung erlaubt dagegen die vorläufige Regelung eines Rechtsverhältnisses auch unter Begründung oder Erweiterung einer Rechtsposition des Antragstellers, soweit dies zur Abwehr von wesentlichen Nachteilen, zur Verhinderung drohender Gewalt oder aus anderen Gründen nötig ist.

Im vorliegenden Fall möchte G Äußerungen der IHK verhindern, mithin den Status quo sichern. Der Antrag ist demnach in Form der Sicherungsanordnung gem. § 123 I 1 VwGO statthaft.

3. Antragsbefugnis, § 42 II VwGO analog

G ist entsprechend § 42 II VwGO antragsbefugt, wenn ein Anordnungsanspruch und ein Anordnungsgrund bestehen. Der erforderliche Anordnungsanspruch ist gegeben, weil G behaupten könnte, dass sie durch die Parteinahme der IHK in ihrem Persönlichkeitsrecht aus Art. 2 I GG verletzt wäre und dieses Recht bei Rechtswidrigkeit der Äußerung nachhaltig beeinträchtigt werde.[2] Ferner besteht ein Anordnungsgrund, weil mit dem bevorstehenden Versand der Briefe die politische Meinungsäußerung der IHK umgehend bekannt gemacht werden soll.[3] G ist somit gem. § 42 II VwGO analog antragsbefugt.

---

[1] BVerfGE 15, 240 f.
[2] BVerfGE 78, 69.
[3] *OVG Münster* NJW 1982, 2517.

4. Allgemeines Rechtsschutzbedürfnis

Das allgemeine Rechtsschutzbedürfnis fehlt, wenn der Antragsteller sein Ziel mit der begehrten Entscheidung nicht oder auf andere, schnellere und effektivere Weise erreichen kann. Ein anderer, effektiverer Rechtsschutz als die einstweilige Anordnung ist hier nicht ersichtlich. Dem steht auch nicht entgegen, dass das Hauptsacheverfahren noch nicht anhängig ist. Außerdem haben die Geschäftsführer ihr Anliegen zuvor gegenüber der IHK vorgebracht, wurden jedoch mit ihrem Begehren abgewiesen. Ein allgemeines Rechtsschutzbedürfnis ist somit gegeben.

5. Beteiligten- und Prozessfähigkeit

G ist gem. § 61 Nr. 1 VwGO beteiligtenfähig und durch die Geschäftsführer gem. § 62 III VwGO auch prozessfähig. Die IHK ist gem. § 61 Nr. 1 VwGO als öffentliche Körperschaft beteiligtenfähig. Die Prozessfähigkeit ist nach § 62 III VwGO ebenfalls gegeben.

6. Zuständigkeit des Gerichts gem. § 123 II VwGO

Das zuständige Gericht ist gem. § 123 II VwGO das Gericht der Hauptsache. Ist die Hauptsache noch nicht anhängig, dann ist das Gericht zuständig, das für die Hauptsache zuständig wäre. Hier ist das Verwaltungsgericht Stuttgart zuständig.

7. Ordnungsgemäßer Antrag nach §§ 81, 82 VwGO

Für die einstweilige Anordnung muss ein ordnungsgemäßer, insbesondere schriftlicher Antrag nach § 81 VwGO vorliegen, aus dem sich ergibt, aufgrund welchen Sachverhalts der Antragsteller welche Maßnahmen des Gerichts erreichen will, § 82 VwGO. Zudem sind Antragsteller und Antragsgegner zu nennen. Von einem ordnungsgemäßen Antrag ist hier auszugehen.

8. Zwischenergebnis

Der Antrag auf eine einstweilige Anordnung ist zulässig.

II. Begründetheit

Der Antrag auf Erlass einer einstweiligen Anordnung ist begründet, wenn G aufgrund einer summarischen Prüfung einen Anspruch auf Unterlassen der politischen Werbekampagne hat. Weitere Voraussetzungen sind das Vorliegen eines Anordnungsanspruchs und eines Anordnungsgrunds sowie deren Glaubhaftmachung.

1. Anordnungsanspruch, § 123 I 1 VwGO

Der Anordnungsanspruch ist das zu sichernde Recht, das hinter der einstweiligen Anordnung steht, also der materiell-rechtliche Anspruch der G. Als zu sicherndes Recht könnten ein allgemeiner öffentlich-rechtlicher Unterlassungsanspruch oder ein schlichter Folgenbeseitigungsanspruch in Betracht kommen. Der Folgenbeseitigungsanspruch ist auf Wiederherstellung des früheren Zustands, das heißt auf ein positives Handeln der Behörde gerichtet, während der öffentlich-rechtliche Unterlassungsanspruch darauf zielt, dass die Behörde in der Zukunft eine Handlung nicht unternimmt.

Im vorliegenden Fall möchte G, dass es die IHK unterlässt, die Briefe mit ihrer politischen Meinungsäußerung an die Mitglieder zu versenden. Sie macht damit einen öffentlich-rechtlichen Unterlassungsanspruch geltend. Dabei kann es im vorliegenden

Fall dahingestellt bleiben, ob der Unterlassungsanspruch aus §§ 1004, 862, 12 BGB analog oder Art. 2 I GG folgt. Die Existenz eines solchen Anspruchs ist jedenfalls grundsätzlich allgemein anerkannt.[4]

In § 1 IHKG sind die Aufgaben der IHKs im Einzelnen aufgezählt. Gemäß § 1 V IHKG gehört die Wahrnehmung sozialpolitischer Interessen nicht zu ihrem Aufgabenbereich. Allerdings handelt es sich bei der Wahlwerbung für die X-Partei um eine allgemeinpolitische Aussage und nicht um eine speziell sozialpolitische, so dass hier auf Absatz 5 nicht abgestellt werden kann.

§ 1 I IHKG zählt zu den Aufgaben der Kammern die Wahrnehmung des Gesamtinteresses der Gewerbetreibenden sowie die Förderung der gewerblichen Wirtschaft unter abwägender und ausgleichender Berücksichtigung der Interessen der einzelnen Gewerbezweige oder Betriebe. Ein allgemeinpolitisches Mandat besitzen die IHKs jedoch nicht. Die Zwangsmitgliedschaft in der IHK lässt sich nur mit der Verfolgung legitimer öffentlicher Aufgaben vereinbaren. Der gesetzlich aufgestellte Aufgabenkanon muss deswegen strikt beachtet werden.[5] Damit verstößt die beabsichtigte Handlung der IHK gegen ihren gesetzlich zugewiesenen Aufgabenbereich in § 1 IHKG. Damit wäre das Recht der G, die aufgrund § 2 I IHKG Kammermitglied ist, aus Art. 2 I GG verletzt.

Das zu sichernde Recht der G ist damit der Unterlassungsanspruch.

2. Anordnungsgrund

Der Anordnungsgrund verlangt eine Vereitelung oder Erschwerung der Rechtsverwirklichung durch eine drohende Veränderung des bestehenden Zustandes. Voraussetzung ist also die besondere Eilbedürftigkeit, die es ausschließt, die G auf den Rechtsschutz in der Hauptsache zu verweisen. Sollte die politische Meinungsäußerung der IHK durch den Versand der Briefe kundgetan sein, sind die Folgen nicht mehr rückgängig zu machen.

Auch die Möglichkeit des Widerrufs kann dieses Ziel nur sehr unzureichend erfüllen, zumal die Wahrscheinlichkeit besteht, dass ein solcher erst nach der Wahl stattfinden würde. Die Beeinträchtigung bleibt also in hohem Maße bestehen. Der Eingriff in das Persönlichkeitsrecht der G ist somit nicht mehr rückgängig zu machen.

3. Glaubhaftmachung, §§ 920, 294 ZPO

Mit seinem Vortrag hat G das Vorliegen eines Anordnungsanspruchs sowie eines Anordnungsgrundes glaubhaft dargelegt.

4. Rechtsfolge

a) Gebundene Entscheidung oder Ermessen?

Streitig ist, ob das Gericht bei Glaubhaftmachung von Anordnungsanspruch und -grund die Sicherungsanordnung erlassen muss oder ein Ermessensspielraum besteht.[6] Nach einer Ansicht handelt es sich bei dem „kann" in § 123 I 1 VwGO um ein Kompetenz-Kann („ist ermächtigt"). Weil eine Rechtsvereitelung droht, muss im Ergebnis die Sicherungsanordnung durch das Gericht ergehen.[7]

---

[4] *Berg,* JuS 1984, 524.
[5] BVerwGE 59, 237; BVerwGE 64, 115; BVerwGE 64, 301; a. A. *Fröhler/Oberndorfer,* Körperschaften des öffentlichen Rechts und Interessenvertretung, S. 77.
[6] *Kopp/Schenke,* VwGO, § 123 Rn. 23, auch mit Nachweisen für die a. A.
[7] *Redeker/von Oertzen,* VwGO, § 123 Rn. 17.

Nach einer anderen Ansicht drückt das „Kann" ein Ermessen bezüglich der Entscheidung aus. Im Allgemeinen wird hier eine Interessensabwägung zwischen den Belangen des Antragstellers und denen des Antraggegners gefordert.[8]

Das Begehren der G hat eine überwiegende Aussicht auf Erfolg in der Hauptsache. Angesichts der nicht rückgängig zu machenden Folgen beim Versand der politischen Meinungsäußerung überwiegen auch die Interessen der G. Nach beiden Meinungen ist im vorliegenden Fall also die einstweilige Anordnung vom VG Stuttgart zu erlassen.

b) Inhalt der Entscheidung

Der Inhalt der angeordneten Maßnahmen steht gem. § 123 III VwGO im freien Ermessen des Gerichts. Allerdings darf dabei keine Vorwegnahme der Hauptsache erfolgen. Die endgültige Klärung der Rechtssache ist dem Hauptverfahren vorbehalten, es sei denn, die Vorwegnahme ist ausnahmsweise geboten.

Dass die Handlung der IHK bis zur Entscheidung im Hauptsacheverfahren aufgeschoben wird, ist gerade Sinn des einstweiligen Rechtsschutzverfahrens und verstößt damit nicht gegen das Vorwegnahmeverbot. Das Nachholen der Handlung durch die IHK beim Obsiegen im Hauptverfahren kann jedoch sinnlos sein, wenn die Landtagswahl bereits stattgefunden hat. Der Rechtsschutz suchenden G darf jedoch kein effektiver Rechtsschutz verweigert werden. Notfalls ist gem. Art. 19 IV 1 GG das Vorwegnahmeverbot zu durchbrechen. Eine inhaltlich andere Entscheidung als die Untersagung ist nicht denkbar. Eine sorgfältige Prüfung des Anordnungsgrundes ergibt für den Antrag der G, dass hier eine Untersagung der Meinungskundgabe bis zur Entscheidung in der Hauptsache geboten ist.

5. Zwischenergebnis

Der Antrag der G ist damit auch begründet.

Ergebnis

Der Antrag auf Erlass einer einstweiligen Anordnung ist zulässig und begründet.

2. Teil: Anspruch gegen die Aufsichtsbehörde

G hat die Möglichkeit, die staatlichen Aufsichtsbehörden der IHK anzurufen. Diese unterliegt gem. § 11 I IHKG der Aufsicht des Landes hinsichtlich der Ausübung ihrer Tätigkeiten im Rahmen der für sie geltenden Rechtsvorschriften. Bei der Aufsicht handelt es sich um eine Rechtsaufsicht, die charakteristisch für den Bereich der Selbstverwaltung ist. Dagegen ist bei Auftragsangelegenheiten die Fachaufsicht einschlägig. Weil die IHK mit der Wahrnehmung eines allgemeinpolitischen Mandats gegen den ihr zugewiesenen Aufgabenbereich verstößt und damit rechtswidrig handelt, sind die Voraussetzungen für ein Eingreifen der staatlichen Aufsichtsbehörde erfüllt. Staatliche Aufsichtsbehörde ist regelmäßig der zuständige Landesminister oder eine von ihm bestimmte Behörde.

---

[8] Vgl. *OVG Münster* DÖV 1973, 421.

Original Examensklausur mit Korrekturanmerkungen

Polizeirecht, Immissionsschutzrecht, Verpflichtungsklage, öffentliche Sicherheit und Ordnung, Rechtskrafterstreckung

Sachverhalt

Der Hof der Freien Schule Stuttgart e. V. (Grundschule) grenzt unmittelbar an eine Zeile von Wohnungshäusern. Beim Spielen im Schulhof fliegt immer wieder einmal ein Ball in eine Fensterscheibe. Als Frau E, der eines dieser Häuser gehört, durch eine zerbrochenen Scheibe erheblich verletzt wird, wendet sie sich an die Stadt Stuttgart mit der Bitte, dem Schulträger aufzugeben, das Ballspielen im Schulhof zu untersagen. Dies wird abgelehnt mit der Begründung, erstens müsse Frau E für diese Angelegenheit Zivilgerichte bemühen und zweitens sei eine Untersagung des Ballspiels unverhältnismäßig, weil der Schulträger das freie Ballspielen im Schulhof als Teil seines Schulkonzepts betrachte und die Kosten für daraus entstandene Schäden stets sofort beglichen habe. Nach erfolglosem Widerspruch erhebt Frau E fristgerecht Klage gegen die Stadt Stuttgart mit dem Antrag, diese zu verurteilen, der Freien Schule Stuttgart e. V. eine Untersagung des Ballspiels im Schulhof aufzugeben.

Aufgabe 1: In einem Rechtsgutachten ist zu prüfen, ob die Klage zulässig und begründet ist.

Das Verwaltungsgericht verurteilt die Stadt Stuttgart antragsgemäß, worauf diese durch entsprechende Verfügung der Freien Schule Stuttgart e. V. aufgibt, das Ballspielen im Schulhof zu untersagen. Die Schulleitung fügt sich trotz erheblicher rechtlicher Bedenken und erlässt eine entsprechende Anordnung an Lehrer und Schüler. Der 8 Jahre alte Hans H ist Schüler der Freien Schule. Er ist ein körperlich sehr aktives Kind, dem es schwerfällt, sich in den Unterrichtsstunden zu konzentrieren. Seine Eltern, Herr und Frau H, sind der Überzeugung, dass der körperliche Ausgleich durch Ballspiel in den Pausen die Konzentrationsfähigkeit ihres Sohnes fördere. Sie sind deshalb und auch weil sie im Gerichtsverfahren zwischen Frau E und der Stadt Stuttgart nicht angehört oder gar beteiligt wurden, über das Ballspielverbot empört. Auf ihre entsprechende Vorsprache erhalten sie von der Schulleitung die Auskunft, dass man das Ballspielverbot gerne aufheben werde, wenn die entsprechende Verfügung der Stadt Stuttgart aus der Welt geschafft werden könne. Herr und Frau H bitten deshalb um Auskunft, ob sie gegen die Verfügung der Stadt Stuttgart notfalls gerichtlich vorgehen können.

Aufgabe 2: In einem Rechtsgutachten ist zu prüfen,

a) ob eine verwaltungsgerichtliche Klage von Herrn und Frau H gegen die Verfügung der Stadt Stuttgart gegebenenfalls nach erfolgloser Durchführung eines Vorverfahrens zulässig wäre und

b) ob das Verwaltungsgericht die Rechtmäßigkeit der Verfügung der Stadt Stuttgart anders beurteilen dürfe, als dies im vorherigen Prozess der Frau E gegen die Stadt Stuttgart geschehen ist.

Bearbeitungshinweis: Das Schulgesetz, das Privatschulgesetz und sonstiges Schulrecht ist nicht zu berücksichtigen.

Aufgabe 1

A. Zulässigkeit

I. Öffentlich-rechtliche Streitigkeit

Insoweit müsste gemäß § 40 VwGO eine öffentlich-rechtliche Streitigkeit nichtverfassungsrechtlicher Art vorliegen. Weder Streitgegenstand noch Parteien stehen mit der Verfassung in Verbindung, so dass eine nichtverfassungsrechtliche Streitigkeit vorliegt. Der öffentlich-rechtliche Charakter könnte sich zum einen hier aus der Anspruchsnorm als der streitentscheidenden Norm ergeben. Dies könnten hier §§ 1, 3 PolG BW[1] sein, bei denen der öffentlich-rechtliche Charakter gegeben ist.

Des Weiteren will die E hier, dass die Stadt S eine endgültige Regelung trifft, also einen VA erlässt. Sie verlangt insofern ein öffentlich-rechtliches Handeln. Ob diesen Frau E auch wirklich bekommen kann oder ob sie nur im Zivilrechtsweg erfolgreich klagen kann, ist eine Frage der Begründetheit. Die Zulässigkeit verlangt nur, dass sie eine öffentlich-rechtliche Streitigkeit klären lassen will. Eine öffentlich-rechtliche Streitigkeit liegt vor.

Anmerkung des Korrektors: (Begründetheit und Zulässigkeit unterkringelt.) Sie prüfen Rechtsweg!)

II. Statthafte Klageart

Fraglich ist, welche Klageart sie wählen muss. Insoweit käme hier eine Verpflichtungsklage in Frage. Die E müsste dann einen VA von der Stadt Stuttgart begehren. Danach müsste sie gemäß § 35 LVwVfG eine Maßnahme einer Behörde auf dem Gebiet des öffentlichen Rechts zur Regelung eines Einzelfalls mit Außenwirkung verlangen. Die E verlangt eine Erklärung der Stadt S, mit der das Ballspiel auf dem Hof geregelt wird. Hierdurch soll die Freie Schule Stuttgart e. V. verpflichtet werden, das Ballspielen zu verbieten, so dass sich dieses Verbot auf einen Fall gegenüber dieser juristischen Person bezieht, so dass auch der Einzelfall vorliegt. Problematisch könnte die Außenwirkung sein. Zwar handelt es sich um eine Privatschule und nicht um eine staatliche Schule, so dass man davon ausgehen kann, dass die Anweisung auch außerhalb der Verwaltung wirkt. Allerdings wird diese Schule hierbei z. B. beim Erteilen der Zeugnisse als Beliehene tätig, so dass sie in diesem Bereich selbst hoheitlich tätig wird, weshalb die Außenwirkung fraglich sein könnte. Allerdings greift der VA in einem solchen Bereich gerade nicht ein, so dass die Außenwirkung vorliegt.

Anmerkung des Korrektors zum letzten Satz: Ist unproblematisch.

Die E will also, dass ein VA gegen die Freie Schule Stuttgart erlassen wird, so dass die E eine Verpflichtungsklageklage gemäß § 42 I 2. Alt. VwGO erheben muss.

---

[1] Art. 6, 7 II BayLStVG/Art. 2 I, 11 I BayPAG, §§ 1 I, 17 I BlnASOG, §§ 1 I, 13 I OBG Bbg/§§ 1 I, 10 PolG Bbg, §§ 1 I, 10 I BremPolG, § 3 I, II HbgSOG, §§ 1 I, 11 HessSOG, §§ 2 I, 13 SOG MV, §§ 1 I, 11 NdsSOG, §§ 1 I, 14 I OBG NRW/§§ 1 I, 8 I PolG NRW, §§ 1 I, 9 I POG RhPf, §§ 1 II, 8 I PolG Saarl, §§ 1 I, 3 I PolG Sachs, §§ 1 I, 13 SOG SA, §§ 163 I, 171 LVwG SH, §§ 2 I, 5 I OBG Thür/§§ 2 I, 12 I PAG Thür.

Anmerkung des Autors zur Klagebefugnis: An dieser Stelle hätte der Frage nachgegangen werden müssen, ob §§ 1, 3 PolG BW überhaupt ein subjektives Recht gewähren. Der Klausurbearbeiter thematisierte dies erst bei der Begründetheit unter der Frage der Anspruchsqualität. Die Klagebefugnis erörtert er nicht.

III. Beteiligung und Prozessfähigkeit

Die E ist als natürliche Person unproblematisch nach § 61 Nr. 1 bzw. § 62 I Nr. 1 VwGO beteiligten- und prozessfähig. Auch die Gemeinde ist als Gebietskörperschaft des öffentlichen Rechts, § 1 IV GemO BW,[2] nach § 61 Nr. 1 bzw. § 62 I Nr. 1 VwGO beteiligten- und prozessfähig, soweit sie vom Bürgermeister vertreten wird.

IV. Vorverfahren

Ein solches wurde laut Sachverhalt erfolglos durchgeführt.

V. Frist

Allerdings muss E die Monatsfrist gem. § 74 II, I VwGO einhalten.

VI. Zwischenergebnis zu a)

Die Klage der E wäre zulässig.

B. Begründetheit

Die Klage wäre auch begründet, wenn die E einen Anspruch auf diesen VA hätte und sie sich mit ihrer Klage an den richtigen Klagegegner gewendet hätte.

I. Klagegegner

Fraglich ist, wer Klagegegner ist. Dies ist der Träger der Behörde, von dem die E ein Vorgehen verlangt. Damit wäre nach §§ 66 II, 62 IV, 60 I PolG BW[3] die Gemeinde die zuständige Ortspolizeibehörde, von der sie ein Vorgehen verlangt. Damit ist die Stadt S Klagegegner gemäß § 78 I Nr. 1 VwGO.

II. Anspruch

Die E müsste auch einen Anspruch besitzen. Insoweit käme zunächst das BImSchG in Frage. Allerdings müssten demnach schädliche Umwelteinwirkungen im Sinne des § 3 I BImSchG vorliegen. Dies sind gemäß § 3 II BImSchG jedoch unwägbare Stoffe und nicht etwa Bälle, so dass das BImSchG keine Anwendung finden kann. In Frage käme allerdings ein Anspruch aus dem Polizeigesetz. Mangels Spezialnorm käme ein Anspruch aus §§ 1, 3 PolG BW in Frage, wenn sowohl die formellen als auch die materiellen Voraussetzungen gegeben wären und die E aus §§ 1, 3 PolG BW auch einen Anspruch gegen die Stadt auf Tätigwerden gegen die Freie Schule Stuttgart herleiten könnte.

---

[2] Art. 1 BayGO, § 1 GO Bbg, § 1 HessGO, Bremen: §§ 1, 2 Verfassung für die Stadt Bremerhaven, § 1 KomVerf MV, § 2 II NdsKomVG, § 1 GO NRW, § 1 GO RhPf, § 1 KSVG Saarl, § 1 GO Sachs, § 1 GO SA, § 1 GO SH, § 1 KO Thür.

[3] § 2 BlnASOG, §§ 5 f. OBG Bbg, § 64 BremPolG, § 89 HessSOG, § 4 SOG MV, §§ 97 I, 102 NdsSOG, §§ 5, 6 OBG NRW, § 90 POG RhPf, § 80 PolG Saarl, §§ 68 f. PolG Sachs, §§ 89, 90 SOG SA, § 165 LVwG SH, § 4 OBG Thür. Eine entsprechende Vorschrift fehlt in Bayern und Hamburg; vgl. aber Art. 3 BayPAG i. V. m. Art. 6 BayLStVG und § 3 I HbgSOG i. V. m. Gesetz über Verwaltungsbehörden.

1. Anspruchsqualität

Fraglich ist jedoch, ob §§ 1, 3 PolG BW der E überhaupt einen Anspruch auf Tätigwerden der S gibt, oder ob es sich bei §§ 1, 3 PolG BW nicht vielmehr um Normen handelt, die aus der Sicht der Polizei Rechte gegen Dritte einräumen sollen.

Anmerkung des Korrektors: Frage der Klagebefugnis, § 42 II VwGO.

Es ist jedoch zu beachten, dass §§ 1, 3 PolG BW als Schutzgrund der öffentlichen Sicherheit neben der objektiven Rechtsordnung und dem Schutz des Staates und seinen Einrichtungen auch die subjektiven Rechte einzelner schützt. §§ 1, 3 PolG BW besitzen also neben der objektiven auch eine subjektive Komponente, so dass §§ 1, 3 PolG BW eben auch dem Individualschutz dienen. Nach der Schutznormtheorie ist dies aber die Voraussetzung, um festzustellen, dass eine Norm auch Anspruchsgrundlage des Bürgers gegen den Staat sein kann. Damit hätte die E eine Anspruchsgrundlage, falls die Voraussetzungen der §§ 1, 3 PolG BW vorlägen.

2. Anspruchsnorm auch gegenüber der Freien Schule Stuttgart

Fraglich ist, ob die allgemeine Polizeibehörde auch aufgrund der §§ 1, 3 PolG BW gegen die Freie Schule Stuttgart vorgehen kann. So ist die Freie Schule Stuttgart unproblematisch materiell polizeipflichtig, d. h., dass auch sie die Normen des Polizeigesetzes beachten muss.

Allerdings könnte die formelle Polizeipflicht problematisch sein. Denn es ist zu beachten, dass ein Hoheitsträger keine Eingriffsbefugnisse gegenüber einem anderen hat, um das Polizeirecht durchzusetzen. Allerdings ist die Freie Schule Stuttgart keine staatliche Schule, sondern der Träger ist eine juristische Person des Privatrechts. Dass die Freie Schule Stuttgart Beliehene bzgl. bestimmter Aufgaben ist und insoweit hoheitlich tätig wird, ist unbeachtlich, denn in diesem Bereich wird gerade nicht eingegriffen (s. o.). Damit ist die Freie Schule Stuttgart auch formell polizeipflichtig.

3. Voraussetzungen der §§ 1, 3 PolG BW

Damit die E auch tatsächlich einen Anspruch geltend machen kann, müssen auch die Voraussetzungen der §§ 1, 3 PolG BW gegeben sein.

a) Formelle Rechtmäßigkeit

Formelle Voraussetzung wäre, dass die E sich zunächst mit dem Antrag an die zuständige Behörde gewandt hat. Zuständig ist nach §§ 60 I, 66 II, 62 IV PolG BW die Polizeibehörde. Dies ist die Gemeinde S, an die sich E auch zunächst gewandt und den VA erbeten hat, so dass die formelle Rechtmäßigkeit vorliegt.

b) Materielle Rechtmäßigkeit

Insoweit müssten die Voraussetzungen des §§ 1, 3 PolG BW vorliegen.

aa) Gefahr für die öffentliche Sicherheit oder Ordnung

Zunächst müsste eine Gefahr für die öffentliche Sicherheit oder Ordnung vorliegen. Unter öffentlicher Sicherheit versteht man die gesamte objektive Rechtsordnung, den Schutz des Staates und seiner Einrichtungen und den Schutz der subjektiven Rechte. Der Staat wird hier in keinem Fall bedroht. Es könnte jedoch die Rechtsordnung gefährdet sein und zwar insofern, als eventuell eine fahrlässige Körperverletzung nach § 229 StGB vorliegen könnte. Allerdings sind die Schüler der Grundschule jedoch wohl noch nicht 14, so dass sie schuldunfähig sind und deshalb § 229 StGB ausscheidet. Demnach käme nur § 229 StGB bzgl. der Lehrer in Frage, wenn diese objektiv sorgfaltswidrig war und E hierdurch an ihrem Körper verletzt wäre.

Anmerkung des Korrektors: Der objektive Tatbestand der Verletzung ist doch bei den Lehrern weit hergeholt.

Die Freie Schule Stuttgart hat sich sicherlich nicht nach § 229 StGB strafbar gemacht, denn als juristische Person scheidet eine Strafbarkeit von ihr aus. Somit könnte eine Verletzung der objektiven Rechtsordnung durch ein eventuell sorgfaltspflichtwidriges Verhalten des Aufsichtspersonals vorliegen. Allerdings ist dem Sachverhalt insoweit nichts Genaueres zu entnehmen.

Allerdings könnte diese Frage dahinstehen, wenn die E ohne weiteres hier in ihrem subjektiven Recht aus Art. 14 GG betroffen wäre. Dies könnte der Fall sein, falls in Es Eigentum durch die Zerstörung der Scheiben durch das Ballspielen eingegriffen wird. Auch ihr Recht gemäß Art. 2 II GG auf körperliche Unversehrtheit gewährt ihr ein subjektives Recht.

Anmerkung des Korrektors: D. h. es kommt nicht darauf an.

Problematisch könnte jedoch sein, dass die Verletzung ihrer Grundrechte hier nicht durch hoheitliches Handeln erfolgte, sondern aufgrund des Handelns von Privaten. Fraglich ist, ob sich E trotzdem auf dieses Recht berufen kann. Es ist jedoch zu beachten, dass die E auch gegenüber dem Staat einen Anspruch auf Schutz ihrer Rechtsgüter hat, falls sie sich selbst nicht schützen kann. Und genau dies macht sie hier ja auch geltend, wenn sie von der S ein Vorgehen zu ihrem Schutz verlangt. Damit kann sie sich durchaus auf Art. 2 II GG und Art. 14 GG berufen.

Insoweit, als die E sich hier jedoch auf ihre subjektiven Rechte beruft, muss § 2 II PolG BW[4] beachtet werden. Demnach ist die Polizei nur subsidiär zuständig für den Schutz von Individualrechtsgütern. Allerdings liegt hier ja auch ein Antrag nach § 2 II PolG BW vor. Fraglich ist allerdings, ob die E nicht auch rechtzeitig gerichtliche Hilfe erlangen könnte. So käme hier eine einstweilige Verfügung in Frage, die sie vor den Zivilgerichten erhalten könnte. Zum einen dauert jedoch eine solche einige Zeit, zum anderen ist zu beachten, dass die E ihre Grundrechte geltend macht und zwar auch das aus Art. 2 II GG.

Anmerkung des Korrektors: Auch Klage beim Verwaltungsgericht ist zeitaufwändig.

Bzgl. dieses Rechtsgutes ist die Polizei zum Einschreiten verpflichtet, da das Leben und die körperliche Unversehrtheit mit die höchsten Güter in unserer Rechtsordnung darstellen. Damit muss § 2 II PolG BW hier zurücktreten. Ob dies auch bzgl. Art. 14 GG gilt, ist umstritten, bedarf hier jedoch keiner Entscheidung, denn somit bestand auf jeden Fall eine Gefahr für die öffentliche Sicherheit in Form der Verletzung von Art. 2 II GG der E. Eine solche Verletzung war auch jederzeit wieder zu erwarten, denn schon öfters flogen Bälle und ihre Scheiben zerbarsten, so dass es wohl nur noch eine Frage der Zeit wäre bis die E wieder einmal durch Scherben verletzt würde. Auch darf an die Wahrscheinlichkeit wegen des hohen Schutzgutes des Art. 2 II GG keine allzu hohen Anforderungen gestellt werden.

---

[4] Art. 2 II BayPAG, § 1 IV BlnASOG, § 1 II PolG Bbg, § 1 II BremPolG, § 1 III HessSOG, § 1 II SOG MV, § 1 III NdsSOG, § 1 II PolG NRW, § 1 III POG RhPf, § 1 III PolG Saarl, § 2 II PolG Sachs, § 1 II SOG SA, § 162 II LVwG SH, § 2 II OBG Thür/§ 2 II PAG Thür.

bb) Störereigenschaft

Die Freie Schule Stuttgart müsste als Adressat des Verbots auch Störer sein. Die Freie Schule Stuttgart könnte zunächst Handlungsstörer sein gemäß § 6 PolG BW[5]. Die Freie Schule Stuttgart hat allerdings niemals selbst die Bälle geschossen, so dass grundsätzlich § 6 I PolG BW ausscheidet. Sie könnte jedoch Zweckveranlasser sein. Die Freie Schule Stuttgart motiviert wohl ihre Schüler dahingehend, draußen auf dem Hof Ballspiele zu betreiben, dieses war ja Teil ihrer Philosophie. Dabei war es für sie wohl auch objektiv vorhersehbar, dass Fensterscheiben aufgrund der Nähe zu Es Wohnung zu Bruch gehen würden, und ihnen dürfte wohl auch die Folgen klar gewesen sein, was passiert, wenn sich eine Person in der Nähe des Fensters aufhielte. Zu beachten ist weiter, dass der Zweckveranlasser den Erfolg keineswegs beabsichtigen muss. Es reicht aus, wenn er den Erfolg vorhersehen kann. Demnach wäre die Freie Schule Stuttgart Zweckveranlasser und damit Handlungsstörer. Des weiteren könnte sich ihre Störereigenschaft auch aus § 6 II PolG BW ergeben, denn die Bälle wurden ja von Schülern verschossen, für welche die Freie Schule Stuttgart verantwortlich und aufsichtspflichtig war, wobei davon auszugehen ist, dass Grundschüler unter 16 Jahre alt sind.

Anmerkung des Korrektors: Ja, aber nicht sorgeberechtigt.

Die Störereigenschaft könnte sich nur aus § 7 PolG BW[6] ergeben, wenn die Störung auf dem Zustand der Schule beruht. Zwar ist die räumliche Nähe auch ein Grund für die Gefahr für die Sicherheit. Allerdings müsste stets eine eigenständige Handlung eines Schülers vorliegen, damit es auch tatsächlich zu der Gefahr kommt. Der Zustand der Sache selbst überschreitet damit jedoch keineswegs die Gefahrenschwelle, sondern erst die Handlungen der Schüler, weshalb hier nur eine Handlungshaftung nach § 6 greifen kann (s. o.). Die Freie Schule Stuttgart ist also nur Störer nach § 6 PolG BW.

cc) Verhältnismäßigkeit

Des Weiteren müsste ein von E beantragter VA verhältnismäßig sein. § 5 PolG BW[7] normiert die Verhältnismäßigkeit als eigene Tatbestandsvoraussetzung des §§ 1, 3 PolG BW. Demnach müsste ein Verbot geeignet, erforderlich und verhältnismäßig sein. Durch ein Verbot würden die Handlungen unterbleiben, welche die Gefahr verursachen. Damit wäre das Verbot auf jeden Fall geeignet. Fraglich ist, ob es auch erforderlich wäre. Dies wäre dann der Fall, wenn es kein milderes Mittel zur Gefahrenabwehr gäbe. Insoweit könnte die Freie Schule Stuttgart auch verpflichtet werden, Fangzäune aufzustellen oder ähnliche Maßnahmen zu unternehmen, um die Bälle aufzuhalten. Allerdings muss bis zu deren Errichtung das Verbot bestehen bleiben, weil es zum jetzigen Zeitpunkt erforderlich wäre.

Anmerkung des Korrektors: Vertretbar, brauchbarer Gedanke.

---

[5] Art. 9 I BayLStVG/Art. 7 BayPAG, § 13 I BlnASOG, § 16 OBG Bbg/§ 5 PolG Bbg, § 5 BremPolG, § 8 HbgSOG, § 6 I HessSOG, § 69 SOG MV, § 6 I NdsSOG, § 17 I OBG NRW/§ 4 I PolG NRW, § 4 POG RhPf, § 4 I PolG Saarl, § 4 PolG Sachs, § 7 SOG SA, § 218 LVwG SH, § 10 OBG Thür/§ 7 PAG Thür.

[6] Art. 9 II BayLStVG/Art. 8 II BayPAG, § 14 III BlnASOG, § 17 OBG Bbg/§ 6 PolG Bbg, § 6 II BremPolG, § 9 HbgSOG, § 7 II HessSOG, § 70 SOG MV, § 7 II NdsSOG, § 18 OBG NRW/§ 5 II PolG NRW, § 5 II POG RhPf, § 5 II PolG Saarl, § 5 PolG Sachs, § 8 II SOB SA, § 219 LVwG SH, § 11 II OBG Thür/§ 8 II PAG Thür.

[7] Art. 8 BayLStVG/Art. 4 BayPAG, § 11 BlnASOG, § 14 OBG Bbg/§ 3 Pol Bbg, § 3 BremPolG, § 4 HbgSOG, § 4 HessSOG, § 15 SOG MV, § 4 NdsSOG, § 15 OBG NRW/§ 2 PolG NRW 15 PolG NRW, § 2 POG RhPf, § 2 PolG Saarl, § 3 II-IV PolG Sachs, § 5 SOG SA, § 171 LVwG SH, § 6 OBG Thür/§ 4 PAG Thür.

Fraglich ist, ob es auch angemessen wäre. Dabei müssen die Rechte der Parteien gegeneinander abgewogen werden. Die Freie Schule Stuttgart macht hier geltend, dass sie an der Entfaltung ihrer Philosophie gehindert würde.

Anmerkung des Korrektors: Vergleiche Art. 7 IV GG.

Wohingegen die E ihr Recht auf körperliche Unversehrtheit und Art. 14 GG erheben kann. Zwar bezahlt die Schule regelmäßig und auch unproblematisch den Schaden. Allerdings wird doch immer zunächst Eigentum an den Scheiben verletzt und der Geldbetrag dient nur zur Wiedergutmachung, wobei schon die nächste Eigentums-verletzung im Raum steht. Zwar schützen die Grundrechte nur vor dem hoheitlichen Eingriff, so dass die Freie Schule Stuttgart Art. 2 II und 14 GG nicht verletzen kann. Allerdings ist der Staat eben verpflichtet, die Grundrechte vor dem Angriff von Dritten zu schützen, wenn sich der Bürger selbst nicht schützen kann. Damit muss die S diese auch hier beachten, wenn die Freie Schule Stuttgart die Grundrechte der E bedroht. Aufgrund der hohen Wertigkeit muss auch angenommen werden, dass die Schutzpflicht aus Art. 2 II GG und Art. 14 GG gegenüber der Entfaltung der Phi-losophie der Schule überwiegt. Damit wäre das Verbot auch verhältnismäßig, wobei allerdings zu berücksichtigen ist, dass dies nur solange gilt, wie eben die Schule nicht sämtliche Maßnahmen zur Beseitigung des Fangnetzes oder ähnliches errichtet hat.

Anmerkung des Korrektors: Ergebnis vertretbar, aber Interesse des Schulträgers wurde fehl gewichtet, da Art. 7 IV GG nicht gesehen.

dd) Ermessen

Anmerkung des Korrektors: Ungenau.

Der Anspruch aus §§ 1, 3 PolG BW stünde allerdings im Ermessen der Polizeibehörde, so dass der E nur einen Anspruch auf ermessensfehlerfreie Bescheidung über ihren Antrag zustünde. Wenn die Behörde schon ermessensfehlerhaft entschieden hätte, so wäre ihr Anspruch schon erfüllt. Hätte sie es nicht ordnungsgemäß ausgeübt, so könnte die E nur eine Neubescheidung verlangen, wenn nicht eine Ermessensreduzie-rung auf Null gegeben ist und die Behörde verpflichtet wäre, den VA zu erlassen. Eine solche Ermessensreduzierung käme hier aufgrund der hohen Schutzpflicht des Staates aus Art. 2 II GG in Frage. Insbesondere, wenn man sich vor Augen hält, dass die Freie Schule Stuttgart schon lange von der Gefahr gewusst hat und sie gleichzeitig nichts unternommen hat, um die Gefahr zu verhindern, obwohl ihr dies ohne weiteres möglich ist, z. B. durch die schon oben erwähnten Fangzäune oder ähnliche Einrich-tungen, mit denen heutzutage jeder Sportplatz versehen ist. Auch müsste die Freie Schule Stuttgart diese Netze auch nur gegen eine Richtung erstellen, denn in der anderen Richtung ist die Bebauung wohl weiter weg, so dass es nicht einmal zu einem unschönen Käfigschulhof führen würde. Aus diesem Grund muss die Freie Schule Stuttgart dazu verpflichtet werden, solange das Spielen mit Bällen zu unterbinden, bis solche Maßnahmen getroffen werden. Eine andere Entscheidung durfte die S nicht treffen, als ein VA gegenüber der Freien Schule Stuttgart zu erlassen.

Anmerkung des Korrektors: In dieser Form vertretbar.

Anmerkung des Autors zum Ermessen: Hier hätte der Bearbeiter genauer in Entschließungs- und Auswahlermessen differenzieren können.

c) Zwischenergebnis zu 3.)

Die Voraussetzungen des §§ 1, 3 PolG BW liegen vor.

4. Zwischenergebnis zu II.

Folglich besitzt die E einen Anspruch gegen die S, dass diese gegen die Freie Schule Stuttgart als Störer der Sicherheit der E vorgeht. Die E hat also einen Anspruch auf Erlass eines VA von S gegen die Freie Schule Stuttgart.

III. Ergebnis zu B.

Die Klage der E ist auch begründet.

Aufgabe 2a

Hierbei ist zunächst zu unterscheiden. Und zwar könnten die Eheleute H zum einen im Namen ihres Kindes als dessen Vertreter klagen und zum anderen könnten sie eventuell in eigenem Namen klagen.

A. Zulässigkeit einer Klage der Eheleute H für das Kind

I. Öffentlich-rechtlicher Rechtsweg, § 40 VwGO

Dieser wäre insoweit gegeben, als es sich nach dem oben Gesagten bei dem Verbot um ein VA handelt, der stets öffentlich-rechtlich ist, so dass eine Streitigkeit hierüber stets eine öffentlich-rechtliche Streitigkeit begründet.

II. Statthafte Klagart

Fraglich ist, was die statthafte Klagart ist. Hier käme zunächst eine Anfechtungsklage in Frage. Allerdings müsste gegenüber dem Kind ein VA vorliegen. Dies erscheint dann unproblematisch, wenn man annimmt, dass ein VA an nur eine Person zur Folge hat, dass auch bzgl. aller anderen Personen ein VA vorliegt. Dies ist jedoch problematisch, da ein VA ja gerade finale Außenwirkungen besitzt und damit gerade an eine bestimmte Person gerichtet ist.

Somit stellt sich hier die Frage, ob auch gegenüber dem Kind K ein VA vorliegt. Dies wäre der Fall, wenn der VA auch bzgl. dem K schon Regelungen träfe. Dies erscheint insofern problematisch, als das Kind erst durch das Verbot der Freien Schule Stuttgart am Ballspielen gehindert wurde, so dass erst diese Maßnahme ihn unmittelbar betrifft. Diese Maßnahme regelt auch nur seine Schülerstellung und nicht seine persönliche Rechtstellung. Demnach liegt hier nur eine innerorganisatorische Schulmaßnahme bzgl. des Schülers K vor, weshalb diese Anordnung keine Außenwirkung besitzt und damit unabhängig vom Vorliegen der anderen VA-Voraussetzungen kein VA darstellen kann.

Anmerkung des Korrektors: Fraglich.

In gleicher Weise trifft ihn aber auch die Verfügung der S nur in dieser Schülerstellung. Selbst wenn man an sich sagen würde, dass die Maßnahme der S noch wegen der vorhersehbaren Folgemaßnahmen der Freien Schule Stuttgart gegen ihn gerichtet ist, so müsste man feststellen, dass dieser Maßnahme damit die Auswirkung fehlen würde. Ein VA liegt dem K gegenüber nicht vor. K könnte jedoch Leistungsklage auf Aufhebung der Verfügung an die Freie Schule Stuttgart erheben.

III. Klagebefugnis

Der K müsste auch klagebefugt sein. Dazu müsste er gemäß § 42 II VwGO analog eine Rechtsgutverletzung als möglich darlegen. In Frage käme hier Art. 2 I GG, die allgemeine Handlungsfreiheit. Diese schützt jedoch nur vor unmittelbar finalen Eingriffen. K wird jedoch erst durch den Akt der Freien Schule Stuttgart betroffen, denn erst dadurch wird ihm das Spielen verboten. Ein anderes Recht kann K nicht anführen, so dass die Klagebefugnis hier fehlt. Diese ist aber entgegen einiger Stimmen nicht entbehrlich, um auch bei Leistungsklagen Popularklagen zu verhindern.

Anmerkung des Korrektors: Konsequent und vertretbar.

IV. Zwischenergebnis zu A

Eine Klage des K, vertreten durch die Eltern, kommt nicht in Betracht.

B. Klage der Eltern wegen der Verletzung eigener Rechte

I. Öffentlich-rechtlicher Rechtsweg

Dies wäre gegeben, s. o.

II. Statthafte Klagart

Hier käme wieder die Anfechtungsklage in Frage. Allerdings müsste aufgrund des Merkmals der finalen Auswirkung auch gegenüber der H ein VA vorliegen, s. o. Dies wäre der Fall, wenn die Verfügung der S auch ihnen gegenüber Rechtswirkung entfalten würde. Dies könnte man annehmen, weil die Eltern ihr Kind auf eine freie Schule schicken, um dem Gedanken der richtigen Erziehung ihres Kindes Rechnung zu tragen. Damit stellt sich die Schulwahl wohl als Akt des Art. 6 II GG dar. Diesbezüglich will die Maßnahme der Stadt S auch schon den Eltern gegenüber die darauf folgende Maßnahme der Freien Schule Stuttgart decken. Weshalb auch hier eine Regelung gegenüber den Eltern bezweckt wäre. Allerdings bezweckt der VA der Stadt S nur, dass der Schulleiter solche Maßnahmen zur Einwirkung auf die Schüler vornimmt. Erst dadurch wird dem K das Spielen untersagt. Würde man die Finalität so weit ziehen, wie sie oben angedeutet wurde, so wäre sie so aufgeweicht, dass sie regelmäßig gegeben wäre und der Sinn der Beschränkung des VA auf eine bestimmte Person gegenüber dem er primär eine Regelung enthält, ginge verloren. Demnach würde wieder der Satz gelten, dass ein VA gegenüber einer Person auch gegenüber allen anderen Personen ein VA wäre. Die Finalität muss eng verstanden werden, so dass gegenüber den Eltern kein VA vorliegt. Somit könnten auch sie nur Leistungsklage gegen die Maßnahme der S erheben, mit dem Antrag, diese Handlung rückgängig zu machen.

Anmerkung des Korrektors: Kommt es darauf an bei der Frage der statthaften Klage? Könnten nicht dennoch die Eltern wegen ihrer Betroffenheit den von S an den eingetragenen Verein gerichteten VA angreifen wollen?

III. Klagebefugnis

Insoweit müssen die Eltern auch eine eigene Rechtsverletzung geltend machen. Es ist nicht völlig ausgeschlossen, dass sie in ihren Rechten aus Art. 6 II GG verletzt sind.

IV. Vorverfahren

Ein solches findet bei der Leistungsklage nicht statt.

Anmerkung des Korrektors: Konsequent.

V. Frist

Eine Frist ist bei der Leistungsklage nicht vorgesehen.

Anmerkung des Korrektors: Dito.

VI. Ergebnis zu Aufgabe 2a

Demnach können die Eltern gegen die Verfügung vorgehen.

Aufgabe 2b

Die Verfügung würde dann Bindungswirkung entfalten, wenn § 121 VwGO greifen würde. In diesem Fall wäre das zweite Gericht an die erste Entscheidung gebunden. Jedoch müssten die H nach § 121 Nr. 1 i. V. m. § 63 VwGO Beteiligte sein. Die H waren aber weder Kläger noch Beklagte noch Beigeladene nach § 65 VwGO laut Sachverhalt. Auch liegt kein Fall des § 121 Nr. 2 i. V. m. § 65 III VwGO vor. Damit stünde die Rechtskraft des ersten Urteils dem anderen nicht entgegen.

Anmerkung des Korrektors: Abstrakt. Okay.

D. Schlussanmerkungen der Korrektoren

Schlussanmerkungen des Erstkorrektors

Aufgabe 1: Klage der E

Zulässigkeit

Verwaltungsrechtsweg und Klageart werden im Wesentlichen soweit geprüft. Die Außenwirkung einer an den Schulträger gerichteten Verfügung ist allerdings unproblematisch, zumal das Verhältnis Schule zu Schüler nur indirekt davon beeinflusst wird. Leider fehlt die Frage nach dem zuständigen Verwaltungsgericht und insbesondere auch die Prüfung der Klagebefugnis und damit zur einzigen Station, die längere Ausführungen gerechtfertigt hätte. Die §§ 61, 62 VwGO sind zu Recht als unproblematisch genannt.

Begründetheit

Zu Recht wird die Passivlegitimation der Stadt S bejaht. Nach einem Umweg über den eher fern liegenden § 3 BImSchG kommt der Bearbeiter – zur allerdings Anspruchsgrundlage genannten – richtigen Ermächtigungsgrundlage, §§ 1, 3 PolG BW. Dadurch, dass der Bearbeiter immerhin hier die drittwichtigste Position der polizeilichen Generalklausel prüft und bejaht, ist das Fehlen der Prüfung des § 42 II VwGO jedenfalls inhaltlich wieder ausgeglichen. Auch die Prüfung der Polizeipflichtigkeit erscheint in der beachtlichen Kürze angemessen. Allerdings verwechselt der Bearbeiter dabei die Inhalte der materiellen und formellen Polizeipflichtigkeit. Die instanzielle Zuständigkeit der Stadt S wird im Rahmen der formellen Voraussetzung zutreffend bejaht. Ein Beleg für deren örtliche Zuständigkeit fehlt. Die vom Bearbeiter geforderte förmliche Antragserfordernis findet sich lediglich im hier nicht einschlägigen § 2 II PolG BW. Innerhalb der Prüfung des Betroffenseins der öffentlichen Sicherheit kann die Behandlung des § 229 StGB nicht befriedigen. Dagegen überzeugt die Argumentation zu Art. 2 II GG und Art. 14 I GG sowie zu § 2 II PolG BW. Gegen die Argumentation zur Verhältnismäßigkeit der begehrten Maßnahme ist wenig einzuwenden. Auch wenn der Bearbeiter Art. 7 IV GG nicht nennt. Systematisch wird jedoch das Verhältnis von Anspruch, Ermessen und Verhältnismäßigkeit nicht klar geordnet. Allerdings kann der konkreten Begründung für das Vorliegen einer Ermessensreduzierung auf Null gut gefolgt werden.

Aufgabe 2a

Zulässigkeit der Klage der Eltern des H

Bearbeiter erkennt, dass neben der Klage der Eltern selbst auch eine Klage im Namen des H möglich ist, beachtet jedoch nicht, dass die Aufgabe nach letzterem nicht fragt. Bei der Prüfung nimmt Bearbeiter zu Unrecht die Fähigkeit des privaten Schulträgers an, gegenüber H einen VA zu erlassen. Entscheidend ist die mittelbare Wirkung des VA. Konsequent ist dann die Annahme einer Leistungsklage und die Prüfung von § 42 II VwGO analog. Gut ist die Argumentation mit dem Elternrecht aus Art. 6 II GG im Rahmen der Klage der Eltern selbst. Die gleichwohl erfolgende Verneinung ihrer Klagebefugnis, auch im Hinblick auf eine Drittanfechtungsklage, überzeugt dagegen nicht.

Aufgabe 2b

Rechtskrafterstreckung

Der Bearbeiter zeigt, dass die Fragestellung verstanden wurde und kommt zu einem in jeder Hinsicht überzeugenden Ergebnis.

Zusammenfassende Bewertung: Ungeachtet der angeführten kritischen Bemerkungen liegt die vorgelegte Leistung knapp über den durchschnittlichen Anforderungen. Vollbefriedigend 10 Punkte.

Schlussanmerkung des Zweitkorrektors: Einverstanden. Vollbefriedigend 10 Punkte.

Anhang

Prüfungsschemata für die einzelnen Verfahrensarten

Im Folgenden wird ein Überblick über den Aufbau der einzelnen Verfahrensarten gegeben. Diese Prüfungsschritte wurden auch den Falllösungen zugrunde gelegt. Grundsätzlich sind aber Abweichungen von dem vorgeschlagenen Aufbau denkbar und teilweise notwendig.

Häufig sind einzelne Prüfungspunkte nur anzusprechen, wenn der Sachverhalt Anlass dazu gibt. Diese Schwerpunktlegung in der juristischen Arbeit wird in den Lösungen der Fälle verdeutlicht. Die nachstehenden Aufbauvorschläge geben deshalb diejenigen Prüfungspunkte an, die regelmäßig zu erwähnen oder die in den Klausuren oft zu problematisieren sind.

A. Das Widerspruchsverfahren, §§ 68 ff. VwGO (vgl. Fall 9)

I. Zulässigkeit

1. Verwaltungsrechtsweg, §§ 40 I analog, 68 VwGO

Öffentlich-rechtliche Streitigkeit liegt vor, wenn Adressat der streitentscheidenden Norm, auf der einen Seite der Vorschrift immer und notwendigerweise der Staat ist (sog. modifizierte Subjektstheorie) und die Parteien keine verfassungsorganschaftliche Qualität besitzen.

2. Statthaftigkeit des Widerspruchs, § 68 VwGO

Gegen (Anfechtungs-) oder auf (Verpflichtungswiderspruch) VA gerichtet, der nicht erledigt ist.

3. Widerspruchsbefugnis, § 42 II VwGO analog

(vgl. jeweils Anfechtungs- bzw. Verpflichtungsklage)

4. Ordnungsgemäße Erhebung des Widerspruchs

a) Zuständigkeit der Widerspruchsbehörde, §§ 70, 73 VwGO
b) Form, § 70 VwGO
c) Frist, § 70 VwGO

II. Begründetheit

1. Voraussetzungen, § 113 I VwGO analog

a) Rechtmäßigkeit des Ausgangs-VA
b) Eigene Rechtsverletzung des Widerspruchsführers
c) Grundsätzlich: Herstellung der „Spruchreife" auch bei Ermessensentscheidungen

nur bei **Ermessensentscheidung:**

2. Zweckmäßigkeit des Ausgangs-VA, § 68 VwGO

a) Unzweckmäßigkeit des Ausgangs-VA
b) Interessen des Widerspruchsführers beeinträchtigt

B. Die Anfechtungsklage, § 42 I VwGO (vgl. Fälle 1, 2, 3)

I. Zulässigkeit

1. Zulässigkeit des Verwaltungsrechtsweges gem. § 40 I VwGO (s. o.)

2. Statthafte Klageart gem. § 42 I 1. Alt. VwGO

Richtet sich nach Klagebegehren: wenn Aufhebung eines VA, der nicht erledigt ist.

3. Klagebefugnis gem. § 42 II VwGO

Nach dem Sachvortrag des Klägers muss eine Verletzung seiner subjektiven Rechte möglich sein (sog. Möglichkeitstheorie). Klagebefugnis fehlt, wenn offensichtlich und eindeutig, nach jeder Betrachtungsweise, eine Verletzung des geltend gemachten Rechts ausgeschlossen ist (Rechtsprechung).
Ist regelmäßig gegeben, da der Adressat eines belastenden VA zumindest in Art. 2 I GG möglicherweise verletzt ist (sog. Adressatentheorie).

4. Widerspruchsverfahren gem. §§ 68 ff. VwGO

5. Klagefrist gem. §§ 74, 75, 57 VwGO

II. Begründetheit

Die Anfechtungsklage ist begründet, wenn der VA rechtswidrig ist und der Kläger dadurch in seinen Rechten verletzt ist (§ 113 I 1 VwGO).

1. (Nennung der) Ermächtigungsgrundlage

z. B. §§ 3 I, 1 PolG BW[1] (vgl. Fall 2)

2. Formelle Rechtmäßigkeit des VA

a) Zuständigkeit der Behörde zum Erlass des VA
   (Anm.: Im Polizeirecht regelmäßig zu prüfen.)
b) Verfahren, z. B.: Anhörung gem. § 28 LVwVfG

---

[1] Art. 6, 7 II BayLStVG/Art. 2 I, 11 I BayPAG, §§ 1 I, 17 I BlnASOG, §§ 1 I, 13 I OBG Bbg/§§ 1 I, 10 PolG Bbg, §§ 1 I, 10 BremPolG, § 3 I, II HbgSOG, §§ 1 I, 11 HessSOG, §§ 2 I, 13 SOG MV, §§ 1 I, 11 NdsSOG, §§ 1 I, 14 I OBG NRW/§§ 1 I, 8 I PolG NRW, §§ 1 I, 9 I POG RhPf, §§ 1 II, 8 I PolG Saarl, §§ 1 I, 3 I PolG Sachs, §§ 1 I, 13 SOG SA, §§ 163 I, 171 LVwG SH, §§ 2 I, 5 I OBG Thür/§§ 2 I, 12 I PAG Thür.

3. Materielle Rechtmäßigkeit des VA

Prüfung des Tatbestands der Ermächtigungsgrundlage

4. Rechtsfolge

- bei gebundenem VA: Rechtsfolge im Gesetz zwingend vorgeschrieben
- bei Ermessens-VA sind jeweils das Entschließungs- und das Auswahlermessen zu prüfen. Das Verwaltungsgericht kann dabei nur das behördliche Ermessen auf Ermessensfehler hin überprüfen (vgl. § 114 VwGO). Als solche Fehler kommen in Betracht:
  a) Ermessensnichtgebrauch
  b) Über- oder Unterschreitung der Ermessensgrenze, hier insbesondere die Verhältnismäßigkeit:
     aa) Geeignetheit der staatlichen Maßnahme
     bb) Erforderlichkeit: es darf kein milderes Mittel geben, das in gleicher Weise den bezweckten Erfolg erreichen kann
     cc) Angemessenheit: die Nachteile durch die Maßnahme dürfen nicht schwerer wiegen als die erzielten Vorteile
  c) Ermessensfehlgebrauch oder -missbrauch

Anm.: Die Prüfung der Verhältnismäßigkeit kann – wie in den Lösungen geschehen – als eigener Prüfungspunkt vor die übrigen Ermessensfehler vorgezogen werden.

C. Die Verpflichtungsklage, § 42 I VwGO
(vgl. Fälle 1, 8, 10, 17 und Originalklausur)

I. Zulässigkeit

1. Verwaltungsrechtsweg, § 40 I VwGO (s. o.)

2. Statthafte Klageart

Klage ist gerichtet auf den Erlass eines VA, der sich nicht erledigt hat.

3. Klagebefugnis, § 42 II VwGO

Ist gegeben, wenn der Kläger einen Anspruch auf den begehrten VA besitzen könnte (Nennung der möglichen Anspruchsgrundlage!).

4. Vorverfahren, §§ 68 ff. VwGO

5. Klagefrist, §§ 74, 75, 57 VwGO

II. Begründetheit

Die Verpflichtungsklage ist begründet, wenn die Ablehnung des VA rechtswidrig und der Kläger dadurch in seinen Rechten verletzt ist. Dies ist der Fall, wenn der Kläger einen Anspruch auf Erlass des begehrten VA wegen Spruchreife hat (Vornahmeurteil, § 113 V1 VwGO) oder einen Anspruch auf Neubescheidung über den Antrag auf Erlass des VA mangels Spruchreife hat (Bescheidungsurteil, § 113 I 2 VwGO).

1. (Nennung der) Anspruchsgrundlage

z. B. § 57 I LBO BW[2] (vgl. Fall 9)

2. Formelle Voraussetzungen für den Erlass des begehrten VA

3. Materielle Voraussetzungen der Anspruchsgrundlage

4. Rechtsfolge

– **bei gebundener Entscheidung:** Anspruch auf Erlass des VA (Vornahmeurteil)
– **bei Ermessensentscheidung der Behörde:**
   a) i. d. R. nur Anspruch auf ermessensfehlerfreie Entscheidung über den Erlass des VA
   b) Anspruchsuntergang durch vorhandene Ablehnung?
   c) wenn kein Anspruchsuntergang vorliegt, weil ein Ermessensfehler bei der Ablehnung gegeben ist, besteht ein Anspruch auf Neubescheidung

---

D. Die Fortsetzungsfeststellungsklage (vgl. Fälle 3, 4, 12, 14)

I. Zulässigkeit

1. Verwaltungsrechtsweg, § 40 I VwGO (s. o.)

2. Statthafte Klageart

In vier verschiedenen Fällen ist die Fortsetzungsfeststellungsklage statthaft:
   a) *belastender* VA hat sich *nach* Anfechtungserhebung erledigt, und Kläger begehrt Feststellung der Rechtswidrigkeit des VA (§ 113 I 4 VwGO)
   b) *belastender* VA hat sich *vor* Anfechtungserhebung erledigt und Kläger begehrt Feststellung der Rechtswidrigkeit des VA (§ 113 I 4 VwGO analog)
   c) Begehren *auf Erlass* eines VA hat sich *nach* Erhebung der Verpflichtungsklage erledigt und Kläger begehrt Feststellung der Rechtswidrigkeit der Ablehnung (§ 113 I 4 VwGO analog)
   d) Begehren *auf Erlass* eines VA hat sich *vor* Verpflichtungsklageerhebung erledigt und Kläger begehrt Feststellung der Rechtswidrigkeit der Ablehnung (§ 113 I 4 VwGO analog [„analog-analog"])

3. Besondere Sachentscheidungsvoraussetzungen

● **Bei Erledigung des VA *nach* Klageerhebung**
   a) Zulässigkeitsvoraussetzungen der Anfechtungs- bzw. Verpflichtungsklage
   a) Feststellungsinteresse
     – Wiederholungsgefahr: Behörde lässt erkennen, dass sie gleichartigen VA an den Adressaten wieder erlassen wird
     – Rehabilitationsinteresse: VA hat besonders diskriminierende Wirkung
     – Gewichtiger Grundrechtseingriff: besonders belastende Maßnahme (z. B. Wohnungsdurchsuchung)
     – Präjudizinteresse, bei ernsthaft beabsichtigtem Schadensersatzprozess

---

[2] Art. 71 BayBO, § 74 BlnBauO, § 59 BO Bbg, § 69 BremBauO, § 63 HbgBauO, § 66 HessBO, § 75 LBO MV, § 73 NdsBauO, § 71 LBO NRW, § 72 LBO RhPf, § 76 LBO Saarl, § 75 LBO Sachs, § 74 LBO SA, § 66 LBO SH, § 74 LBO Thür.

- **Bei Erledigung des VA *vor* Klageerhebung**
  a) Klagebefugnis, § 42 II VwGO analog (s. o.)
  b) Widerspruchsverfahren, § 68 VwGO analog entbehrlich, wenn Erledigung vor Ablauf der Widerspruchsfrist (str.)
  c) Klagefrist, § 58 II VwGO analog, weil keine Belehrung über Fortsetzungsfeststellungsklage erfolgt ist (Lit.) oder keine Fristvorschriften anwendbar, aber Begrenzung durch berechtigtes Interesse (Rspr.)
  d) Feststellungsinteresse
     s. o., aber: Präjudizinteresse nach h. Rspr. nicht ausreichend, weil eine direkte Klage vor Zivilgericht möglich ist

II. Begründetheit

Wie bei Anfechtungs- oder Verpflichtungsklage.

Anm. für das Assessorexamen: Im Tenor ist aber eine Feststellung auszusprechen.

E. Die allgemeine Leistungsklage (vgl. Fälle 11, 15, 16 und 18)

I. Zulässigkeit

1. Verwaltungsrechtsweg, § 40 I VwGO (s. o.)

2. Statthafte Klageart

- allgemeine Leistungsklage gem. §§ 43 II, 111, 113 IV, 169 II, 170, 191 I VwGO: auf Vornahme oder Abwehr (Tun, Dulden oder Unterlassen) schlichten Verwaltungshandelns (Realakt)
- vorbeugende Unterlassungsklage: ausnahmsweise auf das Unterlassen zukünftig konkret drohender, rechtswidriger VAs gerichtet (aber auch Feststellungsklage möglich) (vgl. Fall 10)

3. Klagebefugnis, § 42 II VwGO analog (str.)

Nach h. M. erforderlich, wegen des Ausschlusses von Popularklagen.

4. Allgemeine Sachentscheidungsvoraussetzungen

a) Rechtsschutzbedürfnis
   - in der Regel nicht gegeben, wenn der Anspruch nicht zuvor bei der Behörde geltend gemacht wurde
   - falls Behörde klagt: in der Regel nicht gegeben, wenn die Behörde Möglichkeit hat, mit Leistungsbescheid vorzugehen (vgl. Lösung zu Fall 16)
   - bei vorbeugender Unterlassungsklage ist qualifiziertes Rechtsschutzbedürfnis erforderlich. Dies liegt vor, wenn eine Verweisung auf nachträglichen Rechtsschutz unzumutbar ist, weil es zur Schaffung vollendeter Tatsachen kommt oder bei sich kurzfristig erledigenden Maßnahmen.
b) Ausschluss, wenn angegriffenes Verwaltungshandeln nur der Vorbereitung eines VA dient (vgl. § 44a VwGO).

II. Begründetheit

- **Öffentlich-rechtlicher Erstattungsanspruch** (vgl. Fall 16)
  1. Öffentlich-rechtliche Beziehung zwischen den Beteiligten

2. Vermögensverschiebung
3. fehlender Rechtsgrund
4. kein Wegfall der Bereicherung
5. Rechtsfolge:Herausgabe des Erlangten, Nutzung und Verzinsung (vgl. § 818 I BGB)
- **Allgemeiner Folgenbeseitigungsanspruch** (vgl. Fall 14)
  1. **Herleitung**
     – BVerwG: aus Verletzung von Grundrechten oder zumindest aus Art. 20 III GG
     – Literatur: aus Analogie zu §§ 1004, 12, 862 BGB
  2. **Voraussetzungen**
     a) Eingriff in ein subjektives Recht
        – einfach gesetzliches Recht
        – öffentlich-rechtliche Sonderbeziehung
        – Grundrechte
     b) durch hoheitliches schlichtes Verwaltungshandeln
     c) Rechtswidrigkeit des Handelns
     d) ist gegeben, wenn keine Duldungspflicht vorliegt, insbesondere aus VA, Vertrag oder Gesetz
     e) Fortdauer der Beeinträchtigung
  3. **Rechtsfolge:**
     Beseitigung der durch das rechtswidrige Verwaltungshandeln verursachten unmittelbaren Folgen oder entstandenen Zustände (beachte z. B. Mitverschulden, § 254 BGB)
- **Öffentlich-rechtlicher Unterlassungsanspruch** (vgl. Fall 15)
  1. **Herleitung des Unterlassungsanspruchs**
     aus der Abwehrfunktion der Grundrechte
  2. **Voraussetzungen**
     a) Eingriff in ein subjektives Recht (s. o.)
     b) durch zukünftiges schlichtes hoheitliches Verwaltungshandeln oder Erlass eines zukünftigen VA
     c) Rechtswidrigkeit des Handelns (s. o.)
     d) Wiederholungs- oder Erstbegehungsgefahr
  3. **Rechtsfolge:**
     Unterlassung des rechtswidrigen Verwaltungshandelns oder des zukünftigen VA

F. Die Feststellungsklage, § 43 VwGO (vgl. Fälle 13, 14, und 19)

I. Zulässigkeit

1. Verwaltungsrechtsweg, § 40 I VwGO (s. o.)

2. Statthafte Klageart

Klagebegehren ist die Feststellung:
– des Bestehens/Nichtbestehens eines öffentlich-rechtlichen Rechtsverhältnisses (1. Alt.) oder
– der Nichtigkeit eines VA (2. Alt.)

3. Feststellungsinteresse, § 43 I VwGO

Jedes nach der Sachlage anzuerkennende schutzwürdige Interesse rechtlicher, wirtschaftlicher oder ideeller Art

4. Qualifiziertes Rechtsschutzbedürfnis

- Bei nachträglicher Feststellungsklage
  - Wiederholungsgefahr
  - Rehabilitationsinteresse
  - Schadensersatzpräjudiz
- Bei vorbeugender Feststellungsklage muss nachträglicher Rechtsschutz unzumutbar sein

5. Keine Subsidiarität, § 43 II 1 VwGO

II. Begründetheit

Die Begründetheit richtet sich nach dem konkreten Klagebegehren (s. o.).

G. Einstweiliger Rechtsschutz, Antrag nach § 80 V VwGO (vgl. Fall 7 und hinsichtlich § 80a V VwGO Fall 10)

I. Zulässigkeit

1. Verwaltungsrechtsweg, § 40 I VwGO (s. o.)

2. Statthaftigkeit des Antrags

Antragsbegehren: aufschiebende Wirkung von Widerspruch oder Anfechtungsklage soll angeordnet (Fälle des § 80 II Nr. 1–3 VwGO) oder wiederhergestellt (Fall des § 80 II Nr. 4 VwGO) werden.

Anm.: Wenn die Anfechtungsklage in der Hauptsache statthaft wäre, dann ist § 80 V VwGO einschlägig.

3. Antragsbefugnis, § 42 II VwGO analog (s. o.)

4. Antragsgegner, § 78 VwGO analog

5. Allgemeines Rechtsschutzbedürfnis

a) zulässiger Rechtsbehelf ist eingelegt (Widerspruch oder Anfechtungsklage)
b) Rechtsbehelf hat keine aufschiebende Wirkung, § 80 II VwGO
c) VA hat sich noch nicht erledigt
d) Antrag an die Behörde gem. § 80 IV VwGO (nur im Fall des § 80 II Nr. 1 VwGO, vgl. § 80 VI VwGO)

II. Begründetheit

- **In den Fällen des § 80 II Nr. 1–3 VwGO**
  - Der Antrag ist begründet, wenn das Ergebnis einer Interessenabwägung ergibt, dass das Interesse des Betroffenen an der Aussetzung der sofortigen Vollziehung das Interesse der Allgemeinheit an der sofortigen Vollziehung überwiegt.

– Interessenabwägung richtet sich in erster Linie (vgl. § 80 IV 3 VwGO) nach den Erfolgsaussichten des Rechtsbehelfs in der Hauptsache *(Anm.: hier Prüfung der Hauptsacheklage)*
– Der Antrag ist begründet, wenn „ernstliche Zweifel" an der Rechtmäßigkeit des VA bestehen.
– Der Antrag ist unbegründet, wenn der VA „offensichtlich" rechtmäßig ist.
● **Im Fall des § 80 II Nr. 4 VwGO**
  1. Rechtmäßigkeit der Anordnung der sofortigen Vollziehung
     a) Zuständigkeit der anordnenden Behörde
     b) Verfahren
        Nach h. M. keine Anhörung erforderlich, da kein VA.
     c) Schriftform, § 80 III 1 VwGO
     d) besondere Begründung des Vollzugsinteresses, § 80 III VwGO
  2. Interessenabwägung (s. o.)

H. Einstweiliger Anordnung nach § 123 VwGO (vgl. Fälle 6 und 20)

I. Zulässigkeit

1. Verwaltungsrechtsweg, § 40 I VwGO (s. o.)

2. Statthaftigkeit des Antrags

Antragsbegehren gerichtet auf Erlass einer
– Sicherungsanordnung: Sicherung einer vorhandenen Rechtsposition, § 123 I 1 VwGO oder
– Regelungsanordnung: Erweiterung des Rechtskreises des Antragstellers, § 123 I 2 VwGO
(Anm.: Wenn in der Hauptsache keine Anfechtungsklage statthaft ist, ist § 123 VwGO einschlägig.)

3. Antragsbefugnis, § 42 II VwGO analog (h. M.)

4. Antragsgegner

5. Allgemeines Rechtsschutzbedürfnis

Liegt nicht vor, wenn Antragsteller den materiellen Anspruch nicht zuvor bei der Behörde geltend gemacht hat.

II. Begründetheit

● **Sicherungsanordnung, § 123 I 1 VwGO**
  1. **Anordnungsanspruch**
     Nennung des Rechts des Antragstellers
  2. **Anordnungsgrund**
     Vereitelung oder Erschwerung der Rechtsverwirklichung durch eine drohende Veränderung des bestehenden Zustandes
  3. **Glaubhaftmachung, §§ 920, 294 ZPO**
  4. **Rechtsfolge**
     a) Muss das Gericht die Anordnung erlassen?

    1. Ansicht: „kann" meint „ist ermächtigt"; weil Rechtsvereitelung droht, muss Sicherungsanordnung ergehen

    2. Ansicht: „kann" heißt „Ermessen"; erforderlich ist eine ermessensfehlerfreie Ausübung

  b) Welchen Inhalt hat die Entscheidung?

    – Anordnung von Maßnahmen nach freiem Ermessen (§ 123 III VwGO)

    – Keine Vorwegnahme der Hauptsache. Es sei denn, die Vorwegnahme ist hier ausnahmsweise geboten.

    – Es kann nicht mehr als in der Hauptsache zugesprochen werden.

- **Regelungsanordnung, § 123 I 2 VwGO**

  1. **Anordnungsanspruch**Ob das streitige Recht, der Anspruch oder das Rechtsverhältnis besteht, richtet sich nach den Erfolgsaussichten in der Hauptsache

  (Anm.: hier Prüfung der Erfolgsaussicht der fiktiven Hauptsacheklage).

  2. **Anordnungsgrund**

  Ist eine unabhängige Interessenabwägung durchzuführen. Dem Antragsteller darf es nicht zumutbar sein, sein Obsiegen im Hauptsacheverfahren abzuwarten. Es könnte die Gefahr bestehen, dass der später gewährte Rechtsschutz wirkungslos bleibt, z.B. beim Eintritt irreparabler Schäden, oder wenn sich das Begehren in der Zwischenzeit erledigen könnte.

  3. **Glaubhaftmachung**, §§ 920, 294 ZPO

  4. **Rechtsfolge**

  a) Muss das Gericht die Anordnung erlassen?

    h. M.: Regelungsanordnung muss ergehen, keine Ermessenserwägungen, wegen der erfolgten Interessenabwägung bei der Prüfung

  b) Welchen Inhalt hat die Entscheidung? (s. o.)

Sachverzeichnis

Die angegebenen Fundstellen beziehen sich auf die Seitenzahlen.